Philosophie des Geistes und der Kognition

Gottfried Vosgerau · Nicolas Lindner

Philosophie des Geistes und der Kognition

Eine Einführung

 J.B. METZLER

Gottfried Vosgerau
Institut für Philosophie
Heinrich-Heine-Universität
Düsseldorf, Deutschland

Nicolas Lindner
Center for Mind and Cognition
Ruhr-Universität Bochum
Bochum, Deutschland

ISBN 978-3-476-04566-9   ISBN 978-3-476-04567-6   (eBook)
https://doi.org/10.1007/978-3-476-04567-6

Die Deutsche Nationalbibliothek verzeichnet diese Publikation in der Deutschen Nationalbibliografie; detaillierte bibliografische Daten sind im Internet über ► http://dnb.d-nb.de abrufbar.

Umschlagabbildung: © shutterstock

Planung/Lektorat: Franziska Remeika
J.B. Metzler ist ein Imprint der eingetragenen Gesellschaft Springer-Verlag GmbH, DE und ist ein Teil von Springer Nature.
Die Anschrift der Gesellschaft ist: Heidelberger Platz 3, 14197 Berlin, Germany

Vorwort

Oft wird das „Leib-Seele-Problem" als zentrales Thema der Philosophie des Geistes beschrieben. Viele Einführungen sind zum großen Teil diesem Thema gewidmet. Wir sind allerdings davon überzeugt, dass die Philosophie des Geistes noch sehr viel mehr Themen umfasst, gerade auch in Angrenzung an verwandte Disziplinen wie die Psychologie, die Sprachwissenschaft, die Soziologie, die Medizin und die Informatik – kurzum: im interdisziplinären Forschungsprojekt der Kognitionswissenschaften. An verschiedenen Stellen wurden daher weitere Bezeichnungen eingeführt, wie etwa ‚Philosophie der Kognition' oder ‚Neurophilosophie'. Wir sind überzeugt, dass all die Fragen, die unter den verschiedenen Titeln verhandelt werden, eng miteinander verzahnt sind und gut unter den Begriff ‚Philosophie des Geistes' gefasst werden können. Um dennoch deutlich zu machen, dass wir den Anspruch haben, weit über das metaphysische Leib-Seele-Problem hinauszugehen und auch eine Einführung in jüngere Debatten zu geben, trägt dieses Buch auch die Kognition explizit im Titel.

Dieses Buch ist in Zusammenarbeit von Prof. Dr. Gottfried Vosgerau und Dr. Nicolas Lindner entstanden. Für die einzelnen Kapitel zeichnet sich jeweils einer der beiden Autoren verantwortlich. Gottfried Vosgerau verfasste die ▶ Kap. 1, 2, 3, 4, 6 und 9. Die übrigen Kapitel, nämlich 5, 7, und 8, hat Nicolas Lindner beigesteuert.

Ohne die Unterstützung durch weitere Personen wäre das Buch in dieser Form nicht zustande gekommen. Unser Dank gilt daher all denjenigen, die uns auf dem Weg zum finalen Ergebnis auf vielfältige Weise geholfen haben. Ausdrücklich möchten wir uns für ihre großartige Mithilfe beim Lektorat, bei der Formatierung und bei weiteren Aufgaben bedanken bei: Julian Kettermann, Lina Pcinc, Friedrun Schauer, Meric Uzun und Benjamin Voermann. Ebenso möchten wir uns bei unserer Lektorin Franziska Remeika bedanken, die nicht nur große Geduld bewiesen hat, sondern uns auch mit praktischen Tipps und großer fachdidaktischer Kompetenz tatkräftig unterstützt hat.

Gottfried Vosgerau
Nicolas Lindner
Düsseldorf
im August 2021

Inhaltsverzeichnis

Einleitung

Inhaltsverzeichnis

© Springer-Verlag GmbH Deutschland, ein Teil von Springer Nature 2021
G. Vosgerau und N. Lindner, *Philosophie des Geistes und der Kognition*,
https://doi.org/10.1007/978-3-476-04567-6_1

1

Es ist nicht leicht zu bestimmen, wann die Philosophie des Geistes als eigene Subdisziplin der Philosophie entstanden ist. Fest steht, dass sie sich spätestens seit den 1990er Jahren erheblich gewandelt hat – darauf soll auch der Titel des Buches, in dem die Philosophie der Kognition eingeschlossen wird, aufmerksam machen. Die Themen und die Methoden, die die heutige Diskussion bestimmen, sind so vielfältig geworden, dass einige Philosophinnen und Philosophen gerne weitere Untergliederungen vornehmen. Im Grunde genommen, so scheint es uns zumindest, geht es aber doch um eine Handvoll Fragen, die sich die Philosophie schon sehr lange stellt.

Kernfrage   Die Kernfrage lautet: **Was ist der Geist und wie funktioniert er?** Diese Frage wird in der westlichen Philosophie das erste Mal systematisch in Aristoteles' *De Anima* (2017) verhandelt, wobei es hier nicht nur um den Geist, sondern um die ‚Seele‘ geht, von der der Geist höchstens ein Teil ist (nach Aristoteles). Tatsächlich haben sich im Laufe der Geschichte nicht nur die Begriffe des Geistes und der Seele stark geändert (letzterer ist aus der Philosophie praktisch ganz verschwunden), sondern auch die Rahmung der Frage hat sich stark gewandelt. Während in der Antike und im Mittelalter die Metaphysik im Vordergrund stand, rückte in der Neuzeit das Erkenntnisvermögen des Menschen und damit auch ein Teil dessen, was wir heute der Philosophie des Geistes zuordnen, in den Mittelpunkt. Dabei ging es in erster Linie darum, zu erforschen, wie unser Erkenntnisapparat funktioniert und was wir erkennen können. Eine Abgrenzung zur heutigen Erkenntnistheorie ist in Bezug auf neuzeitliche Schriften oft nur schwer möglich.

Anfang des 20. Jahrhunderts verlagerte sich der Schwerpunkt der philosophischen Fragen auf die Sprache. Die Frage nach dem Geist zeigte sich zunächst in neuem Gewand als Frage nach der Bedeutung von mentalen Prädikaten, also von Prädikaten, mit denen wir uns geistige Zustände zuschreiben (z. B. ‚wahrnehmen‘, ‚denken‘ etc.). Spätestens Mitte des 20. Jahrhunderts wurde allerdings deutlich, dass dabei dringende metaphysische Fragen entstanden und dass das Verhältnis von Sprache und Denken weit problematischer ist, als bisher stillschweigend angenommen. Die Philosophie des Geistes wurde nun mehr und mehr unabhängig von anderen Subdisziplinen diskutiert, wobei zunächst das Problem der mentalen Verursachung im Vordergrund stand, das direkt an neuzeitliche Debatten um das sogenannte Leib-Seele-Problem anknüpfte.

Seit den 1990er Jahren etwa wurde die empirische Forschung des Geistes immer stärker, was wiederum zu einigen interdisziplinären Forschungsprojekten geführt hat. So hat sich mittlerweile die Kognitionswissenschaft als ein solches interdisziplinäres Forschungsprojekt fest etabliert, zu dem nun auch die Neurowissenschaften gehören. Hierbei wurden selbstverständlich auch neue Diskussionen innerhalb der Philosophie des Geistes angeregt, so dass manche von der Philosophie der Kognition oder gar von Neurophilosophie sprechen, um den Unterschied zu den traditionelleren Debatten deutlich zu machen. Wir werden auf eine solche Binnendifferenzierung verzichten, da wir der Überzeugung sind, dass auch neue Methoden und neue empirische Erkenntnisse an den Grundfragen nicht viel geändert haben. Um dennoch anzuzeigen, dass wir mit dieser Einführung über die klassischen Fragen der Philosophie des Geistes hinausgehen und einen Einstieg in möglichst viele zeitgenössische Debatten ermöglichen wollen, haben wir die Kognition explizit in den Titel aufgenommen.

Verortung Die Philosophie des Geistes ist der theoretischen Philosophie zuzuordnen. Wie schon aus dem kurzen historischen Abriss ersichtlich, gibt es große Schnittmengen mit der Metaphysik, der Erkenntnistheorie und der Sprachphilosophie. Aber auch darüber hinaus gibt es Berührungspunkte mit anderen Subdisziplinen der Philosophie, wie zum Beispiel mit der Ästhetik (z. B. bezüglich der Wahrnehmung), der Ethik (z. B. bezüglich der Rolle von Emotionen bei Entscheidungen), oder auch der politischen Philosophie (z. B. bezüglich geteilter Absichten und gemeinsamer Handlungen).

Im Konzert der Wissenschaften hat die Philosophie des Geistes vor allem starke Beziehungen zu den empirischen ‚Mind-Sciences‘, also der Psychologie, den Neurowissenschaften und der Psychiatrie. Im Verbund der Kognitionswissenschaften ergeben sich aber auch enge Verbindungen zur Informatik (v. a. Künstliche-Intelligenz-Forschung und Robotik) und der Sprachwissenschaft. Wie bei allen philosophischen Disziplinen ist es natürlich auch hier abhängig von der genauen Fragestellung und dem theoretischen Hintergrund, wie stark auf empirische Erkenntnisse eingegangen wird.

Anmerkung zur Methode Die beiden Autoren dieser Einführung sind vor allem in der Tradition der analytischen Philosophie ausgebildet und verfolgen einen ‚empirisch informierten‘ Ansatz innerhalb der Philosophie. Das wird man dieser Einführung selbstverständlich auch anmerken. Genauso selbstverständlich können wir nicht auf alle Diskussionen und Ansätze eingehen, so dass wir keinen Anspruch auf Vollständigkeit erheben. Ebenso wenig geben wir uns der Illusion hin, wir könnten unsere eigenen Vorlieben und Ansichten vollkommen ignorieren und ein gänzlich ‚objektives‘ Buch verfassen. Dennoch haben wir uns Mühe gegeben, die wichtigsten Stränge der Diskussionen jeweils zumindest zu erwähnen und unsere Bewertung der Diskussion als solche kenntlich zu machen.

Unsere Hoffnung ist, dass wir mit dieser Einführung einen Überblick über die verschiedenen Themen der Philosophie des Geistes geben können, der – wenn er auch gefärbt und unvollständig ist – den Einstieg in die zeitgenössischen Debatten ermöglicht. Die Debatten sind inzwischen sehr weit verzweigt und teilweise so spezialisiert, dass der Zusammenhang der verschiedenen Verästelungen manchmal nur noch schwer nachzuvollziehen ist. Unsere Einführung soll vor allem dazu dienen, ein Grundverständnis der wichtigsten Fragen und deren Zusammenhänge zu vermitteln, der Ihnen erlaubt, trotz der vielen Bäume auch noch den Wald zu sehen.

1

1.1 Was ist der Geist?

Beginnen wir mit der Frage, was der Geist ist. Manchmal mögen wir so reden, als hätten wir je einen Geist, so wie wir je einen Kopf und zwei Arme haben. Aber diese Redeweise ist irreführend, da Arme und Köpfe klarerweise Teile von uns sind, die wir verlieren können. Der Geist scheint aber etwas anderes zu sein – und zwar kein weiteres Körperteil, das zusätzlich zu Armen und Beinen dazukommt und das wir abtrennen können. Daher ist diese Formulierung der Frage vielleicht nicht so hilfreich – sie suggeriert nämlich, dass der Geist ein *Ding* sei. Formulieren wir daher die Frage etwas um:

Was bedeutet es, einen Geist zu haben?   Eine nahliegende Antwort ist, dass einen Geist zu haben bedeutet, bestimmte geistige (bzw. mentale, von lat. *mens:* ‚Denktätigkeit‘, ‚Verstand‘, ‚Vorstellung‘) Eigenschaften und Fähigkeiten zu haben. Wenn Petra zum Beispiel Kopfrechnen beherrscht, dann hat sie eine geistige Fähigkeit und damit auch einen Geist. Gegenüberstellen können wir körperliche Fähigkeiten, zu denen wir keinen Geist brauchen – zum Beispiel die Fähigkeit, Essen zu verdauen. Wie es allerdings mit solchen Fähigkeiten wie Fahrradfahren aussieht, bei denen wir uns zumindest am Anfang ganz schön konzentrieren müssen, ist nicht so klar. Um aber nicht gleich durcheinander zu kommen, betrachten wir zunächst nur klare Fälle.

Auf einer ontologischen Ebene können wir sagen, dass Fähigkeiten auch eine bestimmte Art von Eigenschaften sind. Meine Fähigkeit, nachzudenken, ist eine Eigenschaft von mir: Ich habe die Eigenschaft, über verschiedene Dinge nachdenken zu können. Neben geistigen Fähigkeiten gibt es aber auch noch andere geistige Eigenschaften: Wenn ich zum Beispiel traurig bin, dann ist das eine Eigenschaft von mir, die keine körperliche Eigenschaft zu sein scheint (während das Weinen, das manchmal gleichzeitig auftritt, natürlich ein körperlicher Vorgang ist). Gleichzeitig handelt es sich bei der Traurigkeit auch nicht um eine Fähigkeit (auch, wenn es vielleicht die Fähigkeit gibt, traurig zu sein). Wir können unsere Antwort also etwas weiter fassen: Einen Geist zu haben, bedeutet, **bestimmte mentale Eigenschaften** zu haben.

Die Frage hat sich also verlagert weg von einem scheinbaren Ding hin zu Eigenschaften. Was wir nun untersuchen müssen, ist, worin diese mentalen Eigenschaften bestehen und wie sie zusammenhängen mit körperlichen Eigenschaften einerseits und anderen mentalen Zuständen andererseits. Gerade die erste Teilfrage ist bestimmend für einen Großteil der Philosophie des Geistes und wird daher auch in dieser Einführung einigen Raum einnehmen.

Wer oder was sind Träger mentaler Eigenschaften?   Diese Frage schießt sich unmittelbar an die Feststellung an, dass einen Geist zu haben bedeutet, mentale Eigenschaften zu haben. Hierbei handelt es sich zunächst um eine ontologische Frage: So, wie wir fragen können, ob die Farbe dem Stuhl zukommt oder der Substanz des Stuhles, können wir fragen, ob die geistigen Eigenschaften uns als mentalen Substanzen zukommen oder vielmehr unserem Körper. Vielleicht ist aber auf der Ebene der Substanzen auch gar keine Unterscheidung zwischen mental und körperlich möglich, so dass die Unterscheidung nur auf der Ebene der Eigenschaften getroffen werden kann. Die Position, dass wir eigenständige mentale Substanzen brauchen, nennt man ‚Substanz-Dualismus‘. Wir werden diese Position zwar vorstellen, aber der größte Teil des Buches wird davon ausgehen, dass ein Monismus – also eine Position, die nur eine Art von Substanz annimmt – die plausiblere Position darstellt.

Wir können aber nicht nur die ontologische Frage nach Substanzen stellen, sondern auch ganz lebensweltlich fragen, wer denn nun einen Geist hat. Sind wir es als Menschen, also als Angehörige einer bestimmten biologischen Art? Oder sind wir es als Personen, also als moralische und handelnde Subjekte? Sind es nur Menschen, oder haben vielleicht auch (manche) Tiere einen Geist? Wenn ja, welche genau, und wie finden wir heraus, ob ein Tier mentale Eigenschaften hat? Und schließlich: Sind geistige Eigenschaften auf biologische Systeme aus Fleisch und Blut beschränkt, oder könnte es auch Marsmenschen mit mentalen Fähigkeiten geben, deren Körper anders aufgebaut sind? Besitzen vielleicht schon einige besonders ‚intelligente‘ Maschinen oder Roboter einen Geist?

Was sind mentale Eigenschaften? Um Kriterien dafür zu entwickeln, wer oder was einen Geist hat, müssen wir genauer klären, was mentale Eigenschaften sind. Wir hatten bereits erwähnt, dass es relativ eindeutige und weniger eindeutige Beispiele gibt. Wenn wir den Begriff der mentalen Eigenschaft nun aber systematisch explizieren wollen, stoßen wir durchaus auf Schwierigkeiten. In gewisser Weise zieht sich diese Grundfrage nicht nur durch das ganze Buch, sondern auch durch die gesamte Philosophie des Geistes: Was nämlich genau zum Untersuchungsgegenstand dazugehört und was nicht, können wir nicht unabhängig von der Untersuchung sagen. Es ändert sich mit unseren Erkenntnissen und Erklärungen.

Charakteristische Merkmale mentaler Eigenschaften können wir allerdings schon jetzt anhand der eindeutigen Beispiele sammeln. Dabei werden wir keine Definition entwerfen – wie gesagt, was genau dazugehört, können wir auch nicht vorab und unabhängig von unserer Theorie beantworten. Sehen wir uns nun einige Kandidaten für zentrale Charakteristika an:

Mentale Zustände liegen **bewusst** vor. Das bedeutet, dass wir normalerweise, wenn wir zum Beispiel Angst haben, auch wissen, dass wir Angst haben und das auch ausdrücken können. Dazu kommt, dass es sich irgendwie auf eine bestimmte Art anfühlt, Angst zu haben. Man sagt, mentale Zustände haben eine ‚**phänomenale Qualität**‘, also eine Art, wie sie sich anfühlen. Und die ist von Zustand zu Zustand sehr verschieden. Allerdings gibt es auch mentale Zustände, die nicht bewusst vorliegen – manchmal ist uns zum Beispiel nicht bewusst, dass wir eifersüchtig sind, oder wir wissen nicht so genau, was wir eigentlich wollen. Auch die phänomenale Qualität liegt bei manchen Zuständen nicht so klar vor: So ist der phänomenale Unterschied (wie es sich anfühlt) zwischen dem Gedanken, dass 2 plus 3 gleich 5 ist, und dem Gedanken, dass 13 eine Primzahl ist, schwer oder gar nicht zu fassen.

Aber auch, wenn wir nicht von allen unseren mentalen Eigenschaften wissen, dass wir sie haben, so scheint es doch so zu sein, dass wir auf eine besondere Art und Weise von unseren eigenen mentalen Zuständen Kenntnis erlangen, die sonst

1

niemandem außer uns offensteht. Wir sprechen hier von einem **privilegierten Zugang:** Nur ich kann meine Zahnschmerzen fühlen. Andere müssen sich auf meine Äußerungen und mein Verhalten verlassen, wenn sie wissen wollen, ob ich Zahnschmerzen habe. Auch dieses Charakteristikum taugt allerdings nicht als Definition, da unbewusste Zustände auch hier eine Ausnahme bilden: Bei meinen unbewussten Wünschen ist es ja gerade so, dass ich ihnen gegenüber zunächst in der gleichen Position bin wie Andere auch: Ich habe keinen direkten Zugriff auf sie, und manchmal erfahre ich erst durch einen Psychotherapeuten von ihnen.

Ein weiteres typisches Merkmal, um das es ausführlich in ▶ Kap. 3 gehen wird, ist die **Intentionalität** von mentalen Zuständen. Hiermit ist gemeint, dass ein typischer mentaler Zustand, wie zum Beispiel eine Überzeugung, von irgendetwas handelt oder sich auf etwas bezieht. Aber auch hier ist es nicht so klar, ob das wirklich auf alle mentalen Zustände zutrifft: Während meine Angst vor der Spinne sich auf diese Spinne bezieht, ist doch mein allgemeines Unwohlsein genauso ein mentaler Zustand, der sich aber auf nichts Bestimmtes zu beziehen scheint. Darüber hinaus nehmen auch andere Dinge – zum Beispiel die Zeichen, die Sie gerade lesen – Bezug auf etwas außerhalb von ihnen, so dass Intentionalität nicht auf mentale Zustände beschränkt zu sein scheint. (Hier wird oft argumentiert, dass wir im Falle von sprachlichen Zeichen nur von einer abgeleiteten Intentionalität sprechen können.)

Während körperliche Dinge in Raum und Zeit existieren, scheinen mentale Gegenstände **nicht-räumlich** zu sein. Auch wenn ich meinen Gedanken in der Zeit verorten kann, wäre es doch einigermaßen schräg, nach dem Aufenthaltsort des Gedankens zu fragen. Allerdings müssen wir hier beachten, dass wir von mentalen Eigenschaften sprechen wollten (mein Gedanke ist eine Eigenschaft von mir). Und Eigenschaften lassen sich eben nicht räumlich verorten – auch die Eigenschaft, rot zu sein, existiert nicht an einem bestimmten Ort. Wenn wir allerdings von der instanziierten Eigenschaft sprechen wollen, also dem Blau dieses Buchdeckels, dann können wir einen Ort angeben. Das scheint aber auch bei Gedanken so zu sein: Der Gedanke ist als meine Eigenschaft durch mich instanziiert, also genau dort, wo ich bin (oder sogar nur ‚in meinem Kopf‘, wie wir oft im Alltag sagen).

Schließlich gibt es noch die starke Intuition, dass mentale Zustände **privat** sind. Das ist allerdings noch erklärungsbedürftig, und wir können in der Tat verschiedene Sinne von ‚privat‘ unterscheiden: Zunächst kann es einfach bedeuten, dass den Zustand nur ein Einzelner haben kann. Das allerdings ist kein exklusives Charakteristikum von mentalen Zuständen, sondern gilt für alle – auch körperliche – Zustände: Meinen Schnupfen kann auch nur ich haben. Es könnte aber auch gemeint sein, dass nur jeweils Einer den Zustand erleben kann oder nur eine Person jeweils wissen kann, um welchen Zustand es sich handelt. Beide Kriterien allerdings werden sich auch nicht auf alle mentalen Zustände beziehen können, da unbewusste Zustände gerade solche sind, die wir nicht erleben und von denen wir selbst nichts wissen.

Die plausibelste Lesart ist wohl die, nach der mentale Zustände **subjektiv** sind. Damit ist gemeint, dass diese Zustände von dem Subjekt abhängen, das in den jeweiligen Zuständen ist. Wir müssen hier zwei Varianten unterscheiden: Ein Zustand ist *epistemisch subjektiv,* wenn der Zustand gedanklich nur von Subjekten erfasst werden kann, die selbst in diesem Zustand sein können. Wenn mentale Zustände in diesem Sinne subjektiv sind, würde das erklären, warum wir nicht erfassen können, wie es ist, eine Fledermaus zu sein (dieses Problem wurde prominent diskutiert von Nagel 1974). Es ist allerdings fraglich, ob alle mentalen Zustände so sind: Wahrscheinlich kann ich verstehen, was es bedeutet, über die Größe von überabzählbar großen Mengen nachzudenken, ohne selbst jemals darüber nachgedacht zu haben. Andererseits ist ein Zustand *ontologisch subjektiv,* wenn seine Existenz von der Existenz des Subjekts abhängt. Die Idee ist grob, dass es den Zustand ohne mich nicht gäbe. Allerdings ist diese Rede nur dann wirklich sinnvoll, wenn wir wieder von mentalen Dingen, und nicht von mentalen Eigenschaften sprechen. Denn wenn wir von Eigenschaften sprechen, dann meinen wir wohl einzelne Instanzen, und dann ist wieder klar, dass dieses Rot des Tisches genauso ontologisch vom Tisch abhängt wie mein Gedanke von mir.

Wir sehen also, dass die Versuche, uns an Kriterien des Mentalen heranzutasten, nicht zu einer klaren Definition führen. Allerdings können wir zwei Kerncharakteristika von mentalen Zuständen ausmachen, um die sich sehr viel in der Debatte dreht, und die auch in den vorgeschlagenen Kriterien immer wieder durchscheinen:

- **Intentionalität:** mentale Zustände handeln von etwas, sie beziehen sich auf etwas, sie bedeuten etwas, sie haben Gehalt
- **Phänomenalität:** es ist irgendwie, in einem mentalen Zustand zu sein, die Zustände haben Erlebnisqualitäten

Beide Kerncharakteristika müssen nicht bei allen mentalen Zuständen auftreten, jedes kann auch mal fehlen. Trotzdem scheinen es die beiden hervorstechenden Merkmale zu sein, um deren Erklärung sich auch ein Großteil der Philosophie des Geistes dreht. Nachdem wir nun eine erste, vage Vorstellung davon entwickelt haben, was der Untersuchungsgegenstand ist, werfen wir nun einen Blick auf die Grundfragen, anhand derer auch das Buch strukturiert ist.

1.2 Grundfragen der Philosophie des Geistes

Die oben bereits gestellte Kernfrage „Was ist der Geist und wie funktioniert er?" hat – wie schon gesehen – viele verschiedene Facetten. Die erste, klassische Grundfrage betrifft das Verhältnis von geistigen zu körperlichen Eigenschaften. Sie ergibt sich aus unserer Alltagserfahrung: Wir erleben uns selbst als Menschen, die aufgrund ihrer Wünsche und Gedanken Dinge tun, also: die Welt verändern. Unsere Gedanken und Wünsche, so scheint es uns, sind uns dabei irgendwie direkt zugänglich, die Welt um uns herum nehmen wir allerdings mithilfe unserer Sinne wahr. Es scheint also einen großen Unterschied zu geben zwischen der materiellen Welt ‚da draußen' und der mentalen Welt ‚drinnen'.

1

Leib-Seele-Problem: Das Leib-Seele-Problem stellt die erste Grundfrage dar: Wie hängen Geist und materielle Welt zusammen? In ▶ **Kap.** 2 werden klassische Positionen zu dieser Frage vorgestellt und diskutiert. Dabei orientieren wir uns an der modernen Formulierung, dem sogenannten Problem der mentalen Verursachung. Dieses Problem besteht in der Unvereinbarkeit von drei für sich genommen sehr plausiblen Thesen: 1) Die erste These besagt, dass Geistiges (also Mentales) und Körperliches (also Physisches; von griech. φύρις, *phýsis:* ‚Gewachsenes‘, ‚Natur‘) ontologisch klar verschieden sind. 2) Die zweite These behauptet, dass Geistiges (in Form von Wünschen und Überzeugungen) kausalen Einfluss auf das Physische hat. Wenn ich z. B. den Wunsch (das ist etwas Mentales) habe, meinen Arm zu heben, dann verursacht das normalerweise auch eine Bewegung meines Armes (das ist etwas Physisches). Das nennt man ‚mentale Verursachung‘. 3) Und schließlich gehen wir davon aus, dass jedes physische Ereignis eine physische Ursache hat – das nennt man ‚kausale Geschlossenheit der Physik‘. Das Problem ist nun, dass nicht alle drei Thesen gleichzeitig wahr sein können. Wir können also jeweils eine der Thesen zurückweisen und so versuchen, ein stimmiges Weltbild zu entwerfen, in dem Mentales und Physisches gleichermaßen Platz haben.

Intentionalität: Bei Intentionalität handelt es sich um eine Eigenschaft von mentalen Zuständen, die mit dem Phänomen der mentalen Verursachung in Verbindung steht. Warum verursacht mein Wunsch, den Arm zu heben, dass mein Arm sich hebt, aber nicht, dass mein Fuß abknickt? Mindestens ein Teil der Antwort liegt in der Tatsache, dass der Wunsch von meinem Arm handelt und nicht von meinem Fuß. Mentale Zustände handeln also typischerweise *von* etwas, sie stehen für etwas bzw. sie bedeuten etwas. Und genau diese Eigenschaft – sich auf etwas anderes beziehen zu können – nennt man ‚Intentionalität‘. In ▶ **Kap.** 3 wird es zunächst um die Frage gehen, wie eine solche Bezugnahme in ein physikalistisches Weltbild integriert werden kann. Die Hauptschwierigkeit dabei besteht darin, manchen physischen Zuständen (z. B. Hirnzuständen, die mit unseren mentalen Zuständen einhergehen) Intentionalität zuzuschreiben, anderen aber nicht (z. B. dem Stein). Weiterhin wird es um die Frage gehen, wie ein mentaler Zustand zu seinem spezifischen mentalen Gehalt kommt, also: woran es liegt, dass mein Wunsch, den Arm zu heben, sich auf den Arm bezieht und nicht auf den Fuß.

Da diese beiden Grundfragen – die Frage nach der Integrierbarkeit von Geistigem und Physischem – einen Großteil der klassischen Diskussionen ausmachen und so den Hintergrund von vielen anderen Fragen bilden, sind diese beiden Kapitel auch die umfangreichsten. Das soll aber nicht bedeuten, dass die folgenden Themen weniger wichtig wären.

Körper und Umwelt: Die Rolle des Körpers und der Umwelt wurde vor allem seit den 2000er Jahren intensiv diskutiert. Hintergrund ist die Annahme, dass wir den Geist und mentale Zustände vollständig erklären können durch Bezugnahme auf die internen Zustände eines kognitiven Systems. Dieser Auffassung wurde aber vielfältig widersprochen. Aus ganz unterschiedlichen Richtungen kamen Argumente, die zeigen, dass der Körper und die Umwelt nicht vernachlässigbare Faktoren für die Konstitution von mentalen Zuständen und ihren Gehalten sind. In

▶ **Kap.** 4 geben wir einen kurzen Überblick über die verschiedenen Ansätze, die dem Körper und der Umwelt eine solche konstitutive Rolle zuweisen wollen.

Bewusstsein und Erlebnisqualitäten: Das bewusste Erleben spielt für uns im Alltag und für unser Selbstverständnis eine sehr große Rolle. Tatsächlich ist es aber noch gar nicht so lange her, dass der sogenannte phänomenale Aspekt des Erlebens zum Gegenstand systematischer Diskussionen wurde. Gemeint ist, wie es sich anfühlt, in einem mentalen Zustand zu sein. Wahrscheinlich wurde diese phänomenale Qualität lange nicht systematisch beachtet, weil sie unzertrennlich mit den intentionalen Aspekten verknüpft schien. Erst mit der ‚Entdeckung' unbewusster mentaler Zustände und deren empirischer Erforschung wurde auch in der Philosophie das Augenmerk darauf gelenkt, dass beide Aspekte nicht notwendigerweise zusammenfallen müssen. In ▶ **Kap.** 5 werden die wichtigsten Ansätze und Gedankenexperimente zu diesem Thema vorgestellt.

Selbstwissen und Selbstbewusstsein: Während es bisher vor allem darum ging, was mentale Zustände sind, welche Eigenschaften sie haben, und wie sie in ein physikalistisches Weltbild integriert werden können, wenden wir uns in ▶ **Kap.** 6 Fragen zu, die Überschneidungen zur Erkenntnistheorie aufweisen. Dabei werden wir uns zunächst damit beschäftigen, ob das Wissen über unsere eigenen mentalen Zustände (Selbstwissen) epistemisch ausgezeichnet ist und eine besonders sichere Basis darstellt. Danach werden wir die Frage etwas weiter stellen und alle mentalen Zustände, die sich auf uns selbst beziehen, in den Blick nehmen: Das Selbstbewusstsein umfasst dabei nicht nur Wissen um die eigenen mentalen Zustände, sondern zum Beispiel auch Körperbewusstsein. Die Hauptfrage wird hierbei sein, was genau unser Erleben von uns selbst vom Erleben anderer Objekte unterscheidet.

Fremdpsychisches: Die mentalen Zustände Anderer bilden ein eigenes Problem, da wir keinen direkten Zugang zu diesen Zuständen haben. Die Frage ist also, woher wir wissen, was andere Menschen denken und fühlen, und wie wir diese für unser soziales Zusammenleben offenbar sehr wichtige Fähigkeit erlernen. In ▶ **Kap.** 7 wird darüber hinaus auch thematisiert, ob es von mehreren kognitiven Subjekten geteilte mentale Zustände geben kann. Das ist besonders wichtig im Kontext von gemeinsamem Handeln, bei dem es geteilte Ziele und Wünsche zu geben scheint. Was aber kann es bedeuten, dass zwei Menschen einen gemeinsamen Wunsch haben? Was bedeutet das für unsere Auffassung von mentalen Zuständen?

Emotionen: Sie haben lange Zeit in der Philosophie eine untergeordnete Rolle gespielt. Die Idee, dass Emotionen tierische Triebe sind, die von der Vernunft unterdrückt und kontrolliert werden müssen, war weit verbreitet. Etwa seit den 1980er Jahren hat aber eine Reihe empirischer Befunde nahegelegt, dass Emotionen einen Teil der Basis für vernünftiges Handeln darstellen. In ▶ **Kap.** 8 wird zunächst der Frage nachgegangen, was Emotionen sind und wie sie mit anderen kognitiven Zuständen zusammenhängen, bevor diskutiert werden kann, welche Rolle sie für unser Verhalten tatsächlich spielen.

1

Verhältnis von Sprache und Denken: Auch dabei handelt es sich um ein relativ junges Thema innerhalb der Philosophie des Geistes, da lange stillschweigend angenommen wurde, dass Denken ausschließlich sprachlich vollzogen wird. Dabei deuten viele empirische Befunde darauf hin, dass das Verhältnis sehr viel verwickelter ist, als man auf den ersten Blick annehmen würde. In ▶ **Kap.** 9 werden wir zunächst klären, welche großen Thesen zum Verhältnis von Denken und Sprache wir unterscheiden können, bevor wir einen etwas genaueren Blick auf die Struktur von Wahrnehmungsrepräsentationen werfen, die plausiblerweise auch die Basis für das Erlernen von sprachlichen Ausdrücken bilden. Schließlich werden wir im Anschluss an die Frage, wie viel Denken ohne Sprache möglich ist, auch die Frage, ob Tiere denken können, systematisch betrachten.

Weitere Grundfragen werden in dieser Einführung höchstens nebenher behandelt – so gibt es zum Beispiel auch noch die Perspektive der Wissenschaftsphilosophie, die sich der Frage widmet, wie empirische Geist-Wissenschaften *(mind sciences)* aussehen können und welche Methoden zur Beantwortung welcher Fragen überhaupt etwas beitragen können. Ebenfalls werden wir viele Ansätze, die in den Kognitionswissenschaften auch unter Beteiligung der Philosophie des Geistes diskutiert werden, nur nebenbei kurz erwähnen können.

1.3 Allgemeine Hinweise zum Umgang mit dem Lehrbuch

Selbstverständlich ist das vorliegende Lehrbuch nicht die einzige Einführung in das Thema. Und genauso selbstverständlich gibt es eine Vielzahl an Literatur, die zu den jeweiligen Themen vertiefend gelesen werden kann. In den einzelnen Kapiteln werden wir immer wieder auf solche Literatur verweisen. Anstatt also hier eine (unvollständige und von unserer Sichtweise gefärbte) Liste an weiterführender Literatur bereitzustellen, geben wir Ihnen lieber zwei Hinweise darauf, wie Sie selbständig die Literatur finden können, die Sie suchen.

Weiterführende Literatur: Ein sehr gutes und offen im Internet verfügbares Nachschlagewerk ist die Stanford Encyclopedia of Philosophy (▶ https://plato.stanford.edu/). Hier finden sich zu einer Vielzahl an Stichwörtern ausführliche Überblicksartikel in englischer Sprache, die einen sehr guten vertieften Einstieg in ein bestimmtes Fachgebiet ermöglichen und zugleich wertvolle Hinweise auf relevante Forschungsliteratur liefern.

Darüber hinaus bietet die ebenfalls offen verfügbare Plattform PhilPapers (▶ https://philpapers.org/) vielfältige Möglichkeiten der Recherche zu bestimmten Themen. Durch die umfangreiche und detaillierte Verschlagwortung kann der Online-Katalog auch sehr gut benutzt werden, um Literatur zu einem bestimmten Thema zu finden, wobei auch deutschsprachige Werke angezeigt werden.

Zusammenfassungen und Selbst-Überprüfung: Am Ende jedes Kapitels werden in einem Fazit die wichtigsten Punkte rekapituliert und übersichtlich in den Zusammenhang des Kapitels einsortiert. Hier finden sich auch jeweils **tabellarische**

Übersichten zu den Positionen, in denen Name, Grundidee und Hauptprobleme zusammengefasst sind.

Tipp

Wenn die entsprechenden Spalten der Tabelle verdeckt werden, können diese Tabellen zur Selbst-Überprüfung genutzt werden.

Literatur

Aristoteles: *Über die Seele – De anima* (Philosophische Bibliothek, Band 681). Hamburg 2017.
Nagel, Thomas: „What is it like to be a Bat?". In: *The Philosophical Review* 83 (1974), 435–450.

Das Leib-Seele-Problem

Inhaltsverzeichnis

© Springer-Verlag GmbH Deutschland, ein Teil von Springer Nature 2021
G. Vosgerau und N. Lindner, *Philosophie des Geistes und der Kognition*,
https://doi.org/10.1007/978-3-476-04567-6_2

2

Das sogenannte Leib-Seele-Problem gilt nach wie vor als das Kernproblem der Philosophie des Geistes – manche Einführungen, wie z. B. die von Jaegwon Kim (1996) beschränken sich darauf, auch wenn ein Großteil der aktuellen Forschung höchstens mittelbar damit zu tun hat. Dabei ist bereits der Name irreführend: Es geht nämlich weder um den Leib, der traditionell als der beseelte Körper aufgefasst wird, noch um die Seele, die (zumindest in der aristotelischen Tradition) eher als eine Art Lebensprinzip verstanden wird. Vielmehr geht es um das Verhältnis von **Körper und Geist.**

Wir können intuitiv eine relativ deutliche Grenze zwischen körperlichen und geistigen Eigenschaften oder Vorgängen ziehen: Fieber ist z. B. klarerweise ein Zustand unseres Körpers, während das damit einhergehende Gefühl ein geistiger Zustand ist. Ebenso ist eine Verletzung ein körperlicher Zustand, der dazugehörige Schmerz allerdings geistig. Obwohl also Körper und Geist intuitiv zwei völlig verschiedenen Bereichen angehören, gibt es offensichtliche gegenseitige Verbindungen: So löst etwa eine Verletzung typischerweise Schmerz und der Wille, den Arm zu heben, eine körperliche Bewegung des Arms aus.

Definition

Das **Leib-Seele-Problem** (oder besser: Körper-Geist-Problem) besteht darin, das wechselseitige Verhältnis der intuitiv klar getrennten Bereiche des Körperlichen und des Geistigen zu bestimmen.

Voraussetzung für das Leib-Seele-Problem ist also, dass die **Verschiedenheit von Körperlichem und Geistigem** anerkannt wird. Anders ausgedrückt: Eine Möglichkeit, das Problem zu umgehen, ist, die Verschiedenheit zu leugnen. Genau das machen Identitätstheorien, die behaupten, dass Geistiges und Körperliches identisch sind. Eine andere Möglichkeit nutzt der Eliminativismus, indem er dem Geistigen (oder dem Körperlichen) gänzlich die Existenz abspricht.

Wenn eine grundlegende Verschiedenheit anerkannt wird (Dualismus), muss der **ontologische Status** des Körperlichen und des Geistigen geklärt werden: Grundsätzlich unterscheidet man hier zwischen dem Substanzdualismus, nach dem es geistige und körperliche Träger von Eigenschaften gibt, und dem Eigenschaftsdualismus, der lediglich behauptet, dass es geistige und körperliche Eigenschaften gibt, die aber denselben (neutralen) Trägern zukommen können.

Während ein Substanzdualismus das Verhältnis von geistigen und körperlichen Substanzen als ein metaphysisch grundlegendes Verhältnis bestimmen muss, kann der Eigenschaftsdualismus auch Mittelwege einschlagen, indem etwa verschiedene Abhängigkeiten oder Hierarchien von Eigenschaften angenommen werden. Auf dieser Grundidee basieren Positionen, die körperliche Eigenschaften zwar als grundlegend für, aber gleichzeitig nicht identisch mit geistigen Eigenschaften auffassen.

Problem der mentalen Verursachung   So wird die **moderne Fassung des Leib-Seele-Problems** bezeichnet, die das Problematische am Verhältnis von Körperlichem und Geistigem auf die Frage zuspitzt, wie es möglich ist, dass rein

Geistiges Körperliches verursachen kann. Das scheint jedenfalls nach unserem Alltagsverständnis so zu sein, da zum Beispiel mein rein geistiger Wunsch, den Arm zu heben, die rein körperliche Bewegung meines Armes verursacht. Das Problem stellt sich als sogenanntes Trilemma dar, also als Unvereinbarkeit von drei für sich genommen sehr plausiblen Thesen:

Definition

Das **Problem der mentalen Verursachung** besteht in der Unvereinbarkeit der folgenden drei Thesen, die für sich genommen sehr plausibel sind und von denen wir keine leichtfertig aufgeben wollen:

- **These der Verschiedenheit:** Geistiges (Mentales) und Körperliches (Physisches) sind metaphysisch unterschiedlich.
- **These der mentalen Verursachung:** Geistiges kann kausal auf Körperliches einwirken.
- **These der kausalen Geschlossenheit:** Der Bereich des Körperlichen ist kausal geschlossen.

Die **These der Verschiedenheit** ist, wie oben schon erwähnt, eine Voraussetzung für das Problem. Sie ist unmittelbar plausibel in dem Sinne, dass sie durch unsere Alltagserfahrung (oder zumindest durch unsere alltägliche Sprechweise) nahe gelegt wird, ebenso wie die **These der mentalen Verursachung.** Etwas erklärungsbedürftiger ist die **These der kausalen Geschlossenheit** des Bereichs des Körperlichen, die besagt, dass jedes körperliche Ereignis, das überhaupt eine Ursache hat, eine körperliche Ursache hat. Diese These wird meist damit begründet, dass die Physik, die das Körperliche beschreibt, sehr erfolgreich ist in Bezug auf eine kausale Erklärung körperlicher Ereignisse, und dass sie über körperliche Ursachen hinaus keine weiteren Ursachen erwähnen muss. Dass hier das Körperliche (Physische) relativ unkritisch mit dem Physikalischen (also dem Gegenstandsbereich der Physik) gleichgesetzt wird, liegt vielleicht daran, dass sich im Englischen (in der die Debatte vorwiegend geführt wird) der Unterschied nicht sprachlich niederschlägt (beides heißt im Englischen „physical") (◻ Abb. 2.1).

Offensichtlich können nicht alle drei Thesen gleichzeitig wahr sein: Wenn das Geistige selbst nicht körperlich ist, aber körperliche Ereignisse verursacht, so muss es auch nicht-körperlich verursachte körperliche Ereignisse geben.

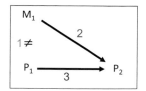

Inkompatibel:
1) Dualismus
2) mentale Verursachung
3) kausale Geschlossenheit

◻ **Abb. 2.1**   Das Problem der mentalen Verursachung: M_1 ist ein mentales Ereignis, P_1 und P_2 physische Ereignisse, die Pfeile deuten Kausalitätsbeziehungen an. Der Dualismus behauptet, dass M_1 und P_1 metaphysisch unterschiedlich sind; die These der mentalen Verursachung sagt, dass M_1 P_2 verursacht; die These der kausalen Geschlossenheit verlangt, dass P_2 durch P_1 verursacht wird. Diese drei Thesen sind nicht miteinander kompatibel

2

Aufgrund der These der kausalen Geschlossenheit des Körperlichen müssen aber auch diese körperlichen Ereignisse körperliche Ursachen haben, so dass die nicht-körperlichen Ursachen überflüssig und unverständlich werden. Technisch gesehen muss hier noch die Möglichkeit einer systematischen Überdetermination ausgeschlossen werden, die darin besteht, dass ein Ereignis mehrere verschiedene, für sich genommen bereits hinreichende Ursachen hat.

Zur Vertiefung: Systematische Überdetermination

Die kausale Überdetermination von Ereignissen ist an sich kein Problem. Das etwas martialische Standardbeispiel ist der Tod eines von einem Exekutionskommando Erschossenen: Sein Tod ist überdeterminiert, da bereits eine der Kugeln, die ihn tödlich getroffen haben, hinreichend gewesen wäre für den Tod. Problematisch ist lediglich eine *systematische* Überdetermination, also eine, die immer bei bestimmten Ereignistypen vorliegt. Wenn zum Beispiel jedes Arm-Hebe-Ereignis sowohl durch einen Willen als auch ein neuronales Motorkommando verursacht wird, die beide für sich schon hinreichend wären, so wären die beiden kontrafaktischen Konditionale: „Wenn es den Willen/das Motorkommando nicht gegeben hätte, so hätte sich der Arm nicht bewegt (unter ansonsten gleichen Umständen)" niemals wahr. Das widerspricht aber unserer Alltagskonzeption von Verursachung, nach der Effekte nicht völlig unabhängig von ihren Ursachen auftreten sollten. Es bliebe in diesem Fall also völlig unklar, in welchem Sinne wir überhaupt noch von Verursachung reden könnten (und zwar sowohl in Bezug auf die geistigen als auch die körperlichen Ursachen).

Ontologischer Status Durch die Verengung des Blickwinkels auf Verursachung wird auch eine Spezifizierung vorgenommen hinsichtlich des ontologischen Status von Geistigem und Körperlichen: Es geht nämlich um Ursachen und Wirkungen, also um diejenigen Dinge, die in **kausalen Beziehungen** zueinander stehen. Obwohl es unterschiedliche Ansichten gibt, ob das Eigenschaften, Ereignisse oder Tatsachen sind, besteht Einigkeit, dass es sich nicht um Substanzen handelt. Tatsächlich ist es auch plausibel, dass sich der Status eines Ereignisses oder einer Tatsache als geistig oder körperlich darauf zurückführen lässt, ob es oder sie eine geistige oder eine körperliche Eigenschaft involviert. Es geht also in der modernen Debatte um das Verhältnis von zwei verschiedenen Eigenschaftsgruppen: Der Gruppe der geistigen Eigenschaften und der Gruppe der körperlichen Eigenschaften.

Wenn nun die sehr plausible These dazu genommen wird, dass körperliche Eigenschaften grundlegender sind als geistige (grob begründet dadurch, dass geistige Eigenschaften nicht ohne körperliche vorkommen können, aber körperliche ohne geistige), kann man geistige Eigenschaften als einen Sonderfall sogenannter höherstufiger Eigenschaften auffassen. Weitere höherstufige Eigenschaften finden wir bereits innerhalb der Physik: So ist die Temperatur eines Gases eine höherstufige Eigenschaft, die auf der Bewegung der einzelnen Moleküle des Gases beruht. Auch hier entsteht die Frage, ob die Temperatur irgendetwas verursachen kann, oder ob letztendlich nur die einzelnen Impulse der Moleküle etwas verursachen können. Damit wird das Problem der mentalen Verursachung zu einem Spezialfall des sehr viel umfassenderen **Problems der kausalen Wirksamkeit höherstufiger Eigenschaften** und verliert damit seine Spezifizität für die Philosophie des Geistes: Das Geistige ist hier nur noch ein Beispielfall für ein relativ allgemeines metaphysisches Problem, das daher in der allgemeinen Metaphysik behandelt werden sollte (und auch wird).

2.1 Dualismus: Radikale Verschiedenheit von Geist und Körper

Der wohl bekannteste Vertreter des **Substanzdualismus** ist René Descartes. Obwohl sein sogenanntes Cogito-Argument den meisten zumindest in den Grundzügen bekannt ist, ist es nicht unmittelbar relevant für den Dualismus. In diesem Argument wird lediglich versucht nachzuweisen, dass es mindestens eine geistige Substanz, nämlich ‚das Ich‘, gibt (mehr zu diesem Thema in ▶ Kap. 6). Damit ist aber noch nicht gezeigt, dass geistige Substanzen real (und nicht nur scheinbar) verschieden sind von körperlichen Substanzen. Das sollen zwei Argumente von Descartes leisten: das metaphysische Argument und das naturphilosophische Argument.

Descartes' metaphysisches Argument Das metaphysische Argument von Descartes (1641) in seinen *Meditationen* beruht auf einem Schluss von der Vorstellbarkeit eines reinen Geistes auf die **reale Verschiedenheit von Körper und Geist**. Es basiert auf erkenntnistheoretischen Vorüberlegungen, nach denen Gott uns so erschaffen hat, dass wir uns nicht irren können, wenn wir etwas klar und deutlich einsehen (vgl. Kemmerling/Schütt 1996). Das bedeutet nicht, dass wir uns nie irren können. Wenn wir uns aber systematisch irren würden – so der Grundgedanke –, wäre das nicht vereinbar mit der Tatsache, dass Gott uns nicht betrügen will (also gut ist). Und das bedeutet, dass wir, wenn wir unsere von Gott gegebenen Erkenntnismöglichkeiten nur mit Bedacht und sorgfältig anwenden, auch zu sicheren Erkenntnissen kommen können. Nach dieser Vorüberlegung kann das metaphysische Argument wie folgt rekonstruiert werden (Newen 1996):

> ▶ **Argument: Descartes' metaphysisches Argument für den Substanzdualismus**

1. Alles, was ich klar und deutlich begreife, kann von Gott so gemacht werden, wie ich es begreife.
2. Alles, was ich klar und deutlich begreife, ist möglich (aus 1).
3. Ich sehe ein, dass ich mit der Eigenschaft des Denkens und ohne alle körperlichen Eigenschaften existieren könnte.
4. Ich sehe ein, dass alle Körper allein mit der Eigenschaft des Ausgedehntseins, d. h. ohne zu denken, existieren können.
5. Es ist möglich, dass ich allein mit der Eigenschaft des Denkens und ohne alle körperlichen Eigenschaften existiere (aus 2 und 3).

6. Es ist möglich, dass jeder Körper allein mit der Eigenschaft des Ausgedehntseins, d. h. ohne zu denken, existiert.

7. Daher bin ich (als denkende Substanz, *res cogitans*) real verschieden von meinem Körper (als ausgedehnter Substanz, *res extensa*) und kann auch ohne ihn existieren. ◄

Neben der erkenntnistheoretischen Vorüberlegung spielt also vor allem die Idee eine Rolle, dass ich mir **vorstellen kann,** ohne Körper zu existieren, und mir auch vorstellen kann, dass Körper ohne Geist existieren. Das Erstere funktioniert laut Descartes, wenn wir uns vorstellen, dass wir uns vom Menschen jeweils die körperlichen Eigenschaften schrittweise wegdenken. Dann können wir uns vorstellen, dass wir gar keine Hände haben, sondern uns die Hände nur vorstellen. Die entsprechenden Empfindungen in den Händen haben dann in Wirklichkeit eben nichts mit Händen zu tun, sondern entstehen nur aus der Verknüpfung rein geistiger Empfindungen mit den rein geistigen Vorstellungen der Hände. In Bezug auf den zweiten Teil der These können wir uns vorstellen (bzw. halten es für offensichtlich), dass es Körper gibt, die keine Empfindungen oder andere geistige Eigenschaften haben: Steine, Tische und praktisch die gesamte nicht-belebte Materie stellen Beispiele für solche geistlosen Körper dar. Dabei ist die für Descartes ausschlaggebende Eigenschaft des Körperlichen das Ausgedehntsein, also die klare Abgrenzbarkeit im Raum.

Wenn wir also nun diese beiden Überlegungen mitmachen, dann kommen wir mit Descartes zu der Einsicht, dass es tatsächlich möglich ist, dass ich als denkende Substanz ohne Körper existiere. Aber warum folgt aus dieser Möglichkeit die reale Verschiedenheit von Körper und Geist? Zunächst müssen wir festhalten, dass aus der Vorstellbarkeit folgt, dass wir einen **begrifflichen Unterschied** machen können zwischen geistigen und körperlichen Eigenschaften. Wenn wir uns vorstellen können, das Eine ohne das Andere zu haben, dann ist es zumindest nicht begrifflich notwendig, dass beide immer zugleich auftauchen. Und das bedeutet, dass die beiden Begriffe real verschieden sind. Bedeutet das aber auch, dass die beiden Eigenschaften, die durch die Begriffe herausgegriffen werden, real verschieden sind? Offensichtlich nicht, denn die Tatsache, dass wir uns vorstellen können, die Temperatur eines idealen Gases zu verändern, ohne die mittlere kinetische Energie seiner Moleküle zu verändern, zeigt zwar, dass die Begriffe, eine bestimmte Temperatur zu haben und eine bestimmte mittlere kinetische Energie zu haben, real verschiedene Begriffe sind. Es zeigt aber nicht, dass die beiden Eigenschaften real verschieden sind. Im Gegenteil: Nach allem, was wir wissen, ist es gerade ein Ergebnis der modernen Physik, dass diese beiden Eigenschaften real dieselbe Eigenschaft sind, obwohl wir einen klaren begrifflichen Unterschied feststellen können!

Wenn also das metaphysische Argument von Descartes gültig werden soll, so muss Prämisse (2) verstanden werden als: „Alles, was ich klar und deutlich begreife, ist naturgesetzlich möglich." Wenn das so wäre, würden wir tatsächlich sagen, dass Unterschiede in der Vorstellbarkeit auch ‚reale' Unterschiede von Eigenschaften nach sich ziehen. Klarerweise ist dieser Satz aber falsch. Nicht nur, dass trotz unserer Phantasie kein *perpetuum mobile* real existiert, auch das naturgesetzliche Zusammenfallen von Temperatur und mittlerer kinetischer Energie der Moleküle (bei idealen Gasen) ist unberührt von unserer klaren Vorstellung. Das bedeutet, dass Descartes' metaphysisches Argument sogar dann nicht überzeugen kann, wenn die starken erkenntnistheoretischen Voraussetzungen eingekauft werden. Oder anders gesagt: Selbst wenn alles, was wir uns klar vorstellen können, tatsächlich von Gott so gemacht werden könnte, heißt das noch lange nicht, dass es von Gott auch so gemacht ist. Und reale Verschiedenheit scheint aber zu bedeuten, dass Gott es auch wirklich unterschiedlich gemacht hat, und nicht nur, dass er es könnte.

Descartes' naturphilpsophisches Argument   Descartes präsentiert als zweites Argument für die reale Verschiedenheit von körperlichen und geistigen Eigenschaften das naturphilosophische Argument. Es heißt so, weil es über die Natur der Dinge argumentiert, insbesondere die **Natur des Menschen.** Descartes geht davon aus, dass es zu unserer Natur gehört, zu sprechen und intelligent zu handeln. Gleichzeitig geht er davon aus, dass sich das Verhalten von Maschinen allein aus den Naturgesetzen ergibt, die für die Teile der Maschine gelten. Das bedeutet, dass eine rein aus materiellen Teilen aufgebaute Maschine nur Verhalten zeigen kann, das durch die die materielle Welt betreffende Naturgesetze erklärt werden kann. Aber solche Maschinen können nach Descartes gerade kein Sprachverhalten und kein intelligentes Verhalten zeigen. Daraus folgt, dass wir Menschen keine reinen Maschinen sein können: Es muss etwas in uns geben, das unser intelligentes Verhalten erklärt. Und das kann nicht unser Körper (unsere Körpermaschine) sein, also muss es der reine Geist sein. Im Überblick:

> ► **Argument: Descartes' naturphilosophisches Argument**
>
> 1. Menschen besitzen die Fähigkeit, zu sprechen, und die Fähigkeit, intelligent zu handeln.
> 2. Keine Maschine, d. h. kein physikalisches System, dessen Verhalten sich allein aus den für seine Teile geltenden Naturgesetzen ergibt, verfügt über diese Fähigkeiten.
> 3. Es muss eine nichtphysische Instanz im Menschen geben, die bei Maschinen nicht vorliegt. Diese Instanz ist der Geist. ◄

Offensichtlich ist dieses Argument ebenfalls sehr voraussetzungsreich und daher auch sehr angreifbar. So ist es zum Beispiel nicht ohne weiteres klar, ob Maschinen wirklich prinzipiell die Fähigkeit abgeht, zu sprechen und intelligent zu handeln. Tatsächlich sind heute viele Menschen der Meinung, dass bereits jetzt oder jedenfalls in näherer Zukunft Roboter genau das können. Weiterhin steckt in dem Argument die Annahme, dass das Verhalten eines ganzen Systems erklärbar sein muss aus dem Verhalten bzw. den Eigenschaften seiner Teile. Das bedeutet, dass Descartes hiermit die Möglichkeit von sogenannten **emergenten Eigenschaften** leugnet, also von Eigenschaften, die gesamte Systeme besitzen, und die nicht auf die Eigenschaften ihrer Teile zurückgeführt werden können (► Abschn. 2.5). Auch wenn der Begriff der Emergenz und die Möglichkeit emergenter

Eigenschaften sehr umstritten ist, kann diese These nicht ohne weitere Argumente überzeugen.

Neuere Argumente für einen Dualismus sind meist ähnlich strukturiert wie Descartes' naturphilosophisches Argument und starten mit bewusstem Erleben oder dem freien Willen. Der Grundgedanke bleibt aber, dass phänomenales Erleben und freier Wille gerade menschliche Eigenschaften sind, die nicht mechanisch oder physikalisch erklärt werden können (mehr dazu in ▶ Kap. 5). Lassen wir für den Moment diese generellen Argumente hinter uns und wenden uns den vier Möglichkeiten zu, mentale Verursachung auch unter Annahme eines Dualismus zu erklären: Okkasionalismus, Parallelismus, Interaktionismus und Epiphänomenalimus.

Okkasionalismus   Der Okkasionalismus ist eine Position, die heute nur noch von rein historischem Interesse ist, da die Voraussetzungen, die eine solche Position plausibel scheinen lassen, heute im Allgemeinen nicht mehr geteilt werden. Der Ansatz sagt grob vereinfacht, dass der Bereich des Körperlichen nicht kausal geschlossen ist (s. o.), sondern dass **Gott als nicht-körperliche Ursache** jederzeit in das körperliche Weltgeschehen eingreifen kann. Und das tut er tatsächlich auch jedes Mal, wenn ein Mensch den Entschluss fasst, etwas zu tun. Das bedeutet, dass mein Wunsch, den Arm zu heben, zwar nicht die Bewegung meines Arms verursacht (in dem Sinne gibt es also mentale Verursachung nicht), aber dass exakt zu dem Zeitpunkt, an dem ich den Wunsch habe, meinen Arm zu heben, Gott die Bewegung meines Armes verursacht. Das Phänomen der mentalen Verursachung wird also umgedeutet zur göttlichen Verursachung, die mit meinen mentalen Absichten zeitlich einhergeht (◻ Abb. 2.2).

Parallelismus   Ähnlich unplausibel scheint uns heute die Idee von Leibniz, dass körperliche und geistige Vorgänge in der Welt zwar strikt getrennt voneinander ablaufen und sich nicht gegenseitig beeinflussen, dass aber dieses **Nebeneinander her Laufen** von Gott am Anfang der Zeit perfekt aufeinander abgestimmt wurde („prästabilierte Harmonie"). Auf diese Weise leugnet Leibniz das Phänomen der mentalen Verursachung völlig und degradiert es zu einem zeitlichen Zusammentreffen von geistigen und körperlichen Ereignissen (◻ Abb. 2.3).

Eine in Teilen ähnliche Position finden wir heute in dem von David Chalmers (1996; 2015) vertretenen **Panprotopsychismus:** Die Idee ist, dass die grundlegenden Eigenschaften, aus denen unsere Welt aufgebaut ist, ,protopsychische'

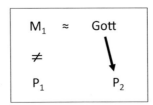

◻ **Abb. 2.2**   Gemäß dem Okkasionalismus verursacht Gott immer dann, wenn M_1 auftaucht, P_2

Abb. 2.3 Nach dem Parallelismus laufen die mentalen Ereignisse M_1 und M_2 unverbunden mit, aber in perfekter Entsprechung zu den physischen Ereignissen P_1 und P_2 ab

Eigenschaften sind. Wenn sie in Kombinationen auftreten, können sie unsere psychischen Eigenschaften erklären (wenn auch unklar ist, wie sie das genau tun). Sie sind also die Grundbausteine, aus denen sich direkt die Welt der geistigen Eigenschaften zusammensetzt. Gleichzeitig stehen diese protopsychischen Eigenschaften aber auch in raumzeitlichen Relationen zueinander; und aus diesen raumzeitlichen Relationen ergeben sich die physischen/physikalischen Eigenschaften. Das bedeutet, dass die Welt der körperlichen Eigenschaften zwar völlig getrennt und unabhängig von der Welt der geistigen Eigenschaften ist, dass aber gleichzeitig beide ein **gemeinsames ontologisches Fundament** haben. Insofern ist diese Position ähnlich zu der Position Leibniz': Beide sehen die Bereiche des Geistigen und des Körperlichen als voneinander getrennt an, obwohl eine gemeinsame ontologische Basis behauptet wird. Der Unterschied ist, dass Leibniz Substanzen (die sogenannten Monaden) als ontologische Gemeinsamkeit annimmt, die geistige und körperliche Eigenschaften haben, während Chalmers nur von verschiedenen Eigenschaften redet. Trotzdem interagieren die beiden Bereiche nicht, und ihre offensichtliche Parallelität ist entweder durch Gott hergestellt (Leibniz) oder ein nicht weiter erklärbares metaphysisches Primitivum (Chalmers).

Der Vollständigkeit halber sei aber erwähnt, dass Chalmers seine Position nicht als Dualismus (und daher auch nicht als Parallelismus) ausweist, sondern dass er sich selbst in die Tradition des neutralen Monismus stellt und damit glaubt, eine vermittelnde Position zwischen Monismus und Dualismus gefunden zu haben (Chalmers 2003). Als ‚neutralen Monismus' bezeichnet man in erster Linie die Position, dass es nur eine gemeinsame, neutrale ontologische Basis gibt, auf die sowohl psychische als auch physische Eigenschaften zurückgeführt werden können. Diese Position wurde unter anderem prominent von Bertrand Russell (1921) vertreten.

Interaktionismus Während der Okkasionalismus und der Parallelismus also das Phänomen der mentalen Verursachung gewissermaßen wegerklären und als Illusion deuten, nimmt der Interaktionismus das Phänomen sehr ernst und ‚opfert' stattdessen die These der kausalen Geschlossenheit der körperlichen Welt. Die Grundidee ist, dass die physische Welt zwar weitestgehend kausal geschlossen ist, dass es aber sozusagen **kleine Lücken** gibt, in die der Geist hineinwirken kann. Der wohl berühmteste Interaktionismus wird von Descartes vertreten, der nach seinen Beweisen der realen Verschiedenheit von Geist und Körper einiges daran setzt, eine nach damaligen Standards naturwissenschaftlich haltbare These

2

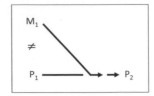

◼ Abb. 2.4 Gemäß Interaktionismus gibt es in den kausalen Ketten auf der physischen Ebene immer wieder kleine Lücken, in die M_1 hineinwirken kann und so P_2 verursachen kann

zur Einwirkung des Geistes auf den Körper zu etablieren. Auch wenn uns die Details dieser Überlegung heute lächerlich erscheinen mögen, finden sich die Grundzüge seines Ansatzes noch heute in vielen Positionen wieder: Descartes geht davon aus, dass der ,Sitz' des Geistes im Gehirn ist. Daher kann der Geist nicht direkt auf unsere Muskeln oder gar die Dinge um uns herum einwirken, sondern nur auf das Gehirn, genauer gesagt: die Zirbeldrüse. Der zweite Grundgedanke ist, dass die Erklärung, die uns von der Zirbeldrüse bis zur Bewegung des Armes und schließlich der Manipulation der Dinge um uns herum bringt, ausschließlich in physikalischen Termini gegeben werden kann (bei Descartes ist dies noch beschränkt auf die Mechanik) (◼ Abb. 2.4).

Diese beiden Grundzüge finden wir zum Beispiel auch bei Karl Raimund Popper und John Carew Eccles (1977), die eine sehr ähnliche Theorie entwickeln, die allerdings mit Konzepten der modernen Physik angereichert ist. So kann laut Popper und Eccles der freie Wille die jeweilige Transmitterausschüttung an bestimmten kortikalen Synapsen beeinflussen, was über das quantenmechanische Konzept der **Wahrscheinlichkeitsfelder** erklärt wird. Die Idee ist grob, dass die quantenmechanischen Prozesse nur mit gewissen Wahrscheinlichkeiten eine bestimmte Wirkung hervorrufen, und genau hier kann der freie Wille eingreifen und die exakte Wirkung im Einzelfall festlegen. Diese Einflussnahme ist aber, wie bei Descartes, auf den Bereich des Gehirns (bzw. den motorischen Kortex im Gehirn) beschränkt, ohne dass diese Beschränkung erklärt werden könnte. So kann der freie Wille also nach Popper und Eccles manche Gehirnprozesse kausal beeinflussen.

Epiphänomenalismus   Der Epiphänomenalismus stellt eine weitere Position dar, die jemandem, der am Dualismus festhalten möchte, offensteht. Ihm zufolge ist die Richtung der Kausalität gewissermaßen umgedreht, so dass das Phänomen der mentalen Verursachung letztlich geleugnet wird: die Idee ist, dass zwar **körperliche Eigenschaften geistige verursachen können, aber nicht andersherum.** Der Apfel verursacht, wenn ich ihn betrachte, etwa einen bestimmten Gehirnzustand, der wiederum ein gewisses Wahrnehmungserlebnis bei mir verursacht. Dieses Wahrnehmungserlebnis verursacht nun aber nicht seinerseits einen Gehirnzustand, der zu meiner Äußerung „da ist ein Apfel" führt, sondern diese Verursachung wird ausschließlich durch den meinem Wahrnehmungserlebnis zugrunde liegenden Gehirnzustand bewerkstelligt. Kurzum: Geistige Zustände werden zwar

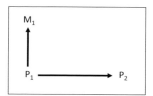

Abb. 2.5 Der Epiphänomenalismus geht davon aus, dass P_1 nicht nur P_2 verursacht, sondern auch M_1, was selbst aber wiederum kausal nicht wirksam ist

von körperlichen verursacht, sind aber selbst kausal völlig impotent. Sie sind daher reine ‚Epiphänomene' (Abb. 2.5).

Neben der Tatsache, dass diese Position unserem Erleben deutlich widerspricht, stellt sich auch die generelle Frage, warum es das Geistige dann überhaupt gibt und warum wir darüber sprechen sollten. Alternativ könnten wir ja auch sagen, dass es das Geistige, weil es keinen Unterschied macht, überhaupt nicht gibt, bzw. zumindest aus unserem wissenschaftlichen Bild vollständig gestrichen werden sollte. Und genau das ist die Position des Eliminativismus.

2.2 Eliminativismus: Der Geist als überflüssige Redeweise

Der Eliminativismus behauptet, dass die ganze Redeweise von geistigen Eigenschaften wissenschaftlich unhaltbar ist. Daher sollten mentale Termini zumindest **aus der Wissenschaft verschwinden,** und dann würden sie auch nach und nach aus der Alltagssprache verschwinden. Damit grenzt sich der Eliminativismus von den vorher besprochenen Positionen klar als ein Monismus ab: Es wird behauptet, dass es nur eine Art von Eigenschaften gibt, nämlich die körperlichen. Die Existenz der geistigen Eigenschaften wird hingegen komplett geleugnet, und damit die Rede von geistigen Eigenschaften als unsinnig abgetan. Um den Grundgedanken etwas plausibler und anschaulicher zu machen, lohnt es sich, einige Beispiele anzuführen, bei denen eine ‚Elimination' bereits geglückt ist: So war es einmal fester Bestandteil des ‚Volksglaubens', dass es Hexen gibt, und dieser Volksglaube hatte auch dramatische Auswirkungen auf das menschliche Handeln in Form von Hexenverbrennungen. Allerdings hat sich mit fortschreitender Wissenschaft herausgestellt, dass die Redeweise von magischen Kräften und Hexerei wissenschaftlich unhaltbar ist. So wurde der Begriff der Hexe zunächst aus dem Vokabular der Wissenschaft und nach und nach auch aus dem Volksglauben verbannt bzw. eliminiert.

Zur Vertiefung: Verursachung des Geistigen – tiefe Intuition oder Ignoranz?
Nun könnte man gegen die Grundidee des Eliminativismus anführen, dass die geistigen Eigenschaften gerade durch die naturwissenschaftlich beschriebenen Vorgänge verursacht werden (wie auch vom Epiphänomenalisten behauptet). Die Tatsache, dass die Naturwissenschaft also ohne mentale Begriffe auskommt, bedeutet

2

daher nicht, dass wir diese eliminieren können – vielmehr brauchen wir sie, um zu beschreiben, was durch die körperlichen Vorgänge verursacht wird.

Patricia und Paul Churchland (1998) begegnen diesem Einwand, indem sie den vorgebrachten Gedankengang als Ausdruck von Ignoranz deuten. Zum Vergleich erzählen sie die Geschichte einer Autorin eines Kochbuches, die die Funktionsweise eines Mikrowellenherdes vollkommen korrekt erklärt. Allerdings bleibt sie nicht an dem Punkt stehen, dass die Mikrowellen die einzelnen Wassermoleküle anregen und so die mittlere kinetische Energie der Teilchen erhöhen, sondern führt als weitere Erklärung an, dass dadurch die Teilchen häufiger aneinander stoßen, was zu mehr Reibungswärme führt. Diese weitergehende Erklärung sei – so wie die Verursachungsthese – eher der Ausdruck dessen, dass die Autorin des Kochbuches nicht verstanden hat, was es bedeutet, dass Temperatur mittlere kinetische Energie ist. Und genau so hätten Menschen, die glauben, dass physikalische Vorgänge geistige verursachen, einfach nicht begriffen, was es bedeutet, dass die Physik bereits alles erklärt.

Nun könnte man sagen, dass der Begriff der Hexe ja nie Bestandteil einer (ernsthaften) wissenschaftlichen Theorie gewesen sei, was man von mentalen Termini so nicht behaupten kann. Hierzu zwei Punkte: Erstens gibt es auch gute Beispiele innerhalb der Wissenschaft. Zum Beispiel wurde der Begriff des Phlogistons, eines Stoffs, der den Vorgang der Verbrennung erklären sollte, als überflüssig entlarvt durch die Etablierung der Oxidationstheorie. Elimination von Begriffen ist also durchaus ein normaler und bekannter Vorgang innerhalb der wissenschaftlichen Entwicklung. Zweitens kann, und das ist einer der Grundpfeiler des Eliminativismus, die sogenannte **Alltagspsychologie** *(folk psychology)* auch als eine Theorie aufgefasst werden, und zwar als Theorie über menschliches Verhalten. Wesentliches Merkmal der Alltagspsychologie ist, dass sie Annahmen über mentale Zustände/Eigenschaften macht, insbesondere über Überzeugungen und Wünsche (sog. *Belief-Desire-Model*): Weil ich die Überzeugung habe, dass Wasser Durst löscht und dass Wasser im Kühlschrank ist, und weil ich den Wunsch habe, meinen Durst zu stillen, gehe ich zum Kühlschrank und öffne ihn (◨ Abb. 2.6).

Die grundlegende Idee des **materiellen Eliminativismus,** so wie er am prominentesten von den beiden Churchlands (1998) vertreten wird, ist, dass die Neurowissenschaft schon sehr bald das menschliche Verhalten komplett auf **Grundlage physikalischer Termini** beschreiben und erklären kann. Mit anderen Worten:

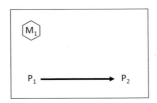

◨ **Abb. 2.6**   Der Eliminativismus behauptet, dass es M_1 gar nicht gibt

Schon sehr bald wird innerhalb der Wissenschaft keine Rede mehr von Überzeugungen und Wünschen sein, sondern nur noch von Hirnzuständen und Transmitterauschüttungen, die unser Handeln (bzw. unsere Bewegungen) genau vorhersagen und erklären. Und dann wird die Redeweise von mentalen Zuständen ebenso überflüssig wie die Rede vom Verbrennungsstoff Phlogiston.

Probleme der Alltagspsychologie Um für den Eliminativismus bezüglich mentaler Termini zu argumentieren, stellen die Churchlands (1981; 1986) drei Thesen zur Alltagspsychologie auf:

- Die These der **Unzulänglichkeit der Alltagspsychologie** besagt, dass die Alltagspsychologie eine schlechte Theorie sei, die sehr viele Phänomene nicht erklären könne, die vortheoretisch klar zum Bereich des Geistigen gehören. So könne sie zwar vielleicht erklären, dass ich zum Kühlschrank gehe, wenn ich Durst habe, aber sie habe noch nicht einmal den Ansatz einer Erklärung für pathologische Störungen, für Kreativität, oder für ganz basale Fähigkeiten wie 1 + 1-Rechnen, Gehen oder Fahrradfahren. Darüber hinaus könne sie uns nicht plausibel machen, warum es individuelle Unterschiede gibt und eventuell nicht mal gut beschreiben, worin diese individuellen Unterschiede überhaupt bestehen.

- Die These der **Stagnation der Alltagspsychologie** verweist darauf, dass seit wenigstens 2500 Jahren keine wesentliche Weiterentwicklung in der Alltagspsychologie stattgefunden habe. Demnach haben wir keinen Vorteil in der Erklärung menschlichen Verhaltens gegenüber den Menschen im antiken Griechenland. Wenn überhaupt, dann habe sich lediglich der Bereich der Phänomene eingeschränkt, für den die Alltagspsychologie einen Erklärungsanspruch erhebt.

- Die These der **Unvereinbarkeit der Alltagspsychologie mit den Naturwissenschaften** schließlich besagt, dass die Naturwissenschaften bereits sehr erfolgreich viele Aspekte des Menschen erklären können, ohne dabei mentales Vokabular zu verwenden. Weiterhin, so die These, gäbe es keine Brückenprinzipien, die zwischen mentalem und naturwissenschaftlichem Vokabular vermitteln würden. Daher könne das mentale Vokabular auch nicht auf das wissenschaftliche zurückgeführt werden, sondern müsse dem wissenschaftlichen Vokabular vollständig weichen, d. h. eliminiert werden.

Zur Vertiefung: Brückenprinzipien und Reduktion
Die Gleichsetzung von mittlerer kinetischer Energie mit Temperatur stellt zum Beispiel ein Brückenprinzip dar, das den Bereich der statistischen Mechanik mit dem Bereich der Thermodynamik verbindet. Da es solche Brückenprinzipien gibt, können wir sagen, dass die (oder zumindest Bereiche der) Thermodynamik auf die statistische Mechanik zurückführbar, oder lateinisch: reduzierbar sind. Anders sieht es aus, wenn wir keine Brückenprinzipien finden können, um zwei Bereiche miteinander zu verbinden. So finden wir z. B. keinen naturwissenschaftlichen Ausdruck, der mit dem Begriff der Hexe gleichgesetzt werden könnte (zumindest wenn Hexen auch durch ihre

2

magischen Kräfte oder ihre Verbindung zum Teufel definiert sind, zu denen es jeweils keine naturwissenschaftliche Entsprechung gibt). Daher kann der Begriff der Hexe nicht zurückgeführt werden auf die Naturwissenschaft, was in der Elimination des Begriffs resultiert. Hexen sind also nicht reduktiv erklärbar, da es keine entsprechenden Brückenprinzipien gibt. Wenn man nun geistige Eigenschaften auf körperliche Eigenschaften reduzieren wollte, bräuchte man also Brückenprinzipien. Diese könnten so ähnlich aussehen wie: „Schmerzen haben ist identisch mit C-Faser-Reizung" oder „Jemand empfindet Durst genau dann, wenn das Gehirnareal XY aktiv ist".

Gegenargumente   Gegen den materiellen Eliminativismus wird im Sinne einer *reductio ad absurdum* angeführt, dass, wenn er wahr wäre, unser sozialer Umgang miteinander nicht erklärbar wäre. Insbesondere unsere soziale Praxis der **Verantwortungszuschreibung** inklusive Loben, Tadeln und Bestrafen würde dann völlig unerklärlich und geradezu mysteriös werden: Wenn man nicht absichtlich oder wenigstens fahrlässig handeln kann, wie sollte man dann Verantwortung für die eigenen Bewegungen übernehmen können? Auch unsere **sprachliche Kommunikation** scheint zumindest zum größten Teil von Absichten und deren Zuschreibung abzuhängen, so dass auch dieser Teil des menschlichen Verhaltens ein großes Mysterium bliebe. Ganz zu schweigen von den **Geisteswissenschaften** im weiten Sinne, die im Falle der Wahrheit des Eliminativismus völlig fehlgeleitet wären, was unwahrscheinlich scheint.

Weiterhin wird bestritten, dass die begründenden Thesen wahr sind. So wird ausgeführt, dass die Alltagspsychologie in sehr vielen Bereichen hervorragend funktioniert: Wenn z. B. ein Freund von mir sagt, dass er am nächsten Tag um 12 Uhr in die Mensa gehen will, dann darf ich mit großer Wahrscheinlichkeit damit rechnen, dass er am nächsten Tag um 12 Uhr in die Mensa geht. Außerdem gebe es einen kontinuierlichen Übergang zwischen Alltagspsychologie und **Kognitionswissenschaften,** die die mentale Redeweise teils übernehmen, verfeinern und fortführen. Damit sind die Kognitionswissenschaften auch sehr erfolgreich. Und durch die Übernahme von wissenschaftlichen Ideen ist auch ein deutlicher Fortschritt in der Alltagspsychologie zu verzeichnen, z. B. durch Einführung von unbewussten Wünschen.

Eine ganze Familie von Argumenten versucht, dem Eliminativismus **Inkohärenz** nachzuweisen. Das Muster ist dabei immer, dass von der Prämisse ausgegangen wird, dass der Eliminativismus selbst behauptet wird. Dann werden weitere Prämissen des Inhalts angeführt, dass Behauptungen nur gemacht werden können, wenn es mentale Zustände gibt. Also, so die Konklusion, würde der Eliminativismus sich selbst widersprechen und damit sei diese Position inkohärent.

▶ **Argument: Argumente der Inkohärenz gegen den Eliminativismus**

1. Angehörige des Eliminativismus behaupten etwas.
2. Die Laute, die sie hervorbringen, bedeuten nur etwas, wenn es mentale Zustände gibt.

3. Also haben die Äußerungen der Eliminativisten keine Bedeutung.
4. Also widersprechen sich die Eliminativisten selbst.

1. Die Eliminativisten behaupten etwas.
2. Sie glauben also etwas.
3. Also gibt es mindestens einen mentalen Zustand.
4. Also widersprechen sich die Eliminativisten selbst.

1. Die Eliminativisten behaupten, gute Gründe für ihre Position zu haben.
2. Gründe sind aber Überzeugungen, die die Behauptung stützen.
3. Also setzen Gründe mentale Zustände voraus.
4. Also widersprechen sich die Eliminativisten selbst. ◄

Obwohl diese Argumente einen gewissen Charme haben, ist relativ offensichtlich, dass sie eine Person, die vom Eliminativismus wirklich überzeugt ist, nicht so leicht aus der Fassung bringen können: Diese wird die jeweils zweite Prämisse anfechten und behaupten, dass sprachliche Bedeutung, Behauptungen und Gründe eben auch ohne mentales Vokabular beschrieben und erklärt werden können. Genau das ist ja gerade die These! Von daher müssen wir dem Eliminativismus also zugestehen, dass er eine kohärente Position ist, die zunächst keine internen Widersprüche hat. Allerdings zeigen die Argumente, an welchen Stellen sehr große Schwierigkeiten auf den Eliminativismus zukommen: Er muss uns nämlich eine plausible Beschreibung und Erklärung all der verschiedenen, in den Argumenten angesprochenen Phänomene (Sprachbedeutung, Behaupten, Begründen) geben, die ohne mentales Vokabular auskommen! Und selbst, wenn jemand davon überzeugt ist, dass das prinzipiell geht, so muss doch zugegeben werden, dass wir davon noch Lichtjahre entfernt sind …

Nur kurz erwähnt sei, dass auch die Position, es gäbe keine körperlichen, sondern nur geistige Eigenschaften, vertreten wurde (am prominentesten wohl von George Berkeley). Auch diese Position stellt dem Wortsinn nach eine Form des Eliminativismus dar, wird aber gewöhnlich eher ‚Idealismus‘ genannt. Gemäßigtere Versionen eines Idealismus würden allerdings eher behaupten, dass körperliche auf geistige Eigenschaften zurückgeführt werden können, so dass letztere die ontologisch grundlegenden sind.

2.3 Identitätstheorien: Zwei Seiten einer Medaille

Nachdem wir den klassischen Dualismus und eine Reinform des Monismus kennengelernt haben, wenden wir uns nun einer Reihe von Ansätzen zu, die zwar die Verschiedenheit von geistigen und körperlichen Eigenschaften anerkennen, die aber gleichzeitig versuchen, eine enge Verbindung zwischen beiden auf ontologischer Ebene zu etablieren. Eine Idee, wie das gelingen könnte, führt uns zu dem Grundgedanken, dass **geistige und körperliche Eigenschaften identisch sind**. Und diese Identität finden wir auf der ontologischen Ebene. Im Bild der mentalen Verursachung (s. o.) würde das bedeuten, dass die mentale Eigenschaft M_1 mit der

2

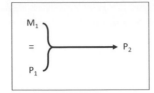

◘ **Abb. 2.7**   Nach den Identitätstheorien sind M_1 und P_1 metaphysisch nicht verschieden, sondern ein einziger Zustand, der dann P_2 verursacht

physischen Eigenschaft P_1 schlicht zusammenfällt, so dass es nur eine Eigenschaft gibt, die verursacht, und die Probleme der kausalen Geschlossenheit und der systematischen Überdetermination gar nicht entstehen. Gleichzeitig beinhaltet die These aber nicht, dass diese Identität offensichtlich ist: Auf epistemischer Ebene, also der Ebene, auf der unsere Erfahrung und unser Wissen operieren, können uns die geistigen und die körperlichen Eigenschaften ganz **unterschiedlich erscheinen,** obwohl sie in Wirklichkeit miteinander identisch sind. Und dies erklärt die Verschiedenheit von Geistigem und Körperlichem. Oder anders gesagt: Identitätstheorien leugnen die ontologische Verschiedenheit von geistigen und körperlichen Eigenschaften, nehmen aber gleichzeitig die epistemische Verschiedenheit sehr ernst (◘ Abb. 2.7).

In diesem Sinne können wir sagen, dass geistige und körperliche Eigenschaften nur zwei Seiten einer Medaille sind: Es sind zwei unterschiedliche Erscheinungsformen ein und derselben Sache. Wir sollten uns zunächst an einigen Beispielen klarmachen, was es überhaupt bedeuten kann, dass zwei Eigenschaften miteinander identisch sind und warum sie trotzdem unterschiedliche Erscheinungsformen haben können.

Erscheinungsformen und Identität   Fangen wir an mit Einzeldingen wie z. B. dem Planeten Venus oder dem King of Pop Michael Jackson. Diese Dinge sind – was auch immer sie sind – mit sich selbst identisch, einfach weil jedes Ding mit sich selbst identisch ist. Aber sie können uns auf ganz **unterschiedliche Art und Weise ‚erscheinen‘:** Die Venus etwa sehen wir nicht nur als hellsten und letzten Stern am Morgenhimmel, sondern auch als ersten und hellsten Stern am Abendhimmel. Sie erscheint uns also einmal als Morgenstern und ein anderes Mal als Abendstern (dieses Beispiel geht auf Frege (1892) zurück). Offenbar ist es nicht offensichtlich, dass der Abendstern identisch ist mit dem Morgenstern – wir müssen das erst herausfinden. Epistemisch gesehen gibt es also einen großen Unterschied zwischen dem Morgenstern und dem Abendstern. Aber auf ontologischer Ebene gibt es keinen Unterschied: Die beiden Erscheinungen gehören zu **demselben Ding,** es sind nur zwei Erscheinungsformen von ein und demselben Planeten, der Venus. Es sind, sozusagen, die zwei Seiten der Medaille ‚Venus‘.

Dabei darf das Wort „erscheinen" nicht zu wörtlich genommen werden – Frege spricht von **„Arten des Gegebenseins",** weil hier nicht nur Wahrnehmungsformen, sondern alle möglichen Arten, von einem Ding zu erfahren, in Betracht kommen. Michael Jackson ist uns z. B. als King of Pop bekannt. Wir können ihn aber auch als zweiten Schwiegersohn von Elvis Presley eindeutig bezeichnen.

Beide Möglichkeiten, auf Michael Jackson zu verweisen, stellen zwei unterschiedliche ‚Erscheinungsformen' von Michael Jackson dar. Das lässt sich daran sehen, dass man widerspruchsfrei glauben kann, dass der King of Pop tot ist und dass der zweite Schwiegersohn von Elvis Presley lebt. Das kann genau denjenigen passieren, die nicht wissen, dass es sich um ein und dieselbe Person handelt. Auch hier gibt es also einen klaren epistemischen Unterschied, obwohl ontologisch gesehen kein Unterschied besteht: Es handelt sich um ein und denselben Menschen.

Übertragen wir diese Überlegungen auf Eigenschaften, so sollten sich Beispiele finden lassen für Eigenschaften, die uns zwar völlig unterschiedlich erscheinen, die aber trotzdem **dieselbe Eigenschaft** sind. Ein plausibles Beispiel ist die Temperatur (eines idealen Gases), die identisch ist mit der mittleren kinetischen Energie der Moleküle (dieses Gases). Offensichtlich ist es möglich, nichts über die Identität zu wissen und daher widerspruchsfrei etwas über die eine Erscheinungsform zu glauben, was man gleichzeitig von der anderen verneint. Trotzdem sind – so behauptet es jedenfalls die moderne Physik – beide Eigenschaften identisch miteinander. Sprich: Es gibt trotz aller epistemischen Unterschiedlichkeit keinen ontologischen Unterschied.

Kriterien der Identität von Eigenschaften Wie aber können wir herausfinden, ob zwei Eigenschaften identisch sind? Das ist schon bei Dingen schwierig: Wie findet man heraus, dass der Morgenstern identisch ist mit dem Abendstern? Noch anschaulicher ist das Problem bei historischen Personen, wie der folgende weitverbreitete Witz illustriert: „Die Theaterstücke von Shakespeare wurden nicht von Shakespeare geschrieben, sondern von einem anderen Mann mit demselben Namen" (zur Geschichte und den verschiedenen Autorenzuschreibungen zu diesem Witz vgl. ▶ http://quoteinvestigator.com/2014/08/19/same-name/; 31.05.2021). Wir wollen nun vier verschiedene mögliche Kriterien für die Identität von Eigenschaften diskutieren.

Koextensionalität: Zunächst scheint nahezuliegen, die Koextensionalität von Eigenschaften (bzw. die Koextensionalität der die Eigenschaften bezeichnenden Prädikate) als Kriterium anzuführen. Demnach wären zwei Eigenschaften dieselbe, wenn sie **auf dieselben Dinge zutreffen,** also dieselbe Extension haben. Zum Beispiel ist die Extension von „meine Katzen" – was ein sprachlicher Ausdruck (Prädikat) für die Eigenschaft, eine Katze von mir zu sein, ist – die Menge aller Katzen, die mir gehören. Es geht also, sagen wir, um Mimi und Nini. Wenn nun die Koextensionalität als Kriterium für die Identität von Eigenschaften ausreichen würde, dann wäre jede Eigenschaft, die ebenfalls auf Mimi und Nini und niemand anders zutrifft, eine Eigenschaft, die mit der Eigenschaft, meine Katze zu sein, identisch wäre. Offensichtlich ist aber die Eigenschaft, absichtlich den Vorgarten meiner Nachbarin zu verwüsten, eine ganz andere Eigenschaft als die Eigenschaft, meine Katze zu sein, obwohl beide Eigenschaften ausschließlich auf Mimi und Nini zutreffen. Aber die Tatsache, dass sie auf dieselben Dinge zutreffen, also koextensional sind, scheint rein **zufällig** zu sein: Es hätte auch ganz anders sein können. Und genau das scheint der Grund zu sein, warum wir diese beiden Eigenschaften voneinander trennen wollen.

2

Nomologische Koextensionalität: Nehmen wir also die Zufälligkeit heraus und machen eine nomologische Koextensionalität zum Kriterium für Eigenschaften. „Nomologisch" kommt von dem griechischen Wort *nómos* (νόμος), was grob ‚Gesetz' heißt, und es deutet an, dass es hier um so etwas wie eine **naturgesetzliche Notwendigkeit** geht. Die Idee dabei ist, dass es kein Naturgesetz gibt, das besagt (oder aus dem folgen würde), dass nur meine Katzen den Vorgarten meiner Nachbarin verwüsten. Wenn wir aber zwei Eigenschaften haben, die aufgrund der Naturgesetze immer dieselbe Extension haben, also auf dieselben Dinge zutreffen, dann könnten wir sagen, dass es sich um dieselbe Eigenschaft handelt. Deswegen sei die mittlere kinetische Energie der Moleküle (eines idealen Gases) identisch mit der Temperatur, und deshalb sei die Eigenschaft, Wasser zu sein, identisch mit der Eigenschaft, H_2O zu sein. Leider funktioniert auch das nicht, denn klarerweise sind die Eigenschaft, ungehindert eine Zeit von t Sekunden zu fallen, und die Eigenschaft, ungehindert eine Strecke von $\frac{1}{2}gt^2$ („g" steht für die Fallbeschleunigung auf der Erde) zu fallen, nicht identisch: Eine Bombe, die nach t Sekunden explodiert, funktioniert ganz anders als eine Bombe, die in einer bestimmten Höhe explodiert (Beispiel aus Beckermann (2008)). Und noch schlimmer: Selbst bei logisch notwendiger Koextensionalität finden wir immer noch intuitive Unterschiede zwischen den Eigenschaften: So ist es nicht dasselbe, ein gleichseitiges oder ein gleichwinkliges Dreieck zu sein, aber dennoch sind notwendigerweise alle gleichseitigen Dreiecke auch gleichwinklig und umgekehrt …

Synonymie: Probieren wir also den Weg über die sprachliche Bedeutung der Prädikate, wenn der Weg über Notwendigkeiten nicht funktioniert, und nehmen wir an, dass zwei Eigenschaften identisch miteinander sind, wenn ihre beiden Prädikate synonym sind, wenn sie also **dieselbe sprachliche Bedeutung** haben. Abgesehen davon, dass der Begriff der Synonymie ohnehin schwierig ist, würde das bedeuten, dass wir bereits aufgrund der sprachlichen Bedeutung wissen könnten, ob zwei Eigenschaften identisch miteinander sind oder nicht. Die Eigenschaftsidentität wäre also immer **a priori,** das heißt ohne Erfahrung nur aufgrund des sprachlichen Wissens, ermittelbar. Das scheint aber viel zu stark zu sein: Es gehört sicher nicht zur sprachlichen Bedeutung von „Wasser", H_2O zu sein. Und wir wissen auch nicht a priori, dass Wasser H_2O ist. Im Gegenteil: Vor etwa 200 Jahren, als diese Identität noch nicht bekannt war, haben die Menschen trotzdem gewusst, was das Wort „Wasser" bedeutet – es bedurfte vielmehr eines außersprachlichen Entdeckungsprozesses, um die Identität von Wasser und H_2O einzusehen. (Es handelt sich nur um ein Beispiel – falls jemand den Eindruck haben sollte, dass die Eigenschaft, Wasser zu sein, gar nicht identisch ist mit der Eigenschaft, H_2O zu sein, dann befindet sie oder er sich nicht nur in sehr guter Gesellschaft, sondern dann ist auch bereits klar, dass die Kriterien der Eigenschaftsidentität alles andere als einfach zu bestimmen sind …).

Kausale Rollen: Bleibt als letzte Idee, die kausale Rolle von Eigenschaften zu betrachten und zu behaupten, dass zwei Eigenschaften mit derselben kausalen Rolle identisch miteinander sind. In der Tat scheint dieses Kriterium unseren Intuitionen weitestgehend gerecht zu werden: Wenn wir uns keine Umstände vorstellen können, in der die eine Eigenschaft einen kausalen Effekt hat (oder von etwas verursacht wird), ohne dass gleichzeitig die andere Eigenschaft ebenfalls diesen Effekt hätte (oder gleichzeitig verursacht würde), dann sind wir geneigt zu sagen, dass es sich um dieselbe Eigenschaft handelt. Wenn also die Tatsache, dass die mittlere kinetische Energie des Gases XY ist, den kausalen Effekt hat, dass mein Thermometer YZ Grad Celsius anzeigt, und wenn gleichzeitig derselbe Effekt von der Tatsache, dass das Gas YZ Grad Celsius heiß ist, verursacht wird, und wenn das auch immer so ist, dann haben wir tatsächlich gute Gründe zu sagen, dass die beiden Eigenschaften identisch miteinander sind. Kurz gesagt: Wenn zwei Eigenschaften immer (unter allen Umständen) von **denselben Ursachen** verursacht werden **und dieselben Effekte** verursachen, dann sind die Eigenschaften identisch miteinander. Dieses Kriterium scheint für Eigenschaften tatsächlich brauchbar zu sein, falls es überhaupt ein Kriterium gibt (s. Kasten).

> **Zur Vertiefung: Gibt es überhaupt ein Kriterium für Identität?**
> Wie finden wir heraus, ob die Person, die Urheber von Shakespeares Bühnenstücken ist, identisch ist mit der Person, die Urheber von den Gedichten ist, die Shakespeare zugeschrieben werden? Wir können uns viele Tests einfallen lassen, die uns einen Hinweis darauf geben können, aber ganz sicher können wir uns nie sein. Warum? Weil wir das, was dafür verantwortlich ist, dass ein Ding mit sich selbst identisch ist, einfach nicht messen können. Was ist denn verantwortlich dafür? Nun: dass es eben dieses eine Ding ist und nicht zwei verschiedene. Das bedeutet, dass, solange wir nicht sagen können, was dieses Ding zu diesem Ding und nicht zu einem anderen macht, wir nicht sagen können, warum dieses Ding mit sich selbst identisch ist. Wenn also die Tatsache, dass dieses Ding dieses ist, **ontologisch primitiv** ist, also nicht weiter erklärt werden kann (,Haecceität'), dann kann es gar kein Kriterium für die Identität von Dingen geben – sie wäre damit auch ein ontologisches Primitivum.
> Übertragen wir das auf Eigenschaften: Wenn es ein ontologisches Primitivum ist, dass diese Eigenschaft diese ist und keine andere (,Quiddität'), dann kann es gar kein Kriterium für die Identität von Eigenschaften geben – auch diese Identität wäre selbst ein ontologisches Primitivum. Wenn wir aber wissen, was eine Eigenschaft zu dieser Eigenschaft macht, sieht es anders aus. Und hier haben wir einen guten Kandidaten: die kausale Rolle. Die Idee ist, dass die Temperatur (eines Gases) genau die Eigenschaft ist, die durch diese und jene Eigenschaften (oder Ereignisse) verursacht wird und diese und jene Eigenschaften (oder Ereignisse) verursacht. Und wenn das so ist, dann ergibt sich das Kriterium der kausalen Rolle von selbst.

Wenn aber das Kriterium der kausalen Rolle gilt, bleibt das Problem, dass wir die kausale Rolle der beiden Eigenschaften bestimmen müssen. Wie genau das passieren kann, ist eventuell kein philosophisches Problem, sondern liegt im Bereich der Einzelwissenschaften, die die betreffenden Eigenschaften untersuchen. Das kausale Kriterium selbst kann dabei als Spezialfall des Leibnizschen Prinzips der Identität des Indiszerniblen aufgefasst werden, das sagt, dass alles, was dieselben Eigenschaften hat, identisch ist. In unserem Fall: Alle Eigenschaften, die dieselbe kausale Rolle spielen (dieselben kausalen Eigenschaften haben), sind identisch.

2

Zur Vertiefung: Leibniz' Prinzip der Indiszernibilität

Eigentlich gibt es zwei Prinzipien, nämlich das Prinzip der Indiszernibilität (Ununterscheidbarkeit) des Identischen und das Prinzip der Identität des Indiszerniblen. Das erste Prinzip ist sozusagen harmlos und unumstritten. Es besagt, dass zwei identische Dinge dieselben Eigenschaften haben. Wenn also Samuel Clemens identisch ist mit Mark Twain, dann trifft alles, was auf Samuel Clemens zutrifft, auch auf Mark Twain zu.

Das zweite Prinzip ist allerdings etwas umstrittener, und das hat mit den Individuationsbedingungen und den Kriterien (s. Kasten oben) zu tun. Wenn nämlich Dinge durch ihre Eigenschaften individuiert werden, wenn also dieses Ding zu diesem und keinem anderen durch all seine Eigenschaften wird, dann ist das zweite Prinzip von Leibniz tatsächlich ein echtes Kriterium für Identität. Wenn es aber möglich ist, dass zwei voneinander verschiedene Dinge dieselben Eigenschaften haben und damit Dinge nicht über ihre Eigenschaften individuiert werden können, dann kann das zweite Prinzip auch nur noch als epistemische Faustregel dienen.

Darüber hinaus können wir noch weitere Hinweise finden, die uns Gründe geben, Identitäten anzunehmen. Es handelt sich hierbei sozusagen um epistemische Faustregeln, die uns zwar Hinweise auf Identitäten geben können, aber kein Kriterium darstellen. Eine der berühmtesten davon ist die **Austauschbarkeit** *salva veritate.* Damit ist gemeint, dass sprachliche Ausdrücke, die auf ein und dasselbe verweisen, in Sätzen ausgetauscht werden können, ohne dass sich dabei der Wahrheitswert des Satzes ändert (er bleibt also wahr, wenn er wahr ist). Zum Beispiel ist der Satz „Cassius M. Clay ist in Louisville, Kentucky geboren" genau dann wahr, wenn der Satz „Muhammad Ali ist in Louisville, Kentucky geboren" wahr ist. Und das liegt daran, dass Muhammad Ali identisch ist mit Cassius M. Clay, so dass alles, was von dem einen gilt, auch von dem anderen gilt (das folgt aus dem Prinzip der Ununterscheidbarkeit des Identischen, s. o.). Daher, so die Idee, ist die Austauschbarkeit *salva veritate* ein Hinweis auf Identität: Wenn wir wissen, dass zwei Ausdrücke austauschbar sind, ohne dass sich der Wahrheitswert ändert, dann haben wir gute Gründe anzunehmen, dass es sich um ein und dasselbe handelt.

Der Haken an der Geschichte ist allerdings, dass das nur in sogenannten extensionalen Kontexten funktioniert, also in Kontexten, in denen es grob gesagt um die bezeichneten Dinge geht und nicht – wie in intensionalen Kontexten – um die Bedeutungen der Wörter oder Ähnliches. Wenn wir zum Beispiel über Glaubenszustände reden, funktioniert die Ersetzung *salva veritate* nicht. Es könnte nämlich sehr gut wahr sein, dass: „Alfons glaubt, dass Muhammad Ali Parkinson hatte", und gleichzeitig falsch sein, dass: „Alfons glaubt, dass Cassius M. Clay Parkinson hatte", nur weil Alfons nichts von der Identität weiß. Ähnlich ist es mit Kontexten, in denen von Notwendigkeit die Rede ist. Der Satz „Notwendigerweise ist die Erde identisch mit der Erde" ist mit Sicherheit wahr, während aber der Satz „Notwendigerweise ist der fünftgrößte Planet in unserem Sonnensystem identisch mit der Erde" sicher nicht wahr ist. Die entscheidenden beiden

Fragen hierbei sind: 1) Wie sollen wir wissen, ob sich der Wahrheitswert ändert oder nicht, wenn wir nicht wissen, ob die ausgetauschten Ausdrücke auf dasselbe verweisen oder nicht? Es besteht also der Verdacht, dass wir das, was wir mit dem Test herausfinden wollen, bereits wissen müssen, um den Test anwenden zu können. 2) Wie können wir extensionale von intensionalen Kontexten unterscheiden? Es besteht die Gefahr, dass wir extensionale Kontexte nur mithilfe des Kriteriums der Austauschbarkeit *salva veritate* bestimmen können. Das würde bedeuten, dass extensionale Kontexte gerade die sind, in denen Ausdrücke, die auf dasselbe verweisen, *salva veritate* ausgetauscht werden können. Und wenn das so ist, dann drehen wir uns offenbar wieder im Kreis.

Schluss auf die ‚beste Erklärung' Wenn wir also zum Beispiel sagen wollen, dass die Eigenschaft, H$_2$O zu sein, und die Eigenschaft, Wasser zu sein, identisch miteinander sind, dann sollten wir das eher verstehen als eine Hypothese darüber, dass beide Eigenschaften dieselbe kausale Rolle haben. Und diese Hypothese wird dadurch gestützt, dass wir mit ihr sehr viele sehr gute Erklärungen finden können, die wir ohne sie nicht hätten. Wir gehen daher davon aus, dass die Hypothese richtig ist (‚Schluss auf die beste Erklärung'). Diese Überlegung liegt der Annahme zugrunde, dass **geistige Eigenschaften mit körperlichen Eigenschaften identisch** sind. Ullin Place (1956) und John J. C. Smart (1959), die eine solche These als erste formuliert haben, behaupten, dass wir viel bessere Erklärungen erhalten, wenn wir annehmen, dass mentale Eigenschaften identisch sind mit Gehirnprozessen. In der Tat würde diese Annahme das Problem der mentalen Verursachung elegant lösen, nämlich dadurch, dass die These der Verschiedenheit geleugnet wird. Und es würde gleichzeitig offenlegen, warum auch Körperliches auf Geistiges einwirken kann. Zusammengefasst ist die Idee also, dass mentale Eigenschaften identisch mit Gehirnprozessen sind, genauso, wie Wasser identisch mit H$_2$O ist: Wir haben durch Erfahrung herausgefunden, dass es sinnvoll ist, von der Identität der beiden auszugehen. Daher ist unser Wissen von der Identität nicht a priori, sondern a posteriori; folglich handelt es sich um eine echte Erkenntnis.

Typen- und Token-Identität Allerdings ist die Identitätsthese noch nicht ganz genau bestimmt, da zwei verschiedene Lesarten möglich sind: Typen-Identität und Token-Identität. Dazu zunächst ein Beispiel für die Unterscheidung zwischen Typen und Token (s. Kasten).

▶ **Beispiel: Typen und Token**

Während das Wort „Typ" auch im Deutschen geläufig ist, ist das Wort „Token" ein englisches Wort, das sich als Fachterminus in die Philosophie eingeschlichen hat, wahrscheinlich weil das gleichbedeutende deutsche „Vorkommnis" im Verhältnis zu umständlich ist. Wenn ich beim Bestellen im Restaurant sage: „Ich bekomme dasselbe", dann meine ich natürlich nicht, dass ich dasselbe Schnitzel (dasselbe Token) wie mein Nachbar essen möchte, sondern dass ich ein Gericht vom selben Typ, nämlich auch ein Schnitzel, essen möchte. Wenn wir dann unser Essen bekommen, hat jeder von uns ein Vorkommnis (Token) vom selben Typ auf seinem Teller. Dabei gilt, dass wir dieselben

2

Token zu unterschiedlichen Typen zusammenfassen können. So gehören zum Beispiel in dem Wort „Aal" die ersten beiden Buchstaben zum selben Typ des Buchstaben A, aber nur der erste zu dem Typ des Großbuchstaben A. ◄

Typen-Identität: Diese These besagt, dass Typen von geistigen Zuständen identisch sind mit Typen von körperlichen Zuständen. Nehmen wir als Beispiel den Schmerz, und zwar als Typ. Das bedeutet, dass es generell um Schmerz geht, und nicht um die einzelnen Vorkommnisse von Schmerzen. Es geht also darum, was allen Schmerz-Token gemeinsam ist. Die These ist nun, dass Schmerz als Typ identisch ist mit einem Typ körperlicher Zustände. Nehmen wir an, das wäre der Typ der C-Faser-Reizung (tatsächlich war das eine Hypothese, die aber heute empirisch gesehen nicht mehr haltbar ist). Wenn das stimmt, dann ist also das Gemeinsame an Schmerz-Zuständen identisch mit dem Gemeinsamen an C-Faser-Reizungen; oder kurz gesagt: Schmerzen zu haben ist dasselbe wie C-Faser-Reizungen zu haben. Damit wäre also jeder Zustand (Token) vom Typ Schmerz auch automatisch ein Zustand vom Typ C-Faser-Reizung. Diese Variante der Identitätsthese stellt offenbar einen **Reduktionismus** dar, denn die entsprechenden Identitätsaussagen sind Brückenprinzipien (► Abschn. 2.2), die systematisch die geistigen Eigenschaften auf körperliche Eigenschaften zurückführen (reduzieren).

Das große Problem für die These der Typen-Identität ist die sogenannte **multiple Realisierbarkeit** von geistigen Eigenschaften (vgl. Fodor 1974). Eine Eigenschaft ist multipel realisierbar, wenn Dinge mit ganz unterschiedlichen physischen Eigenschaften trotzdem diese Eigenschaft gleichzeitig haben können. So können zwei Gemälde schön sein, obwohl beide mit völlig anderen Farben auf anderem Untergrund gemalt worden sind – Schönheit scheint also multipel realisierbar zu sein. Und auch unsere geistigen Eigenschaften wie zum Beispiel Freude scheinen multipel realisierbar zu sein: Es deutet nichts darauf hin, dass es eine physische Gemeinsamkeit zwischen meinem Körperzustand gestern, als ich mich gefreut habe, meinem Körperzustand vorgestern, als ich mich gefreut habe, und dem Körperzustand von Britta, die sich gerade freut, gibt. Wir können auch noch einen Schritt weitergehen und uns im Rahmen eines Gedankenexperimentes vorstellen, dass es Wesen (z. B. Marsmenschen) gibt, die so ähnlich aussehen wie Menschen und sich auch ähnlich verhalten. Gleichzeitig bestehen diese Wesen aber nicht aus Fleisch und Blut, sondern z. B. aus Metallen. Wenn man so einem Marsmenschen auf den Fuß tritt, schreit er; wenn man ihn schlägt, verzieht er das Gesicht und hält sich die geschlagene Stelle. Kurzum: Der Marsmensch zeigt normales Schmerzverhalten. Würden wir sagen, dass der Marsmensch Schmerzen hat? Wahrscheinlich schon. Und wenn wir sagen wollten, dass er keine Schmerzen hat, so könnten wir das lediglich dadurch begründen, dass der Marsmensch aus Metallen und nicht aus Kohlenstoff-Verbindungen aufgebaut ist. Das aber scheint unplausibel und wird oft als **Kohlenstoff-Chauvinismus** bezeichnet. Wenn wir aber den Kohlenstoff-Chauvinismus als ungerechtfertigt ablehnen, bleibt uns wohl nur übrig, die These der Typen-Identität als **empirisch inadäquat** zurückzuweisen.

Token-Identität: Diese These besagt, dass jedes Vorkommnis (Token) einer geistigen Eigenschaft identisch ist mit einem Vorkommnis einer körperlichen

Eigenschaft. So ist mein Schmerz gerade jetzt identisch mit einem bestimmten Zustand meines Nervensystems, genauso wie mein Schmerz gestern. Aber: die beiden Zustände meines Nervensystems müssen nicht unbedingt zu einem physischen Typ gehören. Daher kann der Marsmensch auch Schmerzen haben – bei ihm ist jedes Schmerz-Token ebenfalls identisch mit einem Körperzustand, auch wenn sein Körperzustand physikalisch gesehen nichts mit unseren Körperzuständen zu tun hat. Damit umgeht die These der Token-Identität offensichtlich das Problem der multiplen Realisierbarkeit. Gleichzeitig stellt sie eine genauso gute Lösung für das Problem der mentalen Verursachung dar: Jedes einzelne Token einer geistigen Eigenschaft kann etwas Körperliches verursachen, weil es ja selbst körperlich ist (qua Token-Identität).

Ein ausgearbeitetes Argument für die Token-Identitätsthese stellt Davidson (1970) vor, wobei er die resultierende Position **anomalen Monismus** nennt. Das Argument startet mit der Prämisse, dass es mentale Verursachung gibt, dass also geistige Ereignisse körperliche verursachen können. Weiterhin geht Davidson davon aus, dass wir nur dann sinnvoll von Verursachung reden können, wenn es entsprechende **strikte Gesetze** gibt. Strikt ist ein Gesetz dann, wenn es keine Ausnahmen gibt. Und die Idee ist, dass echte Verursachung eben keine Ausnahmen zulässt – es kann keine Verursachung geben, die nur manchmal ,funktioniert'. Es gibt aber, so Davidson, keine strikten ,psychophysischen' Gesetze, also keine Gesetze, die geistige mit körperlichen Ereignissen verbinden würden – solange geistige Eigenschaften nicht als körperliche beschrieben werden können. Mentale Verursachung kann also nur dann stattfinden, wenn jedes einzelne Vorkommnis einer geistigen Eigenschaft auch anders beschrieben werden kann, nämlich als Vorkommnis einer körperlichen Eigenschaft. Unter diesen Umständen kann tatsächlich Verursachung auftreten, da es strikte physische Gesetze gibt, die körperliche Ereignisse mit körperlichen verbinden. Mentale Verursachung kann also genau dann auftreten, wenn die These der Token-Identität wahr ist. Also ist die These wahr.

> ▶ **Argument: Argument für den anomalen Monismus**

1. Es gibt mentale Verursachung: Geistige Ereignisse können also körperliche verursachen.
2. Wenn ein Ereignis ein anderes verursacht, dann gibt es ein striktes Gesetz, unter das sich diese Verursachung subsumieren lässt.
3. Es gibt keine strikten psychophysischen Gesetze, solange geistige Ereignisse nicht als körperliche beschrieben werden können.
4. Also können geistige Ereignisse auch als körperliche beschrieben werden, d. h. dass (Token von) geistigen Eigenschaften identisch sind mit (Token von) körperlichen Eigenschaften. ◀

Diese Position heißt ,Monismus', da letzten Endes alles körperlich ist. Sie heißt ,anomal' (griech. *nómos*, νόμος: ,Gesetz'), da sie die Existenz von psychophysischen Gesetzen verneint.

2

Das Dilemma der Identitätstheorien Das Problem der Token-Identitätsthese ist allerdings, dass sie uns nichts über Typen sagen kann. Das ist insofern ein Problem, als dass unsere Frage ja ursprünglich nicht war, was mein Schmerz jetzt ist, sondern was das geistige Phänomen des Schmerzes ist. Wir fragen also nach Typen, nicht nach Token. Was wir erfahren wollten, ist also, was allen Schmerz-Phänomenen gemeinsam ist, was sie zu Schmerz-Phänomenen macht. Und genau dazu kann uns die Token-Identitätsthese nichts sagen. Das führt uns insgesamt in ein **Dilemma der Identitätstheorien:** Entweder ist die Identitätstheorie empirisch inadäquat (wenn es um Typen geht), oder sie gibt uns keine Antwort auf unsere Frage (wenn es um Token geht). In jedem Fall ist sie also unangemessen.

Zur Vertiefung: Kripkes Argument gegen Identitätstheorien

Saul Kripke (1980) hat ein Argument gegen Identitätstheorien vorgebracht, dem folgende Überlegung zugrunde liegt: Wenn eine Identitätsaussage wahr ist, dann ist sie notwendigerweise wahr. Das liegt schlicht daran, dass jedes Ding notwendigerweise mit sich selbst identisch ist. Wenn also Samuel Clemens mit Mark Twain identisch ist, dann handelt es sich um ein und denselben Menschen. Und ein und derselbe Mensch ist notwendigerweise ein und derselbe Mensch, es hätte nicht anders sein können. (Genauso sind falsche Identitätsaussagen notwendigerweise falsch, da zwei verschiedene Dinge notwendigerweise nicht identisch miteinander sind.)

Man kann also sagen: Wenn eine Identitätsaussage wahr ist, dann ist sie notwendig wahr. Und damit gilt auch die Kontraposition: Wenn eine Identitätsaussage nicht notwendig wahr ist, ist sie gar nicht wahr (also falsch). Genau diese Erkenntnis wendet Kripke nun auf den Satz „Wasser ist H_2O" an; da „Wasser" auf einen Stoff verweist und „H_2O" auf denselben Stoff verweist, ist der Satz wahr, und damit notwendigerweise wahr. (Dieser Stoff ist notwendigerweise mit sich selbst identisch, egal, wie wir ihn nennen.) Anders fällt Kripkes Urteil allerdings bei dem Satz „Schmerz ist C-Faser-Reizung" aus: Während „C-Faser-Reizung" auf einen bestimmten Zustand bestimmter Nerven verweist, verweist „Schmerz" nicht auf einen solchen Zustand, sondern darauf, wie uns dieser Zustand erscheint bzw. wie er sich anfühlt (unser Schmerz-Erleben). Dass sich aber C-Faser-Reizungen so anfühlen, ist nicht notwendigerweise so – sie könnten ja auch mit einem Kitzeln oder einem sehr angenehmen Gefühl einhergehen. Der zweite Satz ist also nicht notwendigerweise wahr, und deswegen muss er falsch sein. Damit ist die Identitätstheorie falsch.

Während es plausibel ist, dass wir mit dem Wort „Schmerz" auf unser Erleben Bezug nehmen, ist sehr viel weniger klar, ob wir das mit anderen ‚mentalen' Begriffen wie ‚Überzeugung' oder ‚Vorurteil' auch tun, ober ob wir mit diesen Begriffen nicht doch eher auf einen (bewussten oder unbewussten) Zustand des kognitiven Systems Bezug nehmen. Im letzteren Fall wäre Kripkes Argument nicht anwendbar.

2.4 Behaviorismus: Der Geist als Verhaltensdispositionen

Die Bezeichnung ‚Behaviorismus' wird häufig dazu verwendet, ein bestimmtes Forschungsparadigma in der Psychologie zu bezeichnen. Zwar gibt es Bezüge von diesem Forschungsparadigma zu den philosophischen Positionen, die mit dem Wort „Behaviorismus" bezeichnet werden, aber zunächst sollten die psychologische und die philosophische Verwendung voneinander getrennt werden. Der psychologische Behaviorismus wird oft durch das Bestreben charakterisiert, das Verhalten von Mensch und Tier gänzlich ohne mentales Vokabular zu beschreiben und zu erklären (und damit kommt er dem Eliminativismus sehr nahe).

Ideale Sprache Die Grundidee des philosophischen Behaviorismus stammt aus dem sogenannten *Linguistic Turn*. Diese Bewegung innerhalb der Philosophie entstand Anfang des 20. Jahrhunderts aus der Einsicht, dass allzu freier Umgang mit Sprache zu philosophischen Scheinfragen und Unsinn führen kann. Daher, so der Ansatz, müsse man zunächst die Sprache verstehen und vielleicht sogar eine ideale Sprache erschaffen, um solche Scheinfragen und solchen Unsinn zu entlarven und zu vermeiden. Übertragen auf unsere Fragestellung bedeutet das, dass es zunächst darum geht, die **Semantik von mentalen Ausdrücken** in unserer Sprache zu klären. Und wenn wir verstanden haben, wie mentale Ausdrücke funktionieren und was sie bedeuten, dann – so die Hoffnung – hat sich der Dualismus und das Problem der mentalen Verursachung als Unsinn herausgestellt.

Wie aber lässt sich die Semantik eines sprachlichen Ausdrucks klären? Eine einflussreiche Idee stellte der sogenannte **Verifikationismus** dar, der im Wiener Kreis entstand (1924–1936). Er besagt, dass die Bedeutung eines beliebigen Satzes angegeben werden kann als eine Menge von Beobachtungssätzen, die nur direkte Beobachtungen beschreiben. Diese Beobachtungssätze sollen so ähnlich sein wie die Sätze, die man beim Protokoll eines physikalischen Experimentes aufschreiben würde (daher auch: Protokollsätze). So ist beispielsweise die Bedeutung des Satzes „Der Stuhl ist braun" anzugeben als eine Menge von Beobachtungssätzen, die beschreiben, was ich unter diesen und jenen Bedingungen im Versuch beobachten kann (z. B. „Wenn der Stuhl unter weißes Licht gehalten wird und das vom Stuhl reflektierte Licht durch ein Spektrometer beobachtet wird, lässt sich das Muster XYZ sehen"). Unter diesen beiden Annahmen – der Annahme, dass es die Semantik mentaler Ausdrücke zu klären gilt und dass diese Klärung durch Angabe von Beobachtungssätzen erfolgen sollte – erhalten wir als neue Aufgabe der Philosophie des Geistes, die richtigen Beobachtungssätze für Ausdrücke wie „Ich habe Schmerzen" zu finden.

Expressivismus Die erste Möglichkeit, die hier vorgestellt werden soll, ist die des Expressivismus. Er behauptet, dass mentale Prädikate entgegen des Anscheins **überhaupt keine Bedeutung** haben, und entsprechend auch keine Beobachtungssätze angegeben werden können. Im Hintergrund steht die Überlegung von Wittgenstein, dass sprachliche Ausdrücke nur dann etwas bedeuten, wenn es auch Regeln gibt, die die Verwendung der Wörter bestimmen. So bedeutet „Tisch" etwas, weil es Regeln gibt, die uns vorgeben, wann wir das Wort „Tisch" verwenden

2

dürfen und wann nicht. Man kann einer Regel aber nur folgen, wenn man Regelverstöße auch einsehen und entdecken kann. Das allerdings geht nur mit der Hilfe von anderen Menschen. Denn wenn man allein ist, kann man nie entscheiden, ob man gerade die Regel geändert hat (oder sich falsch erinnert), oder ob man von der Regel abgewichen ist. Um Regelverstöße und Regeländerungen auseinanderzuhalten, ist also die Perspektive von einer anderen Person, die das ganze Geschehen sozusagen von außen beobachtet, notwendig. Das bedeutet, dass man für sich allein keine Regeln und damit auch keine Sprache haben kann (das ist die **Grundidee des Privatsprachenargumentes** von Wittgenstein 1984).

Mentale Ausdrücke sind aber gerade solche Ausdrücke, die vorgeben, auf Dinge (oder Phänomene) Bezug zu nehmen, die privat sind: Niemand außer mir spürt meinen Schmerz. In diesem Sinne ist mein Schmerz privat und subjektiv. Was aber ist die Bedeutung von „Ich habe Schmerzen"? Nun, wenn die Bedeutung irgendwie mit der Regel zu tun hat, dass ich den Satz nur dann äußern darf, wenn ich Schmerzen habe, dann passt das nicht zu dem, was Wittgenstein zum Regelfolgen sagt: Keiner könnte nämlich überprüfen, ob ich der Regel folge oder nicht, denn keiner hat Zugriff auf meine Schmerzen! Oder anders gesagt: Der entsprechende Beobachtungssatz hieße wohl so ähnlich wie „Ich habe Schmerzen, wenn ich Schmerzen spüre". Diese Beobachtung kann nur ich machen, sonst niemand. Und deswegen kann auch nur ich wissen, was der Satz bedeutet, und damit bedeutet der Satz eben gar nichts. Private Bedeutungen sind ja nach dem Privatsprachenargument ausgeschlossen.

Wittgensteins Vorschlag ist, dass Sätze in der ersten Person Singular mit mentalen Prädikaten gar keine Bedeutung haben, sondern nur **Ausdruck eines mentalen Zustands** sind. So wie „Aua!", was auch keine Bedeutung hat (und keine Wahrheitsbedingungen und keine Beobachtungssätze). Vielmehr ist „Aua!" einfach selbst ein Ausdruck des Schmerzes, so wie es das Gesicht-Verziehen auch ist. Und „Ich habe Schmerzen" ist genauso nur ein Ausdruck der Schmerzen, aber er bezeichnet nichts. Damit ist der Ausdruck „Ich habe Schmerzen" einfach nur Teil unseres (erlernten) Schmerz-Verhaltens, hat aber darüber hinaus keine Bedeutung. Wenn dem so wäre, dann bräuchten wir uns keine weiteren Fragen zu stellen. Mentale Prädikate wären sozusagen aus unserer bedeutungsvollen Sprache herausanalysiert. Und damit wären auch alle zugehörigen Probleme weganalysiert.

Semantischer Behaviorismus Das scheint für viele aber sehr unbefriedigend zu sein, da mentale Zustände ja immerhin das Einzige sind, das wir direkt erleben können. Und daher sollte es doch möglich sein, mehr über sie zu sagen, als dass wir sie irgendwie ausdrücken können. Einen solchen Ansatz bietet uns der semantische Behaviorismus, der besagt, dass wir die Bedeutung von mentalen Ausdrücken angeben können durch Sätze, die keine mentalen Ausdrücke mehr enthalten, sondern die nur über das objektiv beobachtbare Verhalten sprechen (die also in objektiven Beobachtungssätzen bestehen). Dabei wird Wittgensteins Idee sozusagen umgedreht: Während Aussagen in der ersten Person mit mentalen Prädikaten laut Expressivismus dem bedeutungslosen Schmerz-Verhalten zugerechnet werden, ergibt sich die Bedeutung solcher Aussagen laut semantischem

Behaviorismus gerade durch das objektiv beobachtbare Schmerz-Verhalten. Ein Kandidat für einen Beobachtungssatz wäre also: „Eine Person hat Schmerzen, wenn sie ‚Aua' schreit, schwer atmet, erhöhten Puls hat etc." Und da es jetzt nicht mehr um private, subjektive Zustände geht, sondern um objektiv beobachtbares Verhalten, brauchen wir uns erstens keine Sorgen mehr um das Privatsprachenargument zu machen und zweitens die Analyse nicht mehr auf Prädikate in der ersten Person zu beschränken (was für alle gilt, gilt auch für mich).

Allerdings müssen wir noch nachlegen, denn offensichtlich schreien wir nicht bei jedem Schmerz „Aua", und wir tun das auch nicht so lange, bis der Schmerz vorbei ist. Allgemein gilt für mentale Zustände, dass es gewöhnlich kein einziges Verhaltensmuster gibt, das wir immer zeigen, wenn wir in diesem Zustand sind, und das wir sonst nie zeigen. Viel plausibler scheint daher die Idee zu sein, dass ein mentaler Zustand unter bestimmten Bedingungen zu einem bestimmten Verhalten führt. Menschen, die Schmerzen haben, antworten beispielsweise typischerweise „Ich habe Schmerzen", wenn sie eine entsprechende Frage gestellt bekommen. Oder sie nehmen eine Schmerztablette, wenn eine verfügbar ist und sie noch keine genommen haben. Gemäß dieser Idee kann man also die Bedeutung von mentalen Prädikaten angeben, indem man beobachtbares Verhalten zusammen mit den Umständen angibt, in denen dieses Verhalten gezeigt wird. Das ist die **Grundidee der dispositionalen Analyse** von mentalen Ausdrücken (◼ Abb. 2.8).

Eine Disposition ist allgemein eine Eigenschaft, die darin besteht, dass unter bestimmten Bedingungen etwas passiert. Zum Beispiel ist Zerbrechlichkeit die Eigenschaft, bei starker Erschütterung zu zerbrechen, und Wasserlöslichkeit die Eigenschaft, sich bei Kontakt mit Wasser aufzulösen. Und die Bedeutungen von mentalen Prädikaten, so die These des semantischen Behaviorismus, kann durch solche Dispositionen angegeben werden. Wie eine entsprechende dispositionale Analyse von „… hat Zahnschmerzen" aussehen kann, soll ein Beispiel von Carl Gustav Hempel (1935) zeigen:

> ▶ **Beispiel: Dispositionale Analyse von „… hat Zahnschmerzen"**
>
> „Paul hat Zahnschmerzen" wird analysiert als
> 1. Paul weint und macht Bewegungen einer bestimmten Art.
> 2. Auf die Frage „Was ist denn mit Dir?" äußert Paul die Worte „Ich habe Zahnschmerzen."
> 3. Eine eingehendere Untersuchung ergibt, dass Paul ein Loch im Zahn hat und dass dessen Nerv freiliegt.
> 4. Pauls Blutdruck, Verdauungsprozesse und seine Reaktionsgeschwindigkeit weisen bestimmte Veränderungen auf.
> 5. In Pauls Nervensystem finden bestimmte Vorgänge statt. ◀

2

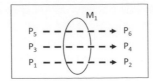

■ **Abb. 2.8** Der Behaviorismus behauptet, dass mentale Eigenschaften als Verhaltensdispositionen beschrieben werden können, also als Bündel Übergängen von Manifestationsbedingungen (P_1, P_3, P_5) zu Verhaltensweisen (P_2, P_4, P_6)

Offenbar haben solche Analysen große Schwierigkeiten. Zum Beispiel ist das Kriterium 3 im Beispiel nicht notwendig – Zahnschmerzen können auch ohne Löcher im Zahn auftreten. Und die Kriterien 4 und 5 sind mit ziemlicher Sicherheit nicht Teil der Bedeutung des Satzes, da wir den Satz wunderbar verstehen können, ohne 4 und 5 zu wissen. Also können diese beiden Kriterien nicht bedeutungskonstitutiv sein. Noch schlimmer wird das Problem bei sogenannten **propositionalen Einstellungen:** Damit meint man die geistige Haltung oder eben Einstellung, in der wir zu Propositionen, also grob gesagt, den Inhalten von dass-Sätzen, stehen können. So kann ich zu der Proposition, dass es regnet, verschiedene Einstellungen haben: Ich kann es glauben, befürchten, wünschen etc. Glauben, Befürchten und Wünschen sind also propositionale Einstellungen. Und was ist das Problem? Eine dispositionale Analyse propositionaler Einstellungen (bzw. der entsprechenden sprachlichen Ausdrücke) kann **nicht zirkelfrei** funktionieren, da wir in der Beschreibung der Bedingungen, unter denen ein Verhalten gezeigt wird, immer andere propositionale Einstellungen einschließen müssen. Der Wunsch, ein Glas Wasser zu trinken, kann zum Beispiel nicht hinreichend charakterisiert werden als die Disposition, ein Glas Wasser zu trinken, wenn da ein Glas Wasser steht. Das tun wir nämlich nur, wenn andere propositionale Einstellungen bestehen, wie etwa die Überzeugung, dass das Wasser im Glas nicht vergiftet ist oder die Überzeugung, dass der Wunsch zu trinken nicht durch eine Krankheit verursacht ist und Trinken tatsächlich schädlich wäre … Das bedeutet, dass wir, um die Bedeutung eines mentalen Prädikats zu charakterisieren, immer auf andere zurückgreifen müssen. Und diese anderen mentalen Prädikate können wir wiederum nur in Rückgriff auf wieder andere beschreiben, so dass wir uns letztlich immer im Kreis drehen und die Bedeutungsangaben zirkulär werden.

Ontologischer Behaviorismus Während der semantische Behaviorismus gemäß der Idee des *Linguistic Turns* lediglich etwas über die Bedeutung von sprachlichen Ausdrücken (in diesem Fall mentalen Prädikaten) sagt, geht der ontologische Behaviorismus einen Schritt weiter, indem er behauptet, dass **geistige Eigenschaften auch tatsächlich Dispositionen** sind. Den Unterschied zwischen semantischem und ontologischem Behaviorismus kann man sich am besten dadurch klarmachen, dass beide Thesen voneinander unabhängig sind: Es ist möglich, dass wir die Bedeutung von mentalen Prädikaten tatsächlich erfolgreich durch Verhaltensdispositionen angeben können, auch wenn die bezeichneten geistigen Eigenschaften keine Verhaltensdispositionen sind. Zum Beispiel könnte es sein, dass Schmerzen die

Ursache für das Schmerzverhalten sind. Dann würde die Übersetzung gut funktionieren, denn immer, wenn Schmerzen da sind, ist auch das Schmerzverhalten als kausaler Effekt der Schmerzen da. In dem Satz „Peter hat Schmerzen" könnte man also aufgrund der Verursachungsverhältnisse „... hat Schmerzen" *salva veritate* mit „... zeigt Schmerzverhalten" austauschen. Dahingegen wäre gleichzeitig die ontologische These falsch, denn eine Ursache ist niemals identisch mit ihren Effekten, da ein und dasselbe Ding sich nicht selbst verursachen kann. Ebenso gut kann aber auch die ontologische These zutreffen, ohne dass die Übersetzung funktioniert. Das wäre etwa wie bei Wasser, das mit H_2O identisch ist, obwohl die Bedeutung des Wortes „Wasser" nicht als H_2O angegeben werden kann: Um das Wort „Wasser" erfolgreich zu verwenden und zu verstehen, muss man nicht wissen, dass Wasser H_2O ist. Obwohl also die beiden Varianten voneinander zu unterscheiden sind, treffen die oben angeführten Probleme des semantischen Behaviorismus auch auf den ontologischen Behaviorismus zu.

Gespenst in der Maschine Zum Abschluss dieses Unterkapitels soll nun kurz die Überlegung von Gilbert Ryle (1949) skizziert werden, die sich an die These des (ontologischen) Behaviorismus, die Ryle verteidigt, anschließt. Sie hat zum Ziel, die Vorstellung, dass es geistige Zustände als manifeste Eigenschaften gibt, als Mythos vom Gespenst in der Maschine zu entlarven. Hierzu definiert Ryle zunächst Kategorien über die Regel, dass alle Ausdrücke, die in allen Kontexten ausgetauscht werden können, ohne dass Unsinn entsteht, zur selben Kategorie gehören. Demnach gehören zum Beispiel „gelb" und „grün" zur selben Kategorie, da in jedem sinnvollen Satz, in dem „gelb" vorkommt, an dessen Stelle auch „grün" stehen könnte, ohne dass dadurch der Satz unsinnig würde. Unsinnig ist ein Satz, wenn man nicht mal sagen kann, dass er falsch ist, geschweige denn, dass er wahr ist. Ein **Kategorienfehler** liegt vor, wenn ein Ausdruck so verwendet wird wie Ausdrücke einer anderen Kategorie. Man kann zum Beispiel sagen „Die Zahl 7 ist ungerade", aber nicht „Die Zahl 7 ist grün". Der zweite Satz beinhaltet einen Kategorienfehler, da „grün" hier so verwendet wird, als gehörte es zur selben Kategorie wie „ungerade", was aber nicht der Fall ist.

Ryles Argumentation ist nun, dass die Interpretation von mentalen Ausdrücken als etwas, das auf manifeste private Eigenschaften verweisen würde, auf einem Kategorienfehler beruht. Demnach ist es falsch, zu sagen, dass Durst zu haben eine Eigenschaft ist, die jetzt gerade bei mir vorliegt oder nicht, und dass nur ich wissen kann, ob sie vorliegt oder nicht. Vielmehr gehört der Ausdruck „Durst haben" zu einer anderen Kategorie, nämlich der Kategorie der Ausdrücke für **Verhaltensdispositionen.** Daher ist die Vorstellung, es gäbe private geistige Zustände, die über die objektiv feststellbaren Verhaltensdispositionen hinausgehen, fehlgeleitet. Es handelt sich nach Ryle um den ungerechtfertigten „Mythos vom Gespenst in der Maschine".

Die mögliche Kritik an diesem Argument ist vielfältig. Zunächst scheint klar, dass das Argument mit der Richtigkeit der These des Behaviorismus steht und fällt, und diese These ist schon nicht unumstritten (s. o.). Ein weiterer wichtiger Einwand ist, dass auch Dispositionen auf manifesten Eigenschaften beruhen, und daher nicht klar ist, dass es sich um unterschiedliche Kategorien handelt. Wenn wir zum Beispiel sagen, dass Zucker wasserlöslich ist, dann sagen wir damit aus,

2

dass Zucker eine bestimmte chemische Eigenschaft hat, die sich unter anderem so äußert, dass sich Zucker auflöst, wenn er in Wasser gegeben wird. Manifeste Eigenschaften und Dispositionen schließen sich also nicht aus, sondern letztere können (oft) quasi als Abkürzungen für erstere verstanden werden.

2.5 Nicht-Reduktiver Physikalismus: Der Geist als metaphysisch abhängig vom Körper

Bisher haben wir Positionen kennengelernt, die entweder einen klaren Dualismus (▶ Abschn. 2.1) oder einen klaren Monismus (▶ Abschn. 2.2–2.4) vertreten. Beide Varianten scheinen allerdings unplausible Konsequenzen zu haben: Der Dualismus kann letztlich nicht gut erklären, wie geistige und körperliche Eigenschaften zusammenhängen, was sie aber offensichtlich tun. Und der Monismus kann nicht gut erklären, warum uns geistige Eigenschaften so ganz anders erscheinen als körperliche: Unsere Erlebnisse haben einen phänomenalen Charakter, was bedeutet, dass es sich irgendwie anfühlt, Erlebnisse zu haben (darum wird es in ▶ Kap. 5 gehen). Das aber scheinen körperliche Eigenschaften nicht einfangen zu können: Warum sollte sich eine C-Faser-Reizung anders anfühlen als eine Sehnerv-Reizung? Warum sollten sie sich überhaupt irgendwie anfühlen? Diese Intuitionen deuten darauf hin, dass es doch **einen fundamentalen Unterschied** zwischen geistigen und körperlichen Eigenschaften gibt.

Emergenz Der nicht-reduktive Physikalismus versucht, beiden Intuitionen gerecht zu werden, indem er behauptet, dass geistige Eigenschaften zwar von körperlichen abhängen und bestimmt werden, dass sie aber gleichzeitig **nicht auf diese zurückgeführt** werden können. Daher müssen wir nach wie vor über beide getrennt voneinander reden und forschen. Das ist die Grundidee der Emergenz. Eine Eigenschaft ist emergent, wenn sie sich aus der Anordnung eines komplexeren Systems ergibt, ohne dass erklärt werden könnte, wie und warum sie sich ergibt. Es handelt sich also um Eigenschaften von Systemen, die – bildlich gesprochen – über die Summe ihrer Teile hinausgehen (vgl. O'Connor 2020). Das prominenteste Beispiel einer Anwendung des Begriffs stellt der Lösungsvorschlag im sogenannten Vitalismus-Streit Ende des 19./Anfang des 20. Jahrhunderts dar: Die Idee war, dass sich die Eigenschaft, zu leben, zwar gesetzesartig aus fundamentaleren Eigenschaften ergibt (wie z. B. Atmung, Zellaufbau etc.), dass aber gleichzeitig prinzipiell keine Reduktion auf die fundamentaleren Eigenschaften geleistet werden könne. Übertragen auf geistige Eigenschaften würde das bedeuten, dass zwar (mindestens) Menschen gesetzesmäßig geistige Eigenschaften haben, weil sie so aufgebaut sind, wie sie sind, dass es aber gleichzeitig keine Erklärung dafür geben kann, warum sich aus diesem Aufbau geistige Eigenschaften ergeben. Neben den Problemen, dass der Begriff der Emergenz selbst sehr schwammig ist und dass nicht klar ist, wie prinzipielle Nicht-Reduzierbarkeit nachgewiesen werden soll, scheint der Begriff der Emergenz eher einen neuen Namen für das Problem als eine Lösung darzustellen.

Supervenienz Einen Versuch, die Abhängigkeit etwas genauer zu fassen, bietet das Konzept der Supervenienz. Es ist der Name für eine Beziehung zwischen Eigenschaftsgruppen.

> **Definition**
>
> Eine Eigenschaftsgruppe M **superveniert** auf einer anderen Eigenschaftsgruppe P genau dann, wenn jede Veränderung in M eine Veränderung in P erzwingt.

Diese Definition ist bewusst etwas vage gehalten, da hier nur die Grundidee präsentiert werden soll. Es gibt verschiedene Möglichkeiten, diese Grundidee formal auszugestalten, und jede hat ihre eigenen Schwierigkeiten (vgl. Hoffmann/Newen, 2007). Gemeinsam aber ist die Idee, dass **höherstufige Eigenschaften** genau dann systematisch von Eigenschaften einer niedrigeren Stufe abhängen, wenn Folgendes gilt: eine bestimmte Anordnung von niederstufigen Eigenschaften tritt immer nur mit einer ganz bestimmten Anordnung von höherstufigen Eigenschaften zusammen auf, während eine bestimmte Anordnung höherstufiger Eigenschaften mit vielen verschiedenen Anordnungen niederstufiger Eigenschaften einher gehen kann. Zum Beispiel superveniert die Schönheit (höherstufige Eigenschaft) eines Gemäldes auf der Farbverteilung (Anordnung der niederstufigen Eigenschaften): Es ist nicht möglich, das Bild hässlich zu machen, ohne die Farbverteilung zu ändern. In der anderen Richtung sind aber Veränderungen möglich: Auch andere Gemälde mit anderer Farbverteilung können schön sein, also dieselbe höherstufige Eigenschaft haben. Das bedeutet, dass Supervenienz **multiple Realisierbarkeit** ausdrücklich zulässt. Die These in Bezug auf geistige Eigenschaften ist nun natürlich, dass geistige Eigenschaften auf körperlichen Eigenschaften supervenieren: Alle, die in demselben Körperzustand sind wie ich, wenn ich gerade Schmerzen habe, haben auch Schmerzen; aber nicht jeder, der Schmerzen hat, ist in so einem Körperzustand (⬛ Abb. 2.9).

Zunächst ist hiermit aber nur ein bestimmtes Verhältnis zwischen Eigenschaftsgruppen beschrieben. Es ist noch nichts darüber ausgesagt worden, ob die höherstufigen Eigenschaften durch die niederstufigen erklärt oder auf diese zurückgeführt werden können. Und genau das ist der Hauptgrund, warum diese These **nicht als ontologische These** zu geistigen Eigenschaften verstanden werden kann: Auch die These, dass geistige Eigenschaften auf körperlichen supervenieren,

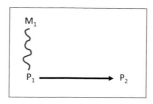

⬛ Abb. 2.9 Zwei Möglichkeiten, einen engen metaphysischen Zusammenhang zwischen M_1 und P_1, der nicht zur Identität der beiden führt, zu behaupten, bietet die Relation der Emergenz und der Supervenienz (angedeutet durch die rote Schlangenlinie)

2

ist nur ein schöner Name für das Phänomen, das es eigentlich zu erklären gilt. Und wenn wir erklären wollen, warum eine Veränderung der geistigen Eigenschaften nicht möglich ist ohne gleichzeitige Veränderung der körperlichen Eigenschaften, dann kommen wir wieder sehr schnell zu den oben diskutierten Möglichkeiten: Identitätstheorie mit Reduktionismus oder Behaviorismus mit Reduktionismus.

Funktionalismus   Ein weiterer Ansatz, der versucht, dieses Problem zu umgehen, ist der Funktionalismus. Da dieser Ansatz im nächsten Kapitel noch im Detail besprochen wird, soll hier ein ganz grober Umriss genügen. Während der Behaviorismus davon ausgeht, dass geistige Zustände regelmäßig zu charakteristischen körperlichen Zuständen (Verhalten) führen, basiert der Funktionalismus auf der Idee, dass geistige Zustände als interne Zustände des Systems aufgefasst werden können, die bestimmen, welche Reaktion auf einen Reiz erfolgt und in welchen internen Folgezustand das System übergeht. Verhalten wird also erklärt als eine Funktion, die zu jedem Paar von internem Zustand und Reiz angibt, welche Reaktion erfolgt und in welchen internen Zustand das System wechselt. Zum Beispiel wäre Durst ein interner Zustand, der unter anderem dazu führt, dass ein visueller Wasserglas-Reiz zum Trinken führt und das System in den Zustand ‚nicht mehr durstig' übergeht. In diesem Sinne können interne (= geistige) Zustände durch ihre **funktionale Rolle** beschrieben und individuiert werden (◨ Abb. 2.10).

Die These, dass geistige Zustände durch ihre funktionale Rolle bestimmt werden können, hat also eine gewisse Ähnlichkeit mit dem Behaviorismus und der Idee der dispositionalen Analyse. Etwas pointiert könnte man sagen, dass die Dispositionen der Funktionalisten nur etwas komplizierter sind. Das Grundproblem bleibt aber auch hier das gleiche: Wenn es eine ontologische These werden soll, dann muss das Verhältnis zu den niederstufigen körperlichen Eigenschaften beschrieben werden, denn dieser Punkt wird durch die These noch nicht erklärt. Und auch hier scheint es, dass solche Versuche letztlich bei Identität und Reduktionismus landen. Die am weitesten verbreitete Variante des Funktionalismus ist, die funktionale Rolle als **kausale Rolle** zu interpretieren. Nach dieser Idee gibt es also bestimmte kausale Vorgänge oder Mechanismen, und geistige Zustände sind solche, die eine bestimmte Rolle bei solchen kausalen Vorgängen spielen. Aber auch hier gilt: Entweder, diese kausale Rolle kann reduziert werden auf körperliche

$$P_5 + M_2 ------\blacktriangleright P_6 + M_1$$
$$P_3 + M_1 ------\blacktriangleright P_4 + M_2$$
$$P_1 + M_1 ------\blacktriangleright P_2 + M_1$$

◨ **Abb. 2.10**   Der Funktionalismus behauptet, dass die mentalen Zustände M_1 und M_2 interne Zustände sind, die ausschließlich durch ihre funktionale Rolle beschrieben werden können, die darin besteht, bei verschiedenen Inputs (P_1, P_3, P_5) jeweils einen anderen Output (Verhalten; P_2, P_4, P_6) und einen bestimmten Folgezustand (M_1 oder M_2) auszulösen

Eigenschaften, oder sie entsteht durch die Identität mit körperlichen Eigenschaften (oder beides). Wenn beides nicht erlaubt wird, erhalten wir wieder das Problem der mentalen Verursachung in voller Schärfe.

Epistemische Thesen Daher gelten Emergentismus, Supervenienzthese und Funktionalismus **als ontologische Thesen als gescheitert.** Es bleibt die Alternative, sie als epistemische Thesen zu verstehen, also als Thesen, die uns etwas über unsere Erkenntnismöglichkeiten aussagen. So könnten wir etwa die Position vertreten, dass geistige Eigenschaften zwar Token-identisch sind mit körperlichen Eigenschaften, dass wir aber erstere niemals durch letztere beschreiben oder erklären können. Es gäbe also **keine reduktive Erklärbarkeit,** auch wenn eine ontologische Reduktion (bzw. Identifikation) vorläge. So könnte einerseits das Problem der mentalen Verursachung umschifft werden, denn Verursachung ist auf der ontologischen Ebene zu finden und kann durch die Token-Identität gewährleistet werden. Andererseits wäre unsere Intuition, dass geistige Eigenschaften durch physisches Vokabular nicht erfasst werden können, ebenfalls erklärt. Der Name „nicht-reduktiver Physikalismus" wäre für solche Positionen gerechtfertigt, wenn man „reduktiv" im Sinne der Erklärbarkeit verstünde. Gewöhnlich versteht man es aber im ontologischen Sinne, und daher werden solche Positionen eher mit dem Ausdruck **konservativer Reduktionismus** bezeichnet. Sie sind konservativ, weil sie die bisher etablierten Kategorien (insbesondere die geistigen) so belassen, wie sie sind, obwohl sie gleichzeitig eine ontologische Reduktion in Form der Token-Identität anbieten.

Damit diese Position überzeugen kann, müssen wir aber noch eine Idee davon haben, warum wir auf der einen (geistigen) Beschreibungs- und Erklärungsebene Kategorien vorfinden, die wir auf der anderen (der körperlichen) so *prinzipiell* nicht finden können (denn sonst hätten wir Typen-Identität). Eine Idee hierzu besagt, dass die **relevanten kausalen Gemeinsamkeiten** von verschiedenen Vorkommnissen nur unter einer bestimmten Beschreibung erkennbar werden. So können wir zum Beispiel von (Geld-)Überweisungen sprechen und damit ganz unterschiedliche Situationen zusammenfassen: Situationen, in denen Menschen etwas in Online-Formulare eintippen, oder in denen sie Zettel an bestimmten Orten abgeben etc. Dass es hier überhaupt Gemeinsamkeiten gibt, ist auf einer rein physikalischen Beschreibungsebene wohl kaum auszumachen. Hier könnten wir nicht von Banken reden, sondern höchstens von Häusern, nicht von Formularen, sondern höchstens von Zetteln etc. Und dass wir auf dieser Beschreibungsebene Überweisungen etwa vom Einkaufszettel-Wegschmeißen unterscheiden können, ist nicht in Sicht. In einem ähnlichen Sinne könnte es also sein, dass die relevante Typen-Bildung, die wir auf der höherstufigen geistigen Erklärungs- und Beschreibungsebene vornehmen, schlicht nicht möglich ist mit dem Vokabular der physischen Ebene (vgl. Esfeld 2011).

2

2.6 Fazit

Das Leib-Seele-Problem bzw. das Problem der mentalen Verursachung bildet den traditionellen Kern und Ausgangspunkt für die Philosophie des Geistes (❏ Abb. 2.11). Als **metaphysisches Problem** ergibt es sich jedoch allgemein für das Verhältnis von höherstufigen zu niederstufigen Eigenschaften und ist daher nicht speziell für die Philosophie des Geistes. Die beiden Intuitionen, dass geistige Eigenschaften eng mit körperlichen verbunden sind und dass beide aber völlig unterschiedlich sind, sind schwer unter einen theoretischen Hut zu bringen.

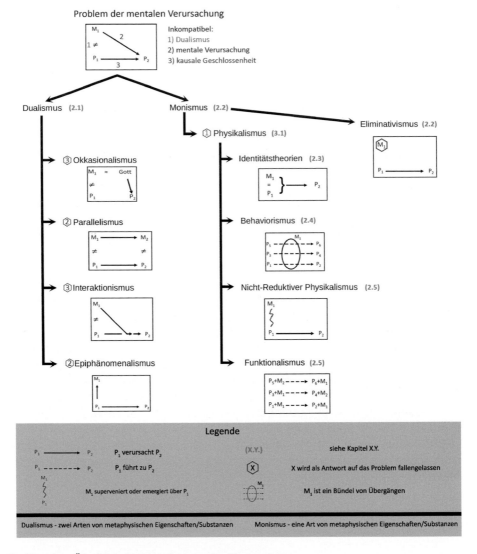

❏ **Abb. 2.11**   Überblick: Problem der mentalen Verursachung

Eliminativisten und Reduktionisten bestreiten einfach die zweite These, während die erste These zum größten Problem für Dualisten wird. Der Versuch, einen nicht-reduktiven Physikalismus zu etablieren, der beiden Intuitionen gerecht wird, ist auf ontologischer Ebene nicht durchführbar. Die plausibelste Sicht, die bleibt, ist, die erste Intuition im Sinne einer Token-Identitätsthese auf der ontologischen Ebene einzufangen, und die zweite Intuition auf der epistemischen Ebene durch unterschiedliche Typen-Bildung zu erklären. Freilich ist dieser Ansatz nur erfolgreich, wenn die Erklärung der unterschiedlichen Typen-Bildung auf den unterschiedlichen Ebenen und deren Unabhängigkeit voneinander funktioniert (◘ Tab. 2.1).

◘ **Tab. 2.1** Positionen zum Problem der mentalen Verursachung

Name	Grundidee	Hauptproblem
Dualismus		
Okkasionalismus	Mentale Verursachung passiert nicht direkt, sondern vermittelt über einen göttlichen Eingriff in die physischen Abläufe	Erfordert göttliche Eingriffe
Parallelismus	Mentale und physische Vorgänge laufen unverbunden, aber trotzdem perfekt parallel zueinander ab	Erfordert göttliche Prästabilierung
Interaktionismus	Mentale Zustände können kleine Lücken in physischen Kausalketten ausnutzen und so in die physischen Abläufe ,reinfunken'	Nicht verträglich mit Physik
Epiphänomenalismus	Mentale Zustände verursachen nichts, werden selbst aber von physischen Zuständen verursacht	Kann nicht erklären, warum es überhaupt mentale Zustände gibt; Widerspricht unserem Alltagserleben
Monismus		
Eliminativismus	Es gibt keine mentalen Zustände	Drohende Selbst-Widersprüchlichkeit; Widerspricht unserem Alltagserleben; Basiert auf übergroßem Vertrauen in die Neurowissenschaft

(Fortsetzung)

2

Name	Grundidee	Hauptproblem
Identitätstheorien	Mentale Zustände sind identisch mit physischen Zuständen	Bei Token-Identität: es wird nicht erklärt, was wir wissen wollten (nämlich was einen mentalen Zustand als Typ ausmacht); Bei Typen-Identität: unvereinbar mit multipler Realisierbarkeit und daher empirisch inadäquat
Behaviorismus	Mentale Zustände sind Bündel von Verhaltensdispositionen	Keine zirkelfreie Beschreibung von mentalen Zuständen möglich
Nicht-Reduktiver Physikalismus	Mentale Eigenschaften hängen systematisch von physischen Eigenschaften ab, ohne auf sie zurückführbar zu sein	Emergenz ist letztlich ontologisch unklar; Supervenienz beschreibt, erklärt aber nicht
Funktionalismus	Mentale Zustände werden durch funktionale Rollen individuiert	Ist letztlich keine ontologische These, da Realisierung offen bleibt

◘ Tab. 2.1 (Fortsetzung)

Literatur

Beckermann, Ansgar: *Analytische Einführung in die Philosophie des Geistes*. Berlin, New York 2008.

Chalmers, D. J.: *The Conscious Mind: Towards a Fundamental Theory*. New York 1996.

Chalmers, D. J.: „Panpsychism and Panprotopsychism" In: Torin Alter/Yujin Nagasawa (Hrsg.): *Consciousness in the Physical World: Perspectives on Russelian Monism*. New York 2015, 246–276.

Chalmers, David J.: „Consciousness and its Place in Nature". In: Stephen P. Stich/Ted A. Warfield (Hrsg.): *Blackwell Guide to the Philosophy of Mind*. Blackwell Publishing 2003, 102–142.

Churchland, Patricia S.: *Neurophilosophy: Toward a Unified Science of the Mind-Brain*. Cambridge MA 1986.

Churchland, Paul M.: „Eliminative Materialism and the Propositional Attitudes". In: *The Journal of Philosophy* 78 2 (1981), 67.

Churchland, Paul M./Churchland, Patricia S.: *On the Contrary: Critical Essays, 1987–1997*. Cambridge MA, London 1998.

Davidson, Donald: „Mental Events". In: L. Foster/J. W. Swanson (Hrsg.): *Essays on Actions and Events*. Oxford 1970, 207–224.

Descartes, R.: *Meditationes de prima philosophia*. Hamburg 1641.

Esfeld, Michael: *Conservative Reductionism*. New York 2011.

Fodor, J. A.: „Special sciences (or: The disunity as a working hypothesis)". In: *Synthese* 28 2 (1974), 97–115.

Frege, Gottlob: „Über Sinn und Bedeutung". In: *Zeitschrift für Philosophie und philosophische Kritik* 100 (1892), 20–50.

Hoffmann, Vera/Newen, Albert: „Supervenience of Extrinsic Properties". In: *Erkenntnis* 67 2 (2007), 305–319.

Kemmerling, Andreas/Schütt, Hans-Peter (Hrsg.): *Descartes nachgedacht*. Frankfurt am Main 1996.

Kim, Jaegwon: *Philosophy of Mind*. Boulder CO 1996.

Kripke, Saul A.: *Naming and Necessity*. Oxford 1980.

Newen, Albert: „Descartes' Cogito: Eine Rekonstruktion des Arguments". In: *Cognitio Humana* 2 (1996), 1014–1021.

O'Connor, Timothy: „Emergent Properties". In: Edward N. Zalta (Hrsg.): *The Stanford Encyclopedia of Philosophy*. 2020.

Place, Ullin: „Is Consciousness a Brain Process?". In: *British Journal of Psychology* 47 (1956), 44–50.

Popper, Carl R./Eccles, John C.: *The Self and Its Brain: An Argument for Interactionism*. Berlin 1977.

Russell, Bertrand: *The Analysis of Mind*. London, 1978 1921.

Ryle, Gilbert: *The Concept of Mind*. Chicago 1949.

Smart, John J. C.: „Sensations and Brain Processes". In: *The Philosophical Review* 68 (1959), 141–156.

Wittgenstein, Ludwig: *Tractatus logico-philosophicus. Werkausgabe Band 1. Tractatus logico-philosophicus, Tagebücher 1914–1916, Philosophische Untersuchungen.* 1984.

Unser Bezug zur Welt: Intentionalität und mentaler Gehalt

Inhaltsverzeichnis

© Springer-Verlag GmbH Deutschland, ein Teil von Springer Nature 2021
G. Vosgerau und N. Lindner, *Philosophie des Geistes und der Kognition*,
https://doi.org/10.1007/978-3-476-04567-6_3

3

Eine der zentralen geistigen Fähigkeiten des Menschen besteht darin, sich auf Dinge beziehen zu können, die gerade nicht greifbar oder sichtbar sind. Oder etwas metaphorischer ausgedrückt: Wir können Dinge nicht nur mit unseren Händen fassen, sondern auch rein geistig (er-)fassen. Und das bezieht sich nicht nur auf Gegenstände, die wir kennen und die uns gerade aus den Augen, aber nicht aus dem Sinn gekommen sind (z. B. der Kölner Dom), sondern auch auf Gegenstände, die wir nur aus Erzählungen oder Abbildungen kennen (z. B. der Kaiserpalast in Tokyo), oder gar Dinge, die es gar nicht gibt (z. B. der goldene Berg in Afrika). Wir verfügen also über geistige Zustände (Gedanken, Wahrnehmungen, etc.), die auf Dinge außerhalb von uns verweisen oder von diesen handeln. Diese Fähigkeit wird im Anschluss an Franz Brentano (1924) ‚Intentionalität' genannt. Sie kommt unseren mentalen Zuständen zu und besteht darin, dass diese Zustände über sich hinaus auf etwas anderes verweisen können.

Definition

Intentionalität ist die Eigenschaft von mentalen Zuständen, sich auf etwas zu beziehen/über etwas zu sein.

Dabei ist das sogenannte **intentionale Objekt,** zumindest nach Brentano, im intentionalen Akt bereits enthalten. Brentano verwendet dafür den mittelalterlichen Begriff der **intentionalen Inexistenz.** Das Argument dafür, dass das Objekt bereits im Akt enthalten ist (darauf verweist das „In" von „Inexistenz"), beruht auf der Beobachtung, dass wir uns auch auf nicht-existierende Dinge beziehen können. Daher kann die Bezugnahme auf Dinge die Existenz dieser Dinge nicht als unabhängig vom intentionalen Akt voraussetzen. Das intentionale Objekt muss also im Akt selbst schon enthalten sein, und zwar unabhängig davon, ob es das Ding in der Welt nun gibt oder nicht. Demnach kann es sein, dass es zu dem intentionalen Objekt auch ein Objekt in der Welt gibt, es kann aber auch sein, dass das nicht so ist.

Obwohl Brentano selbst nie diese These aufgestellt hat, wird ihm von vielen (insbesondere analytischen) Philosophen untergeschoben, er habe behauptet, dass **Intentionalität das Merkmal des Geistigen** sei (Bartok 2005). Das soll bedeuten, dass alle und nur geistige Zustände (echte) Intentionalität haben. Nicht-geistige bedeutungstragende Zustände oder Dinge, wie z. B. diese Schriftzeichen hier, können nur abgeleitete Intentionalität haben: Sie haben zwar eine Bedeutung, das heißt, auch sie stehen für etwas, aber die Bedeutung haben die Zeichen nur, weil wir als geistige Wesen diese Zeichen auch produzieren und verstehen können. Von sich aus sind die Zeichen nur schwarze Flecken auf dem Papier und bedeutungslos. In diesem Sinne hängt also die Bedeutung der Zeichen und damit ihre Intentionalität von uns und unseren geistigen Zuständen ab.

Wenn diese These wahr wäre, dann könnte das Geistige über das Intentionale definiert werden. Und noch besser: Wenn wir eine vernünftige Theorie der Intentionalität hätten, dann hätten wir damit auch das Geistige vollständig erklärt. Bevor wir uns aber diesen Fragen zuwenden, wollen wir kurz diskutieren, ob die These überhaupt plausibel ist. Zweifelsohne gibt es viele mentale Zustände, die in Brentanos Sinne intentional sind: Gedanken, Wünsche, Wahrnehmungen, Vorstellungen. Die Frage ist also, ob es auch Zustände gibt, die klarerweise geistig sind, aber trotzdem nicht intentional. Und hier kämen folgende Zustände infrage: gute Laune, (unspezifische) Angst, Müdigkeit, Schmerz. Bei Müdigkeit und Schmerz kann man natürlich darüber streiten, ob es sich nicht letztlich um die Wahrnehmung eines Körperzustands handelt. Aber während man sich bei Wahrnehmungen fragen kann, ob diese korrekt sind oder ob es sich um Illusionen oder Halluzinationen handelt, scheint das beim Müdigkeitsgefühl oder bei Schmerzen nicht ohne weiteres möglich: Während man sinnvollerweise sagen kann: „Das sieht für dich zwar so aus, aber in Wirklichkeit ist es anders", ist es nicht so leicht, sich Situationen vorzustellen, in denen es sinnvoll ist zu sagen: „Du fühlst dich zwar müde, aber du bist topfit" oder „Du spürst zwar Schmerzen, aber du hast keine". Tatsächlich gibt es einige Ansätze, die versuchen, ausnahmslos alle mentalen Zustände als intentional zu interpretieren. Unstrittig ist das aber nicht.

Mentale Zustände als Stellvertreter   Während die Redeweise bisher vielleicht nahelegt, dass Intentionalität etwas ist, was wir tun (als würden wir mit unserem Geist in die Welt hinausgehen, so wie wir mit unseren Händen Gegenstände greifen können), wird sie in der modernen Debatte eher verstanden als eine Eigenschaft der Zustände. Dabei ist die Idee, dass wir uns sozusagen Stellvertreter für Dinge zulegen, die uns ein Nachdenken über diese Dinge erlauben, auch wenn die Dinge mal gerade nicht da sind. Daher spricht man auch von **mentalen Repräsentationen,** also Zuständen, die für etwas anderes stehen. Diese Sprechweise eröffnet eine etwas andere Perspektive auf Intentionalität, da hier weniger ein Akt der Bezugnahme als vielmehr eine Relation des Vertretens nahegelegt wird. Mit dieser Redeweise wäre also die obige Frage anders zu formulieren: ob tatsächlich alle mentalen Zustände repräsentational sind oder ob z. B. Schmerz nicht repräsentiert.

Einer der Hauptgründe, Schmerzen nicht als repräsentational aufzufassen, führt uns zu einer zentralen Eigenschaft von intentionalen Zuständen: Repräsentationen stehen für etwas anderes, d. h. sie bedeuten dieses etwas. Das heißt, dass intentionale Zustände **semantische Eigenschaften** haben (die Semantik ist die Lehre von der Bedeutung). Die Bedeutung oder den Gehalt haben sie unabhängig davon, ob das repräsentierte Objekt so ist, wie es repräsentiert wird. Der Gehalt ist in diesem Sinne das intentionale Objekt (s. o.), das auch da sein kann, wenn das Objekt nicht da ist. Und wenn das repräsentierte Objekt tatsächlich so ist, wie es repräsentiert wird, wenn es also dem Gehalt der Repräsentation

3

entspricht, dann ist die Repräsentation wahr. Das bedeutet, dass **Repräsentationen/intentionale Zustände wahr oder falsch** sind; darin besteht ihre basale semantische Eigenschaft. Und hier kommen wir zurück zu den Schmerzen: Es ist völlig akzeptabel zu sagen, mein Gedanke, dass Timbuktu die Hauptstadt von Mali ist, sei falsch. Es scheint aber nicht möglich, sinnvoll zu behaupten, mein Schmerz sei falsch (im Gegensatz zu ‚wahr‘, nicht im Gegensatz zu ‚echt‘). Daher, so argumentieren viele Philosophen, kann Schmerz auch nicht repräsentational oder intentional sein (Bain 2007).

Allerdings greift die Beschränkung auf wahr und falsch selbst zu kurz. Obwohl mein Wunsch, dass es morgen nicht regnen soll, klarerweise einen Gehalt hat, ist er weder wahr noch falsch. Vielmehr ist er erfüllbar, was bedeutet, dass sein Gehalt noch wahr werden kann. Um das mit einzufangen, wird häufig etwas genereller von **Erfüllungsbedingungen** gesprochen. Man meint damit sowohl, dass Wünsche erfüllt werden können oder nicht, als auch, dass eine Behauptung erfüllt (also wahr) sein kann oder nicht. Besonders bei Wahrnehmungen hat sich auch das Wort **„veridisch"** für ‚wahr‘ eingebürgert. Wenn wir weiterhin auch sagen wollen, dass z. B. der Begriff ‚Hund‘ die Gattung Hund repräsentiert, sprechen wir nicht mehr von wahr und falsch, sondern eher von angemessen und unangemessen. So kann etwa der Hunde-Begriff eines Vierjährigen unangemessen sein, da das Kind noch nicht den Unterschied zwischen Hunden und Wölfen kennt (und repräsentiert). An diesem Beispiel lässt sich auch sehen, dass wir intuitiv Zwischenstufen zulassen: Das Kind kann mehr oder weniger gut wissen, was Hunde sind. So müssen wir also einerseits semantische Eigenschaften weiter fassen, als es das Begriffspaar ‚wahr/falsch‘ kann, und andererseits zumindest für einige (v. a. für komplexe) Repräsentationen die Dichotomie – entweder wahr oder falsch – zugunsten einer Skala mit zwei Polen aufgeben.

Repräsentation   Das Wort „Repräsentation" ist mehrdeutig – es wird einerseits für den Akt des Repräsentierens verwendet, andererseits für dasjenige, das für etwas anderes steht. Hier soll das Wort nur in der zweiten Verwendungsweise gebraucht werden. Die Repräsentation wird auch als ‚Representans‘ bezeichnet. Das, wofür die Repräsentation steht, wird hier schlicht ‚Repräsentiertes‘ genannt, wobei man auch häufig Begriffe wie ‚Representandum‘ oder ‚Representatum‘ findet. Die Repräsentation selbst ist ein Ding, an dem wir zwei Aspekte unterscheiden können: Den Gehalt und das Vehikel. Als **Vehikel** wird die physikalische Seite einer Repräsentation bezeichnet, also das konkrete Einzelding mit seinen wahrnehmbaren Eigenschaften. Generell gibt es ganz verschiedene Arten von Vehikeln für Repräsentationen – zum Beispiel Druckerschwärze auf Papier, Schallwellen oder Speicherzustände von Kondensatoren –, aber für mentale Repräsentation kommen sehr viel weniger Kandidaten infrage. Am plausibelsten scheint es hier zunächst, von irgendeiner Art von Gehirnzuständen auszugehen. Allerdings wurde in jüngerer Zeit genau dieser Punkt angegriffen, so dass es momentan eine Debatte darüber gibt, was genau die Vehikel von mentalen Repräsentationen sein können (▶ Abschn. 4.1). Der **Gehalt** einer Repräsentation hingegen ist das, was bestimmt, was genau von der Repräsentation repräsentiert wird. Man sagt, das Vehikel wäre der Träger des Gehalts, als würde der Gehalt unabhängig vom Vehikel existieren, aber etwas brauchen, woran er sich heften kann. Man kann sich das Verhältnis in etwa so vorstellen, wie bei Geldmünzen: Der monetäre Wert einer Münze ist nicht bestimmt durch die physischen Eigenschaften der Münze; dennoch fungiert die Münze als Träger eines bestimmten monetären Wertes (zu einer bestimmten Zeit in einer bestimmten Gesellschaft). Worin nun genau der Gehalt besteht, ist natürlich eine der Grundfragen. Aber so viel ist schon klar: Der Gehalt bestimmt, was repräsentiert wird, und daher sind die oben genannten semantischen Eigenschaften auch auf der Ebene des Gehalts zu finden. Das wiederum bedeutet, dass die Wahrheit und Falschheit bzw. die Angemessenheit einer Repräsentation eine Eigenschaft ihres Gehalts ist.

Propositionale Einstellungen Die Debatte um Intentionalität wird in weiten Teilen in Bezug auf sogenannte propositionale Einstellungen geführt. Dabei beschränkt man sich auf mentale Zustände (Repräsentationen), die einen **propositionalen Gehalt** haben. Der propositionale Gehalt verweist auf eine Proposition, und eine Proposition ist grob das, was man mit einem dass-Satz ausdrücken kann. Eine Proposition ist der Teil der Bedeutung eines Satzes, der unabhängig von der grammatischen Form ist, also das Gemeinsame von „Es regnet", „Regnet es?" und „Ach, würde es doch regnen!". Propositionen sind wahr oder falsch. Jede Repräsentation, die auf eine solche Proposition verweist bzw. eine solche Proposition bedeutet, hat einen propositionalen Gehalt. Bislang hatten wir ganz allgemein von Gehalten gesprochen, und es wird tatsächlich diskutiert, ob es neben den propositionalen Gehalten noch andere Arten gibt; z. B. könnten Bilder eine andere Art von Gehalt haben, da das, was auf dem Bild dargestellt wird, eventuell nicht in einem dass-Satz ausdrückt werden kann (zu der Diskussion um verschiedene Arten von Gehalten ▶ Kap. 9).

Zu einer gegebenen Proposition kann ein epistemisches Subjekt unterschiedliche ‚Einstellungen' haben, die sogenannten **propositionalen Einstellungen**: glauben, wünschen, hoffen, bezweifeln etc. (◻ Abb. 3.1).

Definition

Ein epistemisches Subjekt kann verschiedene **propositionale Einstellungen** gegenüber einer Proposition, die durch einen dass-Satz ausgedrückt werden kann, einnehmen. Die propositionale Einstellung spiegelt die Beziehung des Subjektes zur Proposition wider, z. B. ob das Subjekt diese für wahr hält, anzweifelt, befürchtet o.Ä.

3

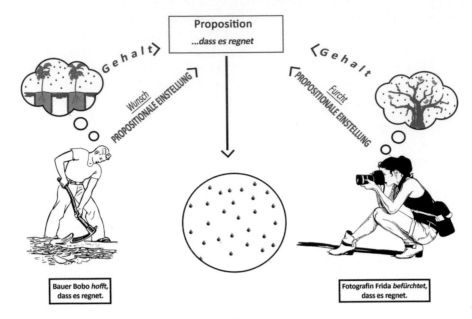

Proposition

...dass es regnet

Gehalt⟩   ⟨Gehalt

Wunsch   Furcht

PROPOSITIONALE EINSTELLUNG   PROPOSITIONALE EINSTELLUNG

Bauer Bobo *hofft*, dass es regnet.   Fotografin Frida *befürchtet*, dass es regnet.

◻ **Abb. 3.1**   Verschiedene Einstellungen zu einer Proposition

Neben den allgemeinen semantischen Eigenschaften, die allen Repräsentationen zukommen, gibt es weitere Eigenschaften, die zwar vielleicht nicht alle intentionalen Zustände im oben genannten Sinne haben, die aber aufgrund der Beschränkung der Debatte auf diese Zustände häufig als zentrale Eigenschaften für das Phänomen der Intentionalität angeführt werden. So verhalten sich Sätze, mit denen wir propositionale Einstellungen zuschreiben, hinsichtlich ihrer Wahrheitsbedingungen anders als Aussagessätze: In einem Aussagesatz kann jedes Wort durch ein anderes Wort, das sich auf dasselbe bezieht (das also dieselbe ‚Extension' hat), ersetzt werden, ohne dass sich der Wahrheitswert ändert *(salva veritate)*. Zum Beispiel bleibt der Satz „Thomas Edison wurde in Ohio geboren" wahr, wenn wir „Thomas Edison" durch den extensionsgleichen Ausdruck „Der Erfinder des elektrischen Stuhls" ersetzen. Eine solche Ersetzung *salva veritate* ist aber nicht möglich, wenn wir den Satz in eine Zuschreibung einer propositionalen Einstellung einbauen, wie in: „Petra glaubt, dass Thomas Edison in Ohio geboren wurde". Dieser Satz kann wahr sein, während gleichzeitig der Satz mit dem extensionsgleichen Ausdruck „Petra glaubt, dass der Erfinder des elektrischen Stuhls in Ohio geboren wurde" falsch ist. Das liegt offenbar daran, dass Petra nicht unbedingt wissen muss, dass Edison tatsächlich auch den elektrischen Stuhl erfunden hat. Bei Zuschreibungen von propositionalen Einstellungen scheint es also nicht auf die Extension der Ausdrücke anzukommen, sondern auf die **Intension** (hier sollte unbedingt die Schreibung mit „s" beachtet werden!), also grob auf die Bedeutung der Ausdrücke. Daher sagt man, dass die Zuschreibung propositionaler Einstellungen **intensionale Kontexte** erzeugt.

Weiterhin sind propositionale Einstellungen typischerweise sensitiv gegenüber **logischen** (formalen) und **semantischen Zusammenhängen** und gehorchen gewissen **Rationalitätsstandards.** Wenn z. B. jemand glaubt, dass *p*, und, dass: wenn *p*, dann *q*, dann wird diese Person normalerweise auch glauben, dass *q* (was mit *modus ponens* folgt). Oder, wenn jemand glaubt, dass Düsseldorf eine Großstadt ist, wird diese Person auch glauben, dass Düsseldorf mehr als 100.000 Einwohner hat – vorausgesetzt, die Person weiß, wie ‚Großstadt' definiert ist. Auch wird eine Person, die glaubt, dass Handlung *h* zum Ergebnis *e* führt (und dass *h* keine weiteren negativen Folgen hat), und die sich wünscht, dass *e* der Fall ist, typischerweise *h* ausführen. Und schließlich scheinen propositionale Gehalte **systematisch** und **produktiv** zu sein: systematisch, da einzelne Bestandteile von propositionalen Gehalten in verschiedenen Ausdrücken mit jeweils derselben Bedeutung vorkommen können, und produktiv, da sich aus den Teilen von propositionalen Gehalten ganz neue, und zwar unendlich viele Gehalte zusammenbauen lassen. So ist z. B. jedes Wesen, das in der Lage ist, zu denken, dass Winfried Kretschmann grün ist, auch in der Lage, zu denken, dass Winfried Kretschmann schwarz ist und dass Angela Merkel grün ist. Die beiden Bestandteile ‚grün' und ‚schwarz' können hier also systematisch ausgetauscht werden, ohne dabei jeweils ihre Bedeutung zu ändern.

> **Definition**
>
> Eine Sprache ist **systematisch,** wenn Teilausdrücke in verschiedenen komplexen Ausdrücken vorkommen können, wobei sie immer denselben semantischen Beitrag zur Bedeutung des komplexen Ausdrucks leisten.

Manchmal wird die Systematizität als zu erklärende Tatsache angenommen; dann wird behauptet, dass unsere Sprache so beschaffen sei, dass wer „weiße Wand" und „blauer Ball" versteht, auch „weißer Ball" und „blaue Wand" versteht. Aber es ist nicht klar, ob unsere Sprache wirklich sehr systematisch ist, denn es gibt Gegenbeispiele: wer „weiße Wand" und „herber Wein" versteht, versteht nicht unbedingt „weißer Wein" und „herbe Wand"; oder ein Verständnis von „auf einem Haus" und „in einer Stunde" führt nicht unbedingt zum Verständnis von „in einem Haus" und „auf einer Stunde" (Szabó 2020). Jerry Fodor argumentiert, dass Systematizität erforderlich sei, weil wir sonst eine natürliche Sprache nicht lernen könnten (Fodor 2001). Aber auch solche Argumente ändern nichts daran, dass es letztlich eine empirische Frage ist, ob unsere Sprache (oder andere repräsentationale Systeme) systematisch sind oder nicht.

> **Definition**
>
> Eine Sprache ist **produktiv,** wenn sie über unendlich viele Ausdrücke mit unterschiedlichen Bedeutungen verfügt.

Die Produktivität einer Sprache kann natürlich nicht direkt nachgewiesen werden, da ein solcher Nachweis erfordern würde, unendlich viele Ausdrücke aufzulisten. Was aber festgestellt werden kann, ist, ob Sprachen über Regeln oder Mechanismen verfügen, die die Bildung immer neuer Ausdrücke erlauben. Und das scheint zumindest bei unseren natürlichen Sprachen der Fall zu sein: Wir sind in der Lage, Sätze zu bilden, die vorher noch keiner gebildet hat. Und wir sind auch in der Lage, Gedanken zu denken, die vorher noch kein anderer hatte.

Zur Vertiefung: Opakizität propositionaler Gehalte

Propositionale Gehalte sind typischerweise **opak,** was bedeutet, dass wir uns klar darüber sind, dass es sich ‚nur‘ um Repräsentationen handelt. Wenn ich glaube, dass es morgen regnet, bin ich mir bewusst, dass dies ein Glaube von mir ist, der auch falsch sein kann. Ich verwechsle also nie meinen Glauben mit der Realität, und in diesem Sinne ist der Glaube ‚undurchsichtig‘: wenn ich ihn habe, dann erkenne ich ihn auch als solchen. Im Gegensatz dazu scheint es auch mentale Zustände zu geben, die transparent sind, durch die wir also gewissermaßen hindurchschauen. Wenn wir solche Zustände haben, bemerken wir normalerweise nicht, dass es sich nur um Repräsentationen handelt: Typischerweise sehe ich zum Beispiel den Regen draußen, ohne dass mir dabei klar wäre, dass es sich nur um eine visuelle Repräsentation handelt (das wird mir typischerweise nur dann bewusst, wenn sich die Wahrnehmung als Trug herausstellt). Was ich erfasse, ist also grob, dass es regnet, und nicht, dass ich Regen wahrnehme und dass es aber vielleicht gar nicht regnet, weil meine Wahrnehmung auch falsch sein könnte. Es scheint also Teil des propositionalen Gehaltes zu sein, dass es sich bei den Trägern des Gehaltes um Repräsentationen handelt: Wenn ich einen Gedanken erfasse, dann erfasse ich gleichzeitig auch, dass es ein Gedanke ist, der falsch sein kann.

Grundlegende Fragen   Eine grundlegende Frage ist, wie schon gesagt, die Frage, worin ein Gehalt besteht. Welche Faktoren sind entscheidend dafür, was repräsentiert wird? Welche Eigenschaft meines Gehirnzustands z. B. bestimmt, dass dieser Zustand von meinem Mittagessen handelt und nicht etwa von meinem Urlaub oder Winfried Kretschmanns Dienstwagen? Zu dieser Frage gibt es ganz verschiedene Ansätze, von denen die wichtigsten in ▶ Abschn. 3.2 diskutiert werden.

Eine weitere Grundfrage ist: Welcher ontologischen Art sind diese Gehalte, also: zu welcher Art von Dingen gehören sie? Und: Wie kommen körperliche Gebilde, die Vehikel, zu semantischen Eigenschaften? Handelt es sich bei Gehalten um seltsame abstrakte Gegenstände, die außerhalb von uns existieren und die wir zunächst ‚fassen‘ müssen, oder handelt es sich vielleicht vielmehr um komplexe

Eigenschaften, die Beziehungen zum Körper und der Umwelt beinhalten? Die erste Antwort ist grob die Antwort, die Gottlob Frege gegeben hat in Bezug auf ‚Gedanken' (Frege 1918) – diese Antwort hat er allerdings vor dem Hintergrund seiner Beschäftigung mit Mathematik und Sprache entwickelt. Sie basiert auf seinem sogenannten Anti-Psychologismus, also der Position, dass sprachliche Bedeutung vollkommen unabhängig von mentalen Zuständen und völlig objektiv charakterisiert werden muss (was für mathematische Wahrheiten auch sehr plausibel scheint). Da das aber von vornherein und dezidiert nicht zur Idee von mentalen Repräsentationen passt, wird diese Position hier auch nicht weiter besprochen. Stattdessen werden in ▶ Abschn. 3.1 exemplarisch zwei einflussreiche Theorien vorgestellt, die versuchen, mentalen Gehalt so zu charakterisieren, dass auch er als Bestandteil unserer ‚natürlichen', körperlichen Welt aufgefasst werden kann, der keine zusätzlichen Sphären abstrakter Gegenstände oder ähnliche Konstruktionen benötigt.

3.1 Die Naturalisierung der Intentionalität

Intentionalität ist also eine der zentralen Fähigkeiten von kognitiven Systemen. Selbstverständlich könnte man nun die Intentionalität als Primitivum betrachten, also als etwas, das nicht weiter analysiert werden kann und somit zu den metaphysischen Grundbausteinen der Welt gehört. Damit hätten wir allerdings bereits eine grundlegende geistige Eigenschaft eingeführt, so dass ein streng physikalistisches Weltbild damit unmöglich würde. Natürlich bliebe immer noch der Weg einer idealistischen Theorie, in der physikalische Eigenschaften letztlich auf mentale zurückgeführt werden. Da aber solche Versuche im letzten Jahrhundert eine untergeordnete Rolle gespielt haben, widmen wir uns hier solchen Versuchen nicht im Detail.

Intentionalität als metaphysisches Primitivum Eine Art Zwischenweg besteht darin, die metaphysische Frage zu umgehen oder wenigstens etwas zurückzustellen, indem die (bereits intentionalen) Erfahrungen (‚Phänomene') zum Ausgangspunkt der philosophischen Theoriebildung gemacht werden. Dadurch wird die Aufteilung der Welt in Geistiges einerseits und Körperliches andererseits zu einem Gegenstand philosophischer Theoriebildung und verliert den Status einer unbedingten Unterscheidung, die wir bereits vor der eigentlichen Theorie in der Erfahrung vorfinden und die wir erklären müssten. Diesen Weg wählt die **Phänomenologie,** die die Intentionalität im Sinne Brentanos nicht nur zum Zentrum ihrer Philosophie des Geistes, sondern ihres gesamten philosophischen Programms macht (Gallagher/Zahavi 2008). Den Startpunkt bildet die Idee, dass die Grundlage all unserer Erkenntnis unser **Erleben** ist, in dem uns nicht unmittelbar eine Welt gegeben ist, sondern nur das Erlebnis selbst. Dass uns die Welt nicht unmittelbar gegeben ist, sieht man daran, dass wir auch widersprüchliche Wahrnehmungen haben können, die auf Wahrnehmungsfehler oder gar Halluzinationen hinweisen. Wir können also auch Dinge erleben, die (so) nicht existieren. Daher kann das Erleben selbst nicht unmittelbar sein, also die Existenz der erlebten Dinge nicht

3

garantieren. Unser Erleben der körperlichen ‚Außenwelt' ist daher vermittelt, und zwar vermittelt über das intentionale Objekt, was zunächst ein Bestandteil des Erlebens und nicht der Welt ist (Brentanos ‚Inexistenz', s. o.).

Außerdem ist uns in jedem Erleben auch das erlebende Subjekt zumindest implizit gegeben (Husserl 1959), so dass das Erleben selbst keine Welt-Geist-Unterscheidung macht. **Jegliche Unterscheidung zwischen Körper und Geist wird der Phänomenologie zufolge also selbst nicht erlebt,** sondern sie ist ein Produkt philosophischer Reflexion und damit auch kritisierbar. Tatsächlich finden sich in der phänomenologischen Tradition sowohl Ansätze, die die mentalen Aspekte als metaphysisch grundlegend ansehen, als auch Ansätze, die die physischen Aspekte für grundlegend halten. Die meisten Ansätze aber versuchen, diese Frage als uninteressante Frage zu entlarven, da ihre Antwort nichts über die Beschaffenheit der Welt, sondern höchstens über die Beschaffenheit unserer philosophischen Intuitionen und Grundüberzeugungen verrät. In diesem Sinne sind solche Ansätze vielleicht am ehesten einem neutralen Monismus ähnlich (es gibt nur eine Art von Eigenschaften, und diese Art liegt sowohl geistigen als auch körperlichen Eigenschaften zugrunde; siehe auch ▶ Kap. 2), wenn sie nicht gänzlich agnostisch sind gegenüber der metaphysischen Frage nach Körper und Geist.

Da die phänomenologischen Ansätze die Bezugnahme auf die Welt also zum metaphysischen Primitivum machen, verschwindet in ihrem Rahmen auch die Erklärungsbedürftigkeit von mentalen Repräsentationen. Daher werden diese Ansätze hier auch nicht weiter besprochen. Allerdings werfen einige dieser Ansätze grundsätzlichere Fragen in Bezug auf Repräsentationen auf, die im nächsten Kapitel eingehender diskutiert werden. Dazu gehört zum Beispiel die Frage, ob die Rede der Repräsentation überhaupt sinnvoll ist.

Das Projekt der Naturalisierung   Das Wort „Naturalisierung" ist schillernd und wird auf unterschiedliche Weise gebraucht. In einer Verwendungsweise wird es gleichbedeutend mit ‚Reduktion auf Eigenschaften aus der Physik' gebraucht. Nach diesem Verständnis bildet die Physik die metaphysische Basis der Realität ab, so dass in unserem Weltbild letztlich nur Entitäten Platz haben, die auf diese physikalische Basis reduziert werden können **(Physikalismus).** Eine etwas moderatere Verwendung liegt vor, wenn die angestrebte Metaphysik keine transzendentalen Entitäten beinhalten soll, also keine über unsere ‚natürliche', mit unseren Sinnen wahrnehmbare Welt hinausgehenden Eigenschaften. Das bedeutet freilich nicht, dass alle Eigenschaften selbst mit den Sinnen wahrnehmbar sein müssen, sondern lediglich, dass sie in dieselbe Welt gehören und unserer Erfahrung nicht prinzipiell verschlossen bleiben (wie z. B. Kants „Ding an sich" oder sein „transzendentales Ich") und keines eigenständigen Erkenntnisprozesses bedürfen (wie z. B. die platonischen Ideen, für die man noch die Ideenschau braucht). Eine solche Naturalisierung wäre dann erfolgreich, wenn wir den Platz der mentalen Eigenschaften in unserer Welt **plausibel angeben** könnten, ohne diese unbedingt auf körperliche Eigenschaften zu reduzieren.

Definition

Als ‚**Naturalisierung**‘ bezeichnet man zunächst das Projekt, alle Phänomene ohne Rückgriff auf ‚übernatürliche‘ Entitäten, die die mit den Sinnen wahrnehmbare Welt ‚transzendieren‘, zu erklären. Viele verwenden den Begriff auch im engeren Sinne, um eine Rückführung aller Phänomene auf physikalische Phänomene zu bezeichnen.

Wenn wir allerdings mit den Intuitionen anfangen, dass geistige und körperliche Eigenschaften grundlegend verschieden sind und dass wir nur eine Welt haben, dann müssen wir die geistigen Eigenschaften auch in diese eine sinnlich wahrnehmbare Welt integrieren, also ‚naturalisieren‘ in einem der beiden oben skizzierten Sinne. Da nun die Intentionalität eine der zentralen kognitiven Fähigkeiten ist, ist das Bedürfnis, diese zu naturalisieren, besonders groß. Wenn das nicht gelingt, dann kann auch das ‚Leib-Seele-Problem‘ (s. ► Kap. 2) nicht gelöst werden. Daher steht die Naturalisierung der Intentionalität in ihrer Dringlichkeit auf einer ähnlichen Stufe wie das Problem der mentalen Verursachung und die Naturalisierung des Bewusstseins (vorausgesetzt natürlich, man teilt die für diese Probleme grundlegenden Intuitionen). Allerdings erscheint die Naturalisierung der Intentionalität einigen als relativ leicht zu lösendes Problem („the easy problem of consciousness"; Chalmers 1995), während das Problem des phänomenalen Bewusstseins als wesentlich schwerwiegenderes Problem angesehen wird („the hard problem of consciousness"; Chalmers 1995). Auf letzteres Problem wird ► Kap. 5 näher eingehen. Hier werden nun exemplarisch zwei Ansätze vorgestellt, die eine Naturalisierung des repräsentationalen Gehaltes zum Ziel haben, wobei Fodors Ansatz ein physikalistisches Ziel verfolgt, während Dennetts Theorie lediglich transzendentale Entitäten ausschließen möchte.

3.1.1 Fodors repräsentationale Theorie des Geistes

Jerry A. Fodor ist einer der einflussreichsten Philosophen des 20. Jahrhunderts und eine der wichtigsten Figuren der Kognitionswissenschaft. Sein großes Verdienst ist es, in enger Auseinandersetzung mit den empirischen Kognitionswissenschaften einen philosophischen Unterbau für die interdisziplinäre Unternehmung zu liefern. Seine Thesen sind meist ziemlich radikal und seine Argumente oft polemisch. Das macht ihn zu einem besonders markanten Autoren, dessen Texte zumeist amüsant zu lesen sind, und dessen Thesen oft sehr klar ausgearbeitet sind. Gleichzeitig sind sie aber auch in ihrer Radikalität einfach zu kritisieren.

Belief-Desire-Model Das Ziel der Kognitionswissenschaft ist es, intelligentes Verhalten dadurch zu erklären, dass die diesem Verhalten zugrundeliegende Kognition erklärt wird. Die bis heute in der Philosophie vorherrschende These ist, dass intelligentes Verhalten am besten durch das sogenannte Belief-Desire-Model (Überzeugungs-Wunsch-Modell) erklärt werden kann (Wilson/Shpall/Piñeros Glasscock 2016). Der Grundgedanke ist, dass wir das tun, von dem wir glauben,

3

dass es Effekte hat, die wir uns wünschen. Nach dieser Vorstellung bilden also propositionale Einstellungen den Kern von Verhaltenserklärungen. Und die Intentionalität der propositionalen Einstellungen garantiert, dass diese auf die Welt verweisen und dass damit die Handlungen auch in der Welt ausgeführt werden können. Fodor geht von diesem Modell aus, so dass seine grundlegende Theorie über den menschlichen Geist mit der Grundfrage anfängt, ob intentionale Zustände (gemeint sind v. a. propositionale Einstellungen) physisch realisiert sein können (gemeint ist, durch Gehirnzustände realisiert) und trotzdem die Eigenschaften haben, die für intentionale Zustände charakteristisch sind (das sind v. a. die semantischen Eigenschaften; Fodor 1975).

Das Belief-Desire-Model kommt aus der Handlungstheorie und geht davon aus, dass (intelligentes) Verhalten **rational** ist. Rational sind Handlungen, die auf korrekten praktischen Syllogismen beruhen. Allgemein sieht ein solcher praktischer Syllogismus wie folgt aus:

1. S hat den Wunsch, dass p. (Wunsch-Komponente)
2. S glaubt, dass Handlung h den Effekt, dass p, hat. (Überzeugungs-Komponente)
3. Wenn S wünscht, dass p, und S glaubt, dass h den Effekt, dass p, hat, dann sollte S h ausführen. (Grundsatz der Rationalität)

Zusätzlich kann noch eine Klausel eingebaut werden, die andere unangenehme Effekte von h ausschließt: (2') S glaubt, dass h den Effekt, dass p, hat und sonst keine weiteren unangenehmen Folgen. Damit kann dann auch erklärt werden, warum es rational ist, sich nicht mit Schokolade vollzustopfen, obwohl man Schokolade liebt …

Obwohl dieses Modell zunächst Begründungen bzw. Rechtfertigungen für Verhaltensweisen anführt, gehen einige (auch Fodor) davon aus, dass es auch ein kausales Modell unserer Handlungen darstellt. In der kausalen Lesart wird die Handlung h tatsächlich durch den Wunsch und die Überzeugung verursacht (Wilson/Shpall/Piñeros Glasscock 2016). Wenn das nicht so wäre, so Fodor, könnte das Modell keine Erklärungskraft haben. Also gibt es intentionale Zustände auch wirklich **(intentionaler Realismus).** Allerdings ist die Frage, was genau die Ursachen für unser Verhalten sind, eine empirische Frage, und damit eine kognitionswissenschaftliche oder psychologische Frage. Und hier gibt es eine große Debatte darüber, ob das menschliche Verhalten wirklich so rational ist, wie es Philosophen gerne hätten, und ob intelligentes Verhalten wirklich auf so klaren Überzeugungen beruht (Kahnemann 2011; Gigerenzer 2006).

Das Drei-Ebenen-Modell   In Anlehnung an David Marr (1982) geht Fodor von drei Beschreibungsebenen aus, auf denen wir ein beliebiges kognitives System charakterisieren und erklären können:

- **Intentionale Ebene:** Kausalbeziehungen intentionaler Zustände und Handlungen
- **Funktionale Ebene:** Symbolverarbeitungsprozesse
- **Physische Ebene:** eine physische Realisierung rein syntaktischer Symbolverarbeitungsprozesse

Auf der obersten Ebene (intentionale Ebene) beschreiben wir das Verhalten durch Zuschreibung von propositionalen Einstellungen und den dadurch (rationalerweise) verursachten Handlungen. So können wir Petras Gang zum Kühlschrank dadurch erklären, dass wir ihr Durst (den Wunsch, etwas zu trinken) zuschreiben und die Überzeugung, dass im Kühlschrank etwas Trinkbares ist. Dabei setzen wir voraus, dass Petra rational ist, und dass daher die zugeschriebenen intentionalen Zustände auch tatsächlich diese Handlung verursachen.

Auf der darunterliegenden Ebene der Symbolverarbeitungsprozesse (funktionale Ebene) können wir Petras Gang zum Kühlschrank kognitionswissenschaftlich erklären, indem wir die Symbolverarbeitung beschreiben (also grob die ‚Rechnungen‘, die in Petras Gehirn ablaufen). Und schließlich können auch die physikalischen Details beschrieben werden, die im Gehirn während dieser Symbolverarbeitung ablaufen und die die Realisierung der Berechnungen darstellen (physische Ebene). Hier wird ganz deutlich, dass Fodors Theorie des Geistes ein **Computermodell** zugrunde liegt, das davon ausgeht, dass der menschliche Geist auf Berechnungen beruht, die grundsätzlich auch auf einem Computer ablaufen könnten. Diese Annahme ist typisch für die Kognitionswissenschaften, aber sie ist natürlich nicht unumstritten. Im nächsten Kapitel werden einige der grundlegenden Kritikpunkte am Computermodell näher diskutiert.

Zur Vertiefung: Das Drei-Ebenen-Modell von David Marr

In seinem wegweisenden Buch *Vision* (1982) beschreibt David Marr drei Ebenen, auf denen symbolverarbeitende Prozesse (also grob: Computer) beschrieben werden können:

- **Computationale Ebene:** Rechnungen
- **Algorithmische Ebene:** eine Reihe von Rechenanweisungen
- **Implementationsebene:** physische Realisierung des Algorithmus

Wir können zum Beispiel das Verhalten eines Taschenrechners auf der computationalen Ebene als Addition der Zahlen 2 und 3 beschreiben, indem wir die Rechnung angeben, die der Taschenrechner vollführt. Dieser Rechnung liegt aber ein bestimmter Algorithmus zugrunde, der in einer Reihe von einzelnen Anweisungen besteht. Ein solcher Algorithmus könnte z. B. so aussehen:

1. schreibe den ersten Summanden in den ersten Speicher
2. schreibe den zweiten Summanden in den zweiten Speicher
3. wenn der erste Speicher die Null enthält, gib den Inhalt des zweiten Speichers als Ergebnis aus und stoppe, sonst gehe weiter
4. schreibe den Vorgänger des Inhalts des ersten Speichers in den ersten Speicher
5. schreibe den Nachfolger des Inhalts des zweiten Speichers in den zweiten Speicher
6. gehe zu Schritt 3

Dabei gilt, dass jede Rechnung durch verschiedene Algorithmen dargestellt und jeder Algorithmus unterschiedlich implementiert werden kann. Da aber schon auf der computationalen Ebene eine vollständige Beschreibung erfolgt, und da diese

3

Beschreibung unabhängig ist von der tatsächlichen physikalischen Realisierung, brauchen wir uns auch nicht um die Realisierung zu kümmern. Im Falle des Menschen können wir also das Gehirn als Realisierung außer Acht lassen.
Schließlich gibt es auch die Möglichkeit, den Taschenrechner auf der Ebene der elektronischen Bauteile und ihrer Zustände zu beschreiben (Implementationsebene).

Symbolverarbeitungsprozesse und Intentionalität   Fodor geht weiterhin davon aus, dass das Verhältnis der physischen Ebene und der funktionalen Ebene im Wesentlichen geklärt sei im Rahmen der Theorien der Berechenbarkeit und der Theorien der Kognitionswissenschaft. Wenn wir all diese Voraussetzungen akzeptieren, dann können wir mit Fodor die grundlegende Frage etwas präziser formulieren: Wie genau können intentionale Zustände durch Symbolverarbeitungsprozesse realisiert werden? Um diese Frage zu beantworten, stellt Fodor eine Reihe von Thesen auf.

❯ These 1: Eine propositionale Einstellung (ein intentionaler Zustand) ist nichts anderes als eine funktionale Beziehung zwischen einem kognitiven System S und einer mentalen Repräsentation r mit demselben Inhalt wie die propositionale Einstellung.

Dabei ist *r* ein physischer Zustand, nämlich ein Hirnzustand, der eben den entsprechenden Inhalt hat. Petras Wunsch ist also eine funktionale Beziehung, die Petra zu ihrem Hirnzustand hat, der beinhaltet, dass sie etwas trinkt. Was soll diese ‚funktionale Beziehung‘ sein? Das soll bedeuten, dass diese mentale Repräsentation eine ganz bestimmte Rolle für das System spielt. Ein Wunsch etwa spielt eine andere Rolle als eine Überzeugung: Mein Wunsch, im Lotto zu gewinnen, lässt mich Lotto spielen, während meine Überzeugung, im Lotto gewonnen zu haben, mich zu ganz anderen Handlungen führt. Um diese unterschiedlichen Rollen bildlich zu beschreiben, spricht Fodor auch oft von verschiedenen Speichern, in denen mentale Repräsentationen aufbewahrt werden. Petra hat also die Repräsentation, dass sie trinkt, in ihrem Wunschspeicher. Und dieser Wunschspeicher ist sozusagen an andere Prozesse angeschlossen als etwa der Überzeugungsspeicher – daher haben Wünsche eine andere funktionale Rolle als Überzeugungen.

❯ These 2: Der menschliche Geist ist eine symbolverarbeitende Maschine, und die Symbole sind wie eine Sprache strukturiert – sie bilden die ‚Sprache des Denkens‘ oder ‚Mentalesisch‘ (LoT: „Language of Thought“).

Die semantischen Eigenschaften von mentalesischen Ausdrücken haben jeweils eine Entsprechung in der Form der Ausdrücke. Die Symbolverarbeitungsprozesse sind sensitiv gegenüber und operieren auf Grundlage dieser Form. Diese These ist stark inspiriert von Systemen der formalen Logik: Auch hier ist es so, dass die Form von Ausdrücken gewisse semantische Beziehungen widerspiegelt, so dass rein formale Beweise semantische Beziehungen reflektieren können. Das bedeutet, dass eine Maschine, die nichts vom Inhalt der Ausdrücke versteht, die aber die relevanten formalen Eigenschaften der Ausdrücke erkennt, Berechnungen anstellen kann (die letztlich physikalische Prozesse sind), die inhaltlich richtige Ergebnisse liefern. So funktioniert auch unser Taschenrechner: Ohne zu verstehen, was Addition oder Zahlsymbole bedeuten, kann er die inhaltlich richtigen Ergebnisse liefern. Und das tut er, weil die ‚formalen‘ Eigenschaften der Taschenrechner-internen ‚Symbole‘ so geschickt gewählt sind, dass sie die semantischen Eigenschaften widerspiegeln. Bezogen auf den menschlichen Geist bedeutet das: In unserem Gehirn schwirren sprach(ähn)liche Ausdrücke herum, die gewisse formale Eigenschaften haben. Das Gehirn kann mit diesen Ausdrücken rechnen, weil es deren formale Eigenschaften verarbeiten kann. Gleichzeitig reflektieren diese formalen Eigenschaften aber inhaltliche Eigenschaften, so dass bei der rein formalen Berechnung auch immer etwas Sinnvolles rauskommt. Der Rechenapparat des Gehirns ist also korrekt hinsichtlich der Inhalte der mentalen Repräsentationen (s. Vertiefungskasten „Syntax und Semantik“).

Zur Vertiefung: Syntax und Semantik

In der Logik werden Ausdrücke einerseits durch ihren Aufbau, die Syntax, bestimmt. Weiterhin können Regeln formuliert werden, die nur diesen Aufbau, also die Form, berücksichtigen, und die es erlauben, von einem oder mehreren Ausdrücken zu einem anderen überzugehen. Die Regeln bilden zusammen den Kalkül. So kann z. B. aus den beiden Ausdrücken *p* und *q* durch Anwendung der Regel ‚Konjunktionseinführung‘ zu dem neuen Ausdruck *p*∧*q* übergegangen werden. Das funktioniert, ohne irgendetwas über die Inhalte (die Semantik) gesagt zu haben.

Aber die logischen Ausdrücke haben auch eine Semantik, die im Fall der Aussagenlogik auf Wahrheitswerte beschränkt ist. Die Semantik des Ausdrucks *p*∧*q* besteht darin, dass der komplexe Ausdruck nur dann wahr ist, wenn beide Teilausdrücke *p* und *q* wahr sind.

Der Trick ist nun, dass wir den Kalkül zu unserer Logik gerade so bauen, dass er die semantischen Beziehungen reflektiert. Sprich: unsere syntaktischen Regeln sind so gestrickt, dass sie von wahren Ausdrücken immer nur zu wahren Ausdrücken führen. Kalküle haben damit die Eigenschaft, **korrekt** zu sein. Wenn zusätzlich gilt, dass auch alle wahren Ausdrücke durch den Kalkül produziert werden können, dann ist der Kalkül auch **vollständig**.

Und wie kommt es, dass Inhalt und Form so perfekt aufeinander abgestimmt sind? Auf diese Frage hat Fodor leider keine Antwort – es ist, so Fodor, schlicht die beste Theorie, die wir haben. Trotzdem können wir laut Fodor noch eine ganze Menge mehr über die Sprache des Denkens sagen, wenn wir die Voraussetzungen betrachten, die erfüllt sein müssen, damit so eine perfekte Abstimmung überhaupt möglich ist. Natürlich wäre es denkbar, dass unser kognitives System nur eine kleine Anzahl an möglichen Inhalten repräsentieren kann, und dass der Berechnungsapparat einfach alle zulässigen Übergänge zwischen den Inhalten auswendig kennt. Ein solches System könnte aber nie etwas Neues repräsentieren, es könnte nicht lernen. Da wir Menschen aber Neues lernen und uns ausdenken können, muss die Sprache des Geistes anders funktionieren, und zwar so, dass die besagte **Produktivität** entstehen kann. Das funktioniert laut Fodor aber nur, wenn die Sprache zwei Eigenschaften hat: **Systematizität** und **Kompositionalität.**

3

> **Definition**
>
> Eine Sprache ist **kompositional,** wenn es analysierbare Einheiten gibt, die zu größeren Einheiten zusammengesetzt werden können, und zwar so, dass die Bedeutung der komplexen Einheiten bestimmt ist durch die Bedeutung ihrer Teileinheiten und die Art ihrer Zusammensetzung.

Die Sprache des Geistes muss also ein **Vokabular** haben, in dem die kleinsten Einheiten aufgelistet sind, und eine **Syntax,** die regelt, wie diese Einheiten zu komplexen Ausdrücken zusammengesetzt werden können. Darüber hinaus muss es eine **Semantik** geben, die über diese syntaktischen Regeln definiert ist, die also angibt, wie sich für eine bestimmte syntaktische Zusammensetzung der Inhalt des komplexen Ausdrucks aus den Inhalten der Teilausdrücke ergibt. Wenn die syntaktischen Regeln *rekursiv* sind, kann so mit einem endlichen Vokabular und einer endlichen Menge von syntaktischen Regeln eine unendliche Menge von komplexen Ausdrücken generiert werden. Eine Regel ist *rekursiv,* wenn die Regel auf das Ergebnis der Regelanwendung selbst wieder angewendet werden darf. Zum Beispiel ist eine solche rekursive Regel des Deutschen, dass jedes Substantiv durch einen Relativsatz erweitert werden kann. Diese Regel ist rekursiv, weil sie auch auf Substantive in Relativsätzen angewendet werden kann. So kann z. B. aus „Oma fährt im Hühnerstall Motorrad" durch schrittweise Ergänzung werden: „Oma fährt im Hühnerstall, den Opa, der in Ostpreußen, das damals von der Sturmflut, die ganze Küstenabschnitte verwüstete, heimgesucht wurde, wohnte, gebaut hat, Motorrad" – und es ginge, zumindest in der grauen Theorie, noch unendlich weiter, wenn wir das wollten. (Dass wir de facto solche Sätze weder von uns geben noch in der Lage sind, sie ohne weiteres zu verstehen, wird manchmal als Gegenargument zu Fodors These einer Sprache des Denkens angeführt.)

Zusammenfassung   Ausgehend vom klassischen Belief-Desire-Modell der Handlungserklärung entwirft Fodor einen reduktiven Ansatz, der versucht, die typisch geistigen Eigenschaften auf physische Eigenschaften zurückzuführen. Gleichzeitig ist es aber kein eliminativer Ansatz, da er von der Realität und kausalen Wirksamkeit von mentalen Zuständen (insbesondere von Wünschen und Überzeugungen) ausgeht **(intentionaler Realismus).** Das gelingt Fodor, indem er **die geistigen Eigenschaften als semantische Eigenschaften** von Repräsentationen interpretiert, die **physisch realisiert** sind. Die physische Realisierung dieser Repräsentationen ist wiederum nach Fodor so beschaffen, dass Berechnungsprozesse die physischen Eigenschaften der Repräsentationen so ausnutzen können, dass die semantischen Verhältnisse bei den Berechnungen gewahrt bleiben – ähnlich wie bei einem Computer. Woher allerdings diese ‚Gleichtaktung' von Syntax (physischen

Berechnungsprozessen) und Semantik (geistigen Eigenschaften) genau kommt, bleibt ungeklärt (auch Fodors Theorie der mentalen Gehalte kann diese Frage nicht beantworten; ▶ Abschn. 3.2.2).

3.1.2 Dennetts Theorie intentionaler Systeme

Während Fodors Theorie von einem starken intentionalen Realismus ausgeht, entwirft Daniel C. Dennett ein etwas vorsichtigeres Bild unserer mentalen Zustände und ihrer Bezüge zur Welt. Fodor startet mit der Überzeugung, dass unsere Verhaltenserklärungen im Alltag durch Zuschreibung von intentionalen Zuständen gerechtfertigt und wortwörtlich zu nehmen sind. Dennett dagegen beginnt mit einem kritischeren Blick auf unsere Erklärungspraxis, indem er zunächst ein Beispiel wählt, bei dem unsere intuitive Erklärung nicht so gut zu sein scheint, jedenfalls nicht so gut wie in Fodors Sinn: das Beispiel des Schachcomputers.

> ### ▶ Beispiel: Schachcomputer

Stellen wir uns einen Schachcomputer vor, dessen Programm verschiedene Regeln und Anweisungen enthält, die dazu führen, dass der Computer seine Dame immer sehr früh ins Spiel bringt. Tatsächlich aber steht in keiner der Regeln und Anweisungen explizit, dass die Dame früh ins Spiel gebracht werden soll — diese ‚Regel‘ ist also nicht explizit programmiert, sondern höchstens *prozedural*. Das bedeutet, sie ergibt sich aus den einzelnen Programmanweisungen, aber sie ist selbst nicht als Anweisung im Programm enthalten.

Das Verhalten eines solchen Schachcomputers können wir erfolgreich damit erklären und vorhersagen, dass wir dem Computer die Überzeugung zuschreiben, er müsse seine Dame früh ins Spiel bringen. Diese Strategie funktioniert, obwohl es nichts in dem Programm des Computers gibt, was dieser Überzeugung eins zu eins entsprechen würde. Oder anders ausgedrückt: Wir können nicht auf eine Zeile im Programmcode zeigen und sagen, „Da ist die Überzeugung, die Dame früh ins Spiel bringen zu müssen, implementiert". ◀

Das Beispiel des Schachcomputers ist so gewählt, dass unsere Alltagserklärung durch Zuschreibung intentionaler Zustände wunderbar funktioniert, obwohl das im Sinne von Fodors intentionalem Realismus nicht sein dürfte, da es keine syntaktische Einheit für die Überzeugung auf der Implementationsebene gibt. Wenn also dieses Beispiel funktioniert, so Dennett, dann könnte es auch sein, dass die Zuschreibung von intentionalen Zuständen bei Menschen funktioniert, obwohl es im Gehirn gar keine ‚syntaktischen‘ Entsprechungen für diese Zustände gibt, also keine Sprache des Geistes. Der Schluss von dem Funktionieren der Zuschreibung von Zuständen auf das Vorhandensein von entsprechenden physischen Zuständen ist also nicht möglich.

3

Dennetts pragmatischer Ansatz Nach Dennett ist es folglich nicht entscheidend, dass wir syntaktische Vehikel haben, die irgendwelche Inhalte tragen können. Vielmehr ist die Zuschreibung von intentionalen Zuständen schon gerechtfertigt, wenn wir damit erfolgreich das Verhalten eines Systems beschreiben und vorhersagen können. Damit wird Dennetts Ansatz zu einem pragmatischen Ansatz: Ob ein System wirklich intentionale Zustände hat oder nicht, ist dabei gar nicht ausschlaggebend; es geht lediglich um die Frage, ob eine Zuschreibung solcher Zustände erfolgreich ist oder nicht, ob die intentionalen Zustände selbst also brauchbar sind oder nicht. Dabei geht es auch nicht darum, ob die Zustände für das beschriebene System irgendwie brauchbar sind, sondern lediglich um die Frage, ob ein Beobachter des Systems die Zustände zur Beschreibung gebrauchen kann oder nicht.

Ein System hat also intentionale Zustände nicht einfach für sich, sondern erst, wenn es jemanden gibt, der das System beschreiben und sein Verhalten erklären will. Eine solche Beschreibung kann laut Dennett **auf drei verschiedenen Ebenen** stattfinden, die Dennett **„Einstellungen"** (engl. *stances*) nennt: Die *physikalische,* die *funktionale* und die *intentionale* Einstellung. Dabei unterscheiden sich diese Einstellungen vor allem hinsichtlich der Voraussetzungen, die wir machen müssen, um die jeweiligen Einstellungen einnehmen zu können. Je nachdem, welche Einstellung wir einnehmen, sehen wir unterschiedliche Muster, die wir unterschiedlich erklären. Eine Einstellung ist wie eine Brille, durch die wir die Welt auf eine bestimmte Art und Weise wahrnehmen.

Die **physikalische Einstellung** bildet sozusagen die Basis, da sie voraussetzungslos eingenommen werden kann. Durch diese Brille sehen wir um uns herum lauter physische Vorgänge: Körper, die sich bewegen; Licht, das gebrochen wird; Schallwellen, die sich ausbreiten. Die Erklärung dieser Phänomene und Muster, die wir sehen, geschieht auf der Ebene der physikalischen Zustände: Weil die Muskeln sich so bewegen, wird die Luft aus der Lunge gepresst, wodurch die Stimmbänder ins Schwingen geraten und so die Schallwelle entsteht, die durch die Form des Mundes auf diese und jene Weise moduliert wird.

> **Definition**
>
> In der **physikalischen Einstellung** werden Phänomene erklärt mittels physikalischer Zustände. Sie kann ohne Voraussetzungen eingenommen werden.

Beispielsweise können wir das Erhitzen des Wassers im Topf auf dem Herd durch den Stromfluss in der Herdplatte und die dadurch entstehende Wärme, die sich auf Topf und Wasser überträgt, erklären.

Mit der **funktionalen Einstellung** werden andere Muster erkennbar, die auch anders erklärt werden. Hier geht es um die Funktionen, die Dinge erfüllen können. Menschen können sprechen – wie funktioniert das? Es funktioniert, weil Menschen Lungen haben, die die Funktion haben, Luft ausströmen zu lassen; weil sie Stimmbänder haben, die die Funktion haben, zu schwingen und Töne zu erzeugen; und weil sie Artikulationswerkzeuge haben, um die Töne zu modulieren.

Damit diese Art von Erklärung funktionieren kann, muss allerdings vorausgesetzt werden, dass keine Fehlfunktion vorliegt. Während man mit der physikalischen Einstellung auch Fälle erklären kann, wo etwas schiefläuft (etwa wenn die Stimmbänder blockiert sind, was zu Heiserkeit führt), geht das bei der funktionalen Brille nicht: Auf die Frage, warum jemand heiser ist, können wir nicht antworten, dass die Stimmbänder die Funktion haben, blockiert zu sein.

Definition

In der **funktionalen Einstellung** werden Phänomene erklärt über die sogenannten funktionalen Zustände, die angeben, was die Funktion von etwas ist. Sie setzt voraus, dass das zu erklärende Phänomen keinen Störfall irgendwelcher Funktionen beinhaltet.

In unserem Beispiel würde das Erhitzen des Wassers also darüber erklärt, dass es die Funktion von Töpfen auf Herdplatten ist, den Inhalt der Töpfe zu erhitzen.

Und schließlich können wir die Welt um uns herum auch mit der **intentionalen Einstellung** betrachten und sie als das Ergebnis von Handlungen, die auf Wünschen und Überzeugungen basieren, erklären. Mit dieser Einstellung können wir etwa die Frage beantworten, warum dieser Mensch gerade etwas gesagt hat. Zum Beispiel, weil er etwas fragen wollte und überzeugt davon war, dass sein Gegenüber seine Frage auch verstehen kann. Die Voraussetzung zur Anwendung dieser Einstellung ist allerdings, dass wir dem Menschen (oder Ding), dessen Verhalten wir erklären wollen, unterstellen, dass er (es) auch gemäß seinen Wünschen und Überzeugungen handelt. Und das ist – wie oben bereits erwähnt – nichts anderes, als dem Menschen (oder Ding) Rationalität zu unterstellen.

Definition

In der **intentionalen Einstellung** werden Phänomene mittels intentionaler Zustände (Überzeugungen und Wünsche) erklärt. Sie erfordert, dass die Phänomene rationales Verhalten darstellen.

Wenn wir beispielsweise erklären wollen, warum der Topf Wasser auf dem Herd steht, könnte das so aussehen: Frank möchte Kaffee kochen und glaubt, dass er dazu heißes Wasser braucht. Weiterhin glaubt er, dass es zu heißem Wasser führt, wenn er einen mit Wasser gefüllten Topf auf eine angeschaltete Herdplatte stellt. Daher hat Frank einen Topf Wasser auf den Herd gestellt.

Die intentionale Einstellung funktioniert generell ganz gut bei menschlichem Verhalten, weil wir unseren Mitmenschen im Großen und Ganzen Rationalität zugestehen. Bei Tieren gehen die Meinungen schon etwas auseinander. Während die einen fest davon überzeugt sind, dass das eigene Haustier ein reiches Geistesleben mit Wünschen, Überzeugungen und Emotionen hat, sind andere der Auffassung, dass Tiere eher wie Maschinen seien, also funktional statt rational. Relativ einig sind wir uns gewöhnlich bei unbelebten Dingen – ihnen schreiben wir

3

keine intentionalen Zustände zu (außer im metaphorischen Sinne). So werden wir die Erklärung, dass das Auto nicht anspringt, weil es überzeugt ist, es sei viel zu gefährlich, bei dieser Kälte am Straßenverkehr teilzunehmen, nicht akzeptieren. Allerdings sind wir spätestens bei Robotern, wie Dennetts Beispiel vom Schachcomputer ja gerade zeigt, sehr viel schneller bereit, von intentionalen Zuständen zu sprechen.

Um die intentionale Einstellung einnehmen zu können, müssen wir dem System, dessen Verhalten wir erklären wollen, unterstellen, dass es maximal rational ist. Würde das System nämlich auch Verhaltensweisen zeigen oder Überzeugungen haben, die im Widerspruch stehen zu den (anderen) Wünschen und Überzeugungen des Systems, dann könnte dieses Verhalten eben gerade nicht mithilfe der Wünsche und Überzeugungen erklärt werden. Intentionale Erklärungen setzen also eine **starke Rationalitätsannahme** voraus.

Allerdings ist auch diese Annahme noch nicht stark genug. Wenn Rationalität alles ist, was wir brauchen, dann können wir auch dem Eiffel-Turm Rationalität unterstellen und sein Verhalten wie folgt erklären: Der Eiffel-Turm möchte gerne im Zentrum des Universums sein und er glaubt, dass sich das Zentrum des Universums genau da befindet, wo er steht. Mit diesen Zuschreibungen von Wünschen und Überzeugungen wird das Verhalten des Turms elegant erklärt: Der Turm bleibt einfach da, wo er ist. Offenbar ist das aber keine ernsthafte Erklärung – wir müssen also die Kriterien noch weiter einschränken.

Verhaltensmuster   An dieser Stelle bringt Dennett den zentralen Begriff des Musters ins Spiel (Dennett 1991): Die Idee ist, dass es Muster gibt, die man nur auf einer gewissen Beschreibungsebene überhaupt erfassen kann. Nehmen wir zum Beispiel ein digitales Foto: Auf der untersten Beschreibungsebene, die der physikalischen Einstellung entspricht, können wir der Reihe nach angeben, welche Farbe ein Pixel hat. Aus dieser Beschreibung werden wir allerdings nicht erkennen, was auf dem Bild abgebildet ist. Die ,Muster‘, die wir auf dem Foto erkennen, werden erst sichtbar, wenn wir von den einzelnen Pixeln abstrahieren und sozusagen einen Schritt zurücktreten. Nun können wir etwa den Baum erkennen, der sich als Muster aus der Anordnung der einzelnen farbigen Pixel ergibt.

Auf dieselbe Weise gibt es Muster in Verhaltensweisen, die wir gar nicht erfassen können, wenn wir nur die physikalische oder funktionale Einstellung einnehmen. Gewisse Verhaltensmuster werden erst mit der intentionalen Einstellung überhaupt sichtbar: Nur, wenn ich Antonia Neugier unterstelle, kann ich die vielen ganz unterschiedlichen Verhaltensweisen von Antonia als Ausdruck eines Musters erkennen. Und genau das ist beim Eiffel-Turm anders: Sein Verhaltensmuster (nämlich stehen zu bleiben) wird bereits auf der untersten Beschreibungsebene sichtbar.

> ▶ **Beispiel: „Game of Life"**
>
> Bei dem „Game of Life" handelt es sich um ein ziemlich simples Programm, das von dem britischen Mathematiker John Horton Conway 1970 erfunden wurde. Es besteht aus einer Fläche einzelner Pixel (Zellen), die schwarz (lebend) oder weiß (tot) sein

können. Es gibt vier Regeln: Eine lebende Zelle mit weniger als zwei lebenden Nachbarn stirbt; eine lebende Zelle mit zwei oder drei lebenden Nachbarn bleibt am Leben; eine lebende Zelle mit mehr als drei lebenden Nachbarn stirbt; eine tote Zelle mit drei lebenden Nachbarn wird lebendig. Die vier Regeln werden in jedem Schritt („Generation") gleichzeitig auf alle Zellen angewendet. Damit ist jede Generation durch die vorhergehende Generation bestimmt. Das Faszinierende beim „Game of Life" ist, dass sich aus zufälligen Anfangszuständen stabile Muster ergeben, und zwar sowohl statische Muster als auch oszillierende Muster. ◄

Dennett führt das „Game of Life" als Beispiel dafür an, dass bestimmte Muster nur auf höheren Beschreibungsebenen sichtbar werden: Auf der unteren Ebene haben wir es beim „Game of Life" lediglich mit Feldern zu tun, die ihre Farbe von weiß nach schwarz wechseln können. Auf einer höheren Beschreibungsebene allerdings können wir Objekte erkennen, die sich durch den Raum bewegen (die sogenannten Spaceships), oder verschiedene Formen, die stabil bleiben. Diese Objekte können auf interessante Art und Weise interagieren: Kleine Spaceships, die Gleiter, können zum Beispiel Blöcke auf dem Feld verschieben. Die Kombination aus Gleitern und Blöcken kann daher genutzt werden, um Zähler (Programme, die Anzahlen erfassen und anzeigen können) zu implementieren. Auf diese Weise können logische Gatter und schließlich eine universelle Turing-Maschine implementiert werden (was nichts anderes bedeutet, als das jede Art von Rechenmaschine mit dem „Game of Life" simuliert werden kann; mehr zu Turing-Maschinen ► Abschn. 3.2.5).

Dennetts zentrale These Ein System ist also genau dann ein intentionales System, wenn sich in seinem Verhalten Muster zeigen, die *ausschließlich* aus der intentionalen Einstellung sichtbar werden. Das bedeutet, dass wir das Verhalten eines intentionalen Systems (z. B. eines Menschen) erfolgreich mithilfe von Wünschen und Überzeugungen erklären können und gleichzeitig keine Entsprechungen für diese Wünsche und Überzeugungen auf der funktionalen oder physikalischen Ebene finden. So ist es zum Beispiel beim Schachcomputer und beim „Game of Life": Obwohl wir das Verhalten des Schachcomputers mit der Überzeugung, seine Dame früh ins Spiel bringen zu müssen, erklären können, gibt es diese Überzeugung nicht im Programmcode (auf der funktionalen Ebene). Und obwohl wir Muster im „Game of Life" als Gleiter-Kanonen beschreiben können, deren Funktion es ist, kleine Raumgleiter zu produzieren, finden wir keine Entsprechung auf der physikalischen Ebene.

Auch hier wird der pragmatische Zug von Dennetts Theorie intentionaler Systeme deutlich: Ob ein System intentional ist oder nicht, hängt von unseren (erfolgreichen) **Erklärungen** ab, nicht von physikalischen Fakten. Es ist sogar möglich, dass es für ein und dasselbe System verschiedene intentionale Beschreibungen gibt, die gleich gut das Verhalten des Systems erklären können. Diese verschiedenen Versionen wären gleichberechtigt, sogar dann, wenn sie sich gegenseitig ausschließen und daher nicht gleichzeitig wahr sein können. In diesem Sinne sind intentionale Erklärungen nach Dennett auch nicht wahr oder falsch – sie sind lediglich gut oder schlecht bzw. brauchbar oder unbrauchbar.

3

Trotzdem möchte Dennett eine **naturalistische Theorie** intentionaler Gehalte formulieren. Und aus dieser Perspektive ist der pragmatische Zug noch nicht vollständig befriedigend, da noch offen ist, ob es sich bei intentionalen Zuständen um etwas Übernatürliches handelt oder lediglich um Produkte unseres Denkens, oder ob intentionale Zustände real existieren und ‚dort draußen' in der Welt vorkommen, so wie etwa Aggregatszustände von Metallen. Daher muss der **ontologische Status** von intentionalen Einstellungen noch näher geklärt werden.

Dennetts schwacher Realismus Dennett bezeichnet seine ontologische Position als schwachen Realismus, da er auf der einen Seite intentionale Zustände als real existierend annehmen möchte (Naturalisierung), auf der anderen Seite aber keine systematische Beziehung zu physischen Zuständen herstellen kann (pragmatischer Zug). So behauptet er, dass intentionale Zustände zwar real sind, aber nur in einem schwachen Sinn. Es handelt sich nach Dennett um **Abstrakta.** Letztendlich bleibt aber unklar, ob diese vage Strategie aufgeht, da es so scheint, als müsse sich Dennett am Ende doch zwischen zwei Interpretationen entscheiden: Entweder, er stellt eine systematische ontologische Beziehung zwischen intentionalen Zuständen und physischen Zuständen her, indem er die Abstraktionsbeziehung spezifiziert und mit Leben füllt; oder er muss neben den Zuständen, die in der Natur vorkommen, noch weitere Zustände annehmen, so dass seine Position am Ende doch nicht als ‚naturalistisch' bezeichnet werden kann. Die bloße Behauptung, dass Abstrakta (von denen es ja auch jede Menge gibt: z. B. die Menge der natürlichen Zahlen, die Farbe Rot, die Vereinigten Staaten von Amerika) nur in einem schwachen Sinn existieren, ist unzureichend.

3.1.3 Funktionalismus und Erklärungsrollen

Während Dennett mentale Zustände auf der intentionalen Ebene verortet, auf der es um Gründe, Absichten und Überzeugungen geht, setzt der Funktionalismus eine Ebene darunter an. Auch Dennett spricht von einer ‚funktionalen Ebene', wie wir gesehen haben, und zwar im Design-Sinn des Begriffs ‚Funktion'. Ihm geht es also grob darum, wofür etwas gemacht ist, und wann es funktioniert und wann nicht.

Die **mathematische Bedeutung von Funktion** bildet die Grundlage des Funktionalismus. Eine Funktion in diesem Sinne ist eine Abbildung von einer Menge auf eine andere, wobei alle Mengen zugelassen werden, die man sich vorstellen kann. Wir können zum Beispiel die Menge aller Menschen in Deutschland abbilden auf die Menge der natürlichen Zahlen – das passiert zum Beispiel bei der Vergabe von Passnummern. Dabei bekommt jeder Mensch nur eine einzige Passnummer, so dass die Abbildung eindeutig ist (solche eindeutigen Abbildungen sind Funktionen, nicht-eindeutige sind Relationen). Beim Funktionalismus geht es um ganz bestimmte Funktionen, die nun Schritt für Schritt eingeführt werden.

Zur Vertiefung: Funktionen

Eine Funktion ist eine eindeutige Abbildung von Mengen auf Mengen. Das bedeutet, dass den Elementen der einen Menge jeweils genau ein Element der anderen Menge zugeordnet wird. Dabei können alle möglichen Mengen mit beliebigen Elementen zugelassen werden. Es gibt verschiedene Notationen, die nun am Beispiel der Funktion der Addition verdeutlicht werden sollen. Die Funktion selbst wird mit „+" bezeichnet; sie bildet Paare von Zahlen auf je eine Zahl ab.

Zunächst kann man alle einzelnen Abbildungen auflisten:

$+: (1, 1) \mapsto 2.$
$\quad (1, 2) \mapsto 3.$
$\quad (1, 3) \mapsto 4.$
$\quad \ldots$

oder in einer Tabelle etwas systematischer auflisten:

+	1	2	3	4	...
1	2	3	4	5	...
2	3	4	5	6	...
3	4	5	6	7	...
4	5	6	7	8	...
...	...	...	...	...	...

Das ist offenbar sehr mühsam. Allgemein kann man aber auch angeben, welche Menge auf welche abgebildet wird: $\mathbb{N}^2 \to \mathbb{N}$, also die Menge aller Paare von natürlichen Zahlen auf die Menge der natürlichen Zahlen. Diese Schreibweise verrät uns allerdings nicht, welches Element der einen auf welches Element der anderen Menge abgebildet wird.

Und schließlich können wir auch die Funktion anwenden auf ein Element, allgemein geschrieben als $f(x)$, was so viel bedeutet wie: dasjenige Element, auf das x von f abgebildet wird. Das wird dann häufig mit der Variable „y" bezeichnet: $f(x) = y$. Für die Addition ergibt sich mit konkreten Werten: $+(1, 2) = 3$. Gebräuchlicher ist hier allerdings die sogenannte Infix-Notation (im Gegensatz zur eben verwendeten Präfix-Notation): $1 + 2 = 3$.

Nach dem **Behaviorismus,** den wir in ▶ Kap. 2 schon kennengelernt haben, können mentale Zustände als Dispositionen, auf Reize auf eine charakteristische Art und Weise zu reagieren, bestimmt werden. Diese Idee lässt sich darstellen in Form von Funktionen: Ein mentaler Zustand wäre demnach eine Funktion, die einen Reiz auf eine Reaktion abbildet. Wir haben allerdings auch gesehen, dass der Behaviorismus eine Menge von Problemen hat und letztendlich nicht überzeugen kann. Eines der wichtigsten Probleme war, dass eine dispositionale Analyse nicht zirkelfrei möglich zu sein scheint: Wie genau ich auf einen bestimmte Reiz reagiere, hängt eben auch von meinen anderen mentalen Zuständen ab.

3

Hilary Putnam (1975b) hatte die Idee, die **mathematische Theorie abstrakter Automaten** zu verwenden, um dieses Problem formal in den Griff zu bekommen. Ein abstrakter Automat ist eine mathematische Beschreibung von Dingen, die irgendetwas tun und dabei auf ‚Reize‘ oder allgemeiner auf Eingaben (‚Inputs‘) reagieren. Das können Automaten sein, wie z. B. ein Getränke-Automat, Computer-Programme, ein CD-Player, oder auch Regelkreise wie z. B. ein Thermostat. Die gängigste Darstellung solcher abstrakter Automaten erfolgt in sogenannten Maschinentafeln, in denen in der ersten Spalte die Inputs, in der zweiten die internen Zustände, in der dritten die Reaktionen oder Outputs, und in der vierten Spalte die Folgezustände aufgelistet werden. Sehen wir uns zum Beispiel eine vereinfachte Version eines Getränke-Automaten an (vgl. auch Beckermann 2008).

In ◼ Tab. 3.1 wird dargestellt, dass der Automat immer dann ein Getränk ausgibt, wenn ein Euro eingeworfen wurde. Dabei muss aber sichergestellt werden, dass der Automat zwischen dem ersten Einwurf einer 50 Cent-Münze und dem zweiten Einwurf unterscheiden kann. Mit anderen Worten: Er muss sich merken, ob schon 50 Cent eingeworfen wurden oder nicht. Das gelingt durch die Angabe von internen Zuständen: Sobald 50 Cent eingeworfen werden, wechselt der Automat in den Zustand 2. Wenn nun ein weiteres Mal 50 Cent eingeworfen werden, reagiert der Automat anders: Er gibt ein Getränk aus und wechselt wieder in den Ausgangszustand 1. (Falls nun 1 € eingeworfen wird, gibt er ein Getränk und Wechselgeld aus und wechselt in den Ausgangszustand 1.)

Der Trick ist also, dass der Automat nicht immer dasselbe Verhalten bei einem Input zeigt. Er kann auf ein und denselben Input verschieden reagieren, je nachdem, in welchem Zustand er sich gerade befindet. Das bedeutet, dass mithilfe eines abstrakten Automaten nicht nur starre Reiz-Reaktions-Schemata erfassen werden können, sondern **flexibles Verhalten systematisch beschreiben** werden kann.

Mentale Zustände und abstrakte Automaten   Indem wir mentale Zustände als interne Zustände eines Automaten auffassen, übertragen wir diese Idee auf mentale Zustände. Bevor es allerdings zu Missverständnissen kommt: Die These ist weder, dass Menschen Automaten sind, noch und noch viel weniger, dass alle Automaten einen Geist und mentale Zustände haben! Die Idee ist lediglich, dass mentale Zustände für das flexible Verhalten von Menschen verantwortlich sind, und dass diese Zusammenhänge dargestellt werden können mithilfe der mathematischen Theorie abstrakter Automaten.

◼ **Tab. 3.1**   Maschinentafel eines vereinfachten Getränke-Automaten

Input	Zustand	Output	Folgezustand
50 Cent	1	Nichts	2
50 Cent	2	Getränk	1
1 €	1	Getränk	1
1 €	2	Getränk, 50 Cent	1

Das zentrale Merkmal, das die Flexibilität erklärt, ist die Abhängigkeit der Reaktion von mentalen Zuständen: Es werden eben nicht nur Reize auf Reaktionen abgebildet, wie beim Behaviorismus, sondern Paare von Reizen und mentalen Zuständen auf Reaktionen und mentale Zustände. Der Funktionalismus entgeht also dem Vorwurf der Zirkularität sehr elegant dadurch, dass er den Zirkel in seine Beschreibung einbaut. In diesem Sinne kann der Funktionalismus als **Erweiterung des Behaviorismus um mentale Zustände** verstanden werden.

Die Maschinentafel kann dabei aufgefasst werden als eine Darstellungsform einer Funktion: Ähnlich wie in der Tabelle im Vertiefungskasten „Funktionen" oben werden hier Paare von Werten, nämlich von Inputs und Zuständen, in der Tabelle Paaren von Werten, nämlich von Outputs und Zuständen, zugeordnet. Nennen wir diese Funktion ‚GA', dann können wir auch schreiben: $GA(1\ €,\ 1)=(\text{Getränk},\ 1)$. Das entspricht der zweiten Zeile der Tabelle. Wir können also den abstrakten Automaten bzw. analog den **Geist beschreiben als eine Funktion,** die Paare von Inputs und Zuständen abbildet auf Paare von Outputs und Zuständen. Und so kommt der Funktionalismus zu seinem Namen.

Die Charakterisierung der mentalen Zustände läuft nun – und das ist ein weiterer Vorteil des Funktionalismus – ausschließlich über die Zusammenhänge, die in der Maschinentafel beschrieben werden. Um die Funktion (also die Maschinentafel) zu beschreiben, muss ich keine Annahmen über die internen Zustände machen. Alles, was ich machen muss, ist, das Verhalten des Systems in Abhängigkeit von den Reizen zu erfassen und systematisch in eine Tabelle zu bringen. So kann ich herausfinden, dass es genau zwei mögliche Reaktionen des Systems auf den Einwurf von 50 Cent gibt, so dass ich wenigstens zwei interne Zustände annehmen muss. Auf diese Weise lassen sich auf Grundlage der reinen Beobachtung des Verhaltens systematisch die internen Zustände erfassen und beschreiben. Damit ist eine der zentralen Forderungen des Behaviorismus – dass nämlich die **Beschreibung des Geistes rein auf der Grundlage objektiver Daten** geschehen soll – erfüllt.

Was genau nun einen mentalen Zustand ausmacht, lässt sich allein durch die Rolle des Zustands im gesamten System, also in der Maschinentafel bestimmen. Dass der Zustand 2 beispielsweise bedeutet, dass 50 Cent eingeworfen wurden, haben wir nicht in die Tabelle geschrieben. Es ergibt sich aus der Rolle, die der Zustand in der Funktion einnimmt. Man spricht daher davon, dass mentale Zustände allein über ihre **funktionale Rolle** individuiert werden. Es ist also nicht nötig, den Getränke-Automaten zu fragen, was er sich denkt. Es ist auch nicht nötig, den Automaten auseinander zu bauen oder die internen Mechanismen zu beobachten, um etwas Sinnvolles über seine Funktionsweise zu sagen. Die Beschreibung auf der funktionalen Ebene ist daher unabhängig von der Implementierung: Ob im Getränke-Automaten der Zustand 2 durch einen Mechanismus von Federn und Zahnrädern oder über einen Mikrochip implementiert ist, ist für die Maschinentafel egal. Funktionale Zustände (und damit mentale Zustände) sind nach dieser Theorie **multipel realisierbar,** was ein Vorteil ist (s. auch ▶ Abschn. 2.3).

Ähnlich verhält es sich nach dem Funktionalismus mit Pauls Zahnschmerzen (▶ Abschn. 2.4), auch wenn natürlich der Mensch ungleich komplexer ist als ein Getränke-Automat. Die Idee ist, dass wir beobachten, dass Paul auf manche Reize unterschiedlich reagiert. Manchmal lächelt Paul müde, wenn wir auf seinen Zahn drücken, manchmal aber schreit er auf. Manchmal antwortet Paul auf die Frage „Wie geht es dir?" „Gut!", manchmal aber antwortet er auch „Ich habe Zahnschmerzen." Ohne nun in Pauls Innenleben einzugreifen und ohne bildgebende Verfahren zu bemühen, können wir also darauf schließen, dass es einen internen Zustand gibt, der in Kombination mit den Reizen für diese spezifischen Verhaltensweisen sorgt. Dass dieser Zustand als Zahnschmerzen klassifiziert werden kann, ergibt sich dabei – so die Theorie – allein aus dem Platz des Zustands in der Funktion, die den ganzen Geist von Paul beschreibt, also: allein aus seiner funktionalen Rolle.

Dass die funktionale Rolle eines Zustands nur vor dem Hintergrund der gesamten Maschinentafel ermittelbar ist, macht den Funktionalismus zu einer holistischen Theorie. Das bedeutet, dass ein einzelner Zustand nur vor dem Hintergrund des ganzen Systems beschrieben werden kann (von griech. *holos,* ὅλος: ganz): Ich muss die komplette Maschinentafel kennen, um einen einzelnen mentalen Zustand zu charakterisieren. Und schlimmer noch: Wenn sich eine Kleinigkeit irgendwo in der Maschinentafel ändert, dann ändert sich die gesamte Funktion, und damit auch jede einzelne funktionale Rolle der internen Zustände. Dieser **Holismus** ist die Kehrseite davon, dass die Abhängigkeit mentaler Zustände untereinander systematisch berücksichtigt wird; was also im Behaviorismus nicht ohne Zirkel eingefangen werden konnte, führt hier zum Holismus.

Arten des Funktionalismus   Verschiedene Arten des Funktionalismus ergeben sich daraus, dass die Art der Maschinentafel und damit die Charakterisierung der mentalen Zustände davon abhängt, was als Input und Output angesehen wird. Der sogenannte **Commonsense-Funktionalismus** (Lewis 1966; auch semantischer oder analytischer Funktionalismus genannt) geht dabei von der Alltagspsychologie aus, die – so die Idee – implizit funktionale Rollen zuschreibt. Wenn wir also die Alltagspsychologie analysieren, erhalten wir die richtige Maschinentafel.

Im Gegensatz dazu geht der **Psychofunktionalismus** (Fodor 1968; Block/Fodor 1972; auch empirischer oder wissenschaftlicher Funktionalismus) davon aus, dass die Kognitionswissenschaft die richtigen Analysen und damit die entscheidenden Maschinentafeln liefert. Offenbar werden hier unterschiedliche Inputs und Outputs in den Tabellen auftauchen: Während der Commonsense-Funktionalismus wohl eher Verhaltensweisen wie Kaffeetrinken und Zum-Arzt-Gehen als Outputs anführen wird, wird man beim Psychofunktionalismus eher Blickrichtungen, Reaktionszeiten und Muskelbewegungen in der Tabelle finden.

Eine dritte Ebene bringt der **Computer-Funktionalismus** (Putnam 1975b) ins Spiel: Ihm liegt die Idee zugrunde, dass nicht nur der menschliche Geist, sondern auch Computerprogramme als abstrakte Automaten beschrieben werden können. Daraus wird die These abgeleitet, dass der menschliche Geist betrachtet werden kann wie ein Programm, das auf dem Gehirn ‚läuft'. Dieses Programm kann als abstrakter Automat beschrieben werden, und die internen Programmzustände sind die mentalen Zustände. Entsprechend wären die relevanten Inputs und Outputs auch nicht auf der Ebene des Verhaltens zu suchen, sondern auf der

Ebene von Nervenreizungen. Das Gehirn wird somit als Maschine betrachtet, die neuronale Signale von Sinnesorganen empfängt, intern verarbeitet und zu neuronalen Signalen umwandelt, die an die Muskeln gesendet werden.

Zur Vertiefung: Computer und abstrakte Automaten

Ein Computer ist eine Rechenmaschine. Was eine Berechnung ist, oder genauer: was effektiv berechenbar ist, haben verschiedene Mathematiker versucht zu definieren. Die verschiedenen bisherigen Ansätze (z. B. Turing-Maschine, Theorie rekursiver Funktionen, Lambda-Kalkül etc.) haben sich allerdings als gleich mächtig erwiesen: Was man auf die eine Weise berechnen kann, kann man auch auf die andere Weise berechnen und umgekehrt. Daher reicht es, hier eine der Theorien vorzustellen: Die Turing-Maschine.

Die **Turing-Maschine** ist nach ihrem Erfinder Alan Turing benannt und stellt eine mathematische Theorie der effektiven Berechenbarkeit dar; es handelt sich also eher um so etwas wie ein Gedankenexperiment als um eine Maschine. Eine solche Turing-Maschine besteht aus einem Lese-/Schreibkopf, der über ein Band mit Abschnitten fahren kann und Symbole in diesen Abschnitten lesen und schreiben kann. Zusätzlich gibt es ein Programm, das festlegt, wie sich der Lese-/Schreibkopf verhält in Abhängigkeit von dem Input – und dieses Programm wird in einer Maschinentafel aufgeschrieben. Zum Beispiel ◘ Tab. 3.2.

Dieses Programm liest ein Band ein, auf dem zwei Zahlen als Abfolge von „a"s codiert sind. Zwischen den Zahlen steht ein „P" als Additionszeichen. Das Zeichen „#" ist nur ein Platzhalter und steht für nichts. Wollen wir also wissen, was $4+2$ ist, so können wir dieser Maschine als Input ein Band geben, das so aussieht: |#|a|a|a|a|P|a|a|#|. Dann starten wir das Programm, was daraufhin den Lese-/Schreibkopf hin und her bewegt. Irgendwann kommt die Maschine zum Halten, und das Ergebnis steht auf dem Band: |#|a|a|a|a|a|a|#|.

Für eine solche einfache Rechnung ist das recht aufwändig. Der Trick ist allerdings, dass auf diese Weise alles berechnet werden kann, was überhaupt berechenbar ist. (Dabei würden selbst die einfachsten Rechnungen so unglaublich lange dauern, dass keiner eine solche Maschine baut. Außerdem bräuchte man auch ein einseitig unendliches Band ...) Das bedeutet aber auch, dass alles, was berechnet werden

◘ **Tab. 3.2** Programm zur Addition zweier Zahlen

Input	Zustand	Output	Folgezustand
#	1	Rechts	1
#	2	Links, Schreib(#)	Stopp
a	1	Rechts	1
a	2	Schreib(P), Links, Schreib(a), Rechts	2
P	1	Rechts	2
P	2	Rechts	2

3

kann (und nichts anderes macht der Computer), durch eine solche Maschinentafel darstellbar ist. Und wenn wir nun den menschlichen Geist auffassen als eine Funktion, die neuronale Signale als Inputs und Outputs hat, dann können wir diese Signale als Symbole darstellen und den kompletten Geist auf einer Turing-Maschine (und damit auch auf jedem beliebigen Computer) implementieren.

Einwände gegen den Funktionalismus   Gegen die These, dass der Geist wie ein Computerprogramm ist, wurden viele Einwände vorgebracht. Zum einen spricht die Veränderung der neuronalen Basis durch geistige Aktivität gegen die These: Kein Computerprogramm kann die Lötbahnen auf der Platine verändern – durch unsere geistige Aktivität können wir allerdings die Vernetzung der Neuronen in unserem Gehirn verändern. Ein weiterer Einwand, der sich gezielt gegen den Funktionalismus wendet, wurde von Ned Block (1978) vorgebracht: Er stellt sich vor, dass das chinesische Volk an einem Versuch teilnimmt, bei dem jeder einzelne Chinese für ein Neuron steht. Er bekommt irgendwelche, für ihn sinnlose Codes von anderen Chinesen, verarbeitet die nach einem bestimmten Muster und gibt sie dann an bestimmte andere Chinesen weiter. Auf diese Weise könnte, so Block, die Funktionsweise des Gehirns kopiert werden. Gleichzeitig wäre es aber absurd, anzunehmen, das chinesische Volk hätte dann genau die geistigen Zustände, die der kopierte Mensch hat. Also, so Block, können die mentalen Zustände weder funktionale Zustände sein noch durch diese charakterisiert werden. Dieser Einwand funktioniert aber offensichtlich nur, wenn die relevanten Inputs und Outputs Signale sind – sobald wir über Verhaltensweisen sprechen, sieht die Sache anders aus, denn das chinesische Volk kann keinen Kaffee trinken (jeder einzelne Chinese kann das, aber das Volk kann es nicht).

3.1.4 Naturalisierungsstrategien im Vergleich

Vergleicht man die bisher genannten Naturalisierungsstrategien, lässt sich festhalten, dass die repräsentationale Theorie des Geistes von Fodor die eigentliche Erklärungsebene auf die physische Ebene verlegt, wobei er einen strikten Parallelismus zwischen physischen und mentalen Zuständen behauptet. Dieser Parallelismus wird aber nicht weiter begründet und bleibt daher unbestimmt. Dennett dagegen trennt die Erklärungsebenen sehr stark und behauptet eine vollständige Eigenständigkeit der intentionalen Erklärungsebene. Sein ‚schwacher Realismus‘ kann allerdings schlussendlich auch nicht überzeugen, da er die für eine Naturalisierung notwendige Beziehung zwischen den Ebenen genauso wenig wie Fodor ausbuchstabieren kann. Der Funktionalismus beschreibt mentale Zustände auf einer Ebene, die auch unabhängig ist von der Ebene der Implementierung. Er reiht sich daher nahtlos ein in die Reihe der Naturalisierungsversuche, die letztlich nicht überzeugen können: Die systematische Beziehung zwischen der funktionalen Beschreibungsebene und der physischen Ebene bleibt unbestimmt.

Andererseits ist es beim Funktionalismus durch einen zusätzlichen Theoriebaustein sehr einfach möglich, die Verbindung zwischen den verschiedenen Ebenen herzustellen: Wenn nämlich die **funktionalen Rollen als kausale Rollen** aufgefasst werden, was auch tatsächlich so häufig geschieht, dass die Begriffe ‚funktionale Rolle' und ‚kausale Rolle' oft synonym gebraucht werden. Sobald wir nämlich davon ausgehen, dass die Zusammenhänge, die in der Maschinentafel dargestellt werden, auch kausal wirksame Mechanismen beschreiben, haben wir genau die Verbindung hergestellt, der für eine echte Naturalisierung nötig ist. Dann heißt es nicht mehr nur: „Immer, wenn Paul Zahnschmerzen hat, schreit er, wenn man auf den Zahn drückt." Sondern es heißt: „Weil Paul Zahnschmerzen hat, schreit er, wenn man auf den Zahn drückt." Das ist zwar schon ein Fortschritt, allerdings sieht man auch sehr schnell, dass hier trotzdem Fragen offen bleiben: Wie genau wird denn diese kausale Rolle implementiert?

Und wenn auf diese Frage eine Antwort gefunden werden soll, ist man wieder sehr schnell bei der allgemeinen Problematik nicht-reduktiver Physikalismen, wie sie bereits in ▶ Abschn. 2.5 diskutiert wurde. Wenn man keine Typen-Identitätstheorie haben möchte, weil man den Vorteil der multiplen Realisierbarkeit nicht aufgeben möchte, bleibt nur eine Token-Identitäts-Theorie, um Kausalität auf der Ebene des Mentalen zu erhalten. Gleichzeitig muss eine Rechtfertigung dafür gefunden werden, warum die Beschreibung auf der funktionalen Ebene nicht wegreduziert werden kann.

Das Verhältnis der Erklärungsebenen bildet einen Schwerpunkt in der heutigen Debatte. Dabei geht es in erster Linie um die Frage, welche Bedingungen erfüllt sein müssen, damit eine höhere Beschreibungs- und Erklärungsebene als eigenständige, wissenschaftliche Erklärungsebene gewertet werden kann. Der Verdacht ist, dass die meisten dieser Ebenen pure ‚Abkürzungen' sind, die aber unterbestimmt und damit unwissenschaftlich sind. So argumentiert etwa Frances Egan (2014) dafür, dass die Verbindung der semantischen/intentionalen Ebene von Fodor zu der eigentlich wissenschaftlichen Ebene der physikalisch realisierten Vehikel nicht nur nicht geklärt ist, sondern dass sie auch systematisch unterbestimmt bleiben müsste. Daher könne die höhere Ebene der Inhaltszuschreibung nur in Hinblick auf weitere Interessen bestimmt werden (z. B. bestimmte Erklärungsinteressen) und sei daher immer instrumentalistisch zu verstehen. Eine echte Naturwissenschaft aber sei unabhängig von solchen Erklärungsinteressen, weshalb Inhalte nichts in ihnen zu suchen hätten. Die einzige Ausnahme bilden nach Egan ‚mathematische' Inhalte – also Zahlen, die für Messergebnisse stehen.

> ▶ **Beispiel: Abhängigkeit der Inhaltszuschreibung von Erklärungsinteressen**

Ein vieldiskutiertes Beispiel einer Inhaltszuschreibung geht zurück auf ein Experiment von Lettvin u. a. (1959), bei dem festgestellt wurde, dass Frösche im Labor nicht nur auf Fliegen mit dem Herausschleudern der Zunge reagieren, sondern auf alle Arten von schwarzen sich bewegenden Punkten. Die Debatte geht nun darum, ob die Repräsentation des Frosches den Inhalt ‚Fliege' oder den Inhalt ‚schwarzer Punkt' hat (oder sonst irgendetwas).

Je nachdem, welches Erklärungsziel man letztlich hat, werden unterschiedliche Zuschreibungen nahegelegt. Wenn man einen evolutionären Blickwinkel einnimmt, ist der Inhalt ‚Fliege' (oder Nahrung) am plausibelsten; nimmt man eher eine neurowissenschaftliche oder ingenieurstechnische Position ein, so bietet sich ‚bewegender schwarzer Punkt' sehr viel mehr an. Und so gilt auch hier: Welche Zuschreibung die beste Erklärung liefert, hängt auch davon ab, was man überhaupt erklären will. ◄

Dabei scheint die These, dass echte Wissenschaft unabhängig von Erklärungszielen operieren würde, zumindest gewagt. So ist etwa die Messung der Lautstärke eine Tons keineswegs unabhängig von der Perspektive, auch nicht, was die ‚mathematischen Inhalte' angeht, also die Zuordnung von Zahlen als Messergebnisse: Je nachdem, ob man sich für die Amplitude von Schwingungen, den Druck der Schallwelle oder das Hörerlebnis interessiert, werden verschiedene Maße erhoben und gemessen (z. B. der Lautstärkepegel, gemessen in Phon, und der Schalldruckpegel, gemessen in Dezibel). Die Behauptung, dass daraus folge, die ganze Akustik wäre unwissenschaftlich, scheint zumindest auf den ersten Blick schwierig.

Einen etwas anderen Weg geht William Ramsey (2007), indem er ein Kriterium vorschlägt, wie man überflüssige ‚Abkürzungen' von echten Erklärungen unterscheiden kann. Die Idee ist, dass eine Erklärung auf einer höheren Ebene nur dann zugelassen wird und damit die dafür nötige Inhaltszuschreibung, wenn durch diese Erklärung auch tatsächlich etwas erklärt wird und nicht nur benannt wird. Wenn wir Paul ein Kaugummi und eine Kiwi anbieten und nachher fragen, warum Paul sich für das Kaugummi entschieden hat, ist die naheliegende Antwort, dass er Kaugummi lieber mag als Kiwi. Diese Erklärung erfüllt allerdings nicht das Kriterium von Ramsey, da „Kaugummi lieber mögen als Kiwi" nichts anderes bedeutet, als dass man sich meistens für Kaugummi und gegen Kiwi entscheidet. Wir haben also nichts erklärt, sondern einfach nur eine neue Beschreibung für das Phänomen gefunden. Nach Ramsey sind also solche Präferenzen schlechte Kandidaten für repräsentationale Zustände.

Ein noch etwas anderer Ansatz basiert auf der Idee von Esfeld (2011), die bereits kurz in ► Abschn. 2.4 angerissen wurde: Dass wir auch auf höheren Ebenen kausale Erklärungen finden, liegt daran, dass wir es mit einer Token-Identität von mentalen und physischen Zuständen zu tun haben. Allerdings funktioniert die Typ-Bildung auf der höheren Ebene anders als auf der niedrigeren Ebene, und zwar auf eine Art und Weise, die auf der physischen Ebene gar nicht möglich ist, weil hier das nötige Vokabular fehlt (Vosgerau/Soom 2018; Soom 2011). Mit Inhalts-Zuschreibungen können wir daher verschiedene, physikalisch völlig unterschiedlich realisierte Zustände (Vehikel) herausgreifen, die aus physikalischer Sicht gar keine (natürliche) Gruppe bilden. Auf einer höheren Beschreibungsebene aber zeichnen sie sich durch Gemeinsamkeiten hinsichtlich ihrer kausalen Rolle aus, die auf der physikalischen Ebene aber jeweils ganz anders realisiert wird. Auf diese Weise können wir physikalisch völlig unterschiedlich funktionierende Organe als Herzen zusammenfassen, oder eben auch physikalisch ganz anders realisierte Hirnzustände bei Katze, Affe, Taube und Mensch als Wahrnehmungsrepräsentation eines Baumes.

3.2 Theorien des mentalen Gehalts

Die Ansätze, die gerade besprochen wurden, gehen der Frage nach, wie gehaltvolle (intentionale) Zustände integriert werden können in ein naturalistisches Weltbild (▶ Abschn. 3.1). Dabei geht es vor allem auch um die Frage, wodurch solche Zustände ihre Erklärungskraft bekommen und wie diese intentionalen Erklärungen mit anderen, zum Beispiel physikalischen Erklärungen, zusammenhängen. Insofern beschäftigen sich diese Ansätze mit einer Variante des Leib-Seele-Problems (▶ Kap. 2).

Neben dieser generellen Frage kann man aber auch detaillierter danach fragen, wie ein bestimmter Zustand (ein Vehikel) zu seinem **spezifischen Gehalt** kommt. Warum hat meine Wahrnehmung den Gehalt ‚dort ein Baum' und nicht ‚hinter mir eine Katze'? Und warum ‚bedeutet' dieser Gehirnzustand (wenn die Vehikel mentaler Zustände Gehirnzustände sind) ‚Ich möchte gerne ein Käsebrot essen' und nicht ‚Früher hätte ich SPD gewählt'? Es geht also um die Frage, wie die Repräsentationsrelation entsteht und wodurch sie bestimmt wird.

Zunächst können wir gewisse allgemeine Eigenschaften der Repräsentationsrelation feststellen, die ihr zumindest gewöhnlich zukommen. So ist sie zum Beispiel **typischerweise asymmetrisch:** Wenn ein Foto die Queen repräsentiert (darstellt), dann repräsentiert die Queen dieses Foto typischerweise nicht. Weiterhin ist die Möglichkeit der **Fehlrepräsentation** zentral: Wie oben bereits erläutert, haben Repräsentationen semantische Werte, was nichts anderes bedeutet, als dass sie wahr (oder angemessen) und falsch (oder unangemessen) sein können. Nur wenn Irrtum möglich ist, können wir überhaupt sinnvoll von Repräsentation reden. Wenn die Motte reflexartig immer zum Licht fliegt, dann kann sie sich nicht irren, und dann haben wir auch keinen Grund, von einer mentalen Repräsentation der Lichtquelle durch die Motte zu sprechen – genauso wenig wie die Bewegung des Fahrrades meine Tretbewegung repräsentiert. Mindestens diese beiden Eigenschaften – die Asymmetrie und die Möglichkeit der Fehlrepräsentation – sind zentral für den Repräsentationsbegriff und müssen daher von jeder Theorie des mentalen Gehalts erklärt werden.

Je nachdem, welche Antwort auf die Fragen nach der Repräsentationsrelation gegeben wird, kommen auch unterschiedliche Möglichkeiten für eine Naturalisierung in Betracht. Die hier verhandelten Fragen sind also nicht unabhängig von den in ▶ Abschn. 3.1 verhandelten, aber sie sind dennoch ein Stück weit unabhängig. Wenn zum Beispiel behauptet wird, dass eine mentale Repräsentation zum Repräsentierten ähnlich sein muss, dann spricht das für sich genommen weder für noch gegen eine Naturalisierung. Zunächst soll jedoch geklärt werden, welche Faktoren überhaupt für den Gehalt einer Repräsentation (also für das, was festlegt, was repräsentiert wird) relevant sind.

3.2.1 Sind Gehalte im Kopf?

Die naive und auch in der Philosophie lange vertretene Auffassung ist, dass die Gehalte meiner mentalen Repräsentationen von Faktoren bestimmt werden, die sich irgendwie in mir befinden. Von außen kann keiner feststellen, was ich denke

(▶ Abschn. 7.1): „Die Gedanken sind frei, wer kann sie erraten", heißt es im Volkslied. Das deutet darauf hin, dass die Faktoren, die den repräsentationalen Gehalt festlegen, nur mir zugänglich sind.

Semantischer Internalismus   Genau diese These bezeichnet man als semantischen Internalismus: Dass der Gehalt einer mentalen Repräsentation allein von Faktoren festgelegt wird, die sich im repräsentierenden System befinden. Nach dieser These ist es also unmöglich, den Gehalt meiner Gedanken zu ändern, ohne in mir (oder an mir) etwas zu ändern. Und jeder, der ohne meine Beteiligung herausfinden möchte, was ich gerade denke, müsste in mich hineinschauen. Oder andersherum ausgedrückt: Wenn ich gerade denke, dass der Himmel blau ist, dann könnte man die ganze Welt um mich herum radikal umbauen, ohne etwas daran zu ändern.

Diese Position heißt *semantischer* Internalismus, weil es nur um die Frage geht, wie die semantischen Werte von Repräsentationen festgelegt werden. Wenn es auch um die Frage geht, wo die Vehikel sind, spricht man im Gegensatz dazu vom Vehikel-Internalismus. Mit diesem werden wir uns in ▶ Abschn. 4.1 näher auseinandersetzen.

Semantischer Externalismus   Hilary Putnam (1975a) hat ein sehr wirkmächtiges Argument vorgebracht, nach dem Bedeutungen von Wörtern auch durch Faktoren in der Umwelt bestimmt sind (und nicht nur dadurch, was jemand mit dem Wort ausdrücken möchte oder was eine Sprachgemeinschaft über die Bedeutung denkt). Tylor Burge (1979) hat dieses Argument aufgegriffen und auf mentale Zustände angewendet.

Das Argument baut auf dem **Gedanken-Experiment der Zwillings-Erde** auf, für das wir uns eine Erde vorstellen, die haargenau so beschaffen ist wie unsere Erde mit einem einzigen Unterschied: Das, was auf der Zwillings-Erde in Flüssen fließt und aus dem Wasserhahn kommt, ist nicht wie bei uns H_2O, sondern eine andere chemische Substanz mit der Formel XYZ, die aber dieselben Oberflächeneigenschaften hat wie H_2O. Trotzdem bezeichnen die Bewohner der Zwillings-Erde diese Substanz mit dem Wort „Wasser" genauso wie wir.

Stellen wir uns weiterhin Oskar vor, der auf der Erde lebt und denkt: „Wasser ist nass". Da auf der Zwillings-Erde alles genauso ist wie hier, gibt es auch einen Zwillings-Oskar, der ebenfalls denkt: „Wasser ist nass". Per Voraussetzung sind Oskar und Zwillings-Oskar hinsichtlich aller internen Faktoren identisch. Wenn also der semantische Internalismus Recht hätte, dann müssten die beiden auch dasselbe denken.

Burge behauptet nun aber, dass Oskar etwas anderes denkt als Zwillings-Oskar. Während Oskar einen Gedanken über H_2O hegt, denkt Zwillings-Oskar über XYZ nach. Der Gehalt der beiden Gedanken ist also verschieden, obwohl alle internen Faktoren dieselben sind. (Das gilt, wenn man einen Essentialismus in Bezug auf natürliche Arten vertritt – s. dazu auch den Vertiefungskasten „Natürliche Arten und Essenzen".) Und das bedeutet, dass der semantische Internalismus falsch ist. Anders ausgedrückt: Um den Gehalt von Oskars Gedanken zu verändern, reicht es aus, seine Umwelt so umzubauen, dass H_2O durch XYZ ausgetauscht wird (wir könnten ihn zum Beispiel auf die Zwillings-Erde entführen oder beamen).

Zur Vertiefung: Natürliche Arten und Essenzen

Das Argument, das auf dem Gedankenexperiment der Zwillings-Erde aufbaut, funktioniert nur, wenn natürliche Arten eine Essenz haben und die Bedeutung des Natürlichen-Art-Ausdrucks auf die Essenz verweist. Hier wird Schritt für Schritt dargestellt, warum das so ist.

Natürliche Arten: Eine natürliche Art ist eine Kategorie, die sich aufgrund von natürlichen Eigenschaften ergibt, so dass die Frage, was darunter fällt, **unabhängig von unseren Interessen oder Perspektiven** entschieden werden kann. Typische Beispiele für natürliche Arten sind chemische Stoffe und biologische Arten. Die Idee ist, dass die Natur uns vorgibt, was z. B. alles Gold ist und was nicht – nämlich jedes Atom mit 79 Protonen. Natürlich entscheiden wir, wie wir diesen Stoff nennen wollen, aber dass alle Atome mit 79 Protonen eine Art bilden, das ist unabhängig von unserer Entscheidung. Keine natürliche Art bilden etwa Tische: Ob etwas ein Tisch ist oder nicht, ist sehr wohl von unseren Entscheidungen abhängig (z. B. davon, wie wir das Ding nutzen).

Essentialismus: Als Essenz wird gewöhnlich eine **notwendige Eigenschaft** bezeichnet. Die Idee ist, dass zum Beispiel Gold die Essenz bzw. die essentielle Eigenschaft, 79 Protonen zu haben, besitzt. Wenn etwas diese Eigenschaft nicht hat, ist es nicht Gold. Damit ist es notwendigerweise so, dass Goldatome 79 Protonen haben. Da natürliche Arten immer durch irgendeine natürliche Eigenschaft bestimmt werden, ist diese natürliche Eigenschaft auch eine essentielle Eigenschaft. Wer also von natürlichen Arten ausgeht, nimmt damit auch einen Essentialismus an. (Andersherum ist das nicht unbedingt so: Man könnte zum Beispiel annehmen, dass auch Tische essentielle Eigenschaften haben, die aber nicht natürlich sind, so dass es sich trotzdem nicht um eine natürliche Art handelt.)

Essenzen und Bedeutungen: Weiterhin müssen die Bedeutungen der Ausdrücke, mit denen wir die natürlichen Arten bezeichnen, auf die essentiellen Eigenschaften verweisen bzw. diese herausgreifen. Die Bedeutung des Wortes „Gold" muss also irgendwie in einem engen Zusammenhang mit der Ordnungszahl 79 stehen. Das ist nicht selbstverständlich, denn das Wort „Gold" wurde ja lange vor der Entdeckung der Ordnungszahlen durchaus erfolgreich benutzt. Saul Kripke (1980) hat hierzu eine einflussreiche Theorie entwickelt. Die Grundintuition ist, dass wir Natürliche-Art-Ausdrücke wie „Gold" und „Wasser" ungefähr in dem Sinne von „alles, was so beschaffen ist wie das (verbunden mit Zeigegeste)" verwenden. Wir können also auf einen Goldklumpen zeigen und sagen: Das, und alles, was so beschaffen ist, wie das, ist Gold. Damit verweisen wir, so die Idee, tatsächlich auf die essentielle Eigenschaft, 79 Protonen zu haben, ohne dass wir wissen müssen, dass es sich um diese Eigenschaft handelt. Mit dieser Theorie kann elegant erklärt werden, warum wir von manchen Dingen, die jahrhundertelang für Gold gehalten wurden, feststellen können, dass sie ‚in Wirklichkeit' kein Gold sind. Weiterhin wird deutlich, warum wir nur einen Goldklumpen untersuchen müssen, um die Eigenschaften

3

von Gold zu bestimmen – wir müssen keine Versuchsreihe mit verschiedenen Gold-klumpen unternehmen.

Wenn Wasser also eine natürliche Art ist, und seine chemische Struktur (H_2O) seine essentielle Eigenschaft ist, und weiterhin die Bedeutung des Wortes „Wasser" ir-gendwie auf diese chemische Struktur verweist, dann müssen wir zugeben, dass Os-kar und Zwillings-Oskar unterschiedliche Gedanken haben.

Ein weiteres Argument für den semantischen Externalismus beruht auf der Idee, dass Sprechern die Bedeutung von zumindest manchen Ausdrücken gar nicht ge-nau bekannt sein muss (angelehnt an die These der sprachlichen Arbeitsteilung von Putnam 1975a, nach der die Bedeutung von manchen Ausdrücken durch Fachleute festgelegt wird). In diesem Sinne, so Burge, sei es möglich, dass eine Per-son das Wort „Arthritis" benutzt, obwohl diese Person fälschlicherweise glaubt, man könne Arthritis (Gelenkentzündung) auch in den Knochen haben. Trotz-dem reicht dieses eingeschränkte Wissen über die Bedeutung von Arthritis aus, so Burge, dass die Person den Ausdruck sinnvoll verwenden kann und sinnvolle Sätze damit bilden kann. Wenn nun solch eingeschränktes Wissen über Begriffe aus-reicht, um sie sinnvoll zu benutzen, dann kann sich auch genau der Teil der Bedeu-tung, der nicht gewusst wird, ändern, ohne dass sich in der Person etwas ändern muss. Und das bedeutet, dass auch in diesem Fall der Gehalt von Gedanken einer Person sich ändern kann, ohne dass sich ‚in' der Person etwas ändert (z. B. könn-ten die Fachleute herausfinden, dass Arthritis doch auch in Knochen vorkommt).

Sprache und Denken   Die Argumente für den semantischen Externalismus haben die Debatte lange bestimmt und spielen immer noch eine herausragende Rolle. Neben den oben genannten Voraussetzungen, die auch von vielen geteilt wer-den, steht noch eine weitere anspruchsvolle Voraussetzung im Hintergrund von Burges Anwendung der Argumente auf intentionale Zustände: Die Argumente von Putnam beziehen sich auf sprachliche Ausdrücke. Und für sprachliche Aus-drücke leuchtet es auch unmittelbar ein, dass deren Bedeutung nicht durch ein-zelne Sprecher und deren interne Zustände festgelegt werden kann (das wird auch durch Humpty Dumpty in *Alice in Wonderland* illustriert, der bei jeder Verwen-dung eines Wortes neu entscheiden will, was es bedeuten soll). Vielmehr stellen hier mindestens die Sprachgemeinschaft und vielleicht auch die physische Um-welt weitere Faktoren bereit. Um aber die Argumente nun auf das Denken zu übertragen, muss davon ausgegangen werden, dass Sprache und Denken entwe-der dasselbe sind oder doch zumindest sehr eng zusammenhängen und es eine Eins-zu-eins-Korrespondenz gibt. Das ist aber nicht ohne Weiteres einsichtig: Zumindest passiert es oft, dass wir um die richtigen Worte ringen, um einen Gedanken auszudrücken – das wäre unerklärlich, wenn wir in Sprache denken würden, denn dann müssten wir nur laut sagen, was wir schon ‚leise' gedacht ha-ben. Hier soll allerdings der Zusammenhang zwischen Sprache und Denken nicht vertieft diskutiert werden, da er im ▶ Kap. 9 noch ausführlich dargestellt wird.

Konventionalismus Eine Theorie des mentalen Gehaltes, die ebenfalls von einer sehr engen Beziehung zwischen Sprache und Denken ausgehen muss und die daher nicht ohne Weiteres überzeugen kann, ist der Konventionalismus (Goodman 1976). Die These ist, dass auch der Gehalt von intentionalen Zuständen auf Konventionen beruht, so wie es auch für die Bedeutung von sprachlichen Ausdrücken der Fall ist. Konventionen können aber nur entstehen, wo Gesellschaften sind – da aber im Kopf, wo grob gesagt die intentionalen Zustände sind (s. dazu aber auch die Debatte um den Vehikel-Externalismus in ▶ Abschn. 4.1), keine Gesellschaft ist, können dort auch keine Konventionen entstehen. Sie müssten also – wenn sie im Kopf sind – über die Sprache dort hingekommen sein. Daher ist der Konventionalismus nur dann plausibel, wenn es eine Eins-zu-eins-Entsprechung zwischen Gehalten von intentionalen Zuständen und sprachlicher Bedeutung gibt.

3.2.2 Kausale Theorien: Bezug auf die Ursachen von Repräsentationen

Eine Theorie, die unabhängig von der Beziehung zwischen Denken und Sprache ist, vertritt Jerry Fodor (1987; 1990). Sie geht davon aus, dass mentale Repräsentationen das bedeuten, was die Ursache ihres Auftretens ist. Besonders plausibel ist das für Wahrnehmungszustände: Wenn ich eine Kuh sehe, dann ist meine Kuh-Wahrnehmung (also meine Kuh-Repräsentation) von der Kuh verursacht. Bevor wir in die Feinheiten dieser Theorie einsteigen, zunächst noch eine Klärung zur Unabhängigkeit von Sprache.

Natürliche Sprache und Sprache des Geistes Weiter oben (▶ Abschn. 3.1.1) hatten wir die repräsentationale Theorie des Geistes von Fodor kennengelernt, die von einer Sprache des Geistes ausgeht. Diese versucht, eine Antwort auf die Frage zu geben, warum Inhalte in kausalen Erklärungen von Verhalten vorkommen können. Die These ist, dass sie das können, weil der Geist auf Berechnungen basiert, die in einer Sprache des Geistes ablaufen und bei denen die Inhalte eine Eins-zu-eins-Entsprechung zu den syntaktischen Eigenschaften der Vehikel aufweisen. Diese Sprache hat aber nichts mit einer natürlichen Sprache zu tun – sie ist vielmehr so etwas wie der Programmcode des Gehirns. Weiterhin gilt, dass durch diese Theorie noch nicht gesagt ist, wie die einzelnen ‚Wörter' der Sprache des Geistes ihren Gehalt bekommen. Das soll – zumindest für Wahrnehmungszustände – durch die kausale Theorie erklärt werden. Diese Theorie ist zwar kompatibel mit einer Sprache des Geistes, aber sie setzt keine Annahme über den Zusammenhang zwischen Denken und natürlicher Sprache voraus (anders als der semantische Externalismus).

Die These, dass mentale Repräsentationen das bedeuten, wodurch sie verursacht wurden, hat zunächst den Vorteil, dass die **Asymmetrie** der Repräsentationsbeziehung elegant erklärt wird. Das Foto der Queen repräsentiert die Queen (aber nicht andersherum), weil letztere ursächlich für erstere ist (aber nicht andersherum: die Queen gibt es nicht wegen dem Foto, aber das Foto gibt es nur, weil es auch die Queen gibt). Problematisch wird allerdings die Erklärung von **Fehlrepräsentationen,** da es schlicht keine Fehlverursachung gibt. Die Queen kann ja nicht fälschlicherweise ein Foto von Prince Charles verursachen. Wie aber oben erläutert, ist die Fehleranfälligkeit eines der zentralen Merkmale von mentalen Repräsentationen. Es ist also ein Phänomen, das erklärt werden muss.

Das Disjunktionsproblem   Und hier wird die Sache für die kausale Theorie noch schlimmer: Sie hat nicht nur keine Erklärung für Fehler, sondern die reale Möglichkeit von Fehlern produziert sogar noch zusätzliche Probleme: Stellen wir uns vor, ich sehe ein Pferd, was ich durch den Nebel in der Morgendämmerung aber für eine Kuh halte. Ich habe also zweifelsfrei eine Kuh-Repräsentation (denn nichts anderes bedeutet es, dass ich das Tier für eine Kuh halte). Diese meine Kuh-Repräsentation ist aber offenbar nicht von einer Kuh, sondern von einem Pferd verursacht worden. Wenn aber nur die Verursachung festlegt, welcher Gehalt vorliegt, dann müsste hier ein Pferd-Gehalt vorliegen und kein Kuh-Gehalt.

Das Disjunktionsproblem entsteht, da dieses Problem systematisch auftaucht in dem Sinne, dass es immer möglich ist, dass ich Pferde für Kühe halte. Daher kann eine Kuh-Repräsentation niemals den Gehalt <KUH> haben, denn diese Art von Repräsentation kann ja auch von Pferden verursacht werden. Wir müssten es also mit einem **disjunktiven Gehalt** <KUH oder PFERD> zu tun haben, wenn die ,einfache' Theorie stimmt. Das ist aber offensichtlich ungenügend, da wir keine Kuh-oder-Pferd-Repräsentationen haben, sondern klarerweise nur Kuh-Repräsentationen und Pferd-Repräsentationen. Es muss also eine andere Erklärung für mögliche Fehlrepräsentationen gefunden werden, und zwar eine Erklärung, die ausschließt, dass die Fehler konstitutiv werden können für die Festlegung des Gehaltes.

Fodors Idee zur Lösung des Problems macht sich folgende Überlegung zunutze: Stellen wir uns vor, es gäbe keine Pferde, und daher könnte kein Pferd jemals eine Kuh-Repräsentation verursachen. Dann würde dies nicht automatisch auch dazu führen, dass es keine Kuh-Repräsentationen mehr gäbe, denn diese würden ja immer noch (korrekterweise) von Kühen verursacht. Wenn wir uns allerdings vorstellen, dass es keine Kühe mehr gibt, dann würde es auch keine Kuh-Repräsentationen geben, insbesondere auch keine (fälschlicherweise) durch Pferde verursachte Kuh-Repräsentationen. Die Möglichkeit der Pferde, Kuh-Repräsentationen zu verursachen, ist daher abhängig davon, dass Kühe Kuh-Repräsentationen verursachen können. Andersherum gilt das aber nicht: Die Möglichkeit, dass Kühe Kuh-Repräsentationen verursachen können, hängt gerade nicht davon ab, dass Pferde Kuh-Repräsentationen verursachen können.

Die **asymmetrische Abhängigkeit** der Pferd-verursachten Kuh-Repräsentationen von den Kuh-verursachten Kuh-Repräsentationen erklärt nach Fodor, warum nur die Kühe relevant sind für die Gehaltsfestlegung von Kuh-Repräsentation, die Pferde aber nicht. Wir müssen also unsere Theorie präzisieren: Eine Repräsentation R repräsentiert ein X, wenn Xc Rs verursachen und alle anderen Verursachungen von Rs asymmetrisch abhängig sind von dieser Verursachungsrelation.

Versuchen wir, einen Schritt zurück zu treten und zu sehen, was passiert ist: Das Phänomen, dass wir uns manchmal irren, wurde zum Problem für die kausale Theorie, da Verursachung keinen Raum für Irrtum lässt. Die Situation lässt sich auch so beschreiben: Obwohl es manchmal vorkommt, dass Pferde Kuh-Repräsentationen verursachen, ist diese Verursachungsrelation nicht konstituierend für den Gehalt der Kuh-Repräsentation. Das ist einfach nur eine andere Beschreibung des Phänomens, dass wir manchmal fälschlicherweise Pferde für Kühe halten. Nun sagt Fodor, dass die asymmetrische Abhängigkeit dieses Phänomen erklären soll. Aber die asymmetrische Abhängigkeit sagt nichts weiter als: dass die Verursachung von Kuh-Repräsentationen durch Pferde nicht gehaltskonstitutiv sind für Kuh-Repräsentationen. Und das ist nur eine weitere wortreiche **Beschreibung des Phänomens, dass wir uns irren können.** Was wir aber stattdessen bräuchten, wäre eine echte Erklärung dafür, warum die asymmetrische Abhängigkeit besteht. Dass sie besteht, wussten wir ja von Anfang an.

3.2.3 Ähnlichkeitstheorien: Bezug durch Ähnlichkeit mit dem Repräsentierten

Eine große Familie von Theorien umfasst ganz unterschiedliche Ansätze, denen aber gemeinsam ist, dass die Repräsentationsrelation als Ähnlichkeitsrelation angesehen wird. Ähnlichkeitsrelationen sind **typischerweise symmetrisch:** Wenn Max Moritz ähnlich sieht, dann sieht auch Moritz Max ähnlich. Wie oben aber schon festgestellt, ist die Repräsentationsrelation typischerweise asymmetrisch; und damit haben wir bereits ein erstes generelles Problem von Ähnlichkeitstheorien benannt: Wenn ein mentaler Zustand das repräsentiert, was ihm ähnlich ist, dann muss zusätzlich noch erklärt werden, warum das Repräsentierte nicht den mentalen Zustand repräsentiert.

Ein weiteres allgemeines Problem ist, dass **Ähnlichkeiten nicht spezifisch** sind; das bedeutet, dass ein Gegenstand ganz vielen verschiedenen Gegenständen ähnlich ist. Selbst, wenn man noch angibt, hinsichtlich welcher Dimension die Ähnlichkeit besteht (etwa ähnlich hinsichtlich Größe und Gewicht), bleiben immer noch enorm viele Gegenstände übrig, die sich gegenseitig repräsentieren würden. Angewendet auf mentale Repräsentationen bedeutet das: Wenn nur die Ähnlichkeit bestimmen würde, was repräsentiert wird, dann würde eine mentale Repräsentation unglaublich viel gleichzeitig repräsentieren.

Varianten von Ähnlichkeitstheorien Wird die Art der Ähnlichkeit bzw. die relevante Dimension angegeben, entstehen Varianten von Ähnlichkeitstheorien. Eine **visuelle Ähnlichkeit** etwa ist in der einfachsten Form unplausibel, da die mentale Repräsentation eines grünen Baumes selbstverständlich nicht selbst grün ist (vgl. Shepard 1975; Palmer 1978). Wenn man allerdings etwas abstrakter formulieren will, welche visuellen Eigenschaften ähnlich sein sollten (z. B. Größenverhältnisse oder Winkel zwischen Linien), wird es schnell schwierig, allgemeine Kriterien für solche Eigenschaften zu finden.

3

Einen etwas anderen Weg schlägt Ludwig Wittgenstein (1922) vor, der behauptet: „Das logische Bild der Tatsachen ist der Gedanke" (Satz 3). Hier geht es also nicht um visuelle, sondern um **logische Eigenschaften,** die sich letztlich nach Wittgenstein auf aussagenlogische Beziehungen zwischen Elementarsätzen zurückführen lassen. Elementarsätze enthalten wiederum Namen, die Gegenstände vertreten, wobei letztlich unklar bleibt, was das in Bezug auf mentale Repräsentationen genau bedeuten könnte und wie genau diese Vertreterrelation aussehen soll.

Ganz allgemein wird häufig von einem **Isomorphismus** gesprochen, der zwischen Repräsentation und Repräsentiertem bestehen soll. Der Trick dabei ist, dass man die Dimensionen nicht spezifizieren muss, sondern damit nur angibt, dass es Dimensionen gibt, hinsichtlich derer eine Ähnlichkeit besteht. Die Idee ist, dass von den konkreten Dimensionen abstrahiert werden kann und so nur abstraktere Verhältnisse, nämlich eine gewisse Struktur in den Blick kommt. Es handelt sich also um eine **strukturelle Ähnlichkeit** (Bartels 2005). Auch wenn es plausibel ist, dass einige Arten von Repräsentationen (z. B. modellhafte Repräsentationen) eine gewisse Isomorphie zum repräsentierten Gegenstand erfordern – wie auch gewisse Größenverhältnisse im Modell eines Architekten erhalten bleiben müssen –, so bleibt auch dieses Verhältnis letztlich unterbestimmt und muss durch weitere Faktoren ergänzt werden, die unter anderem die Spezifizität und Asymmetrie erklären.

Zur Vertiefung: Isomorphismus

Ein Isomorphismus ist ein mathematischer Begriff, der definiert ist als eine Beziehung zwischen Strukturen. Eine Struktur im mathematischen Sinne ist eine Menge von Elementen, über die eine oder mehrere Relationen und/oder eine oder mehrere Funktionen definiert sind. Ein einfaches Beispiel für eine Struktur ist die Menge der natürlichen Zahlen mit der Relation ‚größer als'. Aber auch die Stühle und Tische in einem Raum mit den räumlichen Relationen, in denen sie zueinander stehen, ist eine Struktur im mathematischen Sinne.

Zwei Strukturen sind isomorph genau dann, wenn es eine eineindeutige Abbildung der Elemente der einen Menge auf die Elemente der anderen Menge gibt, so dass die Relationen und Funktionen erhalten bleiben. Das bedeutet, dass wenn zwei Elemente der einen Menge in einer bestimmten Relation zueinander stehen – z. B. die gleiche Farbe haben – dann gibt es auch eine Relation zwischen den entsprechenden Elementen der anderen Menge, in der diese zueinander stehen – z. B. die gleiche Form haben. Entsprechend für Funktionen: Wenn eine Funktion ein Element der einen Menge auf ein anderes abbildet – z. B. die Funktion ‚Vorgänger_von', die Angela Merkel auf Gerhard Schröder abbildet –, dann gibt es auch eine Funktion, die das entsprechende Element der anderen Menge auf das entsprechende Element abbildet – z. B. die Funktion ‚nächste_kleinere_natürliche_Zahl_vor', die die 9 auf die 8 abbildet.

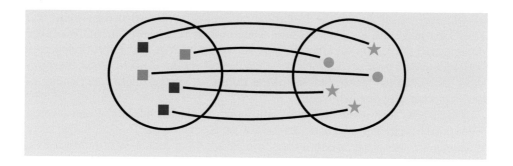

Auch wenn es also Probleme mit der These gibt, dass Ähnlichkeit die Relation ist, die bestimmt, was repräsentiert wird, ist es gleichzeitig unglaublich plausibel, dass für viele Repräsentationen eine strukturelle Ähnlichkeit eine ganz wichtige Rolle spielt. Das gilt nicht zuletzt auch für die neuronale Realisierung von Wahrnehmungsrepräsentationen: Tatsächlich ist der sogenannte frühe visuelle Cortex (V1), in den das Retinabild ‚projiziert' wird, retinotop, was bedeutet, dass Neuronen, die auf nebeneinanderliegende Punkte auf der Retina reagieren, selbst auch nebeneinander liegen. Wenn also auf die Retina das Bild eines Quadrates trifft, so sind auch die Neuronen in den frühen visuellen Cortices, die durch das Quadrat angeregt werden, quadratisch angeordnet. Auf ähnliche Weise sind Neuronen in einem ‚höheren' visuellen Cortex (V4) ‚chromotop' organisiert, was bedeutet, dass Neuronen, die ähnliche Farben kodieren, auch näher beieinander liegen als Neuronen, die ganz unterschiedliche Farben kodieren – die geometrische Anordnung der Neuronen erhält also die Ähnlichkeitsstruktur des sogenannten Farbraumes (vgl. Reid/Usrey 2013).

3.2.4 Teleosemantik: Bezug aufgrund der evolutionären Vorteile

Eine Theorie(familie), die sich nicht die aktuellen Eigenschaften der Repräsentationen vornimmt, sondern vielmehr ihre **Entstehungsgeschichte,** erklärt die Repräsentationsrelation mit der evolutionären Funktion, die die mentalen Repräsentationen übernehmen. Die Idee ist ganz grob, dass mein Angstzustand eine Gefahr repräsentiert, weil mein Angstzustand die **evolutionäre Funktion** hat, mich vor Gefahren zu bewahren. Etwas abstrakter formuliert: Ein mentaler Zustand hat die evolutionäre Funktion, das anzuzeigen oder zu vertreten, was er repräsentiert. Hierbei wird ‚Funktion' nicht im mathematischen Sinne, sondern im Sinn von ‚Ziel' (griech. *telos;* τέλος) verstanden.

Naturalisierung der Repräsentationsrelation In der Teleosemantik ist eine Naturalisierung der Repräsentationsrelation nach Ruth Millikan (1984; 1994) gewährleistet, da teleologische Kategorien weit verbreitet sind in den Naturwissenschaften, besonders in der Biologie – was etwa ein Herz ist, ist bestimmt durch die Funktion, Blut zu pumpen. Dabei ist wichtig, dass die funktionale Bestimmung unabhängig davon ist, ob die Funktion tatsächlich erfüllt wird oder nicht: Ein Herz hört nicht auf, ein Herz zu sein, wenn es kein Blut mehr pumpt. Was allerdings genau die Funktion eines Organs ist, ist eine Frage der Evolutionstheorie – Herzen haben sich, so die Idee, entwickelt, weil sie die Funktion des Blutpumpens übernommen haben und weil diese Funktion letztlich dem Überleben und der Fortpflanzung dienlich war.

Übertragen auf mentale Repräsentationen stellt sich nun die Frage, welche Funktion diese haben. Die Antwort darauf ist: Sie haben die Funktion, das zu repräsentieren, was sie repräsentieren. Zum Beispiel hat meine Wahrnehmung des Baumes die Funktion, den Baum zu repräsentieren. Hier wird der Begriff der Repräsentation also erklärt durch die Funktion, zu repräsentieren. Das kann nur dann zirkelfrei gelingen, wenn für Explanandum und Explanans jeweils unterschiedliche Begriffe der Repräsentation benutzt werden: Die **‚nicht-natürliche'** **Repräsentation** (*non-natural meaning;* Grice 1957) wird erklärt als die Funktion, etwas ‚natürlich' zu repräsentieren (*natural meaning*, ebd.). Der Trick ist also, die Repräsentationsrelation zurückzuführen auf eine Art ‚natürlicher Repräsentation', die zwar nicht vorliegt, die aber idealerweise vorliegen sollte – wenn nämlich alles ‚funktioniert' (so ähnlich wie Herzen nicht Organe sind, die Blut pumpen, sondern Organe, die *idealerweise* Blut pumpen, nämlich dann, wenn sie funktionieren). Soweit sind sich teleosemantische Ansätze einig.

Arten von nicht-natürlichen Repräsentationen   Die Art der nicht-natürlichen Repräsentation ist es, was die Ansätze voneinander unterscheidet. Der Ansatz von Millikan (1984) setzt hier ganz auf eine evolutionäre Bedeutung im Sinne einer **Bedeutsamkeit für das eigene Überleben.** So bedeutet etwa – um ihr eigenes Beispiel zu nehmen – ein Adler Gefahr für einen Biber. Das ist natürlicherweise so, weil der Adler als Fressfeind das Überleben des Bibers gefährdet. Der Biber hat sich nun im Laufe der Evolution angewöhnt, beim Anblick eines Adlers (und bei anderen Gefahren) mit dem Schwanz auf das Wasser zu schlagen und so ein lautes Geräusch zu produzieren. Dieses Klatschen hat für (andere) Biber keine natürliche Bedeutung. Allerdings übernimmt es eine nicht-natürliche Bedeutung, da es die Funktion hat, andere Biber vor der Gefahr zu warnen. Damit hat das Schlagen die Funktion, Gefahr zu bedeuten (oder anzuzeigen oder natürlich zu repräsentieren). Und die hat es, selbst wenn es einmal diese Funktion nicht erfüllt, wenn also der Biber schlägt, ohne dass Gefahr da ist (Fehlrepräsentation bzw. Fehlfunktion).

Auch hier ist es nicht entscheidend, wie gut die Repräsentation funktioniert, sondern nur, welches Ziel sie hat. Obwohl Biber Angsthasen sind, die viel zu schnell Gefahr wittern, wo keine ist, hat das Schlagen immer noch die Funktion, Gefahr anzuzeigen. Es geht also um keine statistischen Zusammenhänge, sondern darum, dass sich im Laufe der Evolution die Biber durchgesetzt haben, die auf das Schlagen anderer Biber reagieren, als wäre Gefahr da. Das allein reicht nach Millikan, um zu sagen, dass das Schlagen des Bibers auf nicht-natürliche Art Gefahr repräsentiert.

Einen anderen Vorschlag macht Fred Dretske (1986; 1988), der den Begriff der **Information** einführt, um natürliche Bedeutung zu beschreiben. Hierbei orientiert er sich an dem Informationsbegriff der Informatik, nimmt aber im Laufe der Zeit einige verschiedene Definitionsversuche vor, die jeweils Unzulänglichkeiten der Vorgängerversion vermeiden sollen. Hier soll nur kurz die erste und einfachste Variante vorgestellt und die Debatte um den Informationsbegriff ausgeblendet werden. Gemäß dem ersten Definitionsversuch trägt ein Signal *s* die Information, dass *p*, genau dann, wenn gilt: wäre *p* nicht aufgetreten, so wäre auch *s* nicht aufgetreten. In diesem Sinne trägt meine Fußspur im Sand die Information, dass ich über den Sand gelaufen bin; denn wäre ich nicht über den Sand gelaufen, wäre dort auch nicht meine Fußspur. Oder die Tatsache, dass dort Rauch ist, trägt die Information, dass da auch Feuer ist, denn ohne Feuer hätte es keinen Rauch gegeben. (Dass diese Definition zu stark ist, sieht man daran, dass Fußspuren und Rauch auch anders entstehen könnten.)

Die Idee ist also nun, dass der Schlag des Bibers die Funktion hat, Information über Gefahr zu tragen. Offensichtlich trägt er keine Information über Gefahr, denn der Biber hätte vielleicht auch Alarm geschlagen, wenn der Adler nicht da gewesen wäre – er ist ja schließlich ein Angsthase. Genauso hat auch die Tankuhr die Funktion, Information über den Füllstand des Tanks zu tragen – leider trägt sie diese Funktion aber nicht (und zwar zu keinem Zeitpunkt), denn die Tankuhr kann auch falsch gehen oder ganz ausfallen. Trotzdem gilt für beide, dass sie die Funktion haben, Information über Gefahr bzw. den Füllstand zu tragen, auch wenn sie das strenggenommen nicht tun. Wie allerdings der Schlag des Bibers zu seiner Funktion kommt, ist wieder, wie bei Millikan, eine Frage der Evolution (und bei der Tankuhr eine Frage des Ingenieurs).

Hauptprobleme Die Hauptprobleme von teleosemantischen Ansätzen liegen in der *Spezifizität* der Inhalte. Während es bei dem Klatschen des Bibers auf das Wasser sehr plausibel ist, die evolutionäre Entwicklung dieser Verhaltensweise als hinreichend für den Gehalt ‚Gefahr‘ anzusehen, wird es bei den differenzierten Gehalten menschlicher Gedanken schnell unplausibel. Das liegt daran, dass die Ziele der Evolution auf vier Ziele begrenzt sind: Ernährung, Fortpflanzung, Verteidigung und Flucht. Sogar wenn man noch einige Ziele dazu nehmen möchte, bleibt es völlig im Dunkeln, wie man mit solchen Zielen bei Gedanken über Einkommensteuererklärungen und Infinitesimalrechnung landen kann.

Darüber hinaus gibt es Zweifel daran, dass eine evolutionäre Geschichte überhaupt hilfreich ist bei der Zuschreibung von Gehalten. Das verdeutlicht folgende Überlegung von Robert Cummins (1989, S. 85 f.): Wie wir wissen, zeigt der Tanz der Bienen anderen Bienen die Lage von Futterquellen an. Die evolutionäre Geschichte dazu ist einfach – es handelt sich ja schließlich um die Lage von Futter. Stellen wir uns nun aber vor, dass wir ein Bienenvolk finden, das denselben Tanz aufführt, um die Lage von Felsen anzuzeigen. Dass sie die Lage von Felsen anzeigen, wissen wir, weil Bienen, die diesen Tanz verfolgen, zu Felsen fliegen. Nach Cummins ist diese Gehaltzuweisung die einzig sinnvolle und mögliche, obwohl wir überhaupt keine Ahnung haben, welche evolutionäre Rolle Felsen für Bienen spielen könnten. Die Zuweisung des Gehaltes kommt also, so Cummins, von der stabilen Korrelation zwischen Tanz und dem Verhalten, zu Felsen zu fliegen. Sie hat aber nicht zu tun mit der evolutionären Geschichte, wie die Teleosemantik behauptet.

3.2.5 Funktionalismus und Stufen-Modell: Bezug durch die Übernahme der funktionalen Rolle

Der Funktionalismus wurde schon ausführlich unter ▶ Abschn. 3.1.3 behandelt, allerdings als Naturalisierungsstrategie. Wie wir gesehen haben, bleibt der Funktionalismus als ontologische These allerdings unplausibel – selbst wenn mentale Zustände durch funktionale Rollen charakterisiert werden können, klärt das immer noch nicht, wie diese Zustände mit ihren physischen Realisierern zusammenhängen. Was aber vielleicht dennoch funktioniert, ist, den **Gehalt von mentalen Repräsentationen** über ihre funktionale Rolle zu erklären. Aufbauend auf dieser Idee wurde von Gottfried Vosgerau ein Stufen-Modell mentaler Repräsentationen entwickelt, das nun schrittweise vorgestellt wird.

Der Grundidee nach kann die funktionale Bestimmung des Gehaltes wie beim Getränke-Automaten (s. o.) erfolgen: Allein auf der Grundlage des Verhaltens des Getränke-Automaten waren wir in der Lage, zu bestimmen, dass der interne Zustand 2 bedeutet, dass bereits 50 Cent eingeworfen wurden. Diese Grundidee soll nun auf mentale Zustände übertragen und präzisiert werden.

Das **Erklärungsziel** von mentalen Repräsentationen besteht darin, Verhaltensweisen zu erklären, die nicht durch starre Reiz-Reaktions-Schemata erklärbar sind. Edward Tolman (Tolman/Honzik 1930) wird zugeschrieben, als Erster von ‚mentalen Karten‘ im Sinne interner Repräsentationen bei Ratten gesprochen zu haben, um ihr Verhalten in Labyrinthen erklären zu können. Seitdem wird in den Kognitionswissenschaften versucht, Verhalten durch solche internen Zustände, die für etwas anderes stehen, zu erklären (es gibt auch andere Ansätze, wie wir in ▶ Kap. 4 sehen werden). Ein einfaches und eindrückliches Beispiel stellt auch das ‚Homing‘-Verhalten der Wüstenameise dar.

> ▶ **Beispiel: Das ‚Homing‘-Verhalten der Wüstenameise**
>
> Wüstenameisen sind in der Lage, nach einer unsystematischen Suche nach Futter auf einer geraden Linie direkt zu ihrem Nest zurückzukehren (Gallistel 1990; durchgezogene Linie im Bild). Im Versuch kann man feststellen, dass sie dabei das Nest nicht riechen oder sehen können. Wenn man die Ameise beim Start des Heimweges um eine gewisse Distanz versetzt (Pfeil), dann landen die Ameisen an dem Punkt, der um genau diese Distanz vom Nest entfernt ist (gestrichelte Linie, rechter Punkt).

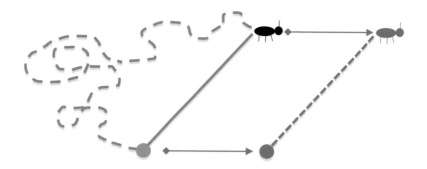

Dieses Verhalten lässt sich nur erklären, wenn wir annehmen, dass die Ameise über einen internen Zustand verfügt, der für den Ort des Nestes steht. Die Ameise hat also eine Repräsentation des Ortes des Nestes, die im Versuch korrekt ist, wenn die Ameise nicht versetzt wird, die aber im Falle des Versetzens zu einer Fehlrepräsentation führt (die Ameise läuft dahin, wo sie das Nest wähnt, obwohl es woanders ist).

Durch weitere Untersuchungen kann man herausfinden, dass die Ameise tatsächlich den Winkel des Weges zur Sonne und die Anzahl der benötigten Schritte repräsentiert. Diese müssen natürlich kontinuierlich *upgedatet* werden. All das ändert aber nichts daran, dass es einen internen Zustand gibt, der für den Ort des Nestes steht. ◀

Was kann es nun bedeuten, dass etwas (nämlich die mentale Repräsentation) für etwas anderes (zum Beispiel den Ort des Nestes) steht? Eine Möglichkeit ist, zu sagen, dass die Repräsentation die **funktionale Rolle des Repräsentierten** übernimmt. Um das aber mit Leben zu füllen, müssen wir präzisieren, um welche Funktionen es sich handelt. Da das Erklärungsziel das Verhalten ist, liegt es nahe, das Verhalten selbst als die entscheidende Funktion anzusehen.

Verhalten als Funktion   Verhaltensweisen als Funktionen zu beschreiben, kommt der Idee des Psychofunktionalismus sehr nahe. Die Inputs und Outputs sind dabei die Zustände oder Situationen, die in der Kognitionswissenschaft angeführt werden, wenn das Verhalten beschrieben werden soll. So könnte das Verhalten der Wüstenameise beschrieben werden als eine Abbildung von der Situation, in der die Ameise nicht am Nest ist, auf eine Situation, in der die Ameise am Nest ist. Etwas technischer: als eine Abbildung von dem Paar (Ort der Ameise, Ort des Nestes) auf den neuen Ort der Ameise, der identisch ist mit dem Ort des Nestes. Das ist eine sehr abstrakte Beschreibung, die viele Details auslässt, aber die Details und die Erklärung sollen ja auch erst folgen. Nach dieser Idee haben wir es immer dann mit einem Homing-Verhalten zu tun, wenn die Ameise zum Nest geht. (Ausgelassen haben wir in dieser Beschreibung zum Beispiel, welche Auslöser es für die Initiierung des Homing-Verhaltens gibt. Das könnte ein weiterer Input sein – etwa gefundenes Futter – oder ein interner Zustand – etwa Heimweh. Für eine vollständige Maschinentafel wären natürlich all diese Details wichtig. Hier soll aber der Ausschnitt zur Verdeutlichung der Grundidee ausreichen).

Der Ort des Nestes ist in unserer jetzigen Beschreibung einer der Inputs. Wenn die Ameise den Ort wahrnehmen könnte, ihn also tatsächlich im Input hätte, dann wären wir fertig. Wir hätten es mit einem reflexartigen Verhalten zu tun, für dessen Erklärung wir keine Repräsentationen annehmen müssen. (Ähnlich wie bei der Motte, die in Richtung Licht fliegt, so lange eine Lichtquelle da ist. Sobald die Lichtquelle verschwindet, verschwindet auch das Verhalten.) Wir wissen aber aus den Versuchen, dass die Ameise den Ort des Nestes tatsächlich nicht im Input hat. Daher muss die Ameise einen internen Zustand an die Stelle des Ortes in der Funktion setzen, um das Homing-Verhalten zeigen zu können. Die Funktion ist nun also eine Abbildung von dem Paar aus Input (Ort des Nestes) und internem Zustand (Repräsentation des Ortes des Nestes) zu dem neuen Ort der Ameise. In diesem Sinne **übernimmt die Repräsentation die funktionale Rolle** dessen, was sie repräsentiert. (vgl. Vosgerau 2009; Newen/Vosgerau 2020).

Die Repräsentationsrelation kann, so die Idee, mithilfe der Übernahme der funktionalen Rolle in der Beschreibung des Verhaltens charakterisiert werden. Damit ist festgelegt, welche internen Zustände was repräsentieren. Diese Festlegung ist offensichtlich abhängig von der Beschreibung des Verhaltens, also unserer Erklärungsperspektive. Hier ist aber die Frage – wie oben schon angedeutet –, ob das nicht immer so ist: Was die beste Erklärung ist, hängt auch davon ab, was wir erklären wollen. Außerdem gibt es natürlich auch gewisse Grenzen, die bestimmen, was als Beschreibung eines Verhaltens überhaupt infrage kommt, und weitere Bedingungen, die an die Zuschreibung von mentalen Zuständen gestellt werden können, wie die von Ramsey (2007; ▸ Abschn. 3.1.3) formulierten.

Obwohl wir nun bestimmen können, was eine Repräsentation repräsentiert, können wir noch nicht angeben, wann eine Repräsentation auch ‚funktioniert‘, ob sie also gut ist oder eine Fehlrepräsentation. Mit der funktionalen Beschreibung allein können wir die Situation der versetzten Ameise (Fehlrepräsentation) noch nicht unterscheiden von der Situation der nicht-manipulierten Ameise (geglückte Repräsentation). Die Erklärung von Fehlrepräsentation war aber eine der zentralen Bestandteile einer Repräsentationstheorie. Wir brauchen also noch eine zweite Relation, die uns innerhalb der Menge der Repräsentationen die guten von den schlechten Repräsentationen trennt.

Die Adäquatheitsrelation leistet genau das: Sie bestimmt, ob eine Repräsentation adäquat ist, das zu repräsentieren, was sie repräsentiert, oder ob sie inadäquat, also eine Fehlrepräsentation ist. Die Grundidee ist hier, dass die Funktion selbst bestimmt, welche Aspekte der repräsentierten Entität relevant sind (Vosgerau 2009). Im Falle der Ameise zum Beispiel ist die jeweils aktuelle Position des Nestes relativ zur Ameise relevant für das Verhalten. Das bedeutet, dass eine adäquate Repräsentation eine solche ist, deren Update-Mechanismen derart sind, dass die repräsentierte (relative) Position des Nestes stets korrespondiert mit der echten Position des Nestes. Wenn wir die Ameise versetzen, stören wir genau diese Kovarianz und erhalten eine inadäquate Repräsentation. Im Fall der Ameise also ist die Adäquatheitsrelation die **Kovarianz,** die auch allgemein für Wahrnehmungsrepräsentationen angenommen werden kann. Grob gesagt ist meine Wahrnehmung des Baumes dann adäquat, wenn ich weiß, wie der Baum aussehen wird, wenn ich mich bewege, wenn also meine Repräsentation bei Bewegung kovariiert mit dem tatsächlichen Retinabild. (Diese Grundidee geht zurück auf eine Theorie der Wahrnehmung, die von Alva Noë und Kevin O'Regan 2001 entwickelt wurde.)

Wir können nun verschiedene Fälle durchspielen. Dabei stellt sich heraus, dass einige Adäquatheitsrelationen immer wieder auftauchen. Teilweise kennen wir diese bereits aus anderen Theorien: Zum Beispiel können wir bei rein sensorischen Repräsentationen („da ein roter Punkt", „hier ein lautes Knacken") von einer **kausalen Relation** ausgehen (s. auch ▶ Abschn. 3.2.2). Adäquat ist meine sensorische Repräsentation des roten Flecks nur, wenn sie auch von einem roten Fleck verursacht wurde. Das Disjunktionsproblem stellt sich hier nicht, weil über die kausale Relation nicht festgelegt wird, was repräsentiert wird, sondern nur, ob es adäquat repräsentiert wird.

Weiterhin sind für viele höhere kognitive Aufgaben strukturerhaltende Repräsentationen nötig (s. auch ▶ Abschn. 3.2.3). Dabei können tatsächlich ganz unterschiedliche Strukturen relevant sein. Zum Beispiel ist es für deduktives Denken erforderlich, dass die Repräsentationen aussagenlogische Strukturen aufweisen. Für andere Formen des Denkens kann es wichtig sein, die einzelnen Objekte mit ihren Eigenschaften und den Beziehungen untereinander korrekt abzubilden, also so, dass die Beziehungen erhalten bleiben. Beide Anforderungen werden zum Beispiel in der Theorie der mentalen Modelle (Johnson-Laird 2010) stark gemacht. Allgemein können wir daher sagen, dass **Isomorphie** die Adäquatheitsrelation für Repräsentationen ist, die für schlussfolgerndes Denken vonnöten sind.

Zusammenfassung Das Stufen-Modell der Repräsentation unterscheidet also zwei Relationen: Die Repräsentationsrelation, die festlegt, was repräsentiert wird, und die Adäquatheitsrelation, die festlegt, wann eine Repräsentation gelungen ist und wann sie fehl geht (Vosgerau 2009). Durch die Unterscheidung verschiedener Adäquatheitsrelationen können Repräsentationen in Gruppen eingeteilt werden, die auch logisch wie entwicklungspsychologisch aufeinander aufbauen. So sind einfache sensorische Repräsentationen – wie zum Beispiel das Registrieren schwarzer sich bewegender Punkte beim Frosch – die Grundlage von Wahrnehmung. Sie sind adäquat, wenn sie vom Repräsentierten verursacht wurden. Auf der Ebene der Wahrnehmung haben wir es aber mit komplexeren Repräsentationen zu tun – wir können ein und dasselbe Ding unterschiedlich wahrnehmen. Eine Idee, die oben skizziert wurde, ist, dass Wahrnehmung etwas mit Voraussagen und Erwartungen zu tun hat. Wenn wir zum Beispiel feststellen könnten, dass der Frosch nur Dinge im Mund behält, die sich wie Fliegen anfühlen, dann könnten wir vermuten, dass seine Wahrnehmungsrepräsentation die Erwartung eines bestimmten Gefühls auf der Zunge beinhaltet. Wenn das so wäre (das müsste natürlich experimentell überprüft werden), dann könnten wir davon sprechen, dass der Frosch eine Fliegen-Repräsentation hat, die adäquat ist, wenn sie kovariiert mit seinen sensorischen Repräsentationen. (Und wenn es keine Fliege ist, die er fängt, hatte er eben eine Fehlwahrnehmung.)

Auf der untersten Stufe finden wir also sensorische Repräsentationen, die die Grundlage für den Erwerb von Wahrnehmungsrepräsentationen sind. Auf der

3

Ebene der Wahrnehmungsrepräsentationen wiederum finden wir auch Repräsentationen für Eigenschaften, wie die Eigenschaft, rot zu sein, oder die Eigenschaft, schwer zu sein (vgl. auch Tillas u. a. 2017 zu einer These der Entwicklung solcher Repräsentationen). Diese Eigenschaftsrepräsentationen bilden wiederum die Grundlage für die nächste Stufe, auf der die Eigenschaften bestimmten Objekten zugeschrieben werden und so ganze Modelle gebaut werden können. Auf dieser Stufe ist dann entscheidend, dass die Strukturen der repräsentierten Entitäten im Sinne der Isomorphie erhalten bleiben.

3.3 Fazit

Die Frage, wie wir uns mit unserem Geist auf die Welt beziehen können, ist eine sehr komplexe Frage, die auf vielen unterschiedlichen Ebenen beantwortet werden kann. Wir haben uns einige Antwortversuche angeschaut, die alle gemeinsam haben, dass dieser Bezug ‚naturalisiert‘ werden soll, also irgendwie in Einklang gebracht werden soll mit einem grundsätzlich ‚physikalistischen‘ Verständnis der Welt. Grundlegend war dabei der Begriff der mentalen Repräsentation mit der Idee, dass interne Zustände von kognitiven Systemen für andere Entitäten stehen können – ob es sich dabei nun um Symbole einer Sprache des Geistes oder um interne Zustände von abstrakten Automaten handelt.

Dabei haben wir hauptsächlich zwei Fragen diskutiert: 1) Wie können solche Repräsentationen, die einen Gehalt haben, überhaupt in unser physikalistisches Verständnis der Welt integriert werden? Es geht hierbei im Grunde genommen stets um die Ausbuchstabierung eines nicht-reduktiven Physikalismus in Hinblick auf gehaltvolle mentale Zustände (s. ◻ Tab. 3.3). 2) Was bestimmt, was eine Repräsentation repräsentiert? Zu dieser Frage haben wir verschiedene Ansätze diskutiert (s. ◻ Tab. 3.4). Die meisten dieser Ansätze versuchen, diese Frage gleichzeitig zu beantworten mit der Frage, welche Dinge überhaupt Repräsentationen

◻ **Tab. 3.3**   Naturalisierung der Intentionalität

Name	Grundidee	Hauptproblem
Repräsentationale Theorie des Geistes (Fodor)	Repräsentationen haben Syntax (physisch, kausal) und Semantik (mental, intentional), die einander entsprechen	Es wird nicht erklärt, woher die Eins-zu-eins-Entsprechung zwischen Syntax und Semantik kommt
Theorie intentionaler Systeme (Dennett)	Intentionale Zustände werden korrekterweise zugeschrieben, wenn Verhaltensmuster nur so beschrieben werden können	Ontologisch unklarer ‚schwacher Realismus‘
Funktionalismus	Intentionale Zustände können durch ihre funktionale Rolle bestimmt werden	Ontologisch unterbestimmt; gerät bei näherer Bestimmung in die alten Probleme der physikalistischen Positionen (s. ▶ Kap. 2)

Name	Grundidee	Hauptproblem
Kausale Theorie	R repräsentiert X, wenn R durch X verursacht wurde	Disjunktionsproblem
Ähnlichkeitstheorien	R repräsentiert X, wenn R ähnlich ist zu X	Asymmetrie, Spezifizität
Teleosemantik	R repräsentiert X, wenn R die Funktion hat, X anzuzeigen	Spezifizität
Funktionalismus	R repräsentiert X, wenn R die funktionale Rolle von X übernimmt	Fehlrepräsentation
Stufenmodell	Unterscheidung zwischen Repräsentations- und Adäquatheitsrelation	Stellt einen Rahmen dar, der gefüllt werden muss

◘ **Tab. 3.4**   Übersicht über die Theorien des mentalen Gehalts

sind. Das Stufen-Modell der Repräsentation geht allerdings davon aus, dass es sinnvoll ist, diese beiden Fragen systematisch zu trennen. Es schafft damit einen Rahmen, in dem unterschiedliche Ideen aufgegriffen werden und systematisch zueinander in Beziehung gesetzt werden können.

Was bisher noch nicht zur Sprache kam, sind Stimmen, die behaupten, dass der Begriff der Repräsentation insgesamt in die falsche Richtung verweise und dass eine naturalistische Beschreibung des Geistes besser ohne diesen Begriff auskäme. Den Startpunkt nehmen diese Positionen oft in der Feststellung, dass Repräsentationen Gehirnzustände sind, so dass wichtige körperliche Gegebenheiten und Umweltfaktoren unberucksichtigt blieben. Das nächste Kapitel soll sich speziell diesen Ansätzen widmen.

Literatur

Bain, David: „The Location of Pains". In: *Philosophical Papers* 36 2 (2007), 171–205.

Bartels, Andreas: *Strukturale Repräsentation*. Paderborn 2005.

Bartok, Philip J: „Brentano's Intentionality Thesis: Beyond the Analytic and Phenomenological Readings". In: *Journal of the History of Philosophy* 43 4 (2005), 437–460.

Beckermann, Ansgar: *Analytische Einführung in die Philosophie des Geistes*. Berlin, New York 2008.

Block, Ned: „Troubles with Functionalism". In: C. W. Savage (Hrsg.): *Perception and Cognition: Issues in the Foundation of Psychology*. Minneapolis 1978.

Block, N./Fodor, J. A.: „What psychological states are not". In: *Philosophical review* 81 (1972), 159–181.

Brentano, F.: *Psychologie vom empirischen Standpunkt [1874]*. Hamburg ²1924.

Burge, Tyler: „Individualism and the mental". In: P. A. French/T. E. Uehling/H. K. Wettstein (Hrsg.): *Studies in metaphysics. Midwest Studies in Philosophy*. Minneapolis 1979, 73–121.

Chalmers, David: „Facing Up to the Problem of Consciousness". In: *Journal of Consciousness Studies* 2 3 (1995), 200–219.

Cummins, Robert: *Meaning and Mental Representation*. Cambridge MA, London 1989.

Dennett, D. C.: „Real patterns". In: *Journal of Philosophy* 88 (1991), 27–51.

3

Dretske, Fred: *Explaining Behavior*. Cambridge MA 1988.
Dretske, Fred: „Misrepresentation". In: Radu J. Bogdan (Hrsg.): *Belief. Form, Content, and Function*. Oxford 1986, 17–36.
Egan, Frances: „How to think about mental content". In: *Philosophical Studies* 170 1 (2014), 115–135.
Esfeld, Michael: *Conservative Reductionism*. New York 2011.
Fodor, J. A.: „Language, thought and compositionality". In: *Mind and Language* 16 (2001), 1–15.
Fodor, J. A.: *Psychological Explanation* 1968.
Fodor, J. A.: *Psychosemantics: The Problem of Meaning in the Philosophy of Mind* 1987.
Fodor, J. A.: *A Theory of Content and Other Essays* 1990.
Fodor, J. A.: *The Language of Thought*. Cambridge 1975.
Frege, Gottlob: „Der Gedanke". In: *Beiträge zur Philosophie des deutschen Idealismus* 2 (1918), 58–77.
Gallagher, S./Zahavi, D.: *The Phenomenological Mind: An Introduction to Philosophy of Mind and Cognitive Science*. London 2008.
Gallistel, C.R.: *The Organization of Learning*. Cambridge MA 1990.
Gigerenzer, Gerd: „Bounded and Rational". In: R. J. Stainton (Hrsg.): *Contemporary debates in cognitive science*. Oxford 2006, 115–133.
Goodman, Nelson: *Languages of Art*. Indianapolis 1976.
Grice, H. P.: „Meaning". In: *The Philosophical Review* 66 (1957), 377–388.
Husserl, Edmund: *Erste Philosophie (1923/24) Zweiter Teil Theorie der phänomenologischen Reduktion* 1959.
Johnson-Laird, Philip N.: „Mental models and human reasoning". In: *Proceedings of the National Academy of Sciences* 107 43 (2010), 18243.
Kahnemann, Daniel: *Thinking, Fast and Slow* 2011.
Kripke, Saul A.: *Naming and Necessity*. Oxford 1980.
Lettvin, J. Y./Maturana, H. R./McCulloch, W. S./Pitts, W. H.: „What the Frog's Eye Tells the Frog's Brain". In: *Proceedings of the IRE* 47 11 (1959), 1940–1951.
Lewis, David: „An argument for the identity theory". In: *The Journal of Philosophy* 63 (1966), 17–25.
Marr, D.: *Vision: A Computational Investigation in the Human Representation of Visual Information*. San Francisco 1982.
Millikan, Ruth: *Language, Thought and Other Biological Categories* 1984.
Millikan, Ruth: „Biosemantics". In: Stephen Stich (Hrsg.): *Mental Representation. A Reader*. Cambridge MA, Oxford 1994, 243–258.
Newen, Albert/Vosgerau, Gottfried: „Situated Mental Representations: Why we need mental representations and how we should understand them". In: Joulia Smortchkova/Tobias Schlicht/Krzysztof Dolega (Hrsg.): *What Are Mental Representations?*. 2020, 178–212.
O'Regan, J. Kevin/Noë, Alva: „A sensorimotor account of vision and visual consciousness". In: *Behavioral and Brain Sciences* 22 (2001), 939–973.
Palmer, S.E.: „Fundamental aspects of cognitive representation". In: E. Rosch/B. L. Lloyd (Hrsg.): *Cognition and categorization*. Hillsdale, N.J. 1978, 259–302.
Putnam, Hilary: „The meaning of "meaning"". In: *Mind, Language and Reality*. Cambridge 1975a, 215–271.
Putnam, Hilary: „The nature of mental states". In: *Mind, language, and reality*. Cambridge 1975b, 429–440.
Ramsey, William M.: *Representation Reconsidered*. Cambridge 2007.
Reid, R. Clay/Usrey, W. Martin: „Vision". In: *Fundamental Neuroscience*. 2013, 577–595.
Shepard, R. N.: „Form, formation, and transformation of internal representations". In: R. L. Solso (Hrsg.): *Information processing and cognition: The Loyola Symposium*. Hillsdale, N.J. 1975, 87–122.
Soom, Patrice: *From Psychology to Neuroscience. A New Reductive Account* (Epistemic Studies. Frankfurt (Main) 2011.
Szabó, Zoltán Gendler: „Compositionality". In: Edward N. Zalta (Hrsg.): *The Stanford Encyclopedia of Philosophy*. 2020.
Tillas, Alexandros/Vosgerau, Gottfried/Seuchter, Tim/Caiani, Silvano Zipoli: „Can Affordances Explain Behavior?". In: *Review of Philosophy and Psychology* 8 2 (2017), 295–315.

Tolman, E.C./Honzik, C.H.: „„Insight" in rats". In: *University of California Publications in Psychology* 4 (1930), 215–232.

Vosgerau, Gottfried: *Mental Representation and Self-Consciousness. From Basic Self-Representation to Self-Related Cognition*. Paderborn 2009.

Vosgerau, Gottfried/Soom, Patrice: „Reduction Without Elimination: Mental Disorders as Causally Efficacious Properties". In: *Minds and Machines* 28 (2018), 311–330.

Wilson, George/Shpall, Samuel/Piñeros Glasscock, Juan S.: „Action". In: Edward N. Zalta (Hrsg.): *The Stanford Encyclopedia of Philosophy*. 2016.

Wittgenstein, Ludwig: *Tractatus Logico-Philosophicus*. London 1922.

Die Rolle des Körpers und der Umwelt

Inhaltsverzeichnis

© Springer-Verlag GmbH Deutschland, ein Teil von Springer Nature 2021
G. Vosgerau und N. Lindner, *Philosophie des Geistes und der Kognition*,
https://doi.org/10.1007/978-3-476-04567-6_4

Unsere bisherige Diskussion wurde unter der (mehr oder weniger) impliziten Annahme geführt, dass mentale Zustände interne Zustände eines kognitiven Systems sind. Diese Annahme hat für verschiedene Punkte, die besprochen wurden, sicher einen unterschiedlichen Stellenwert, der manchmal auch nicht so einfach zu bestimmen ist. Im vorliegenden Kapitel soll es aber darum gehen, diese Annahme infrage zu stellen und mögliche Konsequenzen einer Ablehnung der Annahme auszuloten.

4

Die These, dass der Geist nicht auf interne Zustände eines Systems beschränkt werden kann, ist in unterschiedlicher Form immer wieder diskutiert worden. Grundsätzlich kann man bezweifeln, ob der Inhalt einer Repräsentation bestimmt werden kann, ohne dabei auf externe Faktoren zuzugreifen. Wir hatten oben (▶ Abschn. 3.2.1) bereits den semantischen Externalismus diskutiert. Auf der Grundlage des im letzten Kapitel besprochenen Funktionalismus wurde argumentiert, dass auch die physikalische Basis von mentalen Repräsentationen Teile außerhalb des Gehirns oder sogar des biologischen Köpers involvieren kann. Dieser ‚**Vehikel-Externalismus**' (▶ Abschn. 4.1) stellt also die Frage, ob der Geist insgesamt überhaupt ‚im Körper' zu finden ist, oder ob er nicht vielmehr durch Zustände realisiert wird, die sich nicht an die körperlichen Grenzen kognitiver Systeme halten.

Für die Untersuchung der Rolle des Körpers für die Inhalte einer Repräsentation ist allerdings eine andere Diskussion ausschlaggebend geworden, nämlich die Diskussion um das sogenannte **Symbol-Grounding-Problem** (▶ Abschn. 4.2), das grob darin besteht, dass bei rein mental bestimmten Symbolen deren Bezug zur Welt nicht erklärt werden kann. Die verschiedenen Varianten von Theorien, die jeweils unterschiedliche Aspekte von Körper und Umwelt hervorheben, werden meist durch Adjektive gekennzeichnet, die dem Wort *mind* vorangestellt werden: *extended mind* (Vehikel-Externalismus, der schon in ▶ Abschn. 4.1 besprochen wird), *embedded mind* (die Umwelt, in der das System eingebettet ist, ist entscheidend), *embodied mind* (der Körper spielt eine entscheidende Rolle, nicht nur das Gehirn) und *enactive mind* (die Bewegungsfähigkeit von Systemen ist entscheidend) – um die letzten drei geht es in ▶ Abschn. 4.3. Da all diese Adjektive mit „e" anfangen, spricht man inzwischen auch von ‚**4E-Cognition**', um sich auf Theorien zu beziehen, die all diese Aspekte ernst nehmen und in ihre Theorie des Geistes einzubauen versuchen.

4.1 Ist der Geist im Körper?

In einem vieldiskutierten Artikel haben Andy Clark und David Chalmers (1998) dafür argumentiert, dass manche Teile außerhalb der biologischen Grenzen eines kognitiven Systems als Vehikel von mentalen Repräsentationen, und damit als echte Teile des Geistes, zu werten seien. Die grundlegende Idee ist, dass manche kognitiven Aufgaben sowohl im Kopf als auch mit Hilfsmitteln außerhalb des Kopfes bewältigt werden können. Ein einfaches Beispiel ist Tetris: Wir können, um abzuschätzen, in welche Lücke das nächste Teil passt, uns im Kopf vorstellen, wie das Teil aussieht, wenn man es dreht (mentale Rotation); oder wir können es am Bildschirm probehalber drehen und einfach schauen, wie es dann aussieht.

Paritätsprinzip   Die Idee ist nun, dass der kognitive Prozess der mentalen Rotation nur durch seine funktionale Rolle bestimmt ist. Das, so Clark und Chalmers, behaupte zumindest der Funktionalismus. Wenn nun aber das Drehen des Tetris-Steines durch Knopfdruck dieselbe Funktion erfüllt wie die mentale Rotation, dann sollte dieser Prozess genauso ein mentaler Prozess sein wie der erste. Diese Grundüberlegung wird im Paritätsprinzip festgehalten:

> **»** If, as we confront some task, a part of the world functions as a process which, *were it done in the head*, we would have no hesitation in recognizing as part of the cognitive process, then that part of the world is (so we claim) part of the cognitive process. (Clark/Chalmers 1998, S. 8, Hervorh. im Original)

Das berühmte fiktive Beispiel von Otto und Inga soll zeigen, dass dieselbe Überlegung auch auf mentale Repräsentationen angewendet werden kann.

▶ Beispiel: Otto und Inga

Otto ist an Alzheimer erkrankt und notiert sich wichtige Informationen in einem Notizbuch, das er ständig bei sich trägt. Eines Tages hat Otto Lust, ins Museum of Modern Art (MoMA) in New York zu gehen. Er schlägt in seinem Notizbuch die Adresse des MoMA nach und geht dort hin. Inga hingegen hat keine Erkrankung, die ihr Gedächtnis einschränkt. Sie merkt sich wichtige Informationen einfach. Wenn Sie Lust hat, ins MoMA zu gehen, erinnert sie sich an die Adresse und geht dort hin. ◀

Nach der Argumentation von Clark und Chalmers erfüllt nun Ottos Notizbuch dieselbe funktionale Rolle wie die Gedächtnisinhalte von Inga. Da Ingas Gedächtnisinhalte allerdings unstrittig mentale Repräsentationen seien, und da mentale Repräsentationen ausschließlich über ihre funktionale Rolle bestimmt seien, müssten wir auch das Notizbuch von Otto als mentale Repräsentation anerkennen. Das würde bedeuten, dass das Notizbuch von Otto nicht nur in einem übertragenen Sinn, sondern wirklich als physikalisches Objekt Teil des Geistes von Otto wäre. Der Geist erstrecke sich also über die biologischen Grenzen von ‚Haut und Haupt' *(skin and skull)* weit hinaus.

Gegenargumente   Diese radikale These hat natürlich einigen Widerstand hervorgerufen. Unklar bleibt zunächst, welche Konsequenzen sich genau daraus ergeben: Mein Handy mit den gespeicherten Telefonnummern ist zum Beispiel nach der Extended-Mind-These ziemlich sicher Teil meines Geistes. Ist aber auch das Telefonbuch in meinem Schrank dabei? Vielleicht auch das Telefonbuch im Haus meiner Nachbarn? Schließlich könnte ich ja auch da nachschauen. Dann müssten aber vielleicht auch die Telefonbücher der Bewohner von Antananarivo dazugehören, die ich potentiell nutzen kann. Mit ziemlicher Sicherheit dann auch das gesamte Internet. Diese Ausweitung des Geistes sei so absurd, dass im Sinne einer

4

reductio ad absurdum auf die Falschheit des Funktionalismus geschlossen werden könne, der zu dieser These führt (Sprevak 2009).

Weiterhin ist sehr umstritten, wie das Verhältnis des Paritätsprinzips zum Funktionalismus ist. Während Einige dafür argumentieren, dass sich das Prinzip direkt aus dem Funktionalismus ableiten lässt (z. B. Wheeler 2010), haben andere ausgeführt, dass sich Paritätsprinzip und Funktionalismus sogar widersprechen (Rupert 2009; Shapiro 2008). Trotz dieser diametralen Ansichten scheinen sich alle Autoren einig zu sein, dass der Funktionalismus eine These darüber enthält, was etwas zu etwas Mentalem macht. Die unausgesprochene These scheint zu sein: Wenn etwas eine bestimmte funktionale Rolle hat, dann ist es mental (vgl. Weiskopf 2008).

Das ist aber nicht so – erinnern wir uns daran, was die These des Funktionalismus (▶ Abschn. 3.1.3 und 3.2.5) war: Der Inhalt von internen Zuständen ergibt sich allein durch die funktionale Rolle der Zustände. Und die funktionale Rolle wiederum ergibt sich unter anderem durch Input und Output des Systems. Hieraus ergeben sich zwei sehr wichtige Punkte (vgl. Vosgerau 2016):

— Der Funktionalismus legt nicht fest, was mental ist. Dies wird offensichtlich, wenn wir die These konditional formulieren: Wenn etwas ein mentaler Zustand ist, dann wird der Inhalt von der funktionalen Rolle bestimmt. Daraus folgt bei Weitem nicht, dass alles, was eine funktionale Rolle hat (oder auch eine bestimmte funktionale Rolle hat), mental ist! Automaten sind hier ein hervorragendes Beispiel.

— Um die funktionale Rolle von einem internen Zustand zu bestimmen, muss klar sein, was die Inputs und was die Outputs eines Systems sind. Dafür muss klar sein, wo die Grenzen des Systems sind, denn sonst können wir gar nicht die Inputs und Outputs identifizieren. Wenn ich zum Beispiel das Gehirn als System begreife, dann sind die elektrischen Impulse, die von den Sinnesorganen kommen, die Inputs. Wenn ich allerdings den ganzen Menschen als System begreife, dann sind die Lichtstrahlen, die auf das Auge treffen, Inputs. Und wenn ich Otto zusammen mit seinem Notizbuch als System begreife, dann ist ein Eintrag in seinem Buch kein Input – wenn ich sie als zwei Systeme auffasse, könnte der Eintrag durchaus als Input für Otto fungieren.

Wir sehen also, dass der Funktionalismus kein Kriterium dafür bereitstellt, was mental ist und was nicht. Im Gegenteil: Der Funktionalismus setzt voraus, dass schon klar ist, was mental ist und was nicht. Die These sagt ja nur: Wenn etwas mental ist, dann können wir es funktionalistisch beschreiben. Weiterhin setzt der Funktionalismus bereits voraus, dass die so beschriebenen Zustände interne Zustände sind. Insbesondere muss klar sein, wo die Grenzen des Systems liegen, um die funktionalen Rollen bestimmen zu können. Das Paritätsprinzip hängt also überhaupt nicht mit dem Funktionalismus zusammen.

Zur Vertiefung: Kritik am Paritätsprinzip
Auch wenn das Paritätsprinzip zunächst einige Plausibilität besitzt, scheint es bei genauerem Hinsehen keine vom Externalismus unabhängige Rechtfertigung zu

geben. Für das allgemeinere Prinzip „wenn etwas x ist, dann ist alles andere, was dieselbe funktionale Rolle hat, auch x" gibt es jedenfalls genügend Gegenbeispiele. Das wird besonders deutlich, wenn man die Perspektive umdreht: Mein Taschenrechner kann einen Zwischenschritt in einer Rechnung durchführen (wenn ich die entsprechenden Tasten drücke). In diesem Fall ist der Rechenvorgang unstrittig Teil der Prozesse des Taschenrechners. Ich kann aber diesen Zwischenschritt auch im Kopf ausrechnen und das Ergebnis gleich in den Taschenrechner tippen. Folgt daraus, dass mein Kopfrechnen auch zum Taschenrechner gehört? Gehört dann ein Teil meines Geistes dem Taschenrechner-Hersteller, der meine Kopfrechnung verkaufen darf?

Offenbar lässt sich das Prinzip also nicht so einfach anwenden, wenn wir die Richtung umdrehen. Aus den Beispielen kann man daher ableiten, dass eine unabhängige Rechtfertigung für das Prinzip fehlt, wenn das Prinzip nicht aus dem Funktionalismus folgt.

Was wollen wir erklären?　　Wenn wir uns etwas von diesen Detailfragen lösen, können wir auch fragen, warum ein klar umrissener Begriff des Mentalen wichtig ist. Welche Rolle spielt es für unsere Erklärungen, ob ein Zustand mental ist oder nicht? Eine Antwortmöglichkeit sieht keine Notwendigkeit für klare Grenzen des Geistes. Sie geht stattdessen aus von der Idee, dass Erklärungen alle Prozesse miteinbeziehen müssen, die eng mit dem zu erklärenden Phänomen verbunden sind. Da die **Kopplung** von Otto und seinem Notizbuch sehr eng ist, da Otto auf sein Notizbuch angewiesen ist und es regelmäßig verwendet, muss das Notizbuch in den Erklärungen von Ottos Verhalten auftauchen. Bei Inga ist das aber anders: Ihr Notizbuch ist längst nicht so eng an sie gekoppelt, so dass hier die Verhaltenserklärung auch ganz gut ohne das Notizbuch auskommt. Die Frage, ob etwas mental ist oder nicht, wird in dieser Variante einfach durch das vage und graduelle Kriterium der Kopplung beantwortet.

Eine andere Antwortmöglichkeit knüpft an die Frage an, warum wir überhaupt von mentalen Zuständen sprechen (s. auch ▶ Abschn. 3.2.5): Wir wollen **flexibles Verhalten** erklären, das grob gesagt dann vorliegt, wenn das System bei ein und demselben Stimulus unterschiedliche Verhaltensweisen an den Tag legen kann. Wenn das passiert, müssen wir davon ausgehen, dass ein interner – also mentaler – Zustand den Unterschied ausmacht. Die Frage, ob also ein mentaler Zustand vorliegt oder nicht, läuft auf die Frage hinaus, ob hier ein möglicher Verhaltensunterschied erklärt werden kann oder nicht. Im Fall von Otto, der in sein Notizbuch schaut, scheint es so zu sein: Selbst wenn in seinem Notizbuch korrekterweise steht, dass das MoMA in der 53. Straße ist, könnte er sich verlesen und in die 52. Straße gehen. Wie können wir diesen Fehler erklären? Nur, so scheint es, wenn wir davon ausgehen, dass zusätzlich zu dem Eintrag im Notizbuch auch noch eine Repräsentation in Otto existiert, die einen anderen (nämlich falschen) Inhalt haben kann als der Notizbucheintrag. (Diese Repräsentation in Otto ist natürlich nur eine vorübergehende, die wegen seiner Erkrankung nicht im Langzeitgedächtnis gespeichert wird.)

Ganz anders verhält es sich aber bei Inga: Sie erinnert sich daran, dass das MoMA in der 53. Straße ist. Natürlich kann auch das schief gehen – sie kann sich irren. In dem Fall hat auch sie – wie Otto – eine (vorübergehende) Repräsentation mit dem falschen Inhalt, dass das MoMA in der 52. Straße ist. Ihr Verhalten (nämlich in die falsche Straße zu laufen) kann so erklärt werden. Ob allerdings irgendetwas zusätzlich dadurch erklärt werden kann, dass wir annehmen, in ihrem Langzeitgedächtnis wäre zusätzlich noch eine korrekte Repräsentation, ist nicht ganz klar, aber auch für die Diskussion hier unerheblich (vgl. dazu Vosgerau 2016). In jedem Fall hat sie eine *interne* mentale Repräsentation.

Wenn wir also davon ausgehen, dass mentale Repräsentationen flexibles Verhalten erklären sollen, dann müssen wir uns immer fragen, wo Flexibilität noch auftreten kann. Wenn es eine starre Verbindung zwischen Stimulus und Reaktion gibt, wie bei Reflexen, ist die Annahme von mentalen Repräsentationen nicht gerechtfertigt. Wenn aber die Verbindung nicht so starr ist, so dass z. B. Fehler möglich sind, dann reicht der Stimulus zur Erklärung des Verhaltens nicht aus. Wir müssen dann zusätzlich von einer mentalen Repräsentation ausgehen. Und genau so eine Situation haben wir bei Otto: Sein Notizbucheintrag führt nicht automatisch dazu, dass er in die richtige Straße läuft – er kann sich noch verlesen. Das kann nur dadurch erklärt werden, dass Otto beim Lesen des Eintrages eine mentale Repräsentation bildet, die im Erfolgsfall denselben Inhalt hat wie der Eintrag.

Das **Kriterium des Mentalen,** das darüber entscheidet, was mental ist und was nicht, wäre dann: Alle internen gehaltvollen Zustände eines sich verhaltenden Systems sind mental. Das kann freilich einen Vehikel-Externalisten nicht überzeugen, da dieses Kriterium den Internalismus bereits voraussetzt. Wie aber oben argumentiert, wird auch vom Funktionalismus vorausgesetzt, dass die Grenzen des Systems, dessen Verhalten erklärt werden soll, bekannt sind. Die Frage nach dem Vehikel-Externalismus läuft demnach nicht so sehr auf die Frage hinaus, was wir mental nennen wollen, sondern viel mehr auf die Frage, welche Systeme wir für die interessanten halten. Das ‚klassische' System wäre der Mensch mit seinen biologischen Grenzen. Aber natürlich kann man auch das System Otto + Notizbuch betrachten – die Frage ist letztlich, welche Betrachtung die fruchtbareren Erklärungen liefert.

4.2 Das Symbol-Grounding-Problem

Wie der Name „Symbol-Grounding-Problem" vermuten lässt, stellt sich dieses Problem nur für Ansätze, die davon ausgehen, dass der Mensch bzw. das Gehirn eine symbolverarbeitende Maschine ist (▶ Abschn. 3.1.1). Dabei ist zunächst wichtig, zu klären, was überhaupt Symbole sind.

Symbole Bei Symbolen haben wir es mit einer bestimmten Art von Zeichen zu tun, wobei charakteristisch für Symbole ist, dass ihr semantischer Wert nicht durch die aktuellen physischen Eigenschaften des Zeichens bestimmt ist. Mit anderen Worten: Symbole sind **arbiträr** in dem Sinne, dass jedes beliebige andere Zeichen auch die Bedeutung hätte haben können, die ein bestimmtes Zeichen gerade hat. Die meisten Wörter einer natürlichen Sprache sind Beispiele für Symbole: Dass Bäume mit dem Wort „Baum" bezeichnet werden können, liegt nicht an den Lauteigenschaften des Wortes. Das zeigt schon ein Blick in andere Sprachen: „tree" und „arbre" sind mindestens genauso gut geeignet.

Zur Vertiefung: Arten von Zeichen

Die allgemeine Lehre von Zeichen nennt man Semiotik. Eine klassische Unterteilung von Zeichen in drei Arten stammt von Charles S. Peirce (Peirce 1931, Bd. 2):

- **Indices** sind Zeichen, die in einem kausalen Verhältnis zu dem Bezeichneten stehen. In diesem Sinne ist Rauch ein Zeichen für Feuer, rote Flecken im Gesicht ein Zeichen für Masern, und Aufschreien ein Zeichen für Schmerzen.
- **Ikone** sind Zeichen, die dem Bezeichneten ähnlich sind und daher ihre Zeichenfunktion bekommen. Beispiele sind Piktogramme und lautmalerische Wörter wie „miau" oder „kikeriki".
- **Symbole** sind arbiträr in dem Sinne, dass es keine im Zeichen liegende Verbindung zum Bezeichneten gibt, die die Zeichenfunktion begründen würde. Die häufigsten Symbole basieren auf Konvention (z. B. die allermeisten Wörter einer Sprache).

Obwohl diese Einteilung sehr intuitiv ist, ist ihre Anwendbarkeit nicht unumstritten. Einige Zeichen scheinen zwischen den Kategorien zu liegen. So sind zum Beispiel lautmalerische Wörter zu einem gewissen Grad durch Konventionen geprägt und nicht nur durch die Lautähnlichkeit. Anders wäre es nicht zu erklären, dass der Hahn auf Deutsch „kikeriki", auf Englisch „cock-a-doodle-do" und auf Chinesisch „wo-wo-wo" kräht.

Klassische **symbolverarbeitende Systeme** – Computer nämlich – arbeiten auch mit Zeichen, die in diesem Sinne arbiträr sind: Dass z. B. die ‚0100 0001' (65 im 10er- und 41 im 16er-System) im ASCII-Code für das große „A" steht, hat keinen tieferen Grund in der Physik von Transistoren – es hätte auch anders festgelegt werden können. Wenn also das Gehirn ein symbolverarbeitendes System ist, so sollten wir im Geist auch solche Symbole finden können, deren Bedeutung nicht durch die physischen Eigenschaften der Symbole selbst festgelegt sind.

Wodurch könnte aber die Bedeutung von Symbolen festgelegt sein? Wenn wir zum Beispiel wissen wollen, für welches Zeichen der Binär-Code ‚0100 0001' steht, dann schauen wir in einer ASCII-Tabelle nach. Dort wird das Symbol durch ein anderes Symbol erklärt. Genauso können wir es auch machen, wenn wir nicht wissen, was ‚Baum' auf Quechua heißt – wir schlagen das Wort in einem **Wörterbuch** nach. Die Bedeutung von Symbolen lässt sich also durch andere Symbole erklären.

Einsprachige Wörterbücher machen dies, ohne dabei eine andere Sprache zu verwenden. In einem Polnisch-Polnisch-Wörterbuch wird zum Beispiel jedes polnische Wort auf Polnisch erklärt, also durch weitere polnische Wörter. Auf diese Weise ist es möglich, das gesamte Vokabular des Polnischen auf Polnisch zu erklären. In einem gewissen Sinne passiert das auch in Computerprogrammen: Einige Zeichen können mithilfe anderer Symbole definiert werden.

Leider stoßen wir mit diesem System schnell an Grenzen: Wenn wir nämlich gar kein Polnisch sprechen, hilft uns das Polnisch-Polnisch-Wörterbuch nicht weiter. Wir können damit nicht Polnisch lernen. Wenn wir es versuchen würden, würden wir uns im Kreis drehen: Um ein Wort in der Erklärung zu verstehen, müssten wir es nachschlagen und würden wieder auf lauter Wörter stoßen, deren Erklärungen wir nachschlagen müssten usw. Das Problem ist, dass wir **keine Basis** haben, um mit einer einfachen Erklärung zu starten.

Symbol-Grounding-Problem   Übertragen wir dieses Problem auf den Geist, dann bedeutet es, dass die Symbole, die für den Geist wichtig sind, nicht alle allein durch den Bezug zu anderen Symbolen bestimmt sein können. Wir hätten dann auch keine Basis, die es uns erlaubt, die Bestimmungen über andere Symbole zu verstehen. Wenn also der Geist Symbole verwendet, dann müssen zumindest einige grundlegende Symbole eine nicht-symbolische Basis haben: Sie müssen ‚gegrounded' werden. (Mit ‚nicht-symbolische Basis' ist hier gemeint, dass die Symbole nicht allein durch Beziehungen zu anderen Symbolen definiert sein können.)

Definition

Als **Symbol-Grounding-Problem** wird die Tatsache bezeichnet, dass ein Symbol-System einige Symbole als Basis enthalten muss, die ihrerseits nicht durch Symbole desselben Systems definiert werden, sondern die außerhalb des Systems festgelegt (‚gegrounded') werden. Bezogen auf den Geist bedeutet das, dass dieser nicht vollständig durch Symbolverarbeitungsprozesse konstituiert sein kann, da zumindest die Basis der Symbole auf einer anderen Grundlage als der Symbolverarbeitung stehen muss.

Wie Stevan Harnad (1990) ausführlich darlegt, entsteht daraus ein Problem, da wir nicht angeben können, wie eine solche nicht-symbolische Basis aussehen könnte. Und tatsächlich gibt es in den klassischen Thesen, die den Geist als symbolverarbeitende Maschine ansehen, dazu nicht einmal den Ansatz einer Idee. Um dieses Problem der klassischen Ansätze zu lösen, müssen wir sie nicht unbedingt aufgeben – es würde ausreichen, sie um eine plausible nicht-symbolische Basis zu ergänzen, von der man weiterhin angeben kann, in welcher Beziehung sie zur symbolischen Ebene steht.

Eine solche Erweiterung der klassischen Theorien könnte darin bestehen, die **Rolle des Körpers und der Umwelt** genauer zu betrachten und zu untersuchen, ob die Bedeutung mancher Recheneinheiten im Gehirn doch keine Symbole sind, sondern stattdessen systematisch mit den physikalischen Bedingungen der Umwelt und des Körpers zusammenhängen. So könnte zum Beispiel die Repräsentation des gesehenen Baumes, die im primären visuellen Cortex entsteht, deswegen für den Baum stehen, weil es eine Ähnlichkeit zwischen dem Baum und dem Bild gibt. Diese Ähnlichkeit entsteht, weil unsere Augen und unser Cortex so organisiert sind, wie sie organisiert sind: Zellen, die nebeneinander liegen, werden (über die Retina) von Lichtstrahlen angeregt, die nebeneinander liegen. Daher entsteht ein sogenanntes ‚retinotopes' Bild im Cortex, bei dem die räumliche (2D)-Struktur des Stimulus erhalten wird. Bei dieser Repräsentation – wenn wir es denn eine Repräsentation im philosophischen Sinnen nennen wollen – handelte es sich dann nicht um eine symbolische Repräsentation, sondern um ein ikonische.

Genau diese Richtung schlagen Theorien ein, die die Rolle des Körpers und seine Einbettung in eine Umwelt betonen. Dafür haben sich die englischen Begriffe *embodiment, enactivism* und *embeddedness* eingebürgert; als übergreifenden Begriff für diese drei Richtungen findet man auch den Ausdruck *grounded cognition*. Gelegentlich sieht man Übersetzungen dieser Wörter: z. B. wird „Embodiment" mit „Leiblichkeit", „Verkörperung" oder „Verkörperlichung" übersetzt, was aber unserer Auffassung nach jeweils das Gemeinte nicht besonders gut trifft. Für „Enactivism" sieht man hauptsächlich die Eindeutschung „Enaktivismus", die in Ermangelung des Verbs „enagieren" aber nicht so viel Sinn macht. Und auch das Wort „Eingebettetheit" ist von derart minderer ästhetischer Qualität, dass wir es bei dem Wort „Embeddedness" belassen wollen.

4.3 Embeddedness, Embodiment, Enaktivismus

4.3.1 Embeddedness

Um die Idee der Embeddedness von Kognition darzustellen, starten wir zunächst mit einem kleinen Abriss der Entwicklung der Kognitionswissenschaft. Bei der Kognitionswissenschaft handelt es sich um ein interdisziplinäres Projekt der Erforschung des Geistes, bei dem unter anderem Roboter gebaut werden, die intelligentes Verhalten zeigen sollen. Zunächst begann man in den 1960er Jahren damit, Computerprogramme zu schreiben, die bestimmte Probleme lösen konnten. Dabei konzentrierte man sich auf Probleme, deren Rahmung klar definiert und starr war, wie zum Beispiel beim Schach: Das Schachspiel ist klar definiert, es gibt 64 Felder und 32 Figuren, die nach bestimmten Regeln bewegt werden dürfen. Ein Programm zu schreiben, dass sich in einer solchen ‚Umwelt' zurechtfindet, ist daher relativ einfach.

▶ **Beispiel: SHRDLU**

Das Programm SHRDLU wurde in den späten 60ern von Terry Winograd am MIT entwickelt (Winograd 1972). Es sollte natürliche Sprachbefehle (über Tastatur eingegeben) verstehen und ausführen können. Dabei konnte SHRDLU in einer (sehr begrenzten) virtuellen Umwelt agieren, in der es eine begrenzte Anzahl von Objekten gab, die auf- und ineinander gestapelt werden konnten. Das Programm konnte Fragen zum Ort einzelner Objekte beantworten und Objekte auf Befehl hin umstapeln. ◄

Diese Art der Programmierung – die sogenannte **Good Old Fashioned Artificial Intelligence** (GOFAI) – wurde dann auf Roboter übertragen. So entstand zum Beispiel am Artificial Intelligence Center des Stanford Research Institutes „Shakey the Robot", der eine genaue Karte eines 6-Zimmer-Appartements einprogrammiert bekam, in dem er sich bewegen konnte. In dem Appartement waren drei Gegenstände platziert. Wenn man ihm den Befehl gab, einen bestimmten Gegenstand aus einem anderen Raum zu holen, dann berechnete er zunächst den günstigsten Weg, um dann das Ergebnis der Berechnung umzusetzen. Das Problem hierbei ist, dass auch solche Systeme nur in Umgebungen funktionieren können, die sehr simpel sind und sich nicht ändern. Wenn sich die Umgebung während der Berechnung oder der Ausführung einer Bewegung ändert (wenn zum Beispiel jemand einen Stuhl in den Weg stellt), können diese Roboter **kein Update** ihrer Repräsentationen in Echtzeit vornehmen. Wenn die Umwelt zu komplex wird, entsteht sehr schnell das sogenannte **Framing-Problem,** das darin besteht, relevante Information von irrelevanter zu unterscheiden (sehr eindrücklich dargestellt in Dennett 1984).

Die Welt als ihr eigenes Modell   Die Grundidee bei dieser Art von ‚intelligenten' Systemen ist, dass alles, was berechnet werden soll, zunächst repräsentiert werden muss. Dabei wird vergessen, dass die Systeme in einer Umwelt eingebettet sind, die stabil vorhanden ist und daher nicht repräsentiert werden muss. Das bedeutet auch, dass die Systeme mit der Umwelt interagieren können, ohne alles detailgetreu vorher zu lernen oder einprogrammiert zu bekommen. Einer der schärfsten Kritiker dieser *good old fashioned artificial intelligence* ist Rodney Brooks, der den Slogan prägte: „The world is its own best model" (Brooks 1990). Seine Idee war, dass Roboter ohne Repräsentationen auskommen, da sie ja einfach mit ihrer Umwelt interagieren können, ohne sie vorher zu repräsentieren. Ein einfaches Beispiel ist ein Mechanismus, der verhindert, dass ein Roboter irgendwo gegenfährt: Hier wird ein entsprechender Sensor installiert, der ein Signal gibt, sobald sich etwas in gefährlicher Nähe vor dem Roboter befindet. Dieses Signal wiederum sorgt dann dafür, dass die Stromversorgung zu den Motoren unterbrochen wird, so dass der Roboter sofort stehen bleibt. Dieser einfache Mechanismus führt dazu, dass der Roboter unmittelbar auf Hindernisse reagieren kann, die ihm plötzlich in den Weg gestellt werden.

Wenn verschiedene solcher einfachen Mechanismen eingeführt werden und hierarchisch geordnet werden, kann – so Brooks – intelligentes Verhalten entstehen, ohne dass die Umwelt repräsentiert werden muss. Brooks nennt das ‚Subsumptionsarchitektur'. Die Idee ist also, dass das System direkt auf Reize aus der Umwelt reagiert; dies tut es aber nicht im Stil von Reflexen. Vielmehr entsteht durch die geschickte hierarchische Verzahnung der Mechanismen eine gewisse Komplexität.

Zur Vertiefung: Subsumptionsarchitektur nach Brooks

Der Trick an der Subsumptionsarchitektur ist, dass tieferliegende Schichten immer Vorrang vor höherliegenden Schichten haben. Die unterste Schicht stellt zum Beispiel der oben beschriebene Mechanismus dar, der Kollisionen verhindert. Er kann jederzeit alle anderen Prozesse stoppen. Darüber wird dann zum Beispiel ein Prozess gelegt, der dafür sorgt, dass Hindernisse umfahren werden (es könnte zum Beispiel eine Drehung nach rechts ausgelöst werden). Darüber könnte dann eine Schicht liegen, die nur dafür sorgt, dass der Roboter geradeaus fährt. Ein solcher Roboter würde solange geradeaus fahren, bis etwas im Weg steht; dann würde er anhalten, dem Hindernis ausweichen, um dann – falls nichts im Weg steht – weiter geradeaus zu fahren.

Roboter mit Subsumptionsarchitektur sind bis zu einem gewissen Grad sehr erfolgreich. Nicht nur Staubsauger- und Mähroboter basieren auf diesem Prinzip, auch Raumsonden wie der 1996 auf dem Mars eingesetzte ‚Pathfinder' benutzen die Subsumptionsarchitektur. Allerdings stößt man damit relativ schnell an Grenzen: Sobald es um Planung und Problemlösen geht, braucht man doch repräsentationale Systeme.

Die Art der Probleme, die auf diese Weise ohne Repräsentationen gelöst werden können, ist relativ beschränkt. Sobald es um so etwas wie Planung geht oder die Bewältigung komplexerer Aufgaben wie z. B. das systematische Erkunden eines Gebietes, muss auf repräsentationale Mechanismen zurückgegriffen werden. Von daher kann dieser Ansatz keine befriedigende anti-repräsentationalistische Theorie des Geistes bereitstellen; er kann aber dennoch für eine Reihe sehr grundlegender und wichtiger Fähigkeiten zeigen, dass diese nicht – wie klassischerweise angenommen – auf der Verarbeitung von Repräsentationen beruhen, sondern auf der direkten Interaktion mit der Umwelt. Dazu gehören zum Beispiel solche Fähigkeiten wie sich unfallfrei durch eine dynamische Umgebung zu bewegen und vor Hindernissen anzuhalten.

Dynamische Systeme   Einen ähnlichen Schwerpunkt auf die direkte Interaktion mit der Umwelt legen Ansätze, die kognitive Systeme mithilfe der Theorie dynamischer Systeme beschreiben wollen. Ein dynamisches System ist ein System mit verschiedenen Faktoren, die sich gegenseitig beeinflussen und ihre Werte mit der Zeit verändern (sie können mit Differentialgleichungen beschrieben werden). Ein klassisches Beispiel ist der Fliehkraftregler, der bei Dampfmaschinen eingesetzt wird: Je schneller die Maschine den Fliehkraftregler dreht, desto höher werden die Kugeln des Reglers geschleudert, was wiederum die Dampfzufuhr drosselt, was zu einer geringeren Drehzahl führt. Die gegenseitige Beeinflussung der Faktoren führt dazu, dass sich das System irgendwann auf einem bestimmten Wert einpendelt.

Allgemein können die verschiedenen möglichen Zustände eines dynamischen Systems in einem Zustandsraum angeordnet werden. Veränderungen entsprechen dann einem Übergang von einem Punkt im Zustandsraum zu einem anderen. Bei

4

stabilen Systemen ist es so, dass es im Zustandsraum sogenannte ‚Attraktoren' gibt, also Zustände, zu denen das System von alleine hinsteuert. Bei der Dampfmaschine wäre das der Zustand, in dem die Drehzahl erreicht ist, die keine Veränderung der Dampfzufuhr mehr bewirkt.

Die Beschreibung von Systemen mithilfe von Differentialgleichungen stellt eine ganz andere Art von Beschreibung dar als die Beschreibung mithilfe von Algorithmen. Es handelt sich also um eine *nicht-komputationale* Beschreibung von Systemen. Insbesondere wird argumentiert, dass diese Art von Beschreibung funktioniert, ohne dass Repräsentationen in dem beschriebenen System vorliegen müssen (Symons 2001). Es handelt sich also auch um einen *anti-repräsentationalistischen* Ansatz. Am Beispiel des Fliehkraftreglers kann man sich das gut klarmachen: Hier wird keine Berechnung durchgeführt, bei der Werte von Variablen abgeglichen werden. Sondern allein die dynamische Kopplung der verschiedenen Bestandteile des Mechanismus führt dazu, dass das relativ komplexe ‚Verhalten' entsteht.

Nun wird natürlich behauptet, dass **kognitive Systeme ebenfalls dynamische Systeme** sind, die mit der Umwelt in ähnlicher dynamischer Weise verschränkt sind wie der Fliehkraftregler mit der Dampfmaschine. Ein schönes Beispiel stellt die Entwicklung des Laufreflexes bei Kindern dar.

▶ **Beispiel: Die Entwicklung des Laufreflexes**

Neugeborene zeigen laufartige Bewegungen, wenn man sie so hält, dass sie mit den Füßen den Boden berühren. Dieser Laufreflex verschwindet nach einiger Zeit, um allerdings später, bevor die Kinder Laufen lernen, wieder in Erscheinung zu treten.

Lange Zeit dachte man, dass dafür die kognitive Entwicklung des Kindes verantwortlich sei: Die kognitive Steuerung der Reflexe müsse sich entwickeln, so dass der Reflex nach einiger Zeit erfolgreich unterdrückt werden kann.

In einer Reihe von Studien konnte Esther Thelen (1995) allerdings zeigen, dass dieser Effekt gar nichts mit kognitiver Kontrolle zu tun hat. Am besten lässt sich der Effekt beschreiben, wenn man das Kind als dynamisches System versteht, in dem das Gewicht der Beine und die Muskelkraft als Faktoren eine sich in der Zeit verändernde Rolle spielen, und zwar auf folgende Weise: Beim Neugeborenen reicht die Muskelkraft aus, um das Gewicht der Beine zu heben. Mit der Zeit nimmt allerdings das Gewicht der Beine zu – bis zu dem Punkt, an dem die Muskelkraft nicht mehr ausreicht, die Beine anzuheben: Der Reflex verschwindet. Danach allerdings wachsen die Beinmuskeln, so dass irgendwann die Kraft wieder ausreicht, die nun schwereren Beine anzuheben: Der Reflex setzt wieder ein.

Die korrekte Beschreibung des Phänomens wäre also: Der Laufreflex setzt nie aus, es gibt nur eine Phase, in der die Muskelkraft des Kindes nicht ausreicht, um ihn tatsächlich zu zeigen. Dass diese Beschreibung korrekt ist, sieht man zum Beispiel daran, dass der Laufreflex im Wasser auftritt (hier reicht weniger Muskelkraft zum Anheben aufgrund des Auftriebs); er ‚verschwindet' auch früher, wenn dem Kind Gewichte an die Beine gebunden werden. ◀

Nun stellt der Laufreflex – so könnte man einwenden – kein besonders gutes Beispiel für eine kognitive Fähigkeit dar. Aber erstens hat man das Phänomen lange als ein kognitives Phänomen angesehen, und zweitens gibt es auch andere Beispiele. So zeigen Kinder zum Beispiel in einem gewissen Alter den sogenannten A-nicht-B-Fehler: Wenn sie daran gewöhnt werden, dass ein Gegenstand immer in der linken von zwei Schachteln versteckt wird, dann suchen sie den Gegenstand auch dann in der linken Schachtel, wenn er vor ihren Augen in die rechte Schachtel gelegt wird. Die Erklärung ist, grob gesagt, dass während der Gewöhnungsphase das Suchen in der linken Schachtel ein so stabiler Attraktor wird, dass er vom Sehen nicht mehr ‚überschrieben' werden kann (Smith/Thelen 2003). Im Laufe der kognitiven Entwicklung verändert sich allerdings der Zustandsraum so, dass der Effekt des Sehens den Erinnerungseffekt übertrumpfen kann.

Es zeichnet sich schon ab, dass sich die Theorie dynamischer Systeme gut zu eignen scheint, um einige Phänomene der kognitiven und motorischen Entwicklung zu beschreiben. Allerdings ist unklar, inwieweit klassische kognitive Fähigkeiten so beschrieben werden können. Das gilt umso mehr, als die Beschreibung mithilfe von Differentialgleichungen auf einer anderen Ebene zu sein scheint als die Beschreibung mithilfe von Algorithmen und Repräsentationen. Wenn das stimmt, dann schließen sich die beiden Beschreibungen gar nicht aus. Es ist zum Beispiel relativ problemlos möglich, die Höhe der Kugeln des Fliehkraftreglers als Repräsentation der Geschwindigkeit der Dampfmaschine zu beschreiben. Genauso ist nicht ohne Weiteres klar, dass der ganze Mechanismus nicht auch durch Algorithmen dargestellt werden kann – schließlich ist jede Berechnung auch irgendwie implementiert, also physikalisch realisiert. Warum sollten also nicht auch sich drehende Kugeln in der Lage sein, einen bestimmten Algorithmus zu implementieren, so wie fließende Ströme und Kondensatoren in Computern das können?

Die **These der Embeddedness** besagt also, dass kognitive Fähigkeiten nicht auf der Repräsentation der Umwelt und auf Repräsentationen operierenden Prozeduren in einem System beruhen, sondern dass diese Fähigkeiten in der direkten Interaktion mit der Umwelt, in die das System eingebettet ist, entstehen. Sie ist sehr plausibel ist für basale Fähigkeiten und deren Entwicklung. In diesem Sinne wirft sie auch sicher ein neues Licht auf den Geist, indem sie uns zeigt, dass einige Fähigkeiten sehr viel einfacher und besser erklärt werden können, wenn wir sie nicht mithilfe von Algorithmen und Repräsentationen beschreiben. Ein radikaler Anti-Repräsentationalismus, der hier allerdings oft mitschwingt, scheint aber auch übertrieben.

4.3.2 Embodiment

Die These, dass der Körper eine wesentliche Rolle für unsere Kognition spielt, nimmt ganz unterschiedliche Formen an. Viele der heute diskutierten Ansätze beziehen sich dabei auf phänomenologische Autoren, vor allem auf Maurice Merleau-Ponty, der in seiner Philosophie die ‚Leiblichkeit' des Menschen in den Mittelpunkt stellte (Merleau-Ponty 2010). Aber es gibt auch die Tradition des britischen Empirismus, vor allem vertreten durch David Hume, in der versucht wird, alle Begriffe und damit alles Denken auf basale Wahrnehmung zurückzuführen. Die Wahrnehmung ist dabei offensichtlich abhängig von einer bestimmten körperlichen Konstitution, nämlich dem Vorhandensein bestimmter Sinnesorgane, die in der Lage sind, bestimmte Reize aufzunehmen. Die Schwierigkeit besteht nun darin, den Übergang von solchen körperlich bedingten Wahrnehmungsrepräsentationen (die eine nicht-symbolische und damit ‚gegroundete' Art von Repräsentation darstellen) zu den symbolischen Repräsentationen zu skizzieren, die es uns erlauben, über Dinge nachzudenken, die wir nicht wahrnehmen oder sogar gar nicht wahrnehmen können. Gelänge das, wäre das Symbol-Grounding-Problem gelöst.

Der **Empirismus** geht davon aus, dass alle Begriffe, aus denen unsere Gedanken zusammengesetzt sind, letztlich aus der Erfahrung stammen, also erlernt werden. (Die Gegenthese, der Rationalismus, geht davon aus, dass Begriffe Teile des Verstandes sind, die es uns erlauben, die Erfahrungen überhaupt erst zu ordnen und zu strukturieren.) Die Hauptschwierigkeit des Empirismus besteht darin, zu erklären, wie aus basalen Wahrnehmungen wie ‚hier etwas rot' so komplexe und abstrakte Begriffe wie ‚Bußgeldverfahren' entstehen können. David Hume (1977) unterscheidet dafür Eindrücke *(impressions)* von Vorstellungen *(ideas)*. Eindrücke stellen unmittelbare Erfahrungsinhalte dar, also in etwa das, was zu einem Zeitpunkt erlebt wird. Es gibt einfache Eindrücke, die die kleinste Erlebniseinheit darstellen, also zum Beispiel ‚hier etwas rot' oder ‚dort ein lauter, hoher Ton'. Aus diesen einfachen Eindrücken wird das reichhaltige Erleben zu einem Zeitpunkt zusammengesetzt.

Vorstellungen sind nach Hume mittelbar oder unmittelbar durch Eindrücke verursacht. Im Falle der unmittelbaren Verursachung handelt es sich sozusagen um **Abstraktionen** der einzelnen Eindrücke, die es uns erlauben, solche Begriffe wie ‚rot' zu bilden. Dabei können einfache Eindrücke mithilfe einfacher Vorstellungen nachgebildet werden und zusammengesetzte Eindrücke mithilfe komplexer Vorstellungen. Die Vorstellungen selbst sind dabei schon etwas unabhängiger von der konkreten Wahrnehmungssituation. Daher ermöglichen sie uns nicht nur das Abrufen von Repräsentationen ohne einen entsprechenden Stimulus (etwa beim Erinnern oder hypothetischen Denken), sondern können auch zu neuen komplexen Vorstellungen verbunden werden. Auf diese Weise können wir Begriffe bilden, die keinen unserer Erfahrungen entsprechen (wie etwa den Begriff eines roten Elefanten). Und wir können – so zumindest die These der Empiristen – auf diesem Weg auch von den Wahrnehmungsbegriffen abstrahieren und zu solchen abstrakten Begriffen wie ‚Bußgeldverfahren' kommen. Wie das allerdings genau funktionieren soll, ist immer wieder diskutiert worden. Zwei neuere Ansätze sollen hier kurz skizziert werden:

Perceptual Symbol Systems   Der Psychologe Lawrence Barsalou (1992) hat auf der Basis des Frame-Begriffs (Minsky 1975) eine kognitionswissenschaftliche Theorie entwickelt, die eine empiristische Begriffstheorie mit Daten aus der Psychologie und Neurowissenschaft verbinden soll. Die Grundidee ist, dass die Gehirnaktivität bei einer Wahrnehmungssituation (z. B. etwas Blaues sehen) selbst abgespeichert wird. Im Gegensatz zu älteren Ansätzen, die von bildlichen Repräsentationen ausgehen, sind die entscheidenden Einheiten hier keine Bilder des Repräsentierten, sondern Schnappschüsse des körperlichen Zustands (des Gehirnzustands) zum Zeitpunkt der Wahrnehmung. Auf diese Weise wird die körperliche Konstitution inklusive des Wahrnehmungsapparates wesentlich für die Art und Weise der Repräsentation. Diese Schnappschüsse nennt Barsalou *perceptual symbols* (Wahrnehmungssymbole), was etwas irreführend ist, da diese Repräsentationen gerade nicht arbiträr sind (s. Vertiefungskasten „Arten von Zeichen" in ▶ Abschn. 4.2). Sie entsprechen den einfachen Vorstellungen bei Hume und enthalten bereits einige Abstraktionen: Durch Mechanismen wie Aufmerksamkeit wird von unwichtigen Details abstrahiert und auf bestimmte Aspekte fokussiert. Ein Wahrnehmungssymbol erfasst also nie einen kompletten Wahrnehmungszustand, sondern immer nur die relevanten Aspekte. Daher kann es auch unterbestimmt sein (z. B. könnte die Farbe eines Gegenstandes nicht repräsentiert sein) und erfasst nicht nur Individuen, sondern Gemeinsamkeiten von Individuen.

Wahrnehmungssymbole können wiederum verknüpft werden zu *Simulatoren*. So können zum Beispiel die Wahrnehmungssymbole, die jeweils Räder, Türen, Kotflügel etc. repräsentieren, in einem Simulator verbunden werden, um so eine Repräsentation eines Autos zu erhalten. Dies entspricht den komplexen Vorstellungen nach Hume. Die Idee ist nun, dass eine solche Auto-Repräsentation unter anderem dazu genutzt werden kann, sich ein Auto vorzustellen. Dazu wird die Information der Wahrnehmungssymbole, die im Simulator enthalten sind, benutzt, um entsprechende Wahrnehmungszustände herzustellen, die (so ungefähr jedenfalls) auch bei der Wahrnehmung eines Autos entstanden wären. Dabei gilt, dass Wahrnehmungssymbole und Simulatoren multimodal und dynamisch sein können: Sie enthalten auch Informationen darüber, wie sich meine visuelle Wahrnehmung verändert, wenn ich um das Auto herumgehe, und wie sich meine auditive Wahrnehmung verändert, wenn ich das Gaspedal durchdrücke.

Die spannende Frage, wie aus so gebildeten wahrnehmungsbasierten Begriffen abstrakte Begriffe gebildet werden können, wird bei Barsalou nicht im Detail diskutiert. Eine Variante, die Barsalou erwähnt, stellen **Frames** zur Verfügung,

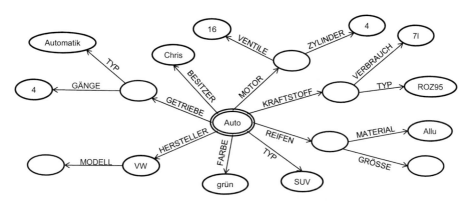

◻ Abb. 4.1   Auto-Frame

die als rekursive Attribut-Wert-Strukturen aufgefasst werden (Löbner 2018). So wird der Begriff des Autos zum Beispiel durch Attribute spezifiziert (z. B. FARBE), die jeweils einen Wert haben (z. B. ‚grün‘). Diese Werte können ihrerseits wieder durch weitere Attribut-Wert-Paare spezifiziert werden (Rekursivität), wobei auch einige Werte unterspezifiziert sein können. In dem Beispiel in ◘ Abb. 4.1 handelt es sich etwa um ein Auto von Chris; wenn dieser Wert unbestimmt bliebe, könnte es sich um ein Auto handeln, dessen Besitzer wir nicht kennen, oder auch um kein bestimmtes Auto (es wäre dann eine Repräsentation des allgemeinen Begriffs ‚Auto‘).

4

Frames stellen eine Möglichkeit bereit, sehr viele verschiedene Informationen zu bestimmten Kategorien in einer hierarchischen Weise darzustellen. Durch die Möglichkeit, einzelne Werte unbestimmt zu lassen, kann bereits eine gewisse Abstraktionsstufe erreicht werden. Durch die rekursive Struktur wird es zusätzlich möglich, in Zwischenschritten immer weiter weg von einer perzeptuellen Basis (etwa dem Wert ‚grün‘) hin zu einer abstrakten Ebene (etwa dem Attribut ‚VW‘) zu gelangen (Vosgerau/Seuchter/Petersen 2015). Die Hypothese ist, dass auf diesem Wege zunächst abstraktere Attribute und schließlich abstrakte Begriffe gebildet werden können, die dennoch auf nachvollziehbare Weise mit der perzeptuellen Basis verbunden sind.

Methapern   Nach einer anderen Auffassung sind Metaphern (Lakoff/Johnson 1980) das Instrument, um von wahrnehmungsbasierten Begriffen zu abstrakten zu kommen. Die Grundidee ist, dass wir basale Begriffe (in etwa so etwas wie die einfachen Vorstellungen bei Hume) auf andere Domänen übertragen und so **Strukturgleichheiten** ausnutzen und sichtbar machen können. Ein klassisches Beispiel stellt unser Denken über Zeit dar: Wir benutzen (in unserem Kulturkreis) Begriffe, die zunächst auf unseren Körper zutreffen (‚vor mir‘, ‚hinter mir‘, ‚(vorbei) gehen‘, etc.), und übertragen sie auf die abstrakte Dimension der Zeit. Ein weiteres Beispiel stellt der Begriff des Begriffs dar: Das Wort „Begriff“ kommt offenbar von ‚begreifen‘, einer Derivation von ‚greifen‘, was zweifelsohne eine unseren eigenen Körper betreffende Handlung bezeichnet. In ähnlicher Weise, so wird argumentiert, basierten praktisch alle abstrakten Begriffe auf Wahrnehmungsbegriffen, insbesondere solchen, die sich auf den eigenen Körper beziehen (für neurowissenschaftliche Evidenz vgl. Klepp u. a. 2017). Wie allerdings der konkrete Pfad von körperbezogenen Begriffen zu solchen Begriffen wie ‚Volksvertreter‘ oder ‚Bußgeldverfahren‘ aussehen soll, ist weitestgehend offen.

Emotionen   Weiterhin werden auch Emotionen als mögliche Zustände diskutiert, auf die zumindest manche Arten abstrakter Begriffe ganz oder teilweise zurückgeführt werden könnten (vgl. Prinz 2005; Kousta u. a. 2011). Um dies im Rahmen des Embodiment zu tun, muss natürlich gewährleistet sein, dass Emotionen selbst körperliche Zustände sind bzw. weitestgehend auf solche reduziert werden können. Die Grundidee hierbei ist, dass Emotionen auf der **Wahrnehmung von somatischen Zuständen** beruhen, die einen bewertenden Aspekt besitzen: Ausgehend von einem schlichten Wohlbefinden (Proto-Emotion) wird zum Beispiel die Basis-Emotion ‚Freude‘ als Wahrnehmung des Körperzustands der freudigen

Erregung zusammen mit einer positiven Bewertung angesehen (Details dazu in ▶ Kap. 8).

Zum einen wird ausgehend von Hume (1977) nun argumentiert, dass moralische Begriffe auf Emotionen beruhen (Prinz 2005). Insbesondere der **bewertende Aspekt** von Emotionen wird dabei übernommen, so dass etwa Taten, die als eklig empfunden werden, auch als moralisch verwerflich gelten. So entstünden aus dem Gefühl des Ekels höherstufige Emotionsbegriffe wie ‚Eifersucht‘ und schließlich abstrakte Begriffe wie ‚Anstand‘. Auf der anderen Seite wurde dafür argumentiert, dass Emotionen selbst – da sie auf nichts Dingliches verweisen – bereits in einem gewissen Sinne abstrakt seien, so dass auf ihrer Grundlage weitere abstrakte Begriffe gebildet werden können (Kousta u. a. 2011). Allerdings muss hierbei immer kritisch hinterfragt werden, welcher Abstraktionsbegriff verwendet wird.

Zur Vertiefung: Abstraktion und abstrakte Begriffe

Das Wort „abstrakt“ kommt vom lateinischen *abstrahere,* was ‚abziehen‘ bedeutet. (Der Gegenbegriff „konkret“ kommt von *concrescere,* was ‚verdichten‘ bedeutet.) Die Grundidee der Abstraktion ist, dass wir von konkreten Gegenständen gedanklich verschiedene Aspekte abziehen – also weglassen – und so zum Beispiel Gemeinsamkeiten zwischen konkreten Gegenständen erkennen können. Wenn wir in diesem Sinne verschiedene rote Gegenstände betrachten und von ihren unterschiedlichen Formen und Materialien abschen, können wir die gemeinsame Farbe Rot erfassen. Während jeder einzelne Gegenstand rot ist, können wir sagen, dass die Gegenstände die Röte gemeinsam haben. In diesem Sinne ist ‚rot‘ konkret und ‚Röte‘ abstrakt.

Nach dieser Verwendungsweise liegt es nahe, konkrete Begriffe als solche aufzufassen, die Partikularien (also einzelne Gegenstände im metaphysischen Sinne) herausgreifen, während abstrakte Begriffe Universalien (also grob gesagt Eigenschaften, die an mehreren Partikularien gleichzeitig auftreten können) bezeichnen. Verwandt damit ist die Idee, dass konkrete Begriffe Dinge mit einer bestimmten Raum-Zeit-Koordinate bezeichnen, abstrakte Begriffe aber nicht. In diesem Sinne ist zum Beispiel der Begriff ‚Hund‘ konkret, da jeder einzelne Hund ein Einzelding (eine Partikularie) ist, die jeweils einen bestimmten Raum-Zeit-Punkt einnimmt. Dagegen ist der Begriff ‚Hunderasse‘ abstrakt, da eine einzelne Hunderasse selbst ein Universal ist – mehrere Hunde können gleichzeitig der Rasse ‚Dackel‘ angehören – und da eine Hunderasse keinen Raum-Zeit-Punkt einnehmen kann.

Eine etwas andere Idee ist, dass nur konkrete Dinge Ursachen sein können, abstrakte Dinge aber nicht. So kann mir zum Beispiel die Gesamtausgabe von Kants Werken, die in meinem Regal ganz oben steht, heftige Kopfschmerzen verursachen, wenn sie mir auf den Kopf fällt. Das Gesamtwerk von Kant hingegen ist nicht in der Lage, auf einen Kopf zu fallen und kann mir höchstens im übertragenen Sinne Kopfschmerzen bereiten (weitere Details in: Rosen 2020).

Ob also Emotionen im Speziellen oder mentale Zustände im Allgemeinen abstrakt sind, oder ob die Begriffe, mit denen wir Emotionen bezeichnen, abstrakt sind, ist

4

nicht ganz klar. Zumindest ist doch meine Angst irgendwie in mir – auch wenn ich vielleicht nicht genau sagen kann, ob sie im Bauch oder im Kopf ist, ist sie doch sicher nicht auf dem Mount Everest oder dem Mond. Wir können also auch Emotionen zumindest zu einem gewissen Grad räumlich verorten (und zeitlich sowieso). Ebenfalls scheint es völlig unproblematisch, dass meine Angst eine Ursache ist – zum Beispiel Ursache meines Schweißausbruchs, meiner Weigerung, auf den Mount Everest zu gehen, etc. Um also zu beurteilen, ob abstrakte Begriffe tatsächlich auf Emotionen zurückgeführt werden können, sollte zunächst sorgfältig geklärt werden, was genau mit „abstrakt" gemeint ist.

Das sogenannte ‚Selbst' stellt ein weiteres Feld dar, auf dem verschiedene Versionen des Embodiment diskutiert wurden. So ist es zunächst sehr naheliegend, dass ein Bewusstsein des eigenen Köpers als integraler Bestandteil eines Selbstbewusstseins eng mit dem Körper verknüpft ist und daher auch wesentlich von der Beschaffenheit des Körpers abhängt. Darüber hinaus aber wurde auch argumentiert, dass Phänomene des Bewusstseins der eigenen mentalen Zustände – das für manche das eigentliche ‚Selbst' auszumachen scheint – am besten dadurch erklärt werden könnten, dass sie auf Eigenheiten des körperlichen Bewusstseins und damit letztlich auf **Körperbeschaffenheiten** zurückgeführt werden können. Aber auch, wenn das ‚Selbst' als Subjekt jeglichen Bewusstseins konzipiert wird, entsteht die Frage, ob nicht aufgrund der Überlegung, dass Bewusstseinszustände allgemein durch den Körper (mit-)bestimmt sind, auch ein solches Subjekt wesentlich körperbestimmt erklärt werden muss. Wie auch immer wir also das ‚Selbst' und Selbstbewusstsein konzipieren, es gibt verschiedene Ansatzpunkte für Embodiment.

Dieses Thema soll hier allerdings nicht ausführlicher behandelt werden. Die meisten dieser Fragen werden in ▸ Kap. 6 aufgegriffen, in dem es um Selbstwissen geht. Außerdem haben viele dieser Aspekte mit der Bewegungsfähigkeit des Körpers zu tun und der Tatsache, dass wir selbst unseren Körper in einem gewissen Sinne steuern können (Agentenschaft), was dazu führt, dass die Grenze zwischen Embodiment und Enaktivismus in Bezug auf das ‚Selbst' besonders fließend ist.

4.3.3 Enaktivismus

Im Unterschied zu einem ‚bloßen' Embodiment, das sich allgemein auf die Beschaffenheit des Körpers bezieht, geht der Enaktivismus davon aus, dass speziell die Bewegungsfähigkeit und die Fähigkeit zur Interaktion erhebliche konstituierende Faktoren des menschlichen (und tierischen) Geistes sind. Obwohl das Wort „Enaktivismus" erst seit ein paar Jahrzehnten in Gebrauch ist, können entsprechende philosophische Ideen schon früher ausgemacht werden.

Ein Vorläufer des Enaktivismus, auf den sich auch einige Autoren beziehen, ist – neben dem schon oben genannten Merleau-Ponty – Martin Heidegger. In

Sein und Zeit (2006) entwirft er eine Ontologie, die das aktive Handeln des Menschen als entscheidenden ontologischen Faktor einführt. So wird die Natur von Dingen danach eingeteilt, wie und mit welchen Absichten wir mit ihnen interagieren – ob sie uns ‚zuhanden' sind, so dass wir sie für unsere Zwecke benutzen können und sie in dieser Hinsicht beurteilen und einteilen, oder ob sie nur ‚vorhanden' sind, so dass wir nicht unmittelbar eine Verwendung für sie haben und sie daher ganz anders beurteilen. Obwohl Heidegger hier keine Philosophie des Geistes entwirft, kann man seinen Ansatz so verstehen, dass er hier behauptet, dass ganz viele und grundlegende Begriffe, mit denen wir denken, durch unser Handeln nicht nur geprägt, sondern konstituiert sind. So ist nach Heidegger „[d]er Wald [...] Forst, der Berg Steinbruch, der Fluß Wasserkraft, der Wind ist Wind ‚in den Segeln'" (Heidegger 2006, S. 70). Gemeint ist, dass uns der Wald eben nicht als Objekt gegenübersteht, das wir völlig interessenlos hinsichtlich seiner Eigenschaften beurteilen, die unabhängig von uns sind; vielmehr ist der Begriff des Waldes (zumindest in der Alltagssprache im Gegensatz zu einer wissenschaftlichen Fachsprache) eng damit verknüpft, was wir mit dem Wald anfangen und wie wir mit dem Wald interagieren (nämlich zum Beispiel als Rohstofflieferant, was mit dem Wort ‚Forst' beschrieben wird, oder auch als Ort der Erholung).

Affordanz Bei „Affordanz" handelt es sich um ein Kunstwort, hinter dem eine ähnliche Grundidee wie diejenige Heideggers steckt: James J. Gibson (1979) wollte mit diesem Begriff Eigenschaften von Objekten bezeichnen, die in direktem Zusammenhang mit unseren Interaktionsmöglichkeiten stehen und die wir direkt wahrnehmen können. Ein Stift hat etwa die Affordanz, mit ihm zu schreiben (auf Englisch kann man sagen: *„the pen affords writing"*, was so viel wie ‚der Stift bietet sich zum Schreiben an' heißt), oder ein Stuhl die Affordanz zum Sitzen. Die Grundidee ist nun, dass wir diese Affordanzen direkt wahrnehmen können. Um also mit einem Gegenstand zu interagieren, müssen wir nicht einen praktischen Syllogismus der Form ‚X hat die Eigenschaft Y. Y erlaubt es mir, zu z-ten. Also kann ich mit X z-ten.' kognitiv durchlaufen, bevor wir mit dem Gegenstand interagieren können. Vielmehr sehen wir dem Stuhl unmittelbar an, dass wir auf ihm sitzen können, und der Bettdecke, dass wir uns in sie einkuscheln können. Die Begriffe selbst, die wir in der Wahrnehmung auf Dinge anwenden, enthalten also schon die Handlungsmöglichkeiten, die wir dann nicht mehr durch zusätzliches Nachdenken erschließen müssen.

Gibsons These ist in erster Linie als **entwicklungspsychologische These** zu verstehen: Ein Kind muss nicht zunächst als unbeteiligter Zuschauer lernen, welche Eigenschaften Objekte haben, um dann in einem zweiten Schritt zu lernen, was man aufgrund ihrer Eigenschaften mit den Objekten machen kann. Vielmehr lernen die Kinder in der Interaktion mit den Gegenständen die richtige wahrnehmungsbasierte Einordnung der Eigenschaften und die Handlungsmöglichkeiten gleichzeitig. Das gelingt, weil die Eigenschaften die Handlungsmöglichkeiten beinhalten. Zum Beispiel lernt ein Kleinkind nicht zuerst, dass der Fußboden im Gegensatz zur Matratze hart aussieht, sondern es lernt durch das Darüberkrabbeln (also durch Interaktion mit dem Objekt), dass sich der Fußboden zum sicheren

Krabbeln eignet, die Matratze aber eher weniger. Hier wird also die Affordanz ‚bekrabbelbar' gelernt, und nicht so sehr die ‚objektive' Eigenschaft, hart zu sein.

Die von Gibson selbst *ecological psychology* genannte Theorie wurde aber vor allem in der Philosophie lange Zeit nicht sehr ernst genommen. Wahrscheinlich liegt das zu einem großen Teil daran, dass die metaphysischen Voraussetzungen dieser Theorie recht unklar und gleichzeitig anspruchsvoll sind. Eine große Sorge Gibsons scheint gewesen zu sein, als unwissenschaftlich abgetan zu werden. Daher legte er größten Wert darauf, dass Affordanzen **objektive Eigenschaften** seien. Das steht allerdings in einem Spannungsverhältnis zu der Idee, dass Affordanzen von unseren Bewegungsmöglichkeiten, und damit jeweils vom Körper des wahrnehmenden Subjektes abhängen sollen (Details s. Vertiefungskasten „Objektive Eigenschaften").

Dazu kommt, dass nach Gibson diese angeblich objektiven Eigenschaften auch **direkt wahrnehmbar** sein sollen. Das ist zunächst wünschenswert, um die direkte Handlungssteuerung erklären zu können, aber gleichzeitig unklar und letztlich unplausibel: Wenn wir ‚direkt' in dem Sinne verstehen, dass es keine weitere kognitive Verarbeitung gibt, stellen sich die Fragen, ob es überhaupt direkt wahrnehmbare Eigenschaften gibt und was es dann bedeuten kann, dass wir die Wahrnehmung von Affordanzen lernen.

Einer epistemischen Charakterisierung zufolge sind Eigenschaften direkt wahrnehmbar, wenn Folgendes gilt: Wären sie nicht da gewesen, wären sie – *ceteris paribus* (also unter ansonsten gleichen Umständen) – auch nicht wahrgenommen worden. Das gilt vielleicht für Farben – wenn der Stuhl nicht blau wäre, würde ich ihn unter gleichen Lichtbedingungen auch nicht als blau wahrnehmen. Es ist aber durchaus möglich, dass ich den Stuhl auch dann noch für stabil genug halten würde, um darauf zu sitzen, wenn er nicht aus Holz, sondern aus Papier wäre und damit mein Gewicht nicht tragen würde. Die Eigenschaft, mir eine Sitzgelegenheit zu bieten, ist also gemäß der epistemischen Charakterisierung nicht direkt wahrnehmbar. (Für einen Versuch, die Vorteile und Stärken von Gibsons Grundidee mit einem zeitgemäßen metaphysischen Verständnis in Einklang zu bringen, vgl. Tillas u. a. 2017).

Zur Vertiefung: Objektive Eigenschaften

Es gibt verschiedene Lesarten von „objektiv": Zum einen kann es schlicht bedeuten, dass es sich um eine Eigenschaft eines Objektes handelt. Wenn ich einen Baum sehe, dann erscheint er mir womöglich groß und verschwommen. ‚Groß zu sein' ist dabei eine objektive Eigenschaft – schließlich ist der Baum selbst groß. ‚Verschwommen zu sein' ist allerdings keine objektive Eigenschaft in diesem Sinne – es ist keine Eigenschaft, die der Baum als Objekt hat. Vielmehr liegt es zum Beispiel an meiner Kurzsichtigkeit, dass ich den Baum verschwommen sehe. In diesem Fall haben wir es mit einer relationalen Eigenschaft zu tun, die nur im Zusammenspiel zwischen dem Baum, meinen Augen und dem Licht entsteht.

Da mit der Eigenschaft meiner Augen auch eine Eigenschaft des wahrnehmenden Subjektes in die Verschwommenheit des Baumes hineinspielt, können wir auch sagen, dass es sich um eine subjektive Eigenschaft handelt. Allerdings verwenden wir das Wort „subjektiv" meistens, um eine stärkere Abhängigkeit vom wahrnehmenden Subjekt auszudrücken: dass nämlich jedes wahrnehmende Subjekt eine andere Eigenschaft wahrnimmt. Die vielleicht besten Kandidaten für derartig subjektive Eigenschaften sind die Erlebnisqualitäten: So, wie ich das Grün des Baumes erlebe, kann es vielleicht (prinzipiell) niemand anders erleben. In diesem Sinne wäre ‚objektiv' also jede Eigenschaft, die von verschiedenen Subjekten auf dieselbe Art und Weise wahrgenommen werden kann.

Offenbar ist der erstgenannte Sinn von „objektiv" nicht erforderlich für Wissenschaftlichkeit. Die Physik kann sehr gut beschreiben und erklären, warum mir der Baum verschwommen erscheint. Trotzdem erweckt Gibson immer wieder den Eindruck, als wolle er auf diesen Sinn hinaus, wenn er davon spricht, dass alle Informationen im *„light array"*, also in dem Muster der Lichtstrahlen, die von dem Objekt ausgehen, lägen. Diese Redeweise deutet darauf hin, dass die Eigenschaft allein im Objekt verortet wird. Das aber widerspricht der Auffassung, dass je nach Bewegungsmöglichkeit einer Person auch unterschiedliche Affordanzen wahrgenommen werden – wenn das nicht so wäre, könnten wir ja gar nicht dazulernen, da wir schon alles von Anfang an sehen würden. Metaphysisch gedeutet führt das zu der Frage, ob die Affordanz des Stuhles, sich darauf setzen zu können, überhaupt angesichts eines Krabbelkindes existiert.

Die zweite Lesart allerdings deutet auf Schwierigkeiten der wissenschaftlichen Behandelbarkeit hin – lebt doch die Wissenschaft von Daten, die unabhängig von der Individualität der einzelnen Forschenden erhoben und ausgewertet werden können. Allerdings wäre es auch nicht besonders naheliegend, Affordanzen in diesem Bereich zu verorten: Die Eigenschaft eines Stuhles, als Sitzgelegenheit für erwachsene Menschen mit entsprechenden physischen Fähigkeiten dienen zu können, scheint unabhängig davon zu sein, was wir subjektiv empfinden – es scheint viel mehr darauf anzukommen, ob er die richtigen physikalischen Eigenschaften hat, z. B. ob er stabil genug ist.

Weiterentwicklungen der enaktiven Perspektive Die Grundidee, dass die Welt nicht unabhängig vom Handeln von kognitiven Agenten gegeben ist, sondern dass die Welt durch unsere Interaktion mit ihr erst konstituiert wird, wurde von Francisco J. Varela, Evan Thomson und Eleanor Rosch (1991) aufgegriffen und mit kognitionswissenschaftlicher Forschung verbunden. Allerdings werden hier viele verschiedene Aspekte angesprochen, die jeweils unterschiedliche Weiterentwicklungen inspiriert haben. Eine dieser Weiterentwicklungen betrifft die Details, wie genau unsere Interaktionen die Welt entstehen lassen bzw. unser Erfassen der Welt formen. Eine andere Erweiterung der Theorie konzentriert sich auf die Behauptung, dass die enaktive Perspektive einhergeht mit einem **Anti-Repräsentationalismus** und einem **Anti-Komputationalismus.** Wenn unser Erfassen der Welt durch Interaktion geschieht, dann kann, so grob die Idee, dieses Erfassen nicht auf Berechnungen in unserem Kopf beruhen, bei der Repräsentationen verarbeitet werden, die für Dinge außerhalb des Kopfes stehen. Vielmehr entsteht Bedeutung (und

4

damit das Erfassen der Welt) in der Interaktion, also zwischen dem Handelnden und dem Erkannten.

Sensomotorische Kontingentien sind Regelmäßigkeiten der Änderungen im Sinnes-Input in Abhängigkeit von unseren Bewegungen. Das Konzept wurde im Detail beschrieben und untersucht von Susan Hurley (1998) und Alva Noë (O'Regan/Noë 2001; Noë 2005) und stellt eine der meistdiskutierten Ausdifferenzierungen der enaktiven Perspektive dar. Das Standardbeispiel ist die Farbwahrnehmung: Wenn wir an einer gleichmäßig einfarbigen Fläche vorbeigehen oder vor ihr stehen und den Kopf drehen, dann ändern sich die physikalischen Eigenschaften der Lichtwellen, die auf unsere Retina treffen, in Abhängigkeit von unseren Bewegungen. Das hat zu tun mit dem Winkel zwischen Lichtquelle, Farbfläche und Auge, mit dem Schattenwurf anderer Gegenstände und so weiter. Trotz dieser Änderungen nehmen wir die Fläche als einfarbig wahr. Dabei gilt, dass es einen systematischen Zusammenhang gibt zwischen unseren Bewegungen und den Änderungen: Immer, wenn ich meinen Kopf so drehe, verändern sich die Eigenschaften der auf meine Retina treffenden Lichtwellen auf diese Art und Weise – *ceteris paribus*. Diese systematischen Änderungen werden ‚systematische Kontingentien' genannt, wobei es sich hier um Kontingentien zwischen Sensorik und Motorik handelt, also um sensomotorische Kontingentien.

Die These ist nun, dass eine Farbe nicht dadurch bestimmt ist, welche Wellenlängen reflektiert werden, sondern durch die systematischen sensomotorischen Kontingentien. Damit wird sehr einfach erklärbar, warum wir eine gleichmäßig rote Wand als gleichmäßig rot erleben, obwohl die Lichtstrahlen, die unser Auge treffen, ganz unterschiedliche Eigenschaften aufweisen. So erkennen wir zum Beispiel einen Schatten auf der Wand als Schatten, nicht als Fleck einer anderen Farbe auf der Wand. Ähnlich funktioniert das auch mit Formen: Einen Tisch nehmen wir dann als rechteckig wahr, wenn sich das Bild auf unserer Netzhaut auf eine bestimmte systematische Art und Weise ändert, wenn wir um den Tisch herumgehen. (Das Bild auf der Netzhaut ist übrigens nie rechteckig, nicht einmal, wenn wir mittig über dem Tisch hängen, da die Netzhaut gekrümmt ist.)

Wahrnehmung und phänomenales Erleben können nach Kevin O'Regan und Alva Noë nun erklärt werden auf der Grundlage des Erlernens von sensomotorischen Kontingentien. Ich kann zum Beispiel Rot sehen, weil ich gelernt habe, wie sich der Sinnes-Input auf meiner Retina ändert, wenn ich meinen Kopf bewege. Ich kann daher bestimmte Änderungen in meinem Input vorhersagen. Normalerweise nehme ich die von mir vorhergesagten Änderungen dann auch nicht mehr wahr, so dass sich die Phänomene der Farbkonstanz (dass ich die Fläche als einheitlich rot wahrnehme) oder der Größenkonstanz (Objekte werden nicht kleiner wahrgenommen, wenn wir uns von ihnen wegbewegen) direkt aus der Theorie ergeben.

Dass das Erlernen von systematischen Kontingentien einen wichtigen Mechanismus für unsere Wahrnehmung darstellt, bestreiten wahrscheinlich nur wenige. In der Tat erlebt der Ansatz in einer etwas verallgemeinerten und mathematisch präzisierten Version unter der Bezeichnung *predictive coding* breite Zustimmung: Auch hier ist die Idee, dass der Geist wenigstens zum größten Teil damit beschäftigt ist, Änderungen im Input vorherzusagen. Repräsentationen als gehaltvolle

Zustände und phänomenale Qualitäten ergeben sich aus diesem Bestreben, den zukünftigen Input vorherzusagen (Hohwy/Seth 2020).

Ob die Theorie der systematischen Kontingentien allerdings alles halten kann, was sie verspricht, ist sehr umstritten. So ist es zum Beispiel nicht plausibel, dass phänomenales Erleben vollständig durch sensomotorische Kontingentien erklärt werden kann – schließlich kann ich auch phänomenal erfahren, dass der rechteckige Tisch aus einer bestimmten Perspektive als Trapez erscheint (auch wenn ich mir normalerweise dessen nicht bewusst bin und den Tisch einfach als Rechteck sehe, kann ich auch meine Aufmerksamkeit auf die perspektivische Erscheinung des Tisches lenken und diese bewusst wahrnehmen). Genau dieses scheinbare Trapez aber ist es, was sich mit jeder Bewegung ändert – und somit dürfte dieses Trapez nach der Theorie der Kontingentien nicht erlebbar sein (Schlicht/Pompe 2007). Außerdem ist es sehr umstritten, ob diese Theorie auf alle Sinnesmodalitäten ausgeweitet werden kann.

Als ‚radikale Enaktivisten' bezeichnen sich Dan Hutto und Eric Myin (2013), weil sie die anti-repräsentationalistischen Aspekte von Varela weiter zuspitzen. Sie grenzen sich gegen den sensomotorischen Enaktivismus ab mit dem Argument, dass auch das Erlernen von sensomotorischen Kontingentien letztlich auf eine repräsentationalistische Theorie hinausläuft. Sie grenzen sich aber auch von Varela ab, der die Selbstorganisation von kognitiven Agenten *(autopoiesis)* zum Ausgangspunkt seiner Überlegungen macht. Hutto und Myin radikalisieren die These des Enaktivismus dahingehend, dass sie nichts mehr im kognitiven Agenten verorten, sondern alles, was Kognition und Erleben ausmachen, in die Interaktion von Agenten mit ihrer Umwelt verlagern. Nach ihrer Auffassung können also alles Mentale und alle Verhaltensweisen erklärt werden, ohne dabei über Eigenschaften zu reden, die den Agenten unabhängig von spezifischen Interaktionsszenarien zukämen.

4.4 Fazit

In der zweiten Hälfte des 20. Jahrhunderts dominierte die Ansicht, der Geist sei ein mehr oder weniger geschlossenes System, das über Schnittstellen – der Sinneswahrnehmung einerseits und der Motorik andererseits – mit der Umwelt in Verbindung stehe (Sandwich-Modell der Kognition). Damit geht die Vorstellung einher, der Geist müsse aus den Informationen der Sinneswahrnehmung ein Bild der Umwelt erstellen und intern die so aufgebauten Repräsentationen verarbeiten. Spätestens seit den 1990er Jahren regte sich aber aus verschiedenen Richtungen Widerstand gegen dieses Modell. Gemeinsam ist den verschiedenen Ansätzen und Argumentationen, dass die Geschlossenheit des Systems Geist infrage gestellt wird und eine sehr viel engere Verbindung zwischen Geist und Umwelt postuliert wird, als es im klassischen Sandwich-Modell der Fall ist (❑ Tab. 4.1).

Alle 4E-Positionen haben mit Sicherheit sehr gute Beispiele dafür geliefert, dass vieles von dem, was im klassischen Sandwich-Modell mithilfe komplizierter Repräsentationen und Berechnungen erklärt wurde, auch ganz anders und viel

◘ Tab. 4.1   Übersicht über die Positionen der 4E-Cognition

Name	Grundidee	Hauptproblem
Extended Mind	Mentale Zustände sind nicht nur im Kopf, sie reichen in die Umwelt hinaus	Gültigkeit des zugrundeliegenden Prinzips unklar; Erklärungsziel unklar
Symbol Grounding Problem	Symbole können nicht allein durch andere Symbole definiert werden, es muss eine nicht-symbolische Basis geben	
Embedded Cognition	Kognitive Systeme sind in eine Umwelt eingebettet, die sie daher nicht repräsentieren müssen	Es gibt aber (höhere) kognitive Fähigkeiten, für die Repräsentationen notwendig zu sein scheinen
Embodied Cognition	Mentale Zustände sind wesentlich vom Körper des kognitiven Systems mitbestimmt, insbesondere ist die Verbindung von Wahrnehmen und Denken sehr eng	Unklar, wie auf dieser Basis abstrakte Begriffe gebildet werden können
Enactive Cognition	Unsere Begriffe und unsere Wahrnehmung beruhen wesentlich auf unserer motorischen Interaktion mit der Umwelt	Unklar, ob alle kognitiven Zustände in die Interaktion ,ausgelagert' werden können

einfacher erklärt werden kann, wenn der Körper und die Umwelt systematisch einbezogen werden. Ob wir deswegen allerdings die Idee, dass es gehaltvolle interne Zustände (Repräsentationen) gibt, ganz verwerfen sollten, oder ob wir vielleicht nicht vielmehr unsere Auffassung davon, was Repräsentationen sind und wie sie funktionieren, grundlegend ändern sollten, ist Gegenstand aktueller Diskussionen (vgl. Newen/Vosgerau 2020).

Literatur

Barsalou, Lawrence W.: „Frames, Concepts and Conceptual Fields". In: Adrienne Lehrer/Eva Feder Kittay (Hrsg.): *Frames, Fields and Contrasts*. Hillsdale, Hove and London 1992, 21–74.

Brooks, Rodney A.: „Elephants don't play chess". In: *Robotics and Autonomous Systems* 6 1–2 (1990), 3–15.

Clark, A./Chalmers, D.: „The extended mind". In: *Analysis* 58 1 (1998), 7–19.

Dennett, D. C.: „Cognitive wheels: The frame problem of AI". In: Hookaway (Hrsg.): *Minds, Machines and Evolution*. 1984.

Gibson, James J.: *The Ecological Approach to Visual Perception*. 1979.

Harnad, S.: „The symbol grounding problem". In: *Physica D* 42 (1990), 335–346.

Heidegger, Martin: *Sein und Zeit*. Tübingen [19]2006.

Hohwy, Jakob/Seth, Anil: „Predictive processing as a systematic basis for identifying the neural correlates of consciousness". In: *Philosophy and the Mind Sciences* 1 II (2020).

Hume, David: *An Enquiry Concerning Human Understanding*. Indianapolis 1977.

Hurley, S. L.: *Consciousness in Action*. Cambridge, MA 1998.

Hutto, Daniel D./Myin, Erik: *Radicalizing enactivism: basic minds without content*. Cambridge, Mass 2013.

Klepp, Anne/Niccolai, Valentina/Sieksmeyer, Jan/Arnzen, Stephanie/Indefrey, Peter/Schnitzler, Alfons/Biermann-Ruben, Katja: „Body-part specific interactions of action verb processing with motor behaviour". In: *Behavioural Brain Research* 328 (2017), 149–158.

Kousta, Stavroula-Thaleia/Vigliocco, Gabriella/Vinson, David P./Andrews, Mark/Del Campo, Elena: „The representation of abstract words: Why emotion matters.". In: *Journal of Experimental Psychology: General* 140 1 (2011), 14–34.

Lakoff, George/Johnson, Mark: *Metaphors we live by*. Chicago, Ill 1980.

Löbner, Sebastian: „Barsalou-Frames in Wort- und Satzsemantik". In: Stefan Engelberg/Henning Lobin/Kathrin Steyer/Sascha Wolfer (Hrsg.): *Wortschätze*. 2018, 189–212.

Merleau-Ponty, Maurice: *Phänomenologie der Wahrnehmung* (Phänomenologisch-psychologische Forschungen de Gruyter-Studienbuch. Berlin ⁶2010.

Minsky, M.: „A framework for representing knowledge". In: P. H. Winston (Hrsg.): *The Psychology of Computer Vision*. New York 1975.

Newen, Albert/Vosgerau, Gottfried: „Situated Mental Representations: Why we need mental representations and how we should understand them". In: Joulia Smortchkova/Tobias Schlicht/Krzysztof Dolega (Hrsg.): *What Are Mental Representations?*. 2020, 178–212.

Noë, Alva: *Action in Perception*. Cambridge MA, London 2005.

O'Regan, J. Kevin/Noë, Alva: „A sensorimotor account of vision and visual consciousness". In: *Behavioral and Brain Sciences* 22 (2001), 939 973.

Peirce, Charles S.: *Collected papers of Charles Sanders Peirce*. Cambridge 1931.

Prinz, Jesse J.: „Passionate Thoughts: The Emotional Embodiment of Moral Concepts". In: R. Zwaan/D. Pecher (Hrsg.): *The grounding of cognition: The role of perception and action in memory, language, and thinking*. Cambridge 2005, 93–114.

Rosen, Gideon: „Abstract Objects". In: Edward N. Zalta (Hrsg.): *The Stanford Encyclopedia of Philosophy*. 2020.

Rupert, R.: *Cognitive systems and the extended mind*. Oxford 2009.

Schlicht, T./Pompe, U.: „Rezension von Alva Noë: Action in Perception". In: *Zeitschrift für philosophische Forschung* 61 (2007), 250–254.

Shapiro, L.: „Functionalism and mental boundaries". In: *Cognitive Systems Research* 9 (2008), 5–14.

Smith, Linda B./Thelen, Esther: „Development as a dynamic system". In: *Trends in Cognitive Sciences* 7 8 (2003), 343–348.

Sprevak, M.: „Extended Cognition and Functionalism". In: *Journal of Philosophy* 106 (2009), 503–527.

Symons, John: „Representation and the Dynamical Hypothesis". In: *Minds and Machines* 11 4 (2001), 521–541..

Thelen, E.: „Motor development: A new synthesis". In: *American Psychologist* 50 (1995), 79–95.

Tillas, Alexandros/Vosgerau, Gottfried/Seuchter, Tim/Caiani, Silvano Zipoli: „Can Affordances Explain Behavior?". In: *Review of Philosophy and Psychology* 8 2 (2017), 295–315.

Varela, F./Thompson, E./Rosch, E.: *The Embodied Mind: Cognitive Science and Human Experience*. 1991.

Vosgerau, Gottfried: „Was soll erklärt werden? Funktionalismus, erweiterter Geist und Kriterien des Mentalen". In: Kim J. Boström/Jan G. Michel/Michael Pohl (Hrsg.): *Ist der Geist im Kopf? Beiträge zur These des erweiterten Geistes*. Münster 2016, 83–107.

Vosgerau, G./Seuchter, T./Petersen, W.: „Analyzing Concepts in Action-Frames". In: T. Gamerschlag/R. Osswald/W. Petersen (Hrsg.): *Meaning, Frames, and Conceptual Representation*. Düsseldorf 2015, 293–310.

Weiskopf, Daniel A.: „Patrolling the Mind's Boundaries". In: *Erkenntnis* 68 (2008), 265–276.

Wheeler, M.: „In Defense of Extended Functionalism". In: R. Menary (Hrsg.): *The Extended Mind*. Cambridge, MA 2010, 245–270.

Winograd, Terry: „Understanding natural language". In: *Cognitive Psychology* 3 1 (1972), 1–191.

Bewusstsein und Erlebnisqualitäten

Inhaltsverzeichnis

© Springer-Verlag GmbH Deutschland, ein Teil von Springer Nature 2021
G. Vosgerau und N. Lindner, *Philosophie des Geistes und der Kognition*,
https://doi.org/10.1007/978-3-476-04567-6_5

Im Alltag spricht man davon, dass eine Person bewusstlos oder bei vollem Bewusstsein ist. Etwas kann bewusst erlebt werden, anderes geschieht unbewusst. Ratgeber empfehlen bewusstes Leben und Genießen, manche Menschen versprechen sich Bewusstseinserweiterung durch bestimmte Drogen. Offensichtlich haben all jene alltagssprachlichen Verwendungen des Begriffs einen gemeinsamen Bezugspunkt, weisen jedoch auch deutliche Bedeutungsunterschiede auf. Diese begriffliche Mehrdeutigkeit wird als ein zentrales Problem der philosophischen Diskussion um Fragen des Bewusstseins angesehen. Dementsprechend betrachten viele Autoren den Begriff ‚Bewusstsein' als **Cluster- oder Mischbegriff.** Problematisch wird es, wenn die verschiedenen Bedeutungsebenen eines solch mehrdeutigen Begriffes in der Diskussion vermischt werden. Um dies zu umgehen, dreht sich ein großer Teil der philosophischen Diskussion um die begriffliche Bestimmung unterschiedlicher Bewusstseinsaspekte oder -arten. Daher ist das Gestalten einer entsprechenden Terminologie keine reine Fingerübung. Vielmehr deuten die verschiedenen Verwendungsweisen des Begriffes auf wichtige Probleme hin, die mit dem Phänomen des Bewusstseins verbunden sind. Um über diese ohne Missverständnisse und somit konstruktiv diskutieren zu können, sind klar konturierte, voneinander abgrenzbare Begriffe nötig.

Kreatürliches und reaktives Bewusstsein   Eine notwendige Bedingung für alle weiteren Formen des Bewusstseins ist das Vorliegen des sogenannten **kreatürlichen Bewusstseins** (*creature consciousness*) beim Subjekt. Jedes empfindungsfähige Lebewesen, das bei Bewusstsein sein kann, hat die Eigenschaft des kreatürlichen Bewusstseins. Gemeint ist hier also eher die Fähigkeit, bei Bewusstsein zu sein, die ein Stein z. B. nicht hat. Wenn ein Lebewesen mit kreatürlichem Bewusstsein tatsächlich bei Bewusstsein ist und nicht tot oder im Koma, spricht man vom Zustand des **reaktiven Bewusstseins.** Dieser Begriff ist in erster Linie in der Medizin wichtig, und der Name hängt offenbar damit zusammen, dass Lebewesen, die im Zustand des reaktiven Bewusstseins sind, Reaktionen auf Reize zeigen.

Weitere begriffliche Unterscheidungen beziehen sich auf bestimmte Eigenschaften mentaler Zustände, die bewusst vorliegen. Als Ausgangspunkt für die Diskussion solcher Aspekte dienen häufig exemplarische Alltagsgeschichten. So stellt Michael Tye folgendes Beispiel vor:

▶ **Beispiel: Der verträumte Fahrer**

» Bei längeren Fahrten ertappe ich mich gelegentlich dabei, wie ich ganz in Gedanken verloren einige Kilometer zurückgelegt habe. Während dieser Zeit halte ich meinen Wagen auf der Straße und vielleicht bediene ich sogar die Gangschaltung, jedoch bin ich mir des Autofahrens nicht bewußt. Später „komme ich zu mir" und mir wird klar, daß ich einige Zeit gefahren bin ohne ein klares Bewußtsein dieser Tätigkeit gehabt zu haben. (Tye 2005, S. 104)

Zunächst liegt in diesem Fall offensichtlich reaktives Bewusstsein vor. Der Fahrer ist wach und in der Lage, auf seine Umwelt zu reagieren. Ansonsten hätte er kaum mehrere Kilometer hinter sich gebracht, ohne einen Unfall zu verursachen. Dies bedeutet, dass der Fahrer in diversen mentalen Zuständen gewesen ist, die sein Verhalten gesteuert haben und es ihm ermöglicht haben, flexibel auf seine Umwelt zu reagieren. So hat er sowohl Wahrnehmungszustände als auch Absichten und Wünsche gehabt. Er wollte zum Beispiel ein bestimmtes Ziel erreichen und dafür eine bestimmte Route nehmen. Weiterhin könnte es beispielsweise sein, dass der Fahrer ein Verkehrsschild wahrgenommen hat, das ein Tempolimit wegen einer Baustelle anzeigt, und dementsprechend seine Geschwindigkeit gedrosselt hat. Ohne diese und andere Zustände ließe sich sein Verhalten nicht erklären. Gleichwohl gibt der Fahrer an, dass ihm diese mentalen Zustände über einen längeren Zeitraum nicht bewusst waren – oder, wie man manchmal sagt, um diese Art des Bewusstseins von anderen Arten abzugrenzen: die ihm nicht gewahr waren. ◄

Viele weitere Fälle aus dem Alltag weisen ähnliche Merkmale auf. Analog zu dem Fall des verträumten Fahrers gibt es Situationen, in denen wir bewusst wahrnehmen und handeln, ohne uns der mentalen Zustände, die dies begleiten, selbst bewusst oder gewahr zu sein. Einige zugrundeliegende Phänomene, die dies begünstigen, werden in der Psychologie systematisch untersucht und liefern interessante Fallbeispiele, die als Ausgangspunkt philosophischer Überlegungen dienen können.

Veränderungs- und Unaufmerksamkeitsblindheit Mit dem Wort „Veränderungsblindheit" (*change blindness*) wird ein Phänomen in der visuellen Wahrnehmung bezeichnet, bei dem erhebliche Änderungen in einer Szenerie nicht bewusst registriert werden. Der Effekt entsteht, wenn eine Person zunächst eine Situation betrachtet, ihre Aufmerksamkeit abgelenkt wird, relevante Änderungen an der Situation vorgenommen werden und die Person dann erneut ihre Aufmerksamkeit auf die (jetzt veränderte) Situation lenkt. Im diskutierten Kontext bedeutet das folglich, dass zwar ein mentaler (Wahrnehmungs-)Zustand vorliegt, der die Änderungen repräsentiert, aber eben nicht bewusst wahrgenommen oder erlebt wird. Eine Unterart der Veränderungsblindheit ist die Unaufmerksamkeitsblindheit (*inattentional blindness*). In diesem Fall werden gewisse Aspekte einer wahrgenommenen Szenerie nicht bewusst erlebt, da die Aufmerksamkeit der Betrachter:innen auf bestimmte andere Personen oder Objekte gerichtet ist.

► Beispiel: Veränderungs- und Unaufmerksamkeitsblindheit

Eine beeindruckende Demonstration der Veränderungsblindheit wurde im Rahmen einer Kampagne des britischen Verkehrsministeriums erstellt. Das Ergebnis ist zum Beispiel bei Youtube zu sehen (► https://youtu.be/ubNF9QNEQLA; letzter Aufruf 30.05.2021) – wir wollen hier aber natürlich nicht unnötig spoilern. Unter dem Stichwort *change blindness* findet man auch noch sehr viel mehr schöne Videos.
Ein bekanntes Beispiel für Unaufmerksamkeitsblindheit wurde von Daniel Simons und Christopher Chabris (1999) vorgelegt. Die Betrachter eines Videos werden dazu aufgefordert, in einem Basketballspiel die Pässe des weißen Teams zu zählen. Die Konzentration auf das weiße Team führt dazu, dass ein durch die Szene laufender Mensch im Gorillakostüm vom Betrachter nicht bewusst wahrgenommen wird. (Videos dieser Art sind ebenfalls leicht auf Youtube zu finden unter dem Stichwort *inattentional blindness.*) ◄

Blindsicht Abgesehen von Alltagserfahrungen können uns auch die Begleiterscheinungen bestimmter Psychopathologien Hinweise zum Bewusstsein mentaler Zustände geben. Beim sogenannten Blindsehen (*blindsight*), das aufgrund einer Beschädigung der Sehrinde (des visuellen Cortex) auftreten kann, haben die Betroffenen keine bewussten Seheindrücke in Teilen des Gesichtsfeldes. Trotz fehlender bewusster Seheindrücke können blindsichtige Akteure auf Aufforderung bestimmte Aspekte visuell präsentierter Objekte wiedergeben oder darauf ausgerichtete Handlungen ausführen und liegen in Experimenten damit oberhalb der Zufallswahrscheinlichkeit. Als Erklärung für dieses Phänomen gilt der Umstand, dass unser Gehirn visuelle Eindrücke über unterschiedliche, parallel arbeitende Wege verarbeitet. Bei der Rindenblindheit ist dasjenige Areal, das sowohl für bewusste Seheindrücke als auch für visuelle Imagination zuständig ist, beeinträchtigt. Andere Verarbeitungswege bleiben jedoch bestehen und ermöglichen somit die visuelle Informationsverarbeitung in gewissen Grenzen. Offensichtlich ist es auch hier so, dass das Verhalten der Akteure Rückschluss auf das Vorhandensein mentaler Zustände zulässt. Das Fehlen bewusster Seheindrücke zeigt jedoch, dass diese Zustände unbewusst sind.

▶ **Beispiel: Der Blindsicht-Patient DB**

Lawrence Weiskrantz (1986) untersuchte als erster ausführlich einen Patienten, der von sich selbst sagte, nicht sehen zu können, der aber trotzdem bestimmte Handlungen, die auf visueller Information beruhen, reliabel ausführen konnte. So konnte der Patient DB beispielsweise einen Briefumschlag in einen Schlitz stecken, der um beliebige Gradzahlen gedreht wurde. Obwohl der Patient diese Handlungen mit großer Zuverlässigkeit

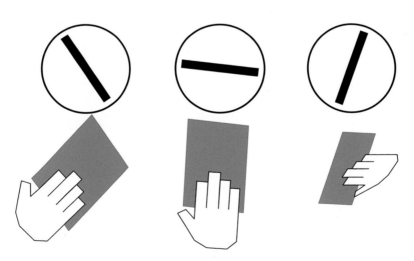

◫ Abb. 5.1 Die Orientierung der Hand funktioniert in der Bewegung fast uneingeschränkt, während dem Patienten die Angabe der Orientierung in Worten nicht möglich ist

durchführen konnte, berichtete er, dass er nur durch Raten die richtige Orientierung getroffen hätte. ◄

Um diesen und ähnlichen Fällen Rechnung zu tragen, wurde der Begriff des **Zustandsbewusstseins** (*state consciousness*) vorgeschlagen (Rosenthal 1986). Es handelt sich in diesem Fall um eine Relation zwischen einem kreatürlich-bewussten Lebewesen und einem mentalen Zustand, also um ein **Bewusstsein von** einem mentalen Zustand. Die Notwendigkeit einer begrifflichen Unterscheidung, welche dem Umstand Rechnung trägt, dass mentale Zustände sowohl bewusst als auch unbewusst auftreten können, ist motiviert durch Beispiele aus dem Alltag, Erkenntnisse aus der Wahrnehmungspsychologie und durch die Symptome bestimmter Psychopathologien.

Demgegenüber widmet sich der Begriff des **Zugriffsbewusstseins** (*access consciousness*), der von Ned Block (1995) eingeführt wurde, der Art und Weise, wie mentale Zustände kognitiv weiterverarbeitet werden. Ein mentaler Zustand ist gemäß dieser Einordnung dann zugriffsbewusst, wenn die Repräsentation seines Gehaltes als Prämisse für Schlussfolgerungen gebraucht werden kann und für die rationale Handlungs- und Sprachkontrolle bereitsteht.

Definition

Zustandsbewusstsein liegt vor, wenn ein mentaler Zustand einem erlebenden Subjekt bewusst ist, oder anders gesagt: wenn das Subjekt sich dieses Zustands gewahr ist. Im Gegensatz dazu liegt ein Zustand unbewusst vor, wenn sich das Subjekt nicht gewahr ist, in diesem Zustand zu sein.

Zugriffsbewusstsein liegt vor, wenn ein Subjekt kognitiven Zugriff auf einen Zustand und seine Inhalte hat. Dazu gehört typischerweise, dass dieser Zustand in rationale Schlussfolgerungsprozesse Eingang finden kann und dass das Subjekt von dem Zustand berichten kann.

Während der Begriff ‚Zustandsbewusstsein‘ in erster Linie als eine Abgrenzung zum medizinischen Begriff des reaktiven Bewusstseins eingeführt wird und noch relativ unspezifisch bleibt im Hinblick auf die Art des Bewusstseins, bezeichnet der Begriff des Zugriffsbewusstseins eine spezielle Art und Weise, wie wir uns eines Zustands bewusst sein können.

Anhand der vorangegangenen Darstellung unterschiedlicher Bewusstseinsformen und -aspekte sollte klar geworden sein, wie wichtig begriffliche Grenzziehungen in einem solchen komplexen Themenfeld wie dem vorliegenden sind. Vollständig und abschließend war die Darstellung jedoch nicht. Ein großer Teil des philosophischen Diskurses nimmt nämlich eine Form von Bewusstsein in den Blick, die bisher noch nicht zur Sprache gekommen ist: das **phänomenale Bewusstsein**. Im Folgenden soll es um diese Bewusstseinsform und ihre wissenschaftliche Beschreibung gehen.

5.1 Phänomenales Bewusstsein

Der Geschmack von Parmesan, der Geruch von frisch gewaschener Wäsche oder der Klang eines Cellos – all das, was sinnlich wahrgenommen und dabei bewusst von uns erlebt wird, fühlt sich auf eine bestimmte Weise für die Wahrnehmenden an. Diese Erlebniskomponente des Bewusstseins wird in der Philosophie als ‚phänomenales Bewusstsein‘ bezeichnet. Abgeleitet vom griechischen Wort für Erscheinung (φαινόμενον, *phainómenon*) soll diese Bezeichnung auf den **subjektiven Teil unseres Erlebens** verweisen. In der philosophischen Diskussion wird das phänomenale Bewusstsein meist mit Beispielen aus der Sinneswahrnehmung illustriert. Darüber hinaus wird darüber gestritten, ob auch Gedanken oder andere mentale Zustände, beispielsweise propositionale Einstellungen wie Wünsche oder Überzeugungen, einen phänomenalen Gehalt haben. Um die Erlebnisqualität unserer bewussten Erfahrung zu beschreiben, wurden verschiedene Begriffe vorgeschlagen. So wird von *what-it's-like-ness* (Nagel 1974), von *raw feels* oder von **Qualia** (▶ Abschn. 5.3) gesprochen. Zentral ist trotz unterschiedlicher Beschreibungen immer der Umstand, dass sich das, was ich als Subjekt erlebe, auf eine bestimmte Art **für mich anfühlt.**

Definition

Phänomenales Bewusstsein ist eine Art des Zustandsbewusstseins und liegt vor, wenn es sich auf eine bestimmte Art und Weise anfühlt, in dem Zustand zu sein, oder anders gesagt: wenn uns etwas auf eine bestimmte (subjektive) Art erscheint. Bewusste sinnliche Erfahrungen sind prototypische Fälle von phänomenalem Bewusstsein: wie sich die Sonnenstrahlen im Gesicht an einem kalten, windstillen Wintertag anfühlen, wie Zartbitterschokolade schmeckt, wie die Fußsohlen nach einer langen Wanderung schmerzen…

Welche mentalen Zustände sind phänomenal bewusst? Es gibt eine Reihe mentaler Zustände, die aus Sicht der meisten Autoren unzweifelhaft über phänomenale Aspekte verfügen (s. Tye 2018):
1. **Wahrnehmungserlebnisse,** wie sie mit unserer Sinneswahrnehmung einhergehen, beispielsweise das Sehen eines farbigen Gegenstandes oder das Hören eines Vogels.
2. **Körperempfindungen** aus der Enterozeption und Propriozeption wie Schmerzempfindungen, Hunger oder Schwindelgefühl.
3. **Emotionale Reaktionen** wie Lust und Unlust, Angst, Liebe oder Hass.
4. **Gemütslagen** wie Langeweile, innere Ruhe oder Agitiertheit.

Fraglich ist jedoch, ob auch weitere mentale Zustände über Qualia verfügen. Ein Kandidat hierfür wäre das Erleben von propositionalen Einstellungen wie Wünschen, Überzeugungen oder Intentionen. So argumentieren einige Autoren (Strawson 1994; Horgan/Tienson 2002) dafür, dass auch das Verstehen eines Satzes, das Erinnern eines Sachverhaltes oder das Nachvollziehen eines Arguments mit spezifischen phänomenalen Zuständen verbunden ist. Wenn ich beispielsweise den Wunsch verspüre, ein berühmter Schauspieler zu werden, so besteht sicher die Möglichkeit, dass hiermit ein phänomenales Erleben verbunden ist. Im Falle des Wunsches könnte dies im Gefühl eines starken Antriebes bestehen, diesen zu erfüllen. Auch wenn relativ unstrittig ist, dass manche propositionalen Einstellungen mit Erlebnisqualitäten einhergehen, bleibt doch die Frage offen, ob das immer so ist und wie spezifisch die jeweiligen Qualitäten sind. Während es einen phänomenalen Unterschied zwischen einer Rot-Wahrnehmung und einer Blau-Wahrnehmung gibt, ist es weit unklarer, ob es einen ähnlichen Unterschied gibt zwischen dem Wunsch, Filmstar zu werden, und dem Wunsch, Popstar zu werden.

Reduzierbarkeit Von philosophischem Interesse ist zunächst in erster Linie die Frage, ob sich **phänomenales Erleben auf physische Vorgänge reduzieren** lässt. Zur Erinnerung: Die physikalistische Antwort auf das Körper-Geist-Problem besteht im Kern in der These, dass sich alles Geistige auf Körperliches reduzieren lässt. Dementsprechend müsste eine wissenschaftliche Beschreibung des phänomenalen Erlebens, die dieses in irgendeiner Form auf körperliche Prozesse zurückführt, möglich sein. Um die Frage der Reduzierbarkeit phänomenalen Erlebens hat sich eine weitreichende und bis heute andauernde Diskussion in der Philosophie und in angrenzenden Wissenschaften, wie beispielsweise in der Psychologie und den Neurowissenschaften, entwickelt. Im Gegensatz zur Reduzierbarkeit der Intentionalität (▶ Abschn. 3.1) wird die Frage nach der Reduzierbarkeit von phänomenalem Erleben auch oft das *hard problem of consciousness* genannt (Chalmers 1995).

Ausgangspunkt dieser Diskussion ist der Umstand, dass das phänomenale Erleben subjektiv ist: Phänomenale Gehalte sind nur dem erlebenden Subjekt selbst direkt zugänglich. Die wissenschaftliche Beschreibung besteht aber aus objektiven Beschreibungen, die unabhängig von der Erlebnisperspektive einer einzelnen Person gegeben werden kann. In anderen Worten: Während das phänomenale Bewusstsein **aus der Ersten-Person-Perspektive** (1PP) erlebt wird, ist es der Anspruch der Wissenschaft, dass ihre Erklärungen aus der Dritten-Person-Perspektive (3PP) geliefert werden und demnach intersubjektiv einsehbar sind. Dabei spielen wissenschaftstheoretische Standards wie die bereits genannte intersubjektive Nachvollziehbarkeit, Replizierbarkeit und Falsifizierbarkeit die zentrale Rolle. Die Wissenschaft fordert also, dass gute Erklärungen auf eine bestimmte Art und Weise geleistet werden und damit auch weiteren Standards wissenschaftlicher Kontrolle offenstehen. Die Leitfrage ist also, ob dies in Hinblick auf das phänomenale Erleben möglich ist. Sollte sich herausstellen, dass es prinzipiell unmöglich ist, würde dies eine Lücke in der wissenschaftlichen Darstellung unserer Welt aufzeigen und den universellen Erklärungsanspruch der Naturwissenschaften zurückweisen.

In der Wissenschaftsgeschichte gibt es unzählige Beispiele für Phänomene, die sich vermeintlich der wissenschaftlichen Erklärung versperrten und für deren Erläuterung daher auf über- oder schlicht nicht-natürliche Entitäten oder Prozesse zurückgegriffen wurde. Man denke nur an den Glauben, geistige und körperliche Krankheiten seien die Folge einer Besessenheit von Dämonen, oder die Interpretation von Wetterphänomenen als göttliches Handeln in Naturreligionen (für ein etwas jüngeres Beispiel s. Vertiefungskasten zum Vitalismus-Streit). In diesen

Fällen war es so, dass das Unvermögen, hinreichende natürliche Erklärungen zu finden, zu einem Rückzug auf Erläuterungen führte, die sich dem Bereich der Natur qua Definition, nämlich als ausdrücklich Übernatürliches, entziehen. Im Zuge fortschreitender Entwicklungen in den Naturwissenschaften sind viele solcher Erklärungen durch sehr viel bessere naturwissenschaftliche Erklärungen abgelöst worden. Dies bedeutet klarerweise nicht, dass dies auch auf das Bewusstsein zutreffen muss. Allerdings sollte uns der Blick auf diese wissenschaftshistorischen Vorgänge daran erinnern, nicht vorschnell von prinzipieller Unerklärbarkeit auszugehen, wenn die Möglichkeit besteht, dass eine geeignete Erklärung schlichtweg nur noch nicht vorliegt.

5

Zur Vertiefung: Der Vitalismus-Streit
Ende des 19. Jahrhunderts wurde in der Philosophie und Biologie diskutiert, ob der Unterschied zwischen lebender und toter Materie physikalistisch erklärt werden könne. Die als ‚Vitalismus' bezeichnete Position vertritt die Auffassung, dass das nicht geht. Vielmehr müsse man eine nicht-physikalische Lebenskraft, den *élan vital* annehmen, der den Unterschied ausmache und letztlich das Leben begründe und definiere. Tatsächlich gilt diese Position als empirisch widerlegt. So konnte gezeigt werden, dass entgegen der Vitalismus-These prinzipiell auch alle organischen Produkte synthetisiert werden können. In der Biologie gelang es, Leben zu definieren, ohne auf eine zusätzliche Lebenskraft Bezug zu nehmen. Auf dieser Grundlage wurde schließlich weithin akzeptiert, dass ein *élan vital* nicht notwendig ist, um Leben zu erklären, und es daher auch keinen solchen *élan vital* gibt.

5.1.1 Phänomenale Begriffe

Die zeitgenössische Diskussion um den Platz des phänomenalen Bewusstseins in einem physikalistischen Weltbild geht auf ein Gedankenexperiment von Thomas Nagel zurück. Er diskutiert in seinem Aufsatz „What is it like to be a bat?" (1974) die Frage, ob es möglich ist, nachzuempfinden, wie es ist, ein uns sehr fremder Organismus zu sein. Die etwas ungewöhnliche Wortwahl des **„Wie es ist, x zu sein"** soll hier das subjektive, phänomenale Erleben herausgreifen. Eine Fledermaus hat Sinneswahrnehmungen, die sich sehr von den unseren unterscheiden. Darüber hinaus verfügt sie mit der Echoortung über eine weitere, dem Menschen völlig fremde Sinnesmodalität. Daneben gehören Fledermäuse zur gleichen biologischen Klasse wie wir, sie sind Säugetiere. Nagel geht daher davon aus, dass ihre Wahrnehmung ebenso mit phänomenal bewusstem Erleben einhergeht wie die unsrige. Welche Möglichkeiten haben wir, uns das Erleben einer Fledermaus oder eines anderen Organismus vorzustellen?

Eine Option wäre, sich die Eigenheiten und Besonderheiten des Wahrnehmungsapparates dieser Tiere anzuschauen und uns vorzustellen, wie es sich subjektiv für uns anfühlen würde, diesen in Aktion zu erleben. Fledermäuse sind vorwiegend nachtaktive Tiere, sie essen größtenteils Insekten (je nach Art auch Früchte, kleine Säugetiere oder Vögel), schlafen kopfüberhängend und orientieren sich und jagen durch Echoortung. Nun könnten wir versuchen, uns vorzustellen, wie sich diese Tätigkeiten oder entsprechenden Formen der Wahrnehmung anfühlen würden, mit welchen Erlebnisqualitäten sie verbunden wären. Ich könnte mir also vorstellen, wie es sich anfühlen würde, kleine Insekten mit dem Mund zu fangen und scharf und deutlich bei Dunkelheit zu sehen. Im Fall der Echoortung wäre die Vorstellung für die meisten von uns schon deutlich schwieriger (einige sehbehinderte Menschen jedoch können interessanterweise Echoortung als Mittel zur räumlichen Orientierung nutzen, wie Schenkman/Nilsson 2010, gezeigt haben). Wie Nagel betont, ist es jedoch nebensächlich, wie gut wir uns vorstellen können, wie es sich *für uns* anfühlen würde, bestimmte Sinneswahrnehmungen zu haben. Vielmehr soll es darum gehen, sich die Erlebnisqualitäten der Fledermaus aus *ihrer* **spezifischen subjektiven Perspektive** vorzustellen. Dies erreichen wir nicht dadurch, dass wir unsere eigene subjektive Perspektive in der Vorstellung mit bestimmten abweichenden Wahrnehmungsdimensionen anreichern.

Phänomenale Begriffe Im Kern der Überlegungen Nagels steht dabei die subjektive Perspektive, da sie mit den jeweiligen phänomenalen Zuständen eines Organismus untrennbar verbunden zu sein scheint. Nur aus dieser Perspektive lassen sich seiner Auffassung nach phänomenale Begriffe bilden und somit subjektive Tatsachen begreifen, die benötigt werden, um die jeweiligen Erlebnisqualitäten zu erfassen. Die Wissenschaft, so argumentiert Nagel, beruht jedoch auf objektiven Tatsachen. Diese können und sollen ohne die spezifische Perspektive eines Subjektes aus einer objektiven Perspektive erfasst werden, auch von Subjekten mit unterschiedlichen Wahrnehmungsapparaten und aus sehr unterschiedlichen Perspektiven. Nagel schließt zwar die Möglichkeit einer Rekonstruktion des subjektiven Charakters des Erlebens nicht kategorisch aus, jedoch ist er der Auffassung, dass eine zufriedenstellende Konstruktion bisher noch durch keine wissenschaftliche Theorie geleistet wurde. Nagel ist überzeugt, dass dies der Grund dafür ist, dass wir noch über keinerlei Vorstellung verfügen, wie solch eine Reduktion des zutiefst subjektiven phänomenalen Erlebens auf objektive Tatsachen aussehen könnte. Zusammengefasst lässt sich Nagels Argumentation wie folgt rekonstruieren:

> ▶ **Argument: Thomas Nagel – Subjektive Perspektive und Erlebnisqualitäten**
>
> 1. Neben objektiven gibt es auch phänomenale Begriffe, die nur auf Grundlage einer bestimmten subjektiven Perspektive erworben werden können.
> 2. Subjektive Tatsachen lassen sich nur durch Einnahme der jeweiligen, spezifischen subjektiven Perspektive mithilfe von phänomenalen Begriffen erfassen.
> 3. Diese Tatsachen, die Erlebnisqualitäten – in Nagels Worten, das „wie es ist, x zu sein" – betreffen, gehören zur Kategorie der subjektiven Tatsachen.
> 4. Zum derzeitigen Standpunkt gibt es keine Theorie, die überzeugend erklärt, wie wir die auf Erlebnisqualitäten bezogenen subjektiven Tatsachen auf objektive, intersubjektiv einsehbare Tatsachen reduzieren können.
> 5. Also kann phänomenales Bewusstsein nicht naturwissenschaftlich beschrieben und erklärt werden. ◀

Eine deutlich radikalere Position ähnlicher Stoßrichtung bezieht Colin McGinn (1989), indem er argumentiert, der menschliche Erkenntnisapparat sei prinzipiell nicht dazu geeignet, das Körper-Geist-Problem zu lösen und insbesondere das phänomenale Bewusstsein zu erklären.

5.1.2 Das Argument des unvollständigen Wissens

Um das Problem der wissenschaftlichen Beschreibung des phänomenalen Bewusstseins geht es auch in einem weiteren einflussreichen philosophischen Gedankenexperiment, mit dem Frank Jackson (1986) sein Argument des unvollständigen Wissens (bzw. kürzer: sein Wissensargument) untermauert. Zunächst weist das Gedankenexperiment eine gewisse Nähe zu Nagels Überlegungen auf. Wir werden jedoch sehen, dass die Argumentation eine andere Grundlage hat. In seinem Text „Epiphenomenal Qualia" (1982) argumentiert Jackson für die **Existenz subjektiver Tatsachen.** Dies widerspricht seiner Auffassung nach dem Physikalismus, der Jackson zufolge behauptet, dass alle Tatsachen physikalischer Natur sind. Im sogenannten Mary-Gedankenexperiment, das die Grundlage für das Wissensargument von Jackson bildet, wird eine geniale Neurowissenschaftlerin beschrieben, die in einem Raum lebt, der vollständig in Schwarz und Weiß gehalten ist. Mary verfügt jedoch über vollständige Kenntnis aller wissenschaftlichen Informationen zur menschlichen Wahrnehmung. Kurz gesagt: Sie weiß alles, was man aus wissenschaftlicher Perspektive über die menschliche Wahrnehmung wissen kann. So weiß sie, welche Rezeptoren im menschlichen Auge für die Farbwahrnehmung zuständig sind, welche Wellenlängen unterschiedlichen Farben entsprechen und wie unser Gehirn Farbeindrücke hervorbringt. Hier muss betont werden, dass erkenntnistheoretische Fragen nach der Möglichkeit eines solchen umfassenden Wissens im Gedankenexperiment keine Rolle spielen. Vielmehr ist der Umstand, dass Mary hierüber verfügt, als Bedingung festgelegt. Im Gedankenexperiment verlässt Mary eines Tages ihren monochromen Wohnraum und tritt in eine Welt voller Farben. Im Kern der Überlegungen steht nun die Frage, was in Mary geschieht, sobald sie den ersten farbigen Gegenstand, im Gedankenexperiment eine Tomate, wahrnimmt. Lernt sie etwas Neues dazu? Und sofern diese Frage zustimmend beantwortet wird: Worin besteht dieses Neue? Wie in Gedankenexperimenten üblich, wird keine eindeutige Lösung vorgeschlagen. Vielmehr geht es darum, eventuell widerstreitende Intuitionen herauszufordern und zu präzisieren. Dementsprechend wurden zunächst unterschiedliche Weisen diskutiert, mit denen Mary auf die präsentierte Tomate reagieren könnte.

Ein Physikalist – so Jackson – müsste behaupten, dass Mary nichts dazu lernt, wenn sie das erste Mal eine Tomate phänomenal erlebt. Die Intuition des Physikalisten müsste also sein, dass Mary als Reaktion auf die Wahrnehmung der Tomate etwas in der Art von: „Aha, das ist also eine Tomate" äußert. Die physikalistische Argumentation im Hintergrund ist: Sofern Mary über eine lückenlose Kenntnis aller wissenschaftlichen Fakten über Wahrnehmung verfügt, weiß sie auch, wie sie bestimmte Objekte phänomenal bewusst erlebt. Denn es ist eben die Kernthese des Physikalismus, dass sich das Geistige vollständig auf Körperliches reduzieren lässt. Somit umfasst Marys Kenntnis auch die Art und Weise, wie phänomenal Bewusstes erlebt wird. Eine Intuition zum Mary-Gedankenexperiment führt also zu der These, dass sie überhaupt nichts Neues dazulernt, wenn sie das erste Mal eine Tomate wahrnimmt. Fraglich ist jedoch, ob dies die Intuition ist, die das Gedankenexperiment mehrheitlich hervorruft.

Subjektive Tatsachen Die entgegengesetzte Intuition, die vielfach hervorgerufen wird, ist, dass Mary angesichts der Tomate überrascht etwas in folgender Art sagt: „Ah, so ist es also, Rot zu sehen!" oder „Wow!" Diese Überraschung würde darauf hindeuten, dass Mary eben doch etwas Neues dazu lernt. Die Frage, die sich hier anschließt, ist, worin genau dieses Neue besteht. Eine Möglichkeit wäre, dass Mary eine **neue Tatsache** lernt. Dies wäre offenbar eine Tatsache, deren Kenntnis nicht aus der wissenschaftlichen Beschreibung von Wahrnehmung hervorgeht, sondern erst durch das phänomenale Erleben zugänglich wird. In Jacksons Worten handelt es sich hierbei eben um eine subjektive Tatsache. Dies würde im Umkehrschluss bedeuten, dass die Kernthese des Physikalismus falsch ist und dass das phänomenale Bewusstsein nicht vollständig wissenschaftlich erklärt werden kann. Im Hintergrund dieser Schlussfolgerung steht die Zusatzannahme, dass der Physikalismus ausschließlich physikalische Tatsachen akzeptiert. Mit Blick auf diese Überlegungen lässt sich Jacksons Argument des unvollständigen Wissens folgendermaßen rekonstruieren.

> ▶ **Argument: Frank Jackson – Argument des unvollständigen Wissens**

1. Mary hat sich in ihrem schwarz-weißen Wohnraum vollständiges Wissen aller physikalischen Informationen zur menschlichen Wahrnehmung angeeignet.
2. Mary lernt beim erstmaligen Wahrnehmen eines farbigen Gegenstandes etwas dazu, sie erlernt eine neue (subjektive) Tatsache und gewinnt damit neues Wissen.
3. Also kannte Mary vor ihrer ersten Farbwahrnehmung nicht alle relevanten Tatsachen zum menschlichen Sehen.
4. Also werden die menschliche Wahrnehmung und das zugehörige phänomenale Erleben nicht vollständig durch physikalische Tatsachen erklärt.
5. Also ist der Physikalismus falsch. ◀

Die vorgestellte Argumentation stellt jedoch nur eine mögliche Interpretation des Gedankenexperimentes dar. Wie bereits oben erläutert, wird auch die entgegengesetzte These diskutiert. Diese besagt, dass Mary bereits vor der ersten Farbwahrnehmung über ein umfassendes Wissen aller wissenschaftlichen Fakten verfügt und somit nichts Neues hinzulernt, wenn ihr die Tomate präsentiert wird.

Ein weiterer Weg folgt grundsätzlich der Intuition, dass Mary etwas Neues lernt, wenn sie die Tomate das erste Mal sieht. Jedoch ist in diesem Fall der Ausgangspunkt, dass dieses Neue nicht eine Tatsache ist, sondern etwas Anderes. Vertreter:innen dieser Auffassung widersprechen also Prämisse 2 in der obigen Rekonstruktion. Die Auffassung wird hauptsächlich in zwei Versionen vertreten. Das erste Lager geht davon aus, dass Mary eine **neue Fähigkeit** erlernt (Fähigkeitsargument). Das zweite Lager ist der Auffassung, dass sie einen **neuen Zugang zu einer bereits bekannten Tatsache** erlernt (Zugangsargument). Darüber hinaus argumentieren einige Autor:innen dafür, dass Mary durchaus eine neue Tatsache lernt, dies aber nicht dem Physikalismus widerspricht (◘ Tab. 5.1).

5.1.2.1 Fähigkeitsargument

Betrachten wir zunächst Einwand (2a), welcher besagt, dass Mary zwar durchaus etwas Neues dazu lernt, dieses Neue aber keine Tatsache sondern eine Fähigkeit ist (z. B. Lewis 1983, S. 130–132). Vertreter:innen dieser Auffassung teilen die Überzeugung, dass Mary etwas Neues lernt, sobald sie ihre schwarz-weiße Umgebung verlässt. Allerdings besteht dieses Neue gemäß dieser Auffassung nicht in einer neuen Tatsache, sondern in einer neuen Fähigkeit. Die Kritik basiert auf der Annahme, dass es neben dem propositionalen Wissen, dem Wissen-dass, eine weitere Form von Wissen gibt: das Können oder Wissen-wie.

Wissen-dass und Wissen-wie Die Unterscheidung zwischen *knowing-that* und *knowing-how,* wie das Begriffspaar im Originaltext heißt, geht vornehmlich auf Überlegungen von Gilbert Ryle (1945) zurück. Beim propositionalen Wissen geht es um die Wahrheit von Propositionen. So umfasst das Wissen, dass Paris die Hauptstadt von Frankreich ist, oder dass Wasser bei 0° Celsius gefriert, das Wissen, dass die entsprechenden Propositionen wahr sind. Anders gesagt, geht es beim Wissen-dass darum, dass ein **bestimmter Umstand der Fall** ist. Auf der anderen Seite kann ich aber auch wissen, wie man etwas Bestimmtes macht, beispielsweise Fahrradfahren oder Jonglieren. In diesen Fällen handelt es sich um eine Fähigkeit oder eben ein Wissen-wie. Anders als beim propositionalen Wissen geht es beim Wissen-wie nicht um ein Wissen über Tatsachen. Ich zeige, dass ich eine Fähigkeit habe, indem ich sie ausführe. Dabei können die Regeln, die das entsprechende Verhalten steuern, auch nur implizit vorliegen, also unserem bewussten Zugriff entzogen sein. Es ist also keine Bedingung für das Wissen-wie, dass ich angeben kann, welche Schritte ich beim Ausüben vollziehe oder worin diese

◘ Tab. 5.1 Mögliche Reaktionen auf das Gedankenexperiment um Mary

1) Mary lernt nichts Neues dazu		Kompatibel mit Physikalismus
2) Mary lernt etwas Neues hinzu, nämlich …		
…	a) eine neue Fähigkeit. (▶ Abschn. 5.1.2.1)	Kompatibel mit Physikalismus
…	b) einen neuen Zugang zu einer bekannten Tatsache. (▶ Abschn. 5.1.2.2)	Kompatibel mit Physikalismus
…	c) eine neue Tatsache, nämlich eine subjektive Tatsache. (Jackson)	Widerspricht dem Physikalismus

genau bestehen. Eine Fähigkeit besitze ich dann, wenn ich die **entsprechenden Handlungen,** beispielsweise Jonglieren, **vollziehen kann.**

Bezogen auf Jacksons Argumentation würde dies also bedeuten, dass Marys Farbsehen eine neu erworbene Fähigkeit darstellt. Diese Fähigkeit könnte hier darin bestehen, dass Mary nun auch auf der Grundlage ihres subjektiven Erlebens die Farbe der Tomate bestimmen kann, sich ein Farberlebnis vorstellen kann und sich an entsprechende Erlebnisse erinnern kann. Zu wissen, wie es ist, Rot zu sehen, ist demnach eine neue Fähigkeit, die Mary erworben hat, kein propositionales Wissen. Die weithin akzeptierte Auffassung, dass Wissen-wie nicht auf Wissen-dass zurückgeführt werden kann, führt zum Trennen beider Wissensformen. Dementsprechend könnte Mary neues Wissen-wie (ohne zusätzliches Wissen-dass) erworben haben.

Kritik am Fähigkeitsargument Die Schlüssigkeit des Fähigkeitsarguments wurde in der Folge selbst in Frage gestellt. Insbesondere zwei Hintergrundannahmen, auf denen das Argument aufbaut, werden kritisch diskutiert. Bei der ersten dieser Annahmen geht es um das **Verhältnis von Wissen-dass und Wissen-wie.** Damit die Fähigkeitsthese funktioniert, muss davon ausgegangen werden, dass sich Wissen-wie nicht auf Wissen-dass zurückführen lässt. Ob das so ist, wurde in einer eigenständigen Debatte diskutiert (Stanley/Williamson 2001). Die zweite Annahme besagt, dass Mary beim Erlernen der neuen Fähigkeit **keinerlei neues propositionales Wissen** erwirbt. Zusammen mit den Überlegungen zur ersten Annahme stellt sich die Frage, ob Fähigkeitswissen nicht doch propositionales Wissen beinhalten kann oder sogar muss. Demnach wäre selbst dann, wenn man der Fähigkeitsthese folgt, immer noch möglich, dass Mary doch auch neues propositionales Wissen hinzugewinnt. Zum Beispiel ist es so, dass die Fähigkeit des Apfelkuchenbackens neben Fähigkeiten auch propositionales Wissen umfasst, beispielsweise Wissen zur Abfolge der Schritte oder den Eigenschaften der Zutaten.

Übertragen wir diese Überlegungen auf das Mary-Gedankenexperiment: Nach ihrem ersten Farberlebnis könnte Mary ihr neu gewonnenes Wissen durch den Satz „Ah! So sieht also Rot aus!" äußern. Dieser Satz könnte auch falsch sein, beispielsweise, wenn man Mary eine unreife grüne Tomate zeigt, um sie zu täuschen. Das deutet darauf hin, dass hier tatsächlich eine Proposition gelernt wurde, denn nur Propositionen können falsch sein, Fähigkeiten nicht. Die Fähigkeitsthese ist somit wenig überzeugend.

5.1.2.2 Zugangsargument

Kommen wir nun zu Einwand (2b), welcher besagt, dass Mary einen neuen Zugang zu einer ihr bereits bekannten Tatsache erlernt, wenn sie das erste Mal eine Tomate sieht. Zunächst muss festgehalten werden, dass Mary durchaus über Informationen bezüglich des phänomenalen Erlebens verfügt, bevor sie ihre schwarz-weiße Heimstatt verlässt. So würde ihr Wissen um Farbwahrnehmung klarerweise umfassen, dass andere Menschen ein bestimmtes Erlebnis haben, wenn sie Farben wahrnehmen, oder dass sich Farberlebnisse auf eine gewisse

Art anfühlen. Diese Informationen sind Mary allerdings nur auf dem Wege des propositionalen Wissens zugänglich. Sie weiß also durchaus, *dass* Farbwahrnehmung mit einem bestimmten Erleben einhergehen. Der Zugang zu dieser Tatsache darüber, *wie* sich dieses Erleben aus der eigenen, subjektiven Perspektive *anfühlt,* bleibt ihr allerdings verwehrt.

Zugang zu Tatsachen   An diesen Punkt knüpfen Vertreter des Einwandes (2b), unter ihnen besonders prominent Paul Churchland (1985) und Michael Tye (2009), an, indem sie die Auffassung vertreten, dass das, was Mary neu hinzulernt, ein neuer Zugang zu einer bekannten Tatsache sei. Allerdings werden verschiedene Wege vorgeschlagen, was man unter diesem Zugang inhaltlich genau verstehen soll. Die einflussreichste Variante dieses Einwandes beruht auf Bertrand Russells Begriff der Bekanntschaft (*acquaintance*), der sich auf das phänomenale Erleben von Objekten bezieht und in seiner Erkenntnistheorie eine zentrale Rolle spielt. Dieser liegen nach seiner Auffassung zwei Wissensformen zugrunde: das **Wissen durch Bekanntschaft** (*knowledge by acquaintance*) und das **Wissen durch Beschreibung** (*knowledge by description*). Wissen durch Bekanntschaft erwerben wir nach Auffassung Russells unter anderem durch die Sinneswahrnehmung, genauer die Sinnesdaten (trotzdem ist das kein Wissen-wie, keine Fähigkeit, sondern eher ein Wissen-von, z. B. ein Wissen von diesem Farbton hier). In seinen eigenen Worten charakterisiert er in *Probleme der Philosophie* seinen Begriff der Bekanntschaft wie folgt:

» Wir wollen von Bekanntschaft immer dann sprechen, wenn uns etwas unmittelbar, ohne Vermittlung durch Schlußfolgerungen oder eine vorausgegangene Erkenntnis von Wahrheiten, bewußt ist. Angesichts meines Tisches sind mir die Sinnesdaten – Farbe, Form, Härte, Glätte usw. –, die die Erscheinung meines Tisches ausmachen, bekannt, also alles, was mir beim Sehen und Berühren meines Tisches unmittelbar bewußt wird. (Russell 1967, S. 43)

Der entscheidende Punkt ist hierbei, dass es nach Russell zwei Arten von Wissen gibt, die uns jeweils Zugang zu Tatsachen eröffnen. Das bedeutet aber nicht, dass wir es auch jeweils mit unterschiedlichen Tatsachen zu tun haben – es bedeutet nur, dass wir von **ein und derselben Tatsache auf unterschiedliche Weise wissen können.** Entweder, weil wir selbst Bekanntschaft mit der Tatsache gemacht haben (über Sinnesdaten), oder weil wir eine (propositionale) Beschreibung zur Verfügung haben.

» Man kann über den bestimmten Farbton, den ich sehe, vieles sagen – z. B. daß es ein Braun ist, und zwar ein ziemlich dunkles, und so fort. Doch solche Aussagen lassen mich zwar Wahrheiten über die Farbe erkennen, machen mir die Farbe selbst aber nicht besser bekannt, als sie es vorher schon war: was meine Kenntnis der Farbe selbst – im Gegensatz zur Erkenntnis von Wahrheiten über sie – betrifft, so kenne ich sie ganz und gar, wenn ich sie sehe, und eine bessere Kenntnis ist nicht einmal theoretisch möglich. (Russell 1967, S. 43)

Folgt man Russells Überlegungen, so gewinnt Mary also tatsächlich neues Wissen, wenn sie die Röte der Tomate das erste Mal wahrnimmt. Das neue Wissen bezieht sich auf den phänomenalen Gehalt der Röte, den sie qua subjektiven Erlebens erfährt. Es wird ohne Rückgriff auf propositionales Wissen gewonnen und ist von diesem grundverschieden. Da Mary nach dieser Auffassung also kein propositionales Wissen hinzugewinnt, war auch ihr vorheriges physikalisches Wissen nicht unvollständig. Gleichermaßen zeigt das Gedankenexperiment so gewendet eben *nicht*, dass es nicht-physikalische, subjektive Tatsachen gibt – schließlich kann Mary neues Wissen erwerben, ohne dabei auch eine neue Tatsache kennenzulernen.

Die Diskussion der Gedankenexperimente und die hierin ausgedrückten anti-physikalistischen Intuitionen zeigen, dass es schwierig ist, eindeutige Antworten zu Gunsten der einen oder der anderen Seite zu geben. Letzten Endes scheint es darauf hinauszulaufen, dass alle Argumente und Gedankenexperimente lediglich diejenigen Konklusionen haben, die bereits vorher als Intuitionen hineingesteckt wurden. Das lässt sich gut deutlich machen an dem Fall, den Daniel Dennett (1991) beschrieben hat: Wenn Mary eine blau angemalte Tomate vorgelegt bekommt, was wird sie sagen? Ein Anti-Physikalist müsste die Intuition haben, dass sie auch hier so etwas wie „So ist es also, Rot zu sehen!" sagt. Dennett allerdings hat die Intuition, dass sie eher so etwas wie „Verarsch mich nicht!" sagen würde. Es bleibt also dabei, dass Physikalist:innen das Argument zu ihren Gunsten drehen können und Anti-Physikalist:innen letztlich auch nur auf ihre Intuition pochen können.

Abgesehen von der der Frage, ob eine vollständige wissenschaftliche Beschreibung des phänomenalen Bewusstseins überhaupt möglich ist, wird auch diskutiert, wie eine solche Beschreibung konkret aussehen könnte. Dabei nehmen repräsentationalistische Theorien des Bewusstseins eine zentrale Rolle ein (▶ Abschn. 5.2).

5.1.3 Das Argument der Erklärungslücke

Das von Joseph Levine (1983) vorgebrachte Argument der Erklärungslücke (*explanatory gap*) bezieht sich ebenfalls auf die Reduktion des phänomenalen Bewusstseins auf Physikalisches. Die Argumentation stützt sich auf eine Analyse von bestimmten Identitätsaussagen (▶ Abschn. 2.3). Levine nimmt hierbei insbesondere zwei Identitätsaussagen in den Blick:
1. Schmerz ist identisch mit dem Feuern von C-Fasern.
2. Temperatur ist identisch mit der mittleren kinetischen Energie der Moleküle eines Gases.

Folgt man Levines Argumentation, so ist lediglich die zweite Identitätsaussage vollständig erklärend. Temperatur ist alleine durch ihre **kausale Rolle** definiert, also über die Möglichkeiten, Temperatur kausal zu beeinflussen, und die kausalen Wirkungen von Temperatur. Insofern erklärt die Aussage (2) den Begriff der Temperatur vollständig, da alle Ursachen und Wirkungen von Temperatur(änderungen) über die mittlere kinetische Energie bestimmt werden können.

Anders sieht es bei psychophysischen Identitätsaussagen aus. Aussage (1) ist ein Beispiel für eine solche Aussage. In diesem Falle und in weiteren Fällen dieses Typus erklärt die Identitätsaussage das Phänomen, in diesem Falle den Schmerz, nicht vollständig. Dies liegt nach Levine daran, dass der qualitative Aspekt des Schmerzes, also sein bewusstes Erleben, nicht durch die hier postulierte Identität erschöpfend erklärt wird. Schmerz spielt zwar auch eine spezifische funktionale Rolle. So weist er zum Beispiel auf Gewebeschädigungen hin und lässt uns aufschreien. Der Begriff des Schmerzes umfasst aber nicht alleine diese funktionale Rolle, sondern auch eine gewisse **Erlebnisqualität.** Genau in diesem Umstand besteht die von Levine vorgebrachte Erklärungslücke. Während die physikalische Größe der Temperatur durch die obige Identitätsaussage vollständig erklärt wird, so gelingt dies nicht durch die Identifizierung von geistigen und körperlichen Eigenschaften wie im Falle des Schmerzes. Dies liegt nach Levine daran, dass phänomenale Zustände eben nicht durch ihre funktionale Rolle, sondern durch ihre Erlebnisqualität bestimmt werden.

Levine behauptet nicht, dass die Identifikation grundsätzlich fehlgehen muss. Vielmehr sei die vorgestellte Erklärung aus den Neurowissenschaften nicht vollständig. Eine solche vollständige Erklärung müsste auch das Erleben des Schmerzzustands umfassen. Die Neurowissenschaften verfügen jedoch über keine Brückenprinzipien, die erklären könnten, wie es dazu kommt, dass sich das Feuern von C-Fasern auf eine gewisse Art für das erlebende Subjekt anfühlt (▶ Abschn. 2.2). Genau solche **Brückenprinzipien** wären jedoch nötig, um zu erklären, wie bestimmte körperliche Eigenschaften bestimmte geistige Eigenschaften notwendigerweise hervorrufen. Liegen diese nicht vor, so Levine, könnte es jederzeit vorkommen, dass in einem Subjekt C-Fasern feuern, ohne dass das Subjekt Schmerzen erlebt. In jedem Falle müsste eine physikalistische Theorie, die phänomenale Zustände reduktiv erklären will, demnach eine funktionale Analyse dieser Zustände liefern. Dies kann jedoch nach Levine nicht gelingen, da phänomenale Zustände eben nicht über ihre funktionale Rolle, sondern über ihren Erlebnisgehalt bestimmt werden.

Kritik an Levines Einwand Gegen Levines Argumentation wurden aus verschiedenen Richtungen Kritikpunkte angeführt. Eine Kritik bezieht sich auf die von Levine angeführten fehlenden Brückenprinzipien. Wie von ihm dargelegt, kennen wir bisher tatsächlich keine Brückenprinzipien zwischen physikalischen und phänomenalen Tatsachen. Dies heißt aber nicht zwingend, dass solche Brückenprinzipien nicht existieren. Die Erklärungslücke ist demnach ein erkenntnistheoretisches Problem. Dreh- und Angelpunkt von Levines Argumentation ist eben das Wissen um Brückenprinzipien, nicht deren Existenz. Die Frage nach der ontologischen Identität von physikalischen und phänomenalen Tatsachen wird von Levines Kritik überhaupt nicht berührt.

Eine weitere Kritik bezieht sich auf Levines Behauptung, phänomenalen Zuständen kämen keine funktionalen Rollen zu. Diese These ist umstritten und viele Philosophen lehnen sie vehement ab (Tye 2006). Gleichwohl ist es eine häufig vorgebrachte Kritik am Funktionalismus, dass dieser Ansatz phänomenale Zustände nicht hinreichend einfangen und erklären kann (▶ Kap. 2). Zur Illustration der Intuition, dass phänomenalem Bewusstsein keine funktionale Rolle zukommt, werden häufig Gedankenexperimente angeführt, in denen sogenannte philosophische Zombies eine Rolle spielen. Diese Zombies sind nicht dadurch charakterisiert, dass sie seltsame Laute von sich geben und sich von Gehirnen ernähren. Vielmehr ist die Grundidee bei philosophischen Zombies, dass sie exakte physikalische Kopien eines Menschen sind, jedoch über kein bewusstes Erleben verfügen.

„Sind philosophische Zombies möglich?" Das ist hierbei die zentrale Frage, um die es letztlich geht. Wie man sich vorstellen kann, wird über sie auch trefflich gestritten. Folgt man einem reduktiven Physikalismus und ist demnach der Auffassung, dass sich Geistiges restlos auf Körperliches reduzieren lässt, so sind Zombies schlicht unmöglich. Wenn eine bestimmte physikalische Anordnung unter Berücksichtigung entsprechender Brückenprinzipien notwendigerweise bestimmte mentale Phänomene, wie auch das bewusste Erleben, hervorruft, so ist es nicht möglich, dass eine exakt übereinstimmende Anordnung dies nicht tut. Nach dieser Auffassung gibt es dann auch Handlungsweisen, die ohne phänomenales Bewusstsein nicht stattfinden können. Es ist zum Beispiel empirisch plausibel, dass das Erlernen von Zusammenhängen zwischen Ereignissen, die zeitlich relativ weit auseinanderliegen, Bewusstsein voraussetzt. Ob es sich dabei allerdings auch zwingend um phänomenales Bewusstsein handeln muss, ist natürlich die entscheidende Frage, die offenbar nicht so einfach empirisch beantwortet werden kann.

Betrachten wir nun einen konkreten Fall: Von Anna gibt es ein exaktes, physisches Duplikat: Zanna. Dieses Duplikat gleicht Anna in allen körperlichen Hinsichten und ist daher aus der Außenperspektive auch nicht von ihr zu unterscheiden. (Das bezieht sich übrigens auch auf das Antwortverhalten auf die Frage, wie sie sich fühlen: Auch Zanna wird behaupten, dass sich Roterlebnisse für sie so und so anfühlen und dass sie lieber Schokolade isst als saure Gurken.) Der einzige Unterschied ist, dass Zanna über kein phänomenales Erleben verfügt, während Anna genauso fühlt wie wir. Da Anna und Zanna sich in ihrem Verhalten nicht unterscheiden, können die phänomenalen Zustände **nicht kausal wirksam** sein. Sonst wäre kaum zu erklären, wieso das Vorhandensein des phänomenalen Zustands sich in keiner Weise in Annas Verhalten zeigt.

Levines Überlegungen zur Erklärungslücke liegt offenbar die Intuition zugrunde, dass es solche Zombies geben könnte und folglich unseren phänomenalen Zuständen keine kausale Rolle zukommt. Wie angeführt ist dies jedoch eine sehr umstrittene Frage, die aktuell noch diskutiert wird. Selbst wenn man Levines Intuition folgend die kausale Rolle des phänomenalen Bewusstseins verneint, so ist sein Einwand, dass Brückenprinzipien zwischen Neurologie und phänomenalem Erleben fehlen, nur ein erkenntnistheoretischer. In keiner Weise widerspricht er der ontologischen Identitätsthese von Geistigem und Körperlichem.

Fazit Phänomenale Zustände zeichnen sich durch eine bestimmte Art subjektiven Erlebens aus. Fraglich ist jedoch, ob sich dieses Erleben prinzipiell einer physikalischen Beschreibung versperrt oder eben nicht. Im folgenden Abschnitt geht es um einen Ansatz, der versucht, phänomenale Zustände im Rahmen eines physikalistischen Modells des Geistes zu beschreiben und zu erklären.

5.2 Repräsentationalismus

Im Lichte der Angriffe aus dem dualistischen Lager haben verschiedene Autor:innen den Versuch unternommen, eine Rekonstruktion des phänomenalen Bewusstseins im Rahmen des Physikalismus vorzulegen, welche die anti-physikalistischen Einwände (unter anderem jene, die wir im vorangegangenen Abschnitt kennengelernt haben) entkräftet. Eine einflussreiche Position aus dieser Richtung ist der **Repräsentationalismus**, wie er beispielsweise von Michael Tye (1995) und Fred Dretske (1995) vertreten wird.

Repräsentationen hatten wir in ▶ Kap. 3 als gehaltvolle (intentionale) mentale Zustände charakterisiert, also als mentale Zustände, die für etwas anderes stehen und wahr oder falsch (bzw. erfüllbar) sein können. Im Hinblick auf Erlebniszustände wird hauptsächlich diskutiert, ob phänomenale Zustände als eine besondere Art solcher gehaltvollen Zustände beschrieben werden können, ob sie also auch für irgendetwas stehen. In der Frage stehen sich zwei Gruppen gegenüber. **Repräsentationalist:innen** wie Micheal Tye und Fred Dretske stehen mit der Auffassung, dass sich phänomenale Zustände auf repräsentationale Zustände reduzieren lassen, auf der einen Seite. In dieser Gruppe herrscht die Überzeugung vor, dass eine der naturalistischen Lesarten von Intentionalität (▶ Kap. 3) zutreffend ist und auf dieser Basis die Naturalisierung des Geistes auch in Hinblick auf phänomenales Erleben geleistet werden kann. Auf der anderen Seite stehen die **Phänomenalist:innen** wie Ned Block (1996) oder David Chalmers (1996), die eine solche Reduktion für unmöglich halten.

Herausforderung phänomenales Bewusstsein Wie sich in der Diskussion des Leib-Seele-Problems und der wissenschaftlichen Beschreibung von phänomenalem Bewusstsein gezeigt hat, stellt das phänomenale Erleben, der qualitative Charakter unserer Erfahrung oder eben die *what-it's-like-ness* phänomenaler Zustände eine Herausforderung für naturalistische Theorien des Geistes dar. Dies gilt insbesondere für das Problem der wissenschaftlichen Beschreibung phänomenalen Bewusstseins. Darüber hinaus stellt das Erleben eine Herausforderung für funktionalistische Ansätze dar (Block 1978). Die Lösung, die der Repräsentationalismus vorschlägt, besteht darin, dass phänomenale Gehalte **intentionale Gehalte** sind, die Eigenschaften eines repräsentierten Objektes repräsentieren. Denken wir zurück an Mary und ihre Tomate. Sieht Mary die Tomate unter günstigen Umgebungsbedingungen, so hat sie einen Roteindruck. Dieser Roteindruck, so die repräsentationalistische Erklärung, ist intentional auf einen roten Bereich in ihrem Gesichtsfeld gerichtet, welcher seine Röte durch seinen intentionalen Bezug auf die rote Tomate erhält. Insofern repräsentiert das Roterlebnis von Mary die Röte der Tomate. Der Roteindruck, den sie hat und der den qualitativen Charakter mit sich bringt, rührt also direkt von der Röte der Tomate her.

Das Transparenz-Argument Ein zentrales Argument, das im Hintergrund vieler repräsentationalistischer Theorien des Bewusstseins steht, ist das sogenannte Transparenz-Argument, das von Gilbert Harman (1990) in die Diskussion eingebracht wurde und großen Einfluss auf diese hatte. Harman argumentiert, dass wir normalerweise die Beschaffenheit unserer Wahrnehmungszustände nicht gesondert registrieren, sondern vielmehr die Eigenschaften des Gesehenen **direkt** dem wahrgenommenen Objekt zuschreiben. In der Regel sind wir uns nicht einmal dessen bewusst, *dass* wir uns überhaupt in einem Wahrnehmungszustand befinden – wir sehen einfach eine rote Tomate. Kurz gesagt steht die Transparenz-These also für die Auffassung, dass die phänomenalen Eigenschaften von Wahrnehmungszuständen, die sich uns im Erleben zeigen, als Eigenschaften des wahrgenommenen Objektes erscheinen. Entfernen wir uns von den sehr artifiziellen Bedingungen philosophischer Gedankenexperimente, wie beispielsweise im Rahmen des Mary-Argumentes, und nehmen Alltagssituationen in den Blick, so erscheinen Harmans Überlegungen plausibel. Allerdings ist der Umstand, dass wir bewusst erlebte Eigenschaften in der Regel nicht als Teil unseres Seheindruckes thematisieren, sondern diese direkt dem wahrgenommenen Objekt zuordnen, alleine noch kein ausreichender Grund, anzunehmen, dass diese Eigenschaften den Objekten *angehören*. So könnte die Art, wie uns die Dinge in diesem Fall erscheinen, schlicht eine Täuschung sein. Als Ausgangspunkt für weitere theoretische Überlegungen eignet sich das Transparenz-Argument dennoch, da es den Kerngedanken der repräsentationalistischen Theorien des Bewusstseins anschaulich darstellt.

5.2.1 Tyes repräsentationalistische Theorie des Bewusstseins

Stellvertretend für die Vielzahl an repräsentationalistischen Theorien des Bewusstseins soll im Folgenden der Ansatz von Michael Tye (1995) vorgestellt und diskutiert werden. Er folgt in seinen Überlegungen einem evolutionären Grundgedanken und nimmt in den Blick, welche **Funktion** das phänomenale Bewusstsein für empfindungsfähige Lebewesen hat. Diese müssen spontan, flexibel und situativ angepasst agieren können. Dafür benötigen sie Informationen über ihre Umwelt, die dann weiterverarbeitet werden. Unsere Sinnesorgane nehmen diese Informationen durch Reize auf, bevor sie im Gehirn weiterverarbeitet werden. So werden in der visuellen Wahrnehmung bestimmte Eigenschaften des wahrzunehmenden Objektes durch die Verarbeitung von Wellenlängen und Lichtintensität repräsentiert. Im Gehirn werden all jene Reize aus unserer sinnlichen Wahrnehmung zusammengeführt, um eine möglichst akkurate Repräsentation unserer Umwelt zu erstellen.

5.2.1.1 Sensorische und kognitive Repräsentation

Nach Tye verfügen wir über zwei unterschiedliche Arten von Repräsentationen. **Sensorische Repräsentationen** werden durch die Verarbeitung sinnlicher Reize gewonnen. Mithilfe dieser Art von Repräsentation werden im ersten Schritt die sinnlich erfahrbaren Eigenschaften von Objekten erfasst. Im Falle des Hörsinnes werden durch sensorische Repräsentationen etwa die Tonhöhe, Lautstärke und Richtung der Geräuschquelle abgebildet. Im zweiten Schritt werden eben diese sensorischen Repräsentationen zu kognitiven Repräsentationen weiterverarbeitet. **Kognitive Repräsentationen** sind nach Tye propositional strukturiert und erfassen demnach Sachverhalte. Durch kognitive Repräsentationen repräsentiert das Lebewesen explizit den eigenen Zustand oder Objekte und Prozesse in der es umgebenden Umwelt. Kognitive Repräsentationen stehen für Gegenstände oder Prozesse in unserer Umgebung und deren Eigenschaften, die über sinnlich Erfahrbares hinausgehen.

Veranschaulichen lässt sich diese Konstruktion mit einem Beispiel aus dem Alltag: Fährt außerhalb meines Sichtfeldes ein Polizeiauto mit angeschalteter Sirene in der Nähe vorbei, so bildet mein Gehirn auf Grundlage der wahrgenommenen Reize zunächst sensorische Repräsentationen des Hörerlebnisses in Hinblick auf Lautstärke, Tonhöhe, die Richtung aus der dieses kommt usw. In einem nächsten Schritt werden dann kognitive Repräsentationen gebildet, beispielsweise, dass es sich um ein Polizeiauto handelt, es außerhalb meiner Sichtweite aber doch in der Nähe ist und, unter der Voraussetzung, dass die Sirene ordnungsgemäß genutzt wurde, hier Polizist:innen auf dem Weg zu einem dringenden Einsatz sind. In seiner Rekonstruktion des phänomenalen Bewusstseins argumentiert Tye dafür, dass unser **Erleben aus sensorischen Repräsentationen besteht** und sich erschöpfend durch diese erklären lässt. Um seinen Argumentationsgang hinreichend nachvollziehen zu können, müssen jedoch zunächst noch weitere Aspekte seines Ansatzes erläutert werden.

Im Gegensatz zu den kognitiven Repräsentationen bezeichnet Tye die sensorischen als abstrakt und nichtbegrifflich. **Abstrakt** sind die Repräsentationen nach seiner Vorstellung, da sie nicht für Gegenstände stehen beziehungsweise diese enthalten. Dies bedeutet in der Konsequenz, dass sensorische Repräsentationen auf verschiedene Objekte angewendet werden können. Im Fall des Polizeiwagens mit angeschaltetem Martinshorn bildet unsere sensorische Repräsentation Tonhöhe, Lautstärke und Richtung der Geräuschquelle ab, wobei diese keinem Objekt zugeordnet werden, sondern lediglich als gleichzeitig repräsentiert werden. Daher kann eine solche sensorische Repräsentation – wie etwa auch ein Roterlebnis – zu unterschiedlichen Gegenständen passen, sofern sich der phänomenale Gehalt gleicht. **Nichtbegrifflich** sind sie nach Tyes Auffassung, da der Vielzahl an Erlebnisqualitäten kein entsprechendes, adäquates Begriffsrepertoire gegenübersteht. Anders gewendet heißt das, dass wir weitaus mehr sensorische Repräsentationen bilden können als wir Begriffe haben. So können wir mehr Rottöne voneinander unterscheiden als wir benennen können. Seine Überlegungen stellt Tye kompakt in einem Ansatz dar, der im Folgenden erläutert werden soll.

> **Zur Vertiefung: Begriffliche und nichtbegriffliche Repräsentationen**
> Begriffe im Sinne der Philosophie des Geistes sind nicht einfach nur irgendwelche Wörter, sondern das, was von bestimmten Wörtern herausgegriffen wird. Ein Begriff bezieht sich auf eine Eigenschaft eines Objektes und unterscheidet sich somit

von Namen, die sich auf Objekte selbst beziehen. Wenn wir einem Objekt eine Eigenschaft zuschreiben, dann fassen wir es unter den entsprechenden Begriff.

Zum Beispiel können wir diesen Kasten hier unter die folgenden Begriffe fassen: den Begriff, blau zu sein; den Begriff, Texte der deutschen Sprache zu enthalten; den Begriff, Teil einer Einführung in die Philosophie des Geistes und der Kognition zu sein etc. Mit all diesen Einordnungen schreiben wir dem Kasten bestimmte, teilweise durchaus komplexe Eigenschaften zu.

Unabhängig davon, ob wir Begriffe selbst als mentale Entitäten (also z. B. als bestimmte Arten von Repräsentationen) auffassen oder nicht, können wir davon sprechen, dass ein System **über einen Begriff verfügt,** wenn es in der Lage ist, Objekte korrekt unter diesen Begriff zu fassen, die entsprechenden Schlussfolgerungen zu ziehen (z. B. wenn etwas rot ist, dann hat es auch eine Farbe) etc. **Begriffliche Repräsentationen** sind dann solche, die ein System nur haben kann, wenn es über die entsprechenden Begriffe verfügt.

Nichtbegriffliche Repräsentationen: Ein Hund kann zum Beispiel ein Auto sehen und somit eine Wahrnehmungsrepräsentation des Autos haben. Dass er aber über den Begriff des Autos verfügt, ist unwahrscheinlich – zumindest haben wir (noch) keine Hinweise darauf, dass Hunde die entsprechenden Schlussfolgerungen ziehen können (zur Frage, welche Tiere über Begriffe verfügen können, Newen/Bartels 2007). Der Hund hat also (wahrscheinlich) eine nichtbegriffliche Repräsentation des Autos, was bedeutet, dass er das Auto zwar sieht, dem Auto aber damit nicht die Eigenschaft, ein Auto zu sein, zuschreibt. Oft wird auch gesagt: Er sieht das Auto, aber nicht als Auto. Auf ähnliche Weise könnte es sein, dass ein System die Farbe Rot sehen kann, ohne über den Begriff, rot zu sein, zu verfügen, also ohne zu wissen, was eine Farbe ist. (s. auch ▶ Abschn. 9.2).

5.2.1.2 PANIC-Theorie

Tye fasst die Merkmale seines Ansatzes bündig in dem Akronym PANIC zusammen, welches für **Poised Abstract Nonconceptual Intentional Content** steht. Sensorische Repräsentationen betrachtet er als *PANIC-states.* Repräsentationen dieser Art sind nach Auffassung von Tye identisch mit phänomenalen Zuständen. Sie werden unmittelbar aus Umweltreizen oder aus Reizen aus der Eigenwahrnehmung gebildet und stehen dann dem kognitiven Apparat zur Weiterverarbeitung zur Verfügung. Sie sind im oben beschriebenen Sinne abstrakt und nichtbegrifflich. Letztlich sind sie intentional auf die Objekte unserer Wahrnehmung gerichtet. Dementsprechend sind die Erlebnisqualitäten phänomenaler Zustände nichts anderes als die Inhalte unserer sensorischen Repräsentationen. Zusammenfassen lassen sich die Charakteristika von Tyes Ansatz wie folgt:

Definition

Tyes PANIC-Theorie phänomenaler Zustände zeichnet sich durch drei Thesen aus:
1. Phänomenale Zustände sind nichts anderes als *sensorische Repräsentationen*.
2. Sensorische Repräsentationen werden direkt aus den von den Sinnesorganen kommenden Signalen erzeugt und bilden den Input des Systems; sie sind eine Art Bindeglied zwischen den Sinnesorganen und dem kognitiven System. Die Inhalte sensorischer Repräsentationen haben folgende Merkmale:
   - Sie stehen zur weiteren Verarbeitung durch das kognitive System bereit (*poised*),
   - sie sind abstrakt (*abstract*) und
   - sie sind nichtbegrifflich (*nonconceptual*).
3. Die Erlebnisqualitäten phänomenaler Zustände sind nichts anderes als die Inhalte sensorischer Repräsentationen (*intentional content*).

Die Vorteile von Tyes Ansatz sind klar zu erkennen und vielfältig. Zunächst bietet der Ansatz eine Möglichkeit, dem phänomenalen Bewusstsein und insbesondere den hiermit verbundenen Erlebnisqualitäten einen **Platz im physikalistischen Weltbild** zuzuweisen. Ließen sich phänomenale Zustände derart auf sensorische Repräsentationen zurückführen, wie Tye das vorschlägt, so wären die reduktiven Erklärungen einer repräsentationalistischen Theorie des Geistes analog auch auf diese anwendbar.

Abgesehen von diesen methodischen Vorteilen bietet Tyes PANIC-Theorie jedoch auch zahlreiche inhaltliche Vorzüge. Vieles spricht dafür, dass auch phänomenale Zustände repräsentational sind. Auch die Vorgängigkeit sensorischer vor kognitiven Repräsentationen ist plausibel. Nehmen wir noch einmal unser Beispiel des vorbeifahrenden Streifenwagens mit Martinshorn in den Blick. Gemäß Tyes Ansatz würde zunächst auf Seiten des Hörers eine sensorische Repräsentation gebildet. Diese ist, wie oben schon beschrieben, auf die Tonhöhe, die Lautstärke usw. gerichtet. Sie ist insofern vorgängig gegenüber kognitiven Repräsentationen, da sie im oben erläuterten Sinne abstrakt und nichtbegrifflich ist. Das bedeutet unter anderem, dass ich die Erlebnisqualität des Gehörten prinzipiell repräsentieren kann, ohne sie schon als etwas Anderes, in diesem Fall beispielsweise als Sirene, zu kategorisieren. Im Regelfall werden sensorische Repräsentationen jedoch zu kognitiven Repräsentationen weiterverarbeitet. Dies mag auch dazu beitragen, dass es oft so schwierig ist, sensorische Repräsentationen sprachlich wiederzugeben.

Im Hinblick auf diesen letzten Gedanken bietet Tyes Ansatz auch eine Erklärung dafür, weshalb sich phänomenale Zustände nicht hinreichend artikulieren lassen. Da sie sensorischen Repräsentationen entsprechen und somit nichtbegrifflich sind, entziehen sie sich der sprachlichen Beschreibung. Dies gilt zumindest in den Fällen, in denen es für bestimmte Aspekte des Erlebens eben keine passenden Begriffe gibt. Kognitive Repräsentationen sind demgegenüber begrifflich strukturiert. Somit ist es auch naheliegend, dass wir in der sprachlichen Kommunikation eher diese verwenden beziehungsweise in deren Abwesenheit Schwierigkeiten mit der sprachlichen Beschreibung haben.

Trotz all dieser Vorteile von Tyes Ansatz stellen kritische Stimmen in Frage, ob sich Erlebnisqualitäten tatsächlich so miteinander identifizieren lassen, wie

Tye es vorschlägt. Nach der PANIC-Theorie gehören zwei Empfindungen zum gleichen Typ, wenn die zugrundeliegenden sensorischen Repräsentationen den gleichen Inhalt haben. So wären zwei Rotempfindungen eben dann identisch, wenn die sensorischen Repräsentationen beide den gleichen roten Farbton als Inhalt haben. In bestimmten Fällen würde dies aber unerwünschte, kontraintuitive Folgen haben. So argumentiert auch Ned Block (1990) mit seinem Gedankenexperiment der invertierten Erde.

Die invertierte Erde In Blocks Gedankenexperiment wird eine alternative Erde vorgestellt, nennen wir sie ErdX. ErdX ist genauso aufgebaut wie unsere Erde, bis auf einen Unterschied: Alle Farben auf ErdX haben ein invertiertes Spektrum. Das bedeutet, dass all jene Gegenstände, die auf der Erde rot sind, dort grün sind und umgekehrt. Blut ist grün, dafür ist Gras rot. Der Himmel hat ein sattes Gelb, dafür sind Bananen blau. In Blocks Gedankenexperiment wird ErdX nun von einem Erdenbewohner besucht. Allerdings werden ihm invertierte Linsen eingesetzt, die das Farbspektrum wieder umkehren. In diesem Falle hätte der Erdenbewohner die gleichen Farbeindrücke auf ErdX wie auf der Erde. Blut erschiene ihm rot, das Gras grün und die Bananen gelb.

Wenn wir nun nach dem repräsentationalen Gehalt der sensorischen Repräsentationen des Erdenbewohners fragen, dann müssten diese Repräsentationen die Farben der Objekte zum Inhalt haben, von denen sie verursacht wurden (genauso wie auch auf der Erde). Das wäre im Fall des Grases also Rot. Gleichzeitig aber unterscheidet sich das Farberleben des Erdenbewohners aber nicht von einem Grün-Erlebnis auf der Erde. Das bedeutet, dass hier das phänomenale Erleben (Grün) und der repräsentationale Gehalt (Rot) auseinanderfallen, so dass das phänomenale Erleben nicht mit dem Inhalt der Repräsentation gleichgesetzt werden kann. Diese Überlegung setzt natürlich voraus, dass der repräsentationale Gehalt allein von der verursachenden Farbe bestimmt wird – diese als ‚Externalismus' bekannte Voraussetzung kann aber auch bestritten werden, was die Möglichkeit eröffnet, auch dem Erdenbewohner auf der ErdX angesichts des Grases eine Grün-Repräsentation zuzuschreiben (Vosgerau/Schlicht/Newen 2008).

Fazit Tyes PANIC-Theorie stellt einen überzeugenden Versuch dar, phänomenale Zustände physikalistisch zu erklären. Allerdings setzt der Ansatz einen Externalismus repräsentationaler Gehalte voraus, der umstritten ist. In jedem Falle skizziert Tye mit seinem Ansatz einen Weg, wie eine physikalistische Rekonstruktion von Erlebniszuständen aussehen könnte, und nimmt der Gegenposition damit etwas den Wind aus den Segeln.

5.2.2 Higher-Order-Thought-Theorien

Zustands-Bewusstsein geht normalerweise damit einher, dass wir uns des bewussten Zustands auch gewahr werden, dass wir also wissen, dass wir in dem Zustand sind. Ausgehend von dieser Beobachtung behaupten Higher-Order-Thought-Theorien, dass wir die bewussten Zustände selbst repräsentieren. Demnach haben wir z. B. nicht nur eine Wahrnehmung eines Baumes, sondern auch eine Repräsentation ‚höherer Ordnung‘ dieser Baum-Wahrnehmung. Und diese Repräsentation höherer Ordnung könne auch das phänomenale Bewusstsein erklären. Wir werden hier nur die Grundidee und die Hauptprobleme dieser ganzen Familie von Ansätzen skizzieren. Für einen Einstieg in dieses Thema sind die Texte von David Rosenthal (1986; 2005), dem Begründer der repräsentationalen Theorien höherer Ordnung, zu empfehlen.

Repräsentation der Repräsentation   Die Grundidee ist, dass uns Dinge in unserer Umwelt bewusst werden, weil wir sie repräsentieren. Der **phänomenale Charakter einer Repräsentation** ist aber irgendwie verbunden mit der **Art und Weise,** wie wir etwas repräsentieren. Um uns also dieser Art und Weise bewusst zu werden, müssen wir die Repräsentation selbst noch einmal repräsentieren. Dadurch entsteht eine Repräsentation höherer Ordnung, mit deren Hilfe dann das phänomenale Erleben in Bezug auf die Repräsentation erster Ordnung erklärt werden kann. Wenn ich also den Baum sehe, habe ich eine Baum-Repräsentation (1. Ordnung), die mir den Baum als grün bewusst macht. Nun kann ich eine Repräsentation 2. Ordnung bilden, die auf diese Baum-Repräsentation verweist und mir diese bewusst macht. Ich bin mir dann nicht nur des Baumes bewusst, sondern auch der Tatsache, dass ich den Baum sehe. Ich kann also nicht nur äußern: „Da ist ein Baum", sondern auch „Ich sehe einen Baum".

Zum einen werde ich mir meiner Wahrnehmung durch diese Repräsentation 2. Ordnung gewahr, zum anderen, so behaupten die Vertreter:innen der Higher-Order-Thought-Theorien, entsteht dadurch auch der phänomenale Charakter des Erlebens: Plötzlich ist es irgendwie, dieses Grün des Baumes zu sehen. Mit der 2. Ordnung gehen wir also über das Erfassen einer Tatsache („Da ist ein Baum") hinaus, hin zum phänomenalen Erleben.

Keine Erklärung für Phänomenalität   Das Hauptproblem dieser Ansätze ist, dass wir keinen guten Grund haben, zu vermuten, dass die Repräsentation einer Repräsentation Phänomenalität mit sich bringt. Grundsätzlich ist eine Repräsentation einer Repräsentation auch nur eine Repräsentation; und Repräsentationen haben nicht im Allgemeinen die Eigenschaft, Phänomenalität zu erzeugen. Wenn ich den Baum wahrnehme, wird der Baum dadurch nicht phänomenal. Wieso sollte also meine Baum-Wahrnehmung phänomenal werden, nur, weil ich sie repräsentiere? Und warum geht das (wenn es überhaupt geht) nur mit meinen eigenen Wahrnehmungen? Warum kann ich nicht die Wahrnehmungen von Anderen erleben, indem ich sie repräsentiere?

Auch wenn Higher-Order-Thought-Theorien auf den ersten Blick nicht ganz unplausibel erscheinen mögen, scheinen sie letztlich doch eher ein Kandidat für die Erklärung des Zugriffsbewusstseins zu sein als ein Kandidat für die Erklärung von Phänomenalität. Es leuchtet ein, dass wir unsere Wahrnehmungen selbst repräsentieren können und dass das zu **Wissen über die Wahrnehmung** führt. Dieses Wissen könnte nun die Grundlage dafür sein, entsprechende Äußerungen zu machen oder bestimmte Schlussfolgerungen zu ziehen. Kurz: Es könnte die

Grundlage für unseren bewussten Zugriff auf die Wahrnehmung sein. Aber eine Erklärung von Phänomenalität scheint auf diesem Wege nicht zu funktionieren.

5.3 Gibt es Qualia?

Da viele davon ausgehen, dass phänomenales Erleben nicht auf die Inhalte bestimmter Repräsentationen zurückgeführt werden kann, postulieren sie stattdessen, dass die Erlebnisqualitäten einen eigenständigen Aspekt mentaler Zustände darstellen. Um auf eine einzelne Erlebnisqualität Bezug zu nehmen, wird häufig der technische Terminus der **Qualia** (Singular: Quale) eingeführt. So, wie sich Repräsentationen aus einzelnen Sinnesdaten oder Begriffen zusammensetzen, setzten sich phänomenale Erlebnisse aus Qualia zusammen, so die Idee. Qualia sind daher die **kleinsten Einheiten des Erlebens.** In diesem engen Sinne lassen sich Qualia wie folgt definieren:

Definition

Der subjektive, qualitative Teil unserer Erfahrung setzt sich aus verschiedenen **Qualia** (Singular: Quale) zusammen. Qualia sind die kleinsten Einheiten unseres phänomenalen Erlebens.

Obwohl der Begriff der Qualia häufig auch im weiten Sinne gebraucht wird, um generell auf die phänomenalen Aspekte des Erlebens Bezug zu nehmen, wollen wir hier den Begriff im Sinne der sogenannten ‚Qualia-Freaks' auf die kleinsten Einheiten des Erlebens beschränkten, die nicht-reduzierbare, intrinsische Eigenschaften von mentalen Zuständen sind. In Bezug auf diesen Begriff wollen wir die Frage stellen, ob es solche Einheiten mit solch spezifischen Eigenschaften gibt.

Dennett: Quining Qualia Einen viel diskutierten Großangriff auf die Verwendung des Begriffes ‚Qualia' in der Wissenschaft unternimmt Daniel C. Dennett (1988) in seinem Artikel „Quining Qualia". Er argumentiert, dass es solche Dinge wie Qualia nicht gibt, obwohl es natürlich phänomenale Erlebnisqualitäten gibt. Nur können diese eben nicht die spezifischen Eigenschaften der Qualia haben, so Dennett. Hierauf verweist auch die von Dennett im Titel verwendete, humoristische Wortschöpfung *to quine,* die er in Anspielung auf den Philosophen Willard van Orman Quine als „ein resolutes Verneinen der Existenz oder der Wichtigkeit von etwas Realem oder Bedeutsamen" (Dennett 1988, S. 382, Übers. d. Verf.) definiert.

Nach Dennetts Auffassung gibt es vier zentrale Eigenschaften von Qualia, die in der Diskussion immer wieder auftauchen. Dennett zufolge zeichnen sich Qualia dadurch aus, dass sie
1. unaussprechlich/unbeschreiblich,
2. intrinsisch,
3. privat und
4. direkt oder unverzüglich im Bewusstsein zugänglich sind (Dennett 1988, S. 385).

Widmen wir uns den einzelnen Aspekten in geänderter Reihenfolge. Über die Privatheit von Qualia (3) haben wir bereits gesprochen. Diese Eigenschaft wird phänomenalen Zuständen zugeschrieben, um zu betonen, dass unser inneres Erleben nur uns selbst direkt zugänglich ist. Die mentalen Zustände anderer Menschen können wir nur indirekt erschließen (▶ Kap. 7). Eng verbunden mit diesem Aspekt ist die direkte oder unmittelbare Zugänglichkeit von Qualia im Bewusstsein. Diese Eigenschaft beschreibt die Unmittelbarkeit, in der uns Qualia im eigenen Erleben gegeben sind. Nehme ich z. B. ein Feuerwehrauto wahr, so muss ich den qualitativen Aspekt der Röte nicht erst erschließen. Er ist mir direkt und unvermittelt in der bewussten Wahrnehmung gegeben. Eine weitere Eigenschaft, die Qualia regelmäßig zugesprochen wird ist, laut Dennett, dass diese intrinsisch (2) seien. Dies bedeutet, dass Qualia nicht-relationale Eigenschaften sind. Sie stehen also in keiner Beziehung zu anderen Dingen in der Erfahrung und sind demnach auch nicht durch diese veränderbar.

Zur Vertiefung: Intrinsische Eigenschaften
In der Metaphysik werden intrinsische von extrinsischen (oder relationalen) Eigenschaften unterschieden. Die Grundidee ist, dass ein Objekt eine Eigenschaft **für sich selbst** haben kann, also unabhängig davon, wie die Welt um es herum beschaffen ist. Als Beispiel wird häufig die Masse eines Dings angeführt. Im Gegensatz dazu gibt es auch viele Eigenschaften, die ein Objekt nur in Abhängigkeit von anderen Objekten hat, also in Relation zu diesen. Gäbe es diese anderen Objekte nicht, dann hätte auch das erste Objekt diese Eigenschaft nicht. Ein Beispiel ist die Eigenschaft, Tante zu sein. Gäbe es keine Neffen und Nichten, wäre die Tante auch keine Tante. Das bedeutet auch, dass intrinsische Eigenschaften nur wechseln können, wenn man das entsprechende Objekt selbst verändert. Relationale Eigenschaften können hingegen wechseln, ohne dass auf das Objekt Einfluss genommen wird. Wenn man diese zunächst einfache Idee versucht, sauber auszubuchstabieren, kommt man allerdings schnell in anspruchsvolle metaphysische Diskussionen, die wir uns hier aber sparen können (vgl. Marshall/Weatherson 2018).

Auch die Unbeschreiblichkeit von Qualia (1) ist uns bereits in einer Form begegnet. Denken wir zurück an das Mary-Argument und Nagels Fledermaus. Auch hier spielt die Beschreibbarkeit phänomenaler Zustände eine große Rolle und wird intuitiv zurückgewiesen. Egal, wie ausführlich und umfassend die Erklärungen sind, die Mary durch das Studium der Neurowissenschaften erlernt, sie reichen nicht aus, um das phänomenale Erleben hinreichend zu erläutern. Egal wie detailliert ich mir in meiner eigenen Sprache ausmale, wie es ist, eine Fledermaus zu sein, ich werde es nie erleben.

Ein weiteres Gedankenexperiment, das berühmte Käferbeispiel von Wittgenstein, verweist auf eine andere Art der Unaussprechlichkeit mentaler Phänomene und damit ein mögliches prinzipielles Problem bei der Beschreibung innerer Vorgänge.

> ▶ **Beispiel: Der Käfer in der Schachtel**

Ludwig Wittgenstein führt in den *Philosophischen Untersuchungen* (1953) im Rahmen des Privatsprachenargumentes folgendes Gedankenexperiment an: Man stelle sich vor, in einer Gruppe besitzt jede Person eine Schachtel, deren Inhalt mit dem Wort „Käfer" bezeichnet wird. Jede einzelne Person kann nur ihren eigenen Käfer betrachten, indem sie in die Schachtel hineinsieht. Niemand hat je den Käfer einer anderen Person gesehen und dies ist auch prinzipiell nicht möglich. Was passiert nun, wenn sich die Gruppe über ihre Tierchen austauschen will? Wittgenstein sagt, dass der Inhalt der Schachtel überhaupt keine Rolle spielt, sie könnte auch leer sein. Oder, um es mit einem der zentralen Begriffe seiner Theorie zu sagen: Der Käfer spielt überhaupt keine Rolle im Sprachspiel. Ohne zu sehr in die Details der Wittgensteinschen Gebrauchstheorie der Bedeutung einzusteigen, liegt dies daran, dass es für die Sprachgemeinschaft keine Möglichkeit gibt, zu überprüfen, ob jede einzelne Person ihren Käfer im Sprachspiel korrekt verwendet – es gibt eben **keine Regeln des Gebrauchs.**

Selbstredend geht es Wittgenstein nicht darum, die Kommunikationspraktiken von Insektenliebhabern zu verbessern. Vielmehr bezieht sich das Käferbeispiel auf unser Sprechen über mentale Vorgänge. In Wittgensteins Bedeutungstheorie steht der Gebrauch von sprachlichen Ausdrücken im Zentrum. Dieser folgt bestimmten Regeln, die durch die Sprachgemeinschaft überprüft werden. Insofern spielt das Merkmal der Öffentlichkeit des Gebrauches eine große Rolle. Der Zugriff auf mentale Zustände wiederum ist privat – andere Sprecher:innen können demnach nicht überprüfen, ob mein Gebrauch mentalen Vokabulars regelgerecht erfolgt ist. Im Sinne der Gebrauchstheorie der Bedeutung sind mentale Ausdrücke daher sinnlos und mentale Prädikate unaussprechlich. ◀

Dennett geht die Redeweise von der Unaussprechlichkeit oder Unsagbarkeit von Qualia jedoch nicht weit genug. Seiner Auffassung nach verweisen die untauglichen Versuche, Qualia sprachlich zu erläutern, nicht auf eine Besonderheit des Gegenstandes, sondern vielmehr darauf, dass es diesen Gegenstand überhaupt nicht gibt. Qualia sollten also nach Dennett eliminiert werden, genauso wie der *élan vital* (s. Vertiefungskasten „Der Vitalismus-Streit" in ▶ Abschn. 5.1). Und so heißt es bei ihm:

>> Qualia sind nicht einmal ‚etwas, über das nichts gesagt werden kann'; ‚Qualia' ist ein Begriff von Philosophen und verweist letztendlich auf keinerlei Eigenschaften oder Merkmale. (Dennett 1988, S. 387, Übers. d. Verf.)

Anders als in vielen vorherigen Kritiken des Qualia-Begriffes geht es bei Dennett nicht nur darum, die traditionell zugeschriebenen zentralen Eigenschaften von Qualia in Frage zu stellen, sondern den Begriff als solches. Er will zeigen, dass das bewusste Erleben keine der Eigenschaften aufweist, die Qualia so außergewöhnlich machen sollen. Als Hilfsmittel für seine Argumentation betrachtet

Dennett eine Reihe von Gedankenexperimenten, die er auch als *intuition pumps* bezeichnet. Ein solches Gedankenexperiment, das er ausführlich diskutiert, ist das Beispiel der Mitarbeiter in einer Kaffeefabrik.

▶ **Beispiel: Die Kaffeetester**

Zwei Mitarbeiter einer Kaffeefirma, Chase und Sanborn, geben an, dass die Hausmarke der Firma ihr Lieblingskaffee war, als sie ihren Job antraten. Zum jetzigen Zeitpunkt, etliche Jahre später, haben beide den Gefallen am hauseigenen Kaffee verloren und mögen diesen überhaupt nicht mehr. In der Beschreibung ihres Geschmackserlebnisses weichen beide Mitarbeiter aber deutlich voneinander ab. Während Chase behauptet, der Kaffee schmecke ihm noch genauso wie alle Jahre zuvor (das Quale sei dasselbe geblieben), gibt Sanborn an, der Kaffee schmecke für ihn mittlerweile anders (sein Quale sei nun ein anderes). Chase macht seine gestiegenen Ansprüche dafür verantwortlich, dass der Kaffee ihm nicht mehr schmeckt. Sanborn hingegen begründet seine geänderte Bewertung des Kaffees damit, dass ihm dieser schlicht anders schmeckt als vorher. ◀

Dennett stellt nun die Frage, wie wir mit solchen Aussagen über Qualia, wie sie in diesem Fall von den beiden Kollegen geäußert werden, umgehen sollen: Sollen wir Ihnen vorbehaltlos glauben (oder müssen wir dies sogar)? Oder irrt sich einer der beiden? Sind beide Kollegen doch in derselben Situation, aber drücken diese nur anders aus? Chase und Sanborn scheinen sich in einer ähnlichen Situation zu befinden wie die Personen in Wittgensteins Käferbeispiel. Eine zusätzliche Schwierigkeit liegt nun aber darin, dass selbst die Aussagen, die jeder Einzelne über seinen Käfer trifft (in diesem Fall über den Kaffeegeschmack), unzutreffend und verfälscht sein können. Ein kritischer Betrachter könne demnach, so Dennett, nicht feststellen, was genau in den beiden Subjekten vorgegangen ist. Chase könnte richtig liegen, und sein subjektives Erleben des Kaffeegeschmacks hat sich nicht geändert, sondern lediglich seine Einstellung dazu. Es könnte aber auch genau andersherum sein, und nicht Chases Einstellung hat sich geändert, sondern die Art und Weise, wie der Kaffee für ihn schmeckt. Auch im Falle seines Kollegen Sanborn ist es schlicht unmöglich, zu bestimmen, ob er richtig liegt oder sich über sein Innenleben täuscht.

Dennett argumentiert, dass Qualia samt der ihnen zugesprochenen Eigenschaften demnach schlichtweg keinerlei Mehrwert in der Beschreibung und Diskussion von Bewusstsein bieten. Wenn die introspektiven Aussagen über Qualia von Chase und Sanborn (und die aller bewussten, sprachfähigen Subjekte) derart fehleranfällig sind, nichts erklären und keine Urteile erlauben: Wieso sollen wir am Begriff der Qualia festhalten? Dennett gesteht zu, dass es so etwas wie subjektives Erleben gibt und dieses sich auch auf eine Art anfühlt. Er widerspricht jedoch der Auffassung, dass wir mit dem Begriff ‚Qualia' irgendetwas Sinnvolles erreichen können. Im Gegenteil trägt der Begriff nur zur Verwirrung bei und erschwert die wissenschaftliche Auseinandersetzung mit dem Bewusstsein.

5.4 Fazit

Zunächst müssen wir verschiedene Verwendungsweisen des Wortes „Bewusstsein" unterscheiden. Im philosophischen Sinne ist vor allem das sogenannte **phänomenale Bewusstsein** von Interesse, bei dem die subjektiven Erlebnisqualitäten von mentalen Zuständen im Mittelpunkt stehen. Die Hauptfrage ist, ob der phänomenale Aspekt im Sinne der Naturalisierung auf physische Zustände zurückgeführt werden kann. Verschiedene Gedankenexperimente sollen zeigen, dass dies prinzipiell nicht möglich ist. Um die auf den Gedankenexperimenten aufbauenden Argumente auszuhebeln, bieten Repräsentationalist:innen Theorien an, die den phänomenalen Aspekt auf bestimmte Inhalte von Repräsentationen

◘ **Tab. 5.2** Argumente und Theorien der phänomenalen Aspekte des Erlebens

Name	Grundidee	Hauptproblem
Phänomenale Begriffe (Thomas Nagel)	Zur Beschreibung von phänomenalen Zuständen brauchen wir phänomenale Begriffe, die auf dem Erleben selbst beruhen	Schwache These, da nur auf momentan verfügbare Theorien Bezug genommen wird
Unvollständiges Wissen (Frank Jackson)	Erleben führt zu einer eigenen Art des Wissens, was auf eine eigene, nicht-physikalische Art von Tatsachen hindeutet	Es könnten auch unterschiedliche Arten des Wissens von einer einzigen Tatsache vorliegen; Strittig, ob Erleben wirklich zu neuem Wissen führt
Erklärungslücke (Joseph Levine)	Der phänomenale Aspekt kann immer getrennt von funktionalen Aspekten vorliegen (z. B. bei Zombies) und entzieht sich daher naturalistischer Erklärung	Die Argumente funktionieren nur dann, wenn man vorher bereits die Intuition hat, dass es eine Erklärungslücke gibt (dass also Zombies möglich sind)
PANIC-Theory (Michael Tye)	Der phänomenale Aspekt ist der Inhalt von sensorischen (abstrakten, nichtbegrifflichen) Repräsentationen	Genau wie bei der Erklärungslücke muss man schon vorher die Intuition haben, um von der Theorie überzeugt zu werden
Higher-Order-Thoughts (David Rosenthal)	Mentale Repräsentationen werden phänomenal bewusst, wenn sie durch eine Repräsentation höherer Ordnung repräsentiert werden	Unklar, warum Repräsentation zu Phänomenalität führen sollte und warum das nur innerhalb eines Subjektes funktioniert
Qualia	Das phänomenale Erleben ist zusammengesetzt aus kleinsten Einheiten, die intrinsische Eigenschaften von mentalen Zuständen sind	Unklar, welche Vorteile diese Beschreibung liefert; Unklar, wie diese kleinsten Teile individuiert werden sollen

zurückführen und somit naturalisieren. Schließlich versuchen Anti-Physikalist:
innen mit dem Begriff der Qualia eine alternative Sichtweise auf das phänomenale Erleben zu etablieren, die phänomenales Erleben als aus kleinsten Einheiten zusammengesetztes Phänomen betrachtet, das sich einer naturalistischen Beschreibung entzieht. Letztlich bleibt weiterhin umstritten, ob ein *hard problem of
consciousness* existiert, oder ob auch die phänomenalen Aspekte unseres bewussten Erlebens auf physische Prozesse zurückgeführt werden können (◘ Tab. 5.2).

Literatur

5

Block, Ned: „Troubles with Functionalism". In: C. W. Savage (Hrsg.): *Perception and Cognition: Is-
sues in the Foundation of Psychology.* Minneapolis 1978.
Block, Ned: „Inverted Earth". In: *Noûs Supplement: Action Theory and Philosophy of Mind* 4 (1990),
53–79.
Block, Ned: „On a confusion about a function of consciousness". In: *Behavioral and Brain Sciences* 18
(1995), 227–47.
Block, Ned: „Mental Paint and Mental Latex". In: *Philosophical Issues* 7 (1996), 19.
Chalmers, D. J.: „Facing up to the problem of consciousness". In: *Journal of Consciousness Studies* 2
(1995), 200–219.
Chalmers, D. J.: *The Conscious Mind: Towards a Fundamental Theory.* New York 1996.
Churchland, Paul: „Reduction, qualia, and the direct intospection of brain states". In: *Journal of Phi-
losophy* 82 (1985), 1–22.
Dennett, D. C.: *Consciousness explained.* Boston (1. Aufl.) 1991.
Dennett, Daniel: „Quining Qualia". In: Anthony J. Marcel/Edoardo Bisiach (Hrsg.): *Consciousness in
Modern Science.* Oxford 1988, 42–77.
Dretske, Fred I.: *Naturalizing the mind.* Cambridge (Massachusetts) 1995.
Harman, Gilbert: „The Intrinsic Quality of Experience". In: *Philosophical Perspectives* 4 (1990), 31–
52.
Horgan, Terence/Tienson, John: „The Intentionality of Phenomenology and the Phenomenology of
Intentionality". In: David J. Chalmers (Hrsg.): *Philosophy of Mind: Classical and Contemporary
Readings.* 2002, 520–533.
Jackson, Frank: „Epiphenomenal Qualia". In: *The Philosophical Quarterly* 32 (1982), 127–136.
Jackson, Frank: „What Mary Didn't Know". In: *The Journal of Philosophy* 83 (1986), 291–295.
Levine, Joseph: „Materialism and Qualia: The Explanatory Gap". In: *Pacific Philosophical Quarterly*
64 4 (1983), 354–361.
Lewis, David: *Philosophical Papers* (Bd. I). 1983.
Marshall, Dan/Weatherson, Brian: „Intrinsic vs. Extrinsic Properties". In: Edward N. Zalta (Hrsg.):
The Stanford Encyclopedia of Philosophy. 2018.
McGinn, Colin: *Mental Content.* Oxford 1989.
Nagel, Thomas: „What is it like to be a Bat?". In: *The Philosophical Review* 83 (1974), 435–450.
Newen, Albert/Bartels, Andreas: „Animal Minds and the Possession of Concepts". In: *Philosophical
Psychology* 20 (2007), 283–308.
Rosenthal, David M.: „Two concepts of consciousness". In: *Philosophical Studies* 49 3 (1986), 329–
359.
Rosenthal, David M.: *Consciousness and mind.* Oxford, New York 2005.
Russell, Bertrand: *Probleme der Philosophie* (Edition Suhrkamp). Frankfurt am Main 1967.
Ryle, G.: „Knowing how and knowing that". In: *Proceedings of the Aristotelian Society* 46 (1945),
1–16.

Schenkman, Bo N./Nilsson, Mats E.: „Human Echolocation: Blind and Sighted Persons' Ability to Detect Sounds Recorded in the Presence of a Reflecting Object". In: *Perception* 39 4 (2010), 483–501.

Simons, Daniel J./Chabris, C. F.: „Gorillas in our midst: sustained inattentional blindness for dynamic events". In: *Perception* 28 (1999), 1059–1074.

Stanley, Jason/Williamson, Timothy: „Knowing How". In: *The Journal of Philosophy* 98 (2001), 411–444.

Strawson, Galen: *Mental reality* (Representation and mind). Cambridge, Mass 1994.

Tye, M.: „Absent Qualia and the Mind-Body Problem". In: *Philosophical Review* 115 2 (2006), 139–168.

Tye, Michael: *Ten problems of consciousness.* Cambridge (Massachusetts) 1995.

Tye, Michael: „Das brennende Haus". In: Thomas Metzinger (Hrsg.): *Bewusstsein: Beiträge aus der Gegenwartsphilosophie.* Paderborn 2005, 103–114.

Tye, Michael: *Consciousness revisited: materialism without phenomenal concepts (Representation and mind series).* Cambridge, MA 2009.

Tye, Michael: „Qualia". In: Edward N. Zalta (Hrsg.): *The Stanford Encyclopedia of Philosophy.* 2018.

Vosgerau, G./Schlicht, T./Newen, A.: „Orthogonality of Phenomenality and Content". In: *American Philosophical Quarterly* 45 (2008), 309–328.

Weiskrantz, Lawrence: *Blindsight: a case study and implications,* Band Clarendon Press. Oxford 1986.

Wittgenstein, Ludwig: *Philosophische Untersuchungen. Hgg. G.E.M. Anscombe, G.H. von Wright, Rush Rhees. In: Ludwig Wittgenstein. Werkausgabe in 8 Bänden. Band 1.* Frankfurt (Main) 1953.

Selbstwissen und Selbstbewusstsein

Inhaltsverzeichnis

© Springer-Verlag GmbH Deutschland, ein Teil von Springer Nature 2021
G. Vosgerau und N. Lindner, *Philosophie des Geistes und der Kognition*,
https://doi.org/10.1007/978-3-476-04567-6_6

Bisher haben wir uns damit beschäftigt, wie wir unsere Umwelt wahrnehmen und erleben. Dabei gibt es in unserer Erfahrungswelt ein ganz besonderes ‚Ding‘, nämlich uns selbst. Dieses ‚Selbst‘ nimmt nicht nur einen besonderen Platz in unserem eigenen Leben ein, es ist auch verbunden mit einigen speziellen Phänomenen ganz unterschiedlicher Art.

In diesem Kapitel sollen einige Aspekte vorgestellt werden, die in Bezug auf das sogenannte ‚Selbst‘ eine Rolle spielen. Zunächst werden wir auf einige epistemische Besonderheiten eingehen, die unser Wissen über die eigenen mentalen Zustände betreffen. Wir wenden uns dann dem Bewusstsein unserer selbst zu und werden genauer untersuchen, welche Aspekte hierbei eine Rolle spielen. Im dritten Unterkapitel wird es dann um das ‚Selbst‘ als Akteur und erlebendes Subjekt gehen, also als das, was handelt und erlebt.

6

Was ist das ‚Selbst‘? Diese Frage sollte zuerst diskutiert werden, bevor wir uns in die Details stürzen. Zunächst ist „selbst" ein Pronomen, das auf das Subjekt eines Satzes zurück verweist. So kann man sagen, dass ein Satz sich selbst widerspricht, oder dass jeder selbst seinen Teller abspülen soll. In diesem Sinne können wir auch ganz harmlos davon sprechen, dass wir uns selbst wahrnehmen und uns selbst erleben. Folgt daraus aber, dass es ein Selbst gibt? Wohl kaum: wenn ein Satz sich selbst widerspricht, würden wir nicht auf die Idee kommen, dass dieser Satz ein Selbst hat, dem da widersprochen wird. Von einer sprachlichen Oberfläche können wir also nicht direkt zu der Existenz von Dingen übergehen. Vergleichbar ist der Satz „Es regnet", der auch nicht den Schluss zulässt, dass es da ein Ding gibt, das regnet (auch wenn „Der Hund bellt" den entsprechenden Schluss, dass es einen Hund gibt, durchaus zuzulassen scheint). Wenn wir uns also selbst erleben, heißt das noch nicht, dass es über uns hinaus noch ein Selbst gibt. Zunächst haben wir also keinen Grund, anzunehmen, dass es überhaupt ein Selbst gibt (auch wenn es offensichtlich uns selbst gibt; genauso, wie es nichts gibt, das regnet, es offensichtlich aber manchmal regnet).

Aber – so möchte man vielleicht einwenden – wenn ich etwas erlebe, dann gibt es doch etwas, das hier erlebt. Was ist das denn? Mein Körper – so scheint es vielleicht – sicher nicht, auch nicht mein Gehirn, sondern: mein Selbst. In diesem Sinne wäre das Selbst also das **Erlebnissubjekt,** und es ist eine spannende Frage, was genau dieses Selbst ist. Der hier entscheidende Punkt ist allerdings: Wo genau ist der Unterschied in den Formulierungen „was etwas erlebt, ist mein Selbst" und „was etwas erlebt, bin ich selbst"? Oder anders ausgedrückt: Es scheint, dass ich solche Aussagen, in denen „mein Selbst" vorkommt, auch umformulieren kann in Aussagen, in denen nur „ich selbst" vorkommt. Die Frage, auf welche Entität sich diese Ausdrücke beziehen, ist eine sehr spannende und wichtige Frage. Sie handelt unter anderem davon, ob der Körper dazu gehört oder nicht (▶ Abschn. 4.3.2 „Embodiment").

Es ist aber irreführend, von dem ‚Selbst‘ oder dem ‚Ich‘ zu sprechen, als gäbe es da zusätzlich zu allem, was mich ausmacht, noch obendrein eine weitere

Entität – mein ‚Selbst‘ oder mein ‚Ich‘. In diese Richtung geht auch der berühmte Vergleich des Geistes mit einem Theater von David Hume:

» Der Geist ist eine Art Theater, auf dem verschiedene Perzeptionen nacheinander auftreten, kommen und gehen, und sich in unendlicher Mannigfaltigkeit der Stellungen und Arten der Anordnung untereinander mengen. Es findet sich in ihm in Wahrheit weder in einem einzelnen Zeitpunkt Einfachheit noch in verschiedenen Zeitpunkten Identität; sosehr wir auch von Natur aus geneigt sein mögen, uns eine solche Einfachheit und Identität einzubilden. Der Vergleich mit dem Theater darf uns freilich nicht irreführen. Die einander folgenden Perzeptionen sind allein das, was den Geist *ausmacht*, während wir ganz und gar nichts von einem Schauplatz wissen, auf dem sich jene Szenen abspielten, oder von einem Material, aus dem dieser Schauplatz gezimmert wäre. (Hume 2013, S. 309)

Die Redeweise von einem „Ich" oder „Selbst" scheint auf eine unglückliche Übersetzung des lateinischen „ego ille" zurückzugehen und zu einigen Scheinproblemen zu führen (Beckermann 2010). In der Neuzeit ging man davon aus, dass die Einheit der Erlebnisse bzw. die erlebte Einheit des Geistes nur durch einen Akt zu erklären sei, der die Einheit herstellt. Ein solcher Akt ist zum Beispiel nach Hume erforderlich, um die einzelnen Perzeptionen miteinander zu verbinden, so dass der **einheitliche Bewusstseinsstrom** hergestellt werden kann, den wir erleben. Bei Immanuel Kant (1787) ist dasselbe Problem etwas anders formuliert: Hier geht es um die „transzendentale Einheit der Apperzeption", also um die vor der Erfahrung selbst schon hergestellte Einheit des Bewusstseinsstroms (‚Apperzeption‘ ist grob gesagt die Aufnahme von Informationen aus der Umwelt). Einig sind sich die beiden darin, dass dieser vereinheitlichende Akt einen Akteur, also ein Subjekt braucht.

Da Hume aber ein solches ‚Ich‘ in seinem Bewusstsein nicht findet, sieht er seine Philosophie des Geistes letztlich als gescheitert an, da sie einerseits ein Subjekt des vereinheitlichenden Aktes fordert und andererseits ein solches nicht liefern kann. Für Kant sieht die Lage etwas anders aus, da er im Gegensatz zu Hume kein Empirist ist und daher auch nicht-erfahrbare, transzendentale (also über die Erfahrung hinausgehende) Entitäten annehmen kann. Er postuliert daher ein „transzendentales Ich" (Kant 1787), das die Einheit der Apperzeption herstellen kann, und das weiter keine Rolle hat. Aus heutiger Sicht ist es etwas befremdlich, davon auszugehen, dass nur *ein Akt* die Einheit des Geistes herstellen könnte – vielmehr kann es auch Prozesse geben, die ohne Subjekt oder Akteur ablaufen und trotzdem bestimmte Effekte haben. So muss in einer Fotokamera auch niemand das Bild (oder die Einheit des Bildes) auf der Fotoplatte hervorbringen – es entsteht einfach durch die Anordnung und Funktionsweise der Teile der Kamera. Daher werden wir im Folgenden auch nicht weiter auf die Einheit des Bewusstseins eingehen.

Viele scheinen aber noch von etwas anderem zu sprechen, wenn sie von ‚dem Ich‘ oder ‚dem Selbst‘ sprechen. Diese Verwendung scheint durch in Formulierungen wie „Selbstfindung" oder „mein wahres Selbst/Ich". Sich selbst zu finden, ist freilich nicht schwer; man muss nur an sich runtergucken. Sein Selbst zu finden, scheint aber zumindest manchen schwer zu fallen. In dieser

Verwendungsweise soll es um einen Wesenskern gehen, der uns als Individuum ausmacht. In der Psychologie sprechen wir von der **Persönlichkeit** und von Persönlichkeitsmerkmalen. In der Philosophie des Geistes würde man diese einfach als Eigenschaften auffassen, und es gäbe zunächst keinen Grund, Persönlichkeitsmerkmale als besondere Eigenschaften anzusehen. Es wären genauso individuelle Eigenschaften wie meine krumme Nase und mein Leberfleck am großen Zeh. Wie stabil eine solche Persönlichkeit ist, wäre dann eine interessante empirische Frage, also eine Frage der Psychologie, nicht so sehr der Philosophie.

Anders sieht es aus, wenn wir zusätzlich behaupten wollen, dass sich dieser Wesenskern auch **metaphysisch** von anderen Eigenschaften der Menschen unterscheidet. Wenn das so wäre, dann gäbe es vielleicht einige ausgezeichnete Eigenschaften, ohne die ich nicht ich wäre. Es wären also essentielle Eigenschaften. Ob es essentielle Eigenschaften (ganz allgemein) gibt und welche Probleme damit verbunden sind, solche anzunehmen, ist ein klassisches Thema der Metaphysik und kein spezielles der Philosophie des Geistes. Es soll daher hier nicht weiter behandelt werden.

Es gibt allerdings noch die spezielle Frage, ob es nicht einen Wesenskern gibt, der uns als **Person** ausmacht. Diese Frage ist besonders wichtig im Kontext von Fragen der Verantwortung und Handlungszuschreibung. Sie wird traditionell unter dem Stichwort ‚personale Identität' verhandelt und nicht im engeren Sinne der Philosophie des Geistes zugeordnet – nicht zuletzt, weil der Geist (oder Teile davon) nur einen Kandidaten für einen solchen Kern darstellt. Wir werden uns daher auch nicht mit dieser Debatte beschäftigen und verweisen hier auf andere Abhandlungen (Brand 2020).

Wir werden im Folgenden die nominalisierten Versionen der Pronomina „ich" und „selbst" nicht verwenden, um Missverständnisse zu vermeiden.

6.1 Privilegierter Zugang und Erste-Person-Autorität

„Die Gedanken sind frei, wer kann sie erraten", heißt es in einem deutschen Volkslied, in dem zum Ausdruck gebracht wird, dass niemand Zugriff auf meine Gedanken hat außer mir. In dieser radikalen Form ist das sicher nicht ganz richtig: In vielen Situationen können wir schon ganz gut erraten, was Andere denken, aber dennoch gibt es die starke Intuition, dass ich in ganz besonderer Weise auf meine Gedanken zugreifen kann. Diesen privilegierten Zugang habe nur ich, und niemand anders kann meine Gedanken so erfassen wie ich. Wir haben also, so die These, einen besonderen epistemischen Zugang zu unseren eigenen mentalen Zuständen, so dass wir in einer besonders guten Position sind, zu wissen, was wir denken.

Vier Thesen des Selbstwissens   Zunächst sollen vier Thesen des Selbstwissens, die die epistemischen Besonderheiten von Selbstwissen im Gegensatz zu anderen Arten des Wissens erfassen sollen, unterschieden und diskutiert werden (vgl. Alston 1971). Dabei ist Selbstwissen das Wissen über die eigenen mentalen Zustände (im Gegensatz zu Wissen über nicht-mentale Eigenschaften wie zum Beispiel über Geburtsdatum oder Schuhgröße). Wir können diese vier Thesen gut anhand der klassischen Definition von Wissen darstellen: Wissen ist demnach eine wahre, gerechtfertigte Überzeugung.

1. *These der Unfehlbarkeit: Überzeugung impliziert Wahrheit*
   Eine Überzeugung zu haben, impliziert, dass die Überzeugung wahr ist. Wenn Selbstwissen unfehlbar ist, dann gilt: Wenn ich überzeugt bin, dass ich Schmerzen habe, dann ist es auch wahr, dass ich Schmerzen habe. Ich kann nicht fälschlicherweise glauben, Schmerzen zu haben.

2. *These der Allwissenheit: Wahrheit impliziert Überzeugung*
   Das Der-Fall-Sein von etwas impliziert, eine Überzeugung darüber zu haben und diesbezüglich gerechtfertigt zu sein. Wenn ich allwissend in Bezug auf meine mentalen Zustände bin, dann gilt: Sobald ich Schmerzen habe, bin ich auch davon überzeugt, Schmerzen zu haben, und ich bin gerechtfertigt zu glauben, dass ich Schmerzen habe.

3. *These der Unbezweifelbarkeit: Überzeugung impliziert perfekte Rechtfertigung*
   Eine Überzeugung zu haben, impliziert, dass es keine Gründe geben kann, an der Rechtfertigung und der Wahrheit der Überzeugung zu zweifeln. Wenn Selbstwissen unbezweifelbar ist, dann gilt: Wenn ich überzeugt davon bin, Schmerzen zu haben, dann kann es keine Gründe geben, daran zu zweifeln, dass ich Schmerzen habe und dass ich gerechtfertigt bin zu glauben, Schmerzen zu haben.

4. *These der Nichtkorrigierbarkeit: Überzeugung impliziert beste Rechtfertigung*
   Eine Überzeugung zu haben, impliziert, dass niemand zeigen kann, dass diese falsch ist. Wenn Selbstwissen nichtkorrigierbar ist, dann gilt: Wenn ich überzeugt davon bin, Schmerzen zu haben, dann kann niemand zeigen, dass ich keine Schmerzen habe. (Diese These folgt aus These 1, ist aber für sich genommen schwächer, da sie Irrtum über die eigenen mentalen Zustände nicht ausschließt.)

Zur Vertiefung: Die Definition des Wissens

Die sogenannte ‚klassische' Definition des Wissens geht auf den Dialog Theätet von Platon (2012) zurück. Sie behauptet, etwas zu wissen bedeutet, dass drei Bedingungen erfüllt sind:

- Wir müssen davon überzeugt sein (es glauben/es für wahr halten). Wissen geht damit immer mit einem mentalen Zustand einher, der das Gewusste zum Inhalt hat.
- Das Gewusste muss wahr sein – wir können nichts Falsches wissen. Natürlich können wir uns irren und glauben, etwas zu wissen, was wir in Wirklichkeit nicht wissen können, da es gar nicht wahr ist. Man kann nicht sagen: „Peter weiß, dass Lyon die Hauptstadt von Frankreich ist", sogar, wann Peter fest davon überzeugt ist, dass Lyon die Hauptstadt von Frankreich ist.
- Unsere Überzeugung muss gerechtfertigt sein, wir müssen also Gründe dafür haben, das Gewusste für wahr zu halten. Wenn zum Beispiel die Ehefrau in

6

Loriots Sketch behauptet, das Ei sei „nach Gefühl genau dreieinhalb Minuten gekocht", dann können wir nicht sagen, dass sie weiß, dass das Ei dreieinhalb Minuten gekocht ist, selbst wenn es wahr sein sollte. Ihr Gefühl ist keine ausreichende Rechtfertigung für diese Überzeugung – das Ablesen der Eieruhr hätten wir aber wahrscheinlich akzeptiert.

Diese Definition wurde von Edmund Gettier (1963) angegriffen mit Beispielen, in denen wir intuitiv den beteiligten Personen kein Wissen zuschreiben würden, obwohl alle drei Kriterien erfüllt sind. Ein Beispiel dieser Art ist das folgende: Meine analoge Armbanduhr ist auf fünf vor zehn stehen geblieben, ohne, dass ich das gemerkt habe. Um fünf vor zehn schaue ich auf die Uhr und sage: „Ich weiß, dass jetzt fünf vor zehn ist". Die ersten beiden Kriterien sind klarerweise erfüllt, da ich von etwas Wahrem überzeugt bin. Gerechtfertigt bin ich auch, da ein Blick auf die Uhr eine verlässliche Methode ist, um die Uhrzeit zu ermitteln. Und trotzdem würden wir sagen, dass in diesem Fall kein Wissen vorliegt. Um solche ‚Gettier-Fälle' gab und gibt es eine große Debatte, die für uns hier aber keine Rolle spielt, so dass hier nur auf Einführungen in die Erkenntnistheorie (Schurz 2021) verwiesen werden soll.

Obwohl Schmerzempfinden ein ganz gutes Beispiel für alle Thesen darzustellen scheint, können wir auch gute Gegenbeispiele für alle Thesen finden. Gegen eine Allwissenheit sprechen alle unbewussten Zustände – von unbewussten Wünschen hin zu subliminaler Wahrnehmung (also Wahrnehmung unter der Bewusstseinsschwelle). Der Unfehlbarkeitsthese stehen Fälle entgegen, in denen wir uns über unsere eigenen mentalen Zustände täuschen. Das kann der Fall sein bei Emotionen, wenn sich die vermeintliche Wut später als Angst entpuppt. Aber selbst bei Schmerzen geschieht oft eine begriffliche Einordnung, die schief gehen kann: So kann ein Zahnschmerz fälschlicherweise als Kopfschmerz klassifiziert werden.

Wer die Unbezweifelbarkeit und Nichtkorrigierbarkeit infrage stellt, muss mindestens auch die These der Unfehlbarkeit zurückweisen. Allerdings muss zusätzlich geklärt werden, ob es Fälle geben kann, in denen andere in einer epistemisch besseren Position sind als ich in Bezug auf meine eigenen mentalen Zustände. Das könnte etwa der Fall sein in unserem Zahnschmerz-Beispiel, bei dem Ärzte eventuell erkennen können, dass ich mit meiner Einschätzung, es handle sich um einen Kopfschmerz, falsch liege. Er könnte mich in diesem Fall korrigieren und meine Äußerungen bezweifeln. Und auch im Fall rauchender Personen, die beteuern, mit dem Rauchen aufhören zu wollen, sich aber gleichzeitig bei jeder Gelegenheit eine Zigarette anstecken, können wir berechtigterweise Zweifel anbringen an deren Willensbekundung.

Es gibt also einige Hinweise darauf, dass diese vier Thesen höchstens sehr eingeschränkt gelten. Wenn wir in einem Fall für die Unfehlbarkeit oder Allwissenheit argumentieren wollen, müssen wir also spezielle Argumente vorbringen, die die Besonderheiten des jeweiligen Falles berücksichtigen. Eine allgemeine Immunität gegenüber bestimmten Irrtümern scheint es auch für das Selbstwissen nicht zu geben, zumindest nicht in Bezug auf das, was gewusst wird.

Immunität gegenüber dem Irrtum durch Fehlidentifikation Dieser etwas sperrige Ausdruck bezeichnet die These, dass es doch einen Aspekt des Selbstwissens gibt, der unfehlbar ist; allerdings geht es hier nicht um den mentalen Zustand, den wir uns zuschreiben, sondern darum, dass wir den Zustand uns und niemand anderem zuschreiben. Die Idee ist also: Egal, welchen Zustand ich mir zuschreibe, ich kann mich nicht darüber irren, dass ich es bin, um den es geht.

Um ein Beispiel von Wittgenstein (1958) aufzugreifen: Es könnte sein, dass ich nach einem Autounfall einen gebrochenen Arm sehe und denke, dass mein Arm gebrochen ist. Dabei kann es passieren, dass der Arm, den ich sehe, gar nicht mein Arm ist, sondern der einer anderen Person. In diesem Fall hätte ich also Recht damit, dass jemand einen gebrochenen Arm hat, während ich mich gleichzeitig irre, indem ich diesen Arm jemandem Falschen zuordne. Ich habe also fälschlicherweise mich mit der Person, die einen gebrochenen Arm besitzt, identifiziert. Das scheint aber in Bezug auf den Schmerz, den ich in meinem Arm spüre, anders zu sein: Wenn ich Schmerzen im Arm spüre, dann kann es nicht passieren, dass ich mir fälschlicherweise die Schmerzen von Anderen selbst zuordne. Oder anders gesagt: Wenn ich mich als den Schmerzleidenden identifiziere, dann liege ich damit immer richtig. Bei einer solchen Identifikation kann es keinen Irrtum geben.

Zu der Frage, ob es diese Immunität gibt und wie sie erklärt werden kann, hat sich eine größere Debatte entspannt. Zum einen wurde behauptet, dass das Symptom der Gedankeneingebung bei Schizophrenie ein empirisches Gegenbeispiel zu der These sein könnte: Hier scheint es so zu sein, dass Patienten ihre eigenen Gedanken fälschlicherweise Anderen zuschreiben, wenn sie behaupten, dass andere Personen oder Mächte ihnen Gedanken eingeben. Das scheint aber schon deswegen ein schwacher Punkt zu sein, da es ja hierbei um einen anderen Irrtum geht: Nämlich den Irrtum, die eigenen Gedanken Anderen zuzuschreiben, und nicht um den Irrtum, Gedanken Anderer sich selbst zuzuschreiben (Seeger 2015). Zum anderen wurde von siamesischen Zwillingen berichtet, die sich einen Teil des Gehirns teilen, und bei denen die eine anscheinend weiß, was die Andere wahrnimmt, ohne dass es eine Form von Kommunikation gibt (Langland-Hassan 2014). Zweifelsohne ist das ein enorm spannender Fall, der auch einiges mehr an Aussagekraft hat als Gedankenexperimente mit Gehirntausch und mysteriösen Gehirnverkabelungen. Nichtsdestotrotz können wir hier im Rahmen einer Einführung nicht weiter in die Details dieser Debatte einsteigen.

Zusammenfassend kann man festhalten, dass wir es bei der These der Immunität mit einer epistemologischen Behauptung zu tun haben: Dass es nämlich einen bestimmten Irrtum nicht geben kann. Eine solche These kann plausibel werden, wenn es eine Erklärung gibt, die auf Besonderheiten der zugrundeliegenden kognitiven Mechanismen zurückgreift. In diesem Fall wäre es eine Erklärung, die für die Philosophie des Geistes im engeren Sinne relevant wäre. Allerdings ist es unklar, ob eine solche Erklärung gelingen kann.

Autorität der ersten Person Dabei handelt es sich um ein eng verwandtes Phänomen, das allerdings auf der Ebene der Sprachkonventionen verortet ist. Wenn jemand aufrichtig über seine eigenen mentalen Zustände berichtet, steht es keinem (ohne Weiteres) zu, diesem Menschen zu widersprechen. Demjenigen, der die Äußerung in der ersten Person tätigt, kommt also eine gewisse Autorität hinsichtlich der Äußerung zu. Wenn ich zum Beispiel aufrichtig behaupte, dass ich gerade denke „Die Sonne scheint", dann darf mir keiner ohne Weiteres widersprechen.

Falls Selbstwissen tatsächlich unfehlbar sein sollte, wäre das eine direkte Erklärung für die Sprachkonvention: Sie würde dann einfach nur epistemische Besonderheiten abbilden. Richard Rorty (1970) hat allerdings dafür argumentiert, dass die Autorität der ersten Person tatsächlich nichts weiter als eine **reine Sprachkonvention** sei, der keine epistemische Besonderheit zugrunde liegt. Demnach müssten wir die Konvention, den Selbstzuschreibungen von Anderen nicht zu widersprechen, genauso einfach ändern können wie unsere Konvention, zum Abschied „Tschüss" zu sagen.

Das allerdings hält Donald Davidson (1984) für ganz und gar unplausibel. Er behauptet, dass wir uns nicht vorstellen können, diese Angewohnheit einfach so zu ändern, und er hält diese Nicht-Vorstellbarkeit für einen Hinweis darauf, dass wir es mit einem **stabilen epistemischen Phänomen** zu tun haben. Seine Erklärung läuft über seine Interpretationstheorie, im Rahmen derer er argumentiert, dass Sprecher im Allgemeinen wissen müssen, was sie meinen. Das liegt wiederum daran, dass jeder verpflichtet ist, sich möglichst so auszudrücken, dass die Äußerungen interpretierbar sind. Wenn nun aber eine Person nicht weiß, was sie da vor sich hin brabbelt, dann kann sie dieser Pflicht auch nicht nachkommen. Oder anders ausgedrückt: Als Hörer müssen wir davon ausgehen, dass die Sprecher im Allgemeinen wissen, was sie da sagen. (Das kann im Einzelfall auch mal schief gehen, aber in der Mehrheit der Fälle muss es so sein.)

Nach dieser Idee ist es nun so, dass jemand, der sich selbst einen mentalen Zustand zuschreibt, auch im Allgemeinen weiß, was mit dieser Selbstzuschreibung gemeint ist. Und im Falle von Selbstzuschreibungen bedeutet das nach Davidson, dass die Person dann auch weiß, dass die Selbstzuschreibung zutrifft. Auch das kann im Einzelfall mal schief gehen, aber es ist dennoch eine so stabile Voraussetzung für das Verstehen von Sprache überhaupt, dass sich daraus eine stabile Autorität der ersten Person ableiten lässt.

Da bei Davidsons Argument unklar bleibt, was das Besondere an Selbstzuschreibungen ist (in der Tat funktioniert das Argument von Davidson für alle Äußerungen, nicht nur für Selbstzuschreibungen), hat Tyler Burge (1996) ein ähnliches Argument vorgebracht, bei dem es aber um die Fähigkeit zum kritischen Argumentieren geht. Die Grundidee ist: Wir können kritisch argumentieren, was aber voraussetzt, dass wir im Allgemeinen wissen, was wir denken. Also wissen wir im Allgemeinen, was wir denken. Bei beiden Argumenten kann man allerdings kritisch fragen, was hier Henne und was Ei ist – ist es nicht vielleicht auch so, dass wir miteinander kommunizieren können, *weil* wir wissen, was wir denken? Und dass wir kritisch Argumentieren können, *weil* wir wissen was wir denken (vgl. Peacocke 1996)?

6.2 Aspekte des Selbstbewusstseins

Wenn wir im Alltag sagen, jemand sei selbstbewusst, so meinen wir meistens, dass diese Person sehr sicher auftritt und sich in Bezug auf die eigenen Fähigkeiten und Meinungen nicht leicht aus der Ruhe bringen lässt. Diese Bedeutung des Wortes „Selbstbewusstsein", bei der es um ein Persönlichkeitsmerkmal geht, spielt in der philosophischen Debatte keine Rolle. Vielmehr ist eine generelle Fähigkeit gemeint, die alle Menschen haben, die unbelebte Objekte sicher nicht haben, und die bei manchen Tieren vielleicht vorliegt, vielleicht auch nicht: Die Fähigkeit, die eigenen körperlichen und geistigen Zustände *als die eigenen* zu erfassen.

Was damit grob gemeint ist, illustriert folgende Geschichte von Ernst Mach (1886) ganz schön:

» Ich stieg einmal nach einer anstrengenden nächtlichen Eisenbahnfahrt sehr ermüdet in einen Omnibus, eben als von der anderen Seite auch ein Mann hereinkam. „Was steigt doch da für ein herabgekommener Schulmeister ein", dachte ich. Ich war es selbst, denn mir gegenüber befand sich ein großer Spiegel. (Mach 1886, Fußnote 1)

Ernst Mach fasste zwei verschiedene Gedanken über sich selbst, nämlich einmal, dass er wie ein heruntergekommener Schulmeister aussieht, und einmal, dass *er selbst* es ist, der so aussieht. Der erste Gedanke beim Anblick seines Spiegelbildes ist kein selbstbewusster Gedanke, da Mach über einen Mann nachdenkt, den er für einen anderen hält, obwohl es sich *de facto* um ihn selbst handelt. Erst, nachdem er den Spiegel im Bus als solchen erkannt hat, ist er in der Lage, diesen Gedanken auch auf sich selbst zu beziehen.

Es gibt allerdings verschiedene Verwendungsweisen des Wortes „Selbstbewusstsein" und verschiedene Aspekte des Selbstbewusstseins, die im Folgenden etwas sortiert werden sollen.

Der Bewusstseinsaspekt Das Selbstbewusstsein ist eine Art von Bewusstsein. In ▶ Kap. 5 wurde bereits dargelegt, dass wir zwischen Objekt-Bewusstsein und phänomenalem Bewusstsein unterscheiden können. Im ersten Fall geht es darum, dass wir uns eines Objektes bewusst sind, im zweiten Fall geht es darum, dass es ‚irgendwie ist', in diesem Zustand zu sein. Dementsprechend kann Selbstbewusstsein das Bewusstsein von bestimmten Objekten sein oder das Wie-es-ist-man-selbst-zu-sein, also der phänomenale Aspekt. Im ersten Fall stellt das Selbstbewusstsein nur dann einen interessanten Sonderfall innerhalb des Objekt-Bewusstseins dar, wenn es einen interessanten Unterschied im Objekt gibt – dazu kommen wir gleich. Im zweiten Fall liegt die Antwort nahe, dass der phänomenale Aspekt des Sich-selbst-Erlebens aufgeht im eigenen phänomenalen Erleben. Das soll bedeuten, dass ich-zu-sein so ist, wie mein bewusstes Erleben zu haben: mein bewusstes Erleben der Tastatur beim Tippen, mein bewusstes Erleben meiner Gedanken dabei und so weiter und so fort. In diesem Sinne wäre Selbstbewusstsein dasselbe wie phänomenales Bewusstsein, oder zumindest wären die beiden sehr eng miteinander verwoben. Es gäbe also kaum etwas Spezifisches am Selbstbewusstsein.

Es gibt aber noch eine etwas andere Lesart in Bezug auf den phänomenalen Aspekt, nämlich dass sich das Bewusstsein des Bewusstseins selbst bewusst ist (vgl. Frank 1994). Diese Lesart hat eine gewisse Rolle in den Überlegungen von Johann Gottlieb Fichte (1794) gespielt, der der Frage nachgegangen ist, was es bedeutet, sich seines eigenen Bewusstseins bewusst zu werden. Diese Art der Überlegung war im Kontext des deutschen Idealismus wichtig, um den Status des „transzendentalen Ichs" (Kant; s. oben) zu ergründen, das als Gegenpol zur und im Zusammenspiel mit der „Welt an sich" Erkenntnis hervorbringen kann. Im heutigen monistisch-naturalistisch geprägten Kontext treten diese Überlegungen jedoch in den Hintergrund, da ein Akteur, der durch Setzung überhaupt erst die Einheit der Erfahrung und damit das Erlebnissubjekt konstituiert, nicht notwendig scheint.

Das **Objekt des Selbstbewusstseins** ist nach heutigem Verständnis der bewusste Mensch selbst (so, wie das Objekt meiner bewussten Baum-Wahrnehmung der wahrgenommene Baum ist). Die entscheidende Frage ist nun demnach: Was genau ist der Unterschied zwischen dem bewussten Erfassen eines Sonnenuntergangs und dem bewussten Erfassen meiner selbst? Und hat jedes bewusste Erfassen meiner selbst besondere Aspekte, oder müssen wir hier weiter unterscheiden? Und schließlich: Was gehört alles zu mir selbst und was nicht?

Intuitiv ist das Erleben meiner selbst direkter als das bewusste Erfassen von anderen Objekten. In Bezug auf das Erfassen meiner eigenen mentalen Zustände hatten wir schon unter dem Stichwort „Selbstwissen" einiges zu den Unterschieden zum normalen Objektwissen gesagt. Aber auch in Bezug auf den eigenen Körper scheint es so zu sein: Anders als beim Bein meines Gegenübers muss ich nicht hinschauen, um zu wissen, wo sich mein Bein befindet. Ich scheine also einen **besonderen Zugang** zu meinen eigenen mentalen und körperlichen Zuständen zu haben. Aber das gilt nicht für alle Zustände: Welche Farbe meine Haare haben, kann ich nur so erfassen, wie auch Andere das können: Nachschauen. Wenn ich mir also der Farbe meiner Haare bewusst bin, scheint das kein Fall von Selbstbewusstsein zu sein.

Wir können also zunächst festhalten: Der Unterschied zwischen dem Bewusstsein von anderen Objekten und dem Bewusstsein von mir selbst liegt darin, dass letzteres auf einem besonderen Zugang beruht, der nur mir offensteht. Das klingt zunächst sehr ähnlich zu dem, was wir oben als Selbstwissen bezeichnet haben. Der entscheidende Unterschied ist allerdings, dass es hier nicht um Wissen geht, sondern um *Erleben*. Und da sind die klassischen epistemologischen Fragen nicht relevant. Zum Beispiel ist es unerheblich, ob dieser besondere Zugang besonders privilegiert oder präzise ist oder nicht – die Lage meiner Beine können unter Umständen Andere sehr viel besser und genauer bestimmen als ich sie fühlen kann, aber nur ich kann sie *fühlen*.

Die Frage, die nun zu beantworten ist, lautet: Zu welchen Aspekten meiner selbst habe ich einen besonderen Zugang? Ein Zugang ist hierbei immer eine Art, Informationen zu erlangen. Dazu gehören sicher auch sinnliche Wahrnehmungen, aber vielleicht auch mehr. Beginnen wir mit der Selbstwahrnehmung.

Selbstwahrnehmung als Sinnesmodalität   Zunächst scheint es intuitiv so zu sein, dass wir über bestimmte Sinnesmodalitäten Informationen über die Welt bekommen (z. B. über den Sehsinn), über andere aber Informationen über uns selbst (z. B. den

kinästhetischen Sinn, über den wir Informationen über unsere Muskel- und Sehnen-
zustände bekommen und der uns sagt, wo welche Gliedmaßen momentan sind und
wie sie sich bewegen). Diese Auffassung ist so tief verwurzelt, dass sie oft nicht explizit genannt wird. Wahrscheinlich liegt es daran, dass die Begriffe in diesem Bereich
nicht besonders scharf sind und unterschiedlich verwendet werden. Das lateinische
Wort für Selbstwahrnehmung, *Propriozeption,* wird häufig verwendet, um über die
Kinästhesie oder über ein Konglomerat aus Kinästhesie, Hungergefühl, Schmerz
und ähnlichen Modalitäten zu sprechen. Man findet auch den Begriff der Intero-
zeption (Wahrnehmung der Innenwelt) im Gegensatz zur Exterozeption (Wahrnehmung der Außenwelt), die mit bestimmten physiologisch – also anhand der Rezeptorart – charakterisierten Sinnesmodalitäten gleichgesetzt werden.

Diese Einteilung ist aber aus philosophischer Sicht nicht sinnvoll, da hier zwei
verschiedene Prinzipien gemischt werden, die nicht miteinander korrespondieren:
das physiologische Prinzip, das *Arten von Rezeptoren* unterscheidet, und das in-
formationstheoretische Prinzip, das *Arten von Information* unterscheidet (selbstbezogene vs. weltbezogene Information). So nehmen wir mit dem Sehsinn nicht
nur Dinge um uns herum wahr, sondern auch unsere eigene Position im Raum.
Wenn wir eine Flasche hochheben, nehmen wir nicht nur die Lage, Bewegung und
den Kraftaufwand unserer Muskeln wahr, sondern auch, ob die Flasche voll oder
leer ist. Noch deutlicher wird das vielleicht, wenn wir die Flasche schütteln: Wir
erfahren hier etwas über die Beschaffenheit der Flüssigkeit (wie viel, wie dickflüs-
sig etc.; Restat 1999). Es ist also generell so, dass wir über jede Rezeptorart sowohl selbstbezogene als auch weltbezogene Informationen aufnehmen können
(eine Ausnahme mögen Hunger und Müdigkeit sein).

Selbst-Welt-Unterscheidung nennen wir den Prozess, der es uns erlaubt, die
selbstbezogene von der weltbezogenen Information im Sinnesinput zu trennen.
Wie gerade ausgeführt, nimmt uns die Physiologie (also die Arten von Rezeptoren) diese Aufgabe nicht ab. Sehen wir uns hierzu ein sehr einfaches Beispiel an.

> ▶ **Beispiel: Der optomotorische Reflex der Fliege**

Wenn eine Fliege in einen Zylinder gesetzt wird, der vertikal schwarz und weiß gestreift
ist, dann passiert zunächst nichts Besonderes. Die Fliege sitzt oder läuft herum. Wenn
nun allerdings der Zylinder gedreht wird, dreht sich die Fliege mit, und zwar genau so,
dass das Bild im Auge der Fliege sich nicht verändert.

Das Interessante ist nun Folgendes: Wenn sich die Fliege selbst dreht, dann scheint es
sie nicht zu stören, dass sich das Bild auf ihrem Auge ändert. Wenn aber nicht sie, sondern ihre Umwelt sich dreht, dann stört das die Fliege und sie gleicht die Bewegung der
Umwelt aus. Und dieses reflexhafte Ausgleichen ist genau der optomotorische Reflex
(■ Abb. 6.1).

Das bedeutet, dass die Fliege unterscheiden kann zwischen der Änderung im visuellen
Input, die sie selbst verursacht und die entsprechend nur Informationen über die eigene
Bewegung bereitstellt, und der Änderung im visuellen Input, die sie nicht selbst verur-
sacht und die damit Informationen über die Welt bereitstellt. Mit anderen Worten: Die
Fliege kann also selbstbezogene Information und weltbezogene Information in ihrem
visuellen Input unterscheiden. ◀

6

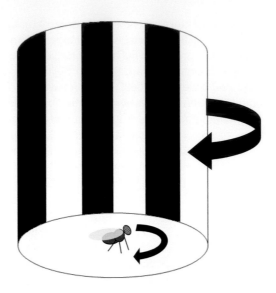

◨ **Abb. 6.1**   Der optomotorische Reflex der Fliege führt dazu, dass die Drehung des gestreiften Zylinders von der Fliege mitgemacht wird, so dass das Bild im Auge der Fliege sich nicht verändert

Was die Fliege kann, ist relativ basal und gerade deshalb so wichtig. Wir können uns an diesem Beispiel verdeutlichen, dass die Sinnesmodalität im physiologischen Sinne für die Art der Information unerheblich ist. Sogar beim Sehsinn, der uns (gefühlt) die meiste Information über unsere Umwelt bereitstellt, müssen wir selbstbezogene Informationen von weltbezogenen trennen, um überhaupt von einer Weltwahrnehmung sprechen zu können. Ohne eine solche Trennung könnte die Fliege nicht auf ‚externe' Stimuli reagieren, da dieselbe Reaktion auch auf selbstverursachte Stimuli erfolgen würde, was im Falle der Fliege zur kompletten Bewegungslosigkeit führen würde.

Das **Reafferenzprinzip** (Sperry 1950; von Holst/Mittelstaedt 1950) beschreibt einen möglichen Mechanismus, wie die Selbst-Welt-Unterscheidung im oben erläuterten Sinn geschehen kann. Nervenimpulse, die vom Gehirn ausgehen, heißen ‚Efferenzen', und Nervenimpulse, die zum Gehirn hinlaufen, ‚Afferenzen'. Die Idee ist nun, dass ein Teil der Afferenz – also der Information im Sinnesinput – von der Efferenz – also den eigenen Muskelkommandos – herrührt. Dieser durch die eigene Bewegung verursachte Anteil in der Afferenz wird ‚Reafferenz' genannt. Da aufgrund der Afferenzen (Motorkommandos) Vorhersagen über die Reafferenz errechnet werden können, ist es möglich, diese dann aus dem Sinnesinput direkt herauszurechnen, so dass sie gar nicht mehr in die Wahrnehmung eingehen. Wenn man sich zum Beispiel leicht seitlich auf den Augapfel drückt (was man nicht zu stark und nicht zu oft tun sollte), hat man den Eindruck, dass die Welt hin und her springt. Wenn man allerdings die Augen normal bewegt, bleibt die Welt stabil. In letzterem Fall wird das Springen des Inputs auf der Retina vorhergesagt und automatisch ‚abgezogen‘, so dass wir es gar nicht mehr wahrnehmen.

Die Aufgabe, selbstbezogene Informationen als solche zu identifizieren, ist also schon relativ komplex. Und da hier wahrscheinlich die Vorhersage der Effekte der eigenen Bewegungen eine entscheidende Rolle spielen, ist für die Bewältigung dieser Aufgabe einiges an Lernen nötig. Daher ist es auch plausibel, dass wir darin mit der Erfahrung immer besser werden und dass die Grenzen der Selbst- und Weltwahrnehmung im Laufe eines Lebens verschoben werden können.

Grenzen des eigenen Körpers   Was zu unserem eigenen Körper gehört, ist uns bewusst – auch das ist ein wesentlicher Aspekt des Selbstbewusstseins. Gewöhnlich werden zwei Ebenen der Repräsentation des eigenen Körpers unterschieden, nämlich das Körperbild und das Körperschema (Gallagher/Meltzoff 1996). Das **Körperschema** ist basaler und liegt nicht bewusst vor: Es enthält Informationen über den Körper, die zur Ausführung von Bewegungen nötig sind. Wenn wir bewusst eine Bewegung ausführen – etwa den Arm ausstrecken, um etwas zu greifen –, dann werden unbewusst sehr viele andere ‚Bewegungen‘ gleichzeitig ausgeführt – zum Beispiel eine Bewegung in den Beinen, die die durch die Armbewegung entstehende Schwerpunktverlagerung ausgleicht und verhindert, dass wir nach vorne kippen. Diese Bewegungsmuster sind im Körperschema gespeichert. Dabei ist das Körperschema flexibel: Wir gewöhnen uns relativ schnell an Schuhe mit hohen Sohlen, an einen Helm auf dem Kopf oder sogar an den Tennisschläger in unserer Hand und scheinen diese alle unbewusst in unseren Bewegungen zu berücksichtigen, sie also in das Körperschema zu integrieren. Allerdings ist das Körperschema nicht bewusst und gehört damit nicht direkt zum Selbst*bewusstsein*, auch wenn es eine Grundlage dafür darstellen könnte.

Das **Körperbild** hingegen liegt unserem bewussten Erleben unseres Körpers zugrunde. Es enthält Informationen darüber, was zu uns gehört und was nicht. So kann ich selbst nach einer langen Wanderung, bei der ich die dicken Wanderschuhe voll in mein Körperschema integriert habe, immer noch mit Sicherheit sagen, dass die Schuhe nicht Teil meines Körpers sind. Aber auch das Körperbild wird durch Erfahrung geprägt und passt sich laufend an, was zumindest während des Wachstums auch dringend nötig ist. Eindrucksvoll zeigt das auch die Rubber-Hand-Illusion (s. Vertiefungskasten), bei der der Eindruck entsteht, dass eine Gummihand zum eigenen Körper gehören würde. Weiterhin deuten Phänomene wie Phantomschmerzen darauf hin, dass dieser Anpassungsprozess auch schiefgehen kann: Die amputierte Gliedmaße scheint noch im Körperbild der Patienten vorhanden zu sein, so dass ein empfundener Schmerz dort verortet werden kann.

Zur Vertiefung: Die Rubber-Hand-Illusion
Bei der Rubber-Hand-Illusion wird das Gefühl erzeugt, eine Gummihand wäre die eigene Hand. Dazu legt die Versuchsperson ihre Hand auf einen Tisch hinter eine Blende, so dass sie diese Hand nicht sehen kann. Gleichzeitig liegt vor der Versuchsperson auf dem Tisch eine Gummihand an einer Stelle, wo auch die eigene Hand

6

◘ **Abb. 6.2**   Die Rubber-Hand-Illusion wird induziert, indem die verdeckte Hand und die sichtbare Gummihand gleichzeitig mit einem Pinsel berührt werden (Smit et al. 2018, S. 253)

liegen könnte. Eine andere Person berührt nun immer gleichzeitig die Gummihand und die echte Hand der Versuchsperson mit einem Pinsel, so dass die Versuchsperson die Berührung gleichzeitig spürt und sieht. Allerdings sieht sie die Berührung der Gummihand, während sie die Berührung der eigenen Hand spürt (◘ Abb. 6.2). Nach einiger Zeit stellt sich mehr und mehr das Gefühl ein, die Gummihand wäre die eigene Hand. Das kann man recht überzeugend an der Reaktion der Versuchsperson sehen, wenn man nun plötzlich mit einem Hammer auf die Gummihand schlägt – die Versuchsperson wird in Erwartung des Schmerzes ihre eigene Hand schnell wegziehen. Etwas genauer kann man den Grad der Illusion messen, indem man die propriozeptiv empfundene Position der eigenen Hand angeben lässt: Hier zeigt sich, dass sich mit zunehmender Illusion die Wahrnehmung in Richtung Gummihand verschiebt (s. Tsakiris/Haggard 2005).

Olaf Blanke (Blanke/Metzinger 2009) ist es sogar gelungen, diese Illusion auf den ganzen Körper zu übertragen: Dazu sieht man vor sich eine Puppe, deren Rücken berührt wird, während gleichzeitig der eigene Rücken berührt wird. Auch hier entsteht – zumindest bei manchen Versuchspersonen – das seltsame Gefühl, den eigenen Körper aus der Distanz zu beobachten.

Zusammenfassend kann man feststellen, dass bereits das Bewusstsein des eigenen Körpers vielschichtig und komplex ist. Viele der Aspekte, die hier angedeutet wurden, sind empirischer Natur und fallen damit eher in den Bereich der kognitiven Psychologie. Darüber hinaus können wir viel über die Funktionsweisen und die verschiedenen Ebenen lernen, wenn wir Fälle betrachten, in denen etwas nicht funktioniert – daher ist auch die Psychiatrie ein wichtiges Feld. Im Hintergrund steht aber immer auch die konzeptuelle Frage: Was macht das Bewusstsein von einem Arm zu Selbstbewusstsein? Und diese Frage ist bei allen ‚technischen‘ und empirischen Details eine genuine Frage der Philosophie des Geistes.

Bewegungen Unsere eigenen Bewegungen erleben wir normalerweise auch bewusst als die eigenen. Auch hier unterscheiden wir zunächst den Fall, in dem wir schlicht registrieren, dass sich unser Körper bewegt (und nicht der eines Anderen) von dem Fall, in dem wir registrieren, dass wir die Bewegung verursacht haben. Der erste Aspekt hängt eng mit dem Bewusstsein zusammen, welche Dinge zu meinem Körper gehören. Er taucht auch bei passiven Bewegungen auf (wenn z. B. jemand anders meinen Arm bewegt) und wird oft als ‚**Meinigkeit**‘ der Bewegung bezeichnet. Der zweite Fall allerdings tritt nur bei aktiven Bewegungen auf und wird meist als ‚**Urheberschaft**‘ der Bewegung bezeichnet. Dabei ist wichtig, dass dieser Aspekt nicht nur bei absichtlichen Bewegungen auftaucht: Auch bei einer reflexhaften Schutzbewegung, die ich ausführe, wenn ich etwas auf mich zufliegen sehe, erlebe ich mich als Urheber der Bewegung.

Aufbauend auf dem Reafferenzprinzip (s. oben) wurde von Chris Frith (1992) das **Komparator-Modell** entwickelt, das nicht nur erklärt, wie Bewegungen im Detail gesteuert werden, sondern auch, wie Urheberschaft registriert wird. Die Idee ist, dass bei jeder Bewegung eine Kopie des Motor-Kommandos erstellt wird, auf deren Grundlage die Effekte der Bewegung vorhergesagt werden können. All das geschieht unbewusst und automatisch. Die Idee ist nun: Alle Effekte, die vorausgesagt wurden, ordne ich mir selbst zu, und alle unerwarteten ordne ich Anderen zu. Wenn ich zum Beispiel ein Glas greife, dann wird automatisch auf der Grundlage des Motor-Kommandos vorhergesagt, dass meine Hand am Glas ankommen wird. Wenn das passiert, registriere ich, dass ich der Urheber der Bewegung war. Wenn das allerdings nicht passiert, zum Beispiel weil jemand anders unterwegs meinen Arm weggeschlagen hat, dann ordne ich mir die Bewegung auch nicht selbst zu.

Viele Details dieses Modells wurden kritisiert und diskutiert. Hier wollen wir nur eine Weiterentwicklung kurz erwähnen, die einen philosophischen Beitrag darstellt, nämlich die Unterscheidung zwischen einem automatisch erzeugten und wahrnehmungsähnlichen **Gefühl der Urheberschaft** und dem meistens darauf aufbauenden **Urteil der Urheberschaft** (Synofzik/Vosgerau/Newen 2008). Entscheidend dabei ist, dass das Urteil der Urheberschaft nicht blind dem Gefühl folgt, sondern auf wesentlich mehr Faktoren beruht. Genauso, wie wir etwa bei einem Strohhalm in einem Wasserglas einen Knick sehen, obwohl wir wissen, dass dort kein Knick ist, gibt es Situationen, in denen wir zwar kein Gefühl der Urheberschaft haben, aber trotzdem davon überzeugt sind, unbemerkt etwas verursacht zu haben – beispielsweise, wir unabsichtlich ein Glas vom Tisch gestoßen haben. Beide Ebenen sind daher relativ unabhängig voneinander, und das Komparator-Modell ist höchstens geeignet, das Gefühl zu erklären. Zudem muss bei empirischen Studien beachtet werden, was gemessen wird: Wenn die Probanden einfach nur gefragt werden: „War das deine Bewegung?", lässt sich kaum nachvollziehen, ob die Probanden von ihrem Gefühl oder ihrem Urteil berichten.

Geistige Zustände Unsere geistigen Zustände sind uns auch bewusst zugänglich, und zwar als unsere eigenen Zustände. Dass wir im Allgemeinen wissen, was wir denken und fühlen – dass wir also Zugriff haben auf die Inhalte unserer eigenen geistigen Zustände – haben wir bereits im Kapitel zu Selbstwissen diskutiert. An dieser Stelle soll es vielmehr um die Frage gehen, was es bedeutet, die Zustände als die eigenen zu *erleben*. Wir hatten oben gesagt, dass ein Merkmal für selbstbewusstes Erleben ist, dass es einen besonderen Zugang zum erlebten Objekt gibt. Bei den eigenen mentalen Zuständen ist das relativ klar der Fall, und häufig nennen wir diesen Zugang ‚**Introspektion**‘. Was genau diese Introspektion ist und wie sie funktioniert, wurde vielfältig diskutiert (Schwitzgebel 2019). Ohne auf diese Diskussion einzugehen, wenden wir uns der Frage zu, was es überhaupt bedeuten kann, die eigenen mentalen Zustände als die eigenen zu erleben.

In Analogie zum Erleben der eigenen Körperzustände wurde die Unterscheidung zwischen **Meinigkeit** und Urheberschaft auch auf mentale Zustände übertragen, wobei wir statt ‚Urheberschaft‘ lieber von ‚**Autorenschaft**‘ sprechen wollen. Demnach wäre ein mentaler Zustand mein eigener im Sinne der Meinigkeit, wenn er in meinem Geist vorkommt und nicht in dem eines Anderen. Ich wäre darüber hinaus der Autor eines Zustands, wenn ich diesen Zustand selbst hervorgebracht habe. Nehmen wir als Beispiel Gedanken: Was könnte es bedeuten, einen Gedanken zu erleben, der nicht in meinem Geist vorkommt? Wenn wir mit „Gedanken erleben“ meinen: introspektiv erfassen, dann scheint das schwierig zu sein. Introspektives Erfassen und der eigene Geist (zumindest der bewusste Teil davon) scheinen deckungsgleich zu sein. Anderenfalls müssten wir zulassen, dass ich auch introspektiven Zugriff auf den Geist Anderer haben kann – also so etwas wie Telepathie. Manche halten das für diskussionswürdig, da sie die metaphysischen Bedingungen der Meinigkeit ergründen wollen und Telepathie metaphysisch für möglich halten (vgl. z. B. Seeger 2015). Ob Meinigkeit allerdings eine sinnvolle metaphysische Kategorie darstellt, kann auch bezweifelt werden (in Bezug auf den Körper scheint es zumindest müßig, nach einem klaren metaphysischen Kriterium zu suchen, ab wann das Haar nicht mehr zu meinem Körper gehört und ab wann die Kohlenhydrate des Brötchens Teil von mir geworden sind).

Wenn wir allerdings davon ausgehen, dass mit „Gedanken erleben“ auch die alltägliche Erfahrung der Gedanken Anderer gemeint ist, taucht ein anderes Problem auf. Im nächsten Kapitel wird detailliert beschrieben, auf welche Weise wir im Alltag von den Gedanken Anderer erfahren; hier reicht es, sich einen besonders einfachen Fall vor Augen zu führen: durch sprachliche Kommunikation. Andere können uns ihre Gedanken sprachlich mitteilen. Aber wenn sie das tun, und wir die Äußerung verstehen, dann – so zumindest die klassische Beschreibung – fassen wir selbst den entsprechenden Gedanken; gerade das heißt es ja, eine Äußerung zu verstehen. Und dann hätte ich den Gedanken der Anderen nur dadurch erfasst, dass ich introspektiv auf meinen eigenen, über das Verstehen der Äußerung entstandenen Gedanken zugegriffen hätte. (Dieses Problem wiederholt sich übrigens, wenn wir auch Telepathie als eine Art Kommunikation verstehen – auch dann erlebe ich wieder einen Gedanken, der unstrittig meiner ist.)

Zusammenfassend wollen wir also im Folgenden davon ausgehen, dass die Meinigkeit der Gedanken mit dem introspektiven Erleben zusammenfällt (vgl. auch Vosgerau/Voss 2014).

Die **Autorenschaft von Gedanken** erlaubt allerdings sehr viel klarere Fälle von Fremdautorenschaft: Zum Beispiel, wenn ich die Äußerung von Anderen verstehe. Dann erlebe ich introspektiv einen Gedanken, von dem ich anscheinend nicht Autor:in bin. Was aber heißt es genau, Autor:in eines Gedankens zu sein? Auch hier gibt es vielfältige Grenzfälle: Bin ich Autor:in eines Tagtraums oder eines Gedankens, der plötzlich ungewollt aufpoppt? Und wenn ja, weil auch diese Gedanken irgendwie in meinem Kopf entstanden sind: Ist dann der Begriff der Autorenschaft nicht wieder trivialisiert, weil ich in diesem Sinne auch Autor des kommunizierten Gedankens bin? Und warum übertragen wir das dann nicht auf andere mentale Zustände und sagen, dass ich der Autor meiner Wahrnehmungen bin?

Es ist offenbar gar nicht so einfach zu sagen, was wir meinen, wenn wir sagen, dass ein Gedanke der eigene ist. Eine besondere Relevanz hat diese Frage wohl erst entwickelt mit der Diskussion um die Interpretation des Phänomens der **Gedankeneingebung.** Gedankeneingebung ist ein Symptom der Schizophrenie; Betroffene berichten, dass sie fremde Gedanken in ihrem Kopf haben – Gedanken, die von anderen Menschen oder Mächten dort hingebracht würden. Wenn wir versuchen, zu verstehen, welche Art von Erlebnis die Patienten hier zu schildern versuchen, geraten wir automatisch in die oben gestellten Fragen. Damit verbunden ist die Frage, ob es sich bei Gedankeneingebung um eine Störung des Selbstbewusstseins handelt oder nicht. Die Positionen reichen hier von einer relativ wörtlichen Auslegung (die Patienten erleben so etwas wie Telepathie, z. B. Seeger 2015) bis hin zu der Beschreibung, dass das Pathologische an anderen Faktoren als der fehlgeschlagenen Fremdzuschreibung liegt (z. B. Vosgerau/Voss 2014).

Das Selbstbewusstsein zeichnet sich durch vielfältige und komplexe Aspekte aus. Die Beschreibung und Erklärung vieler Aspekte erfordern eine ausgeprägt kognitionswissenschaftliche Herangehensweise, was bedeuten soll, dass empirische und philosophische Fragestellungen hier eng zusammenhängen und aufeinander verweisen. Hinzu kommt, dass viele einzelne Aspekte jeweils große Berührungspunkte oder gar Überschneidungen mit anderen Themenschwerpunkten haben: So ist beispielsweise das Selbstbewusstsein in Bezug auf den eigenen Körper eng verknüpft mit Fragen zur Motorsteuerung und Wahrnehmung. Viele der einschlägigen Diskussionen wird man daher unter dem Stichwort „Embodiment" finden. Andersherum findet man die ‚großen' Diskussionen auch in Bezug auf einzelne Aspekte des Selbstbewusstseins wieder: Können wir Selbstbewusstsein durch Repräsentationen erklären (z. B. Vosgerau 2009), oder brauchen wir einen anti-repräsentationalistischen Ansatz (z. B. Gallagher/Hutto 2008)?

In der analytischen Philosophie wurde das Selbstbewusstsein lange vor allem aus einer sprachphilosophischen Perspektive betrachtet. In der kontinentalen Philosophie, insbesondere der Phänomenologie, wurde thematisiert, in welchem Verhältnis ein ‚Selbst' zum bewussten Erleben allgemein steht. Beide Perspektiven führen zu ähnlichen Schlüssen und sollen hier kurz beispielhaft vorgestellt werden.

6.3 Essentielle Indexikalität und präreflexives Selbst

Analytische Sprachphilosophie Die sprachanalytische Perspektive fragt nach der Bedeutung von Wörtern – im Fall von Selbstbewusstsein geht es in erster Linie um das Wort „ich" in seinen verschiedenen Formen („mich", „mein" etc.). Standardmäßig wird die Semantik des Wortes „ich" angegeben als: der Sprecher dieses Vorkommnisses von „ich". Die Äußerung „Ich sage nichts" bedeutet demnach, dass der Sprecher, der diesen Satz gerade geäußert hat, nichts sagt. Die entscheidende Frage ist nun aber, ob es gewisse Besonderheiten gibt in der Verwendungsweise dieses Wortes, die es bei anderen Wörtern, die ansonsten ähnlich funktionieren (z. B. „du"), nicht gibt.

Wenn Ödipus sagt, dass der Mörder seines Vaters bestraft werden soll, dann können wir richtigerweise sagen: „Ödipus wünscht, dass er bestraft wird". Das ist richtig, obwohl Ödipus gar nicht weiß, dass er von sich selbst wünscht, dass er bestraft wird (da er nicht weiß, dass er der Mörder seines Vaters ist). Der Satz kann allerdings auch anders gelesen werden, nämlich so, dass es Teil des Wunsches von Ödipus ist, dass er selbst bestraft werden soll. Wenn wir das deutlich machen wollen, dann können wir das Wort „selbst" hinzufügen: „Ödipus wünscht, dass er selbst bestraft wird". Hector-Neri Castañeda (1966) schlug vor, diese beiden Verwendungsweisen von Personalpronomina durch ein Sternchen zu unterscheiden, wobei „er*" so viel wie ‚er selbst' bedeuten soll. „Ödipus wünscht, dass er* bestraft wird" wäre also solange falsch, wie Ödipus nicht weiß, dass er der Mörder seines Vaters ist.

Aufbauend auf dieser Überlegung führt Castañeda die Unterscheidung zwischen „ich" und „ich*" ein – auch hier soll es einen Unterschied geben, und nur die letzte Verwendung soll auf Selbstbewusstsein hinweisen. Das ist aber eine ziemlich schwammige Angelegenheit, da gar nicht klar ist, was der Unterschied sein soll zwischen: „Ich weiß, dass ich bestraft werden soll" und „Ich weiß, dass ich* bestraft werden soll" (beide geäußert von Ödipus). Genauso ist unklar, ob es einen Unterschied gibt zwischen den Sätzen „Sie wissen, dass ich dieses Lehrbuch geschrieben habe" und „Sie wissen, dass ich* dieses Lehrbuch geschrieben habe" (geäußert von mir; kurze Erinnerung: „ich*" kann durch „ich selbst" ersetzt werden). Nichtsdestotrotz nimmt die Idee einer eigenen Art der Bezugnahme des Wortes „ich" (oft *de se* Art genannt; s. Vertiefungskasten) hier ihren Anfang. Sehen wir uns eine in der Folge entstandene Beschreibung etwas genauer an.

Zur Vertiefung: *De dicto, de re, de se*

Die Unterscheidung zwischen *de dicto*- und *de re*-Lesarten von Sätzen kommt aus der mittelalterlichen Modallogik. Sie bezieht sich auf zwei mögliche Lesarten des Wirkungsbereichs eines Modaloperators. Wenn wir zum Beispiel ausdrücken wollen, dass beim Backgammon ein Unentschieden ausgeschlossen ist, können wir sagen: „Notwendigerweise gibt es bei jedem Backgammonspiel eine Person, die gewinnt". Der Modaloperator „notwendigerweise" kann sich nun entweder auf den ganzen Satz beziehen oder auf das Subjekt „eine Person":

- Die Modalität wird vom Satz (lat. *de dicto*) ausgesagt:
  - Notwendigerweise gilt: Bei jedem Backgammonspiel gibt es eine Person, die gewinnt.
  - Plausible Lesart in diesem Fall
- Die Modalität wird vom Ding (lat. *de re*) ausgesagt:
  - Es gibt eine Person, die notwendigerweise bei jedem Backgammonspiel gewinnt.
  - Unplausible Lesart in diesem Fall, da es bedeuten würde, dass ein einziger konkreter Mensch alle Backgammonspiele gewinnt

Verben, die propositionale Einstellungen (▶ Kap. 2) ausdrücken, können auch als Modaloperatoren aufgefasst werden. Daher kann die Mehrdeutigkeit solcher Sätze wie „Ödipus wünscht, dass der Mörder seines Vaters bestraft wird" mit der eben eingeführten Terminologie beschrieben werden.

- Die Modalität wird vom Satz (lat. *de dicto*) ausgesagt:
  - Ödipus glaubt (und sagt): „Der Mörder meines Vaters (wer auch immer es sein mag) soll bestraft werden."
- Die Modalität wird vom Ding (lat. *de re*) ausgesagt:
  - Es gibt einen Mörder des Vaters von Ödipus, und Ödipus wünscht sich, dass genau dieser Mensch bestraft wird.
  - Zwar liegt nahe, dass dieser Mensch bestraft werden soll, weil er der Mörder ist, aber die Aussage kann auch ohne eine kausale Verbindung verstanden werden. „Der Mörder des Vaters von Ödipus" ist dann bloß die Bezeichnung für den Menschen, dem Ödipus eine Strafe wünscht. Diese Lesart würde also zulassen, dass Ödipus gar nicht weiß, dass der Mensch, den er bestrafen möchte, der Mörder seines Vaters ist.

Das Castañeda-Beispiel hat gewisse Ähnlichkeiten mit dieser Unterscheidung: Im Falle von „er*" ist auch Ödipus klar, dass es um ihn selbst geht, während es im Fall mit „er" um ein Objekt geht, von dem er nicht weiß, dass er es ist. Der „er"-Fall ist daher der *de re* Lesart sehr nahe, aber der „er*"-Fall scheint weder *de re* noch *de dicto* zu sein. Da es in diesem Fall um den Rückbezug zu sich selbst geht, wird hier in Analogie zu den anderen Bezeichnungen von einer *de se*-Lesart gesprochen.

John Perry (1979) erzählt, dass er einmal in einem Supermarkt auf dem Boden eine Zuckerspur fand – offenbar hatte jemand eine kaputte Zuckertüte in seinem Einkaufswagen, ohne es zu bemerken. Er folgte der Zuckerspur, um denjenigen zu finden. Nach der zweiten Umrundung des Regals dämmerte es ihm, dass er selbst derjenige war, den er suchte. Er blieb stehen und entfernte die kaputte Tüte aus seinem Wagen. Die **Konsequenzen für das eigene Handeln** unterscheiden sich also erheblich, je nachdem, ob ein *de dicto/de re*-Gedanke oder ein *de se*-Gedanke vorliegt. Im ersteren Fall („irgendjemand verliert Zucker") veranlasst der Gedanke Perry, der Spur zu folgen. In dem Moment allerdings, in dem er den *de se*-Gedanken („ich verliere Zucker") fasst, ändert sich das Verhalten von Perry schlagartig: Er bleibt stehen und versucht, die Unordnung zu beseitigen. Unabhängig von grammatischen oder semantischen Unterschieden gibt es also eine klare Besonderheit von *de se*-Gedanken in Bezug auf das Verhalten.

Perry argumentiert weiter, dass die Verwendung des Wortes „ich" zum Ausdruck der Gedanken wesentlich sei – das bedeutet, dass wir das Wort nicht durch bedeutungsgleiche Ausdrücke ersetzten können. Zur Verdeutlichung führt er den Gedanken „John Perrys Hosen brennen" an. Dieser Gedanke würde ihn, so seine Überlegung, völlig kalt lassen, wenn er nicht zusätzlich auch noch den Gedanken hätte, er selbst sei John Perry. Dann aber hätte er wieder einen Gedanken, den wir mit „ich" ausdrücken müssten: „Ich bin John Perry". Und dieser Gedanke hat offenbar ganz andere Effekte als „John Perry ist John Perry". Wie man es also dreht und wendet, ein Gedanke hat diese spezifischen Handlungskonsequenzen nur dann, wenn es sich um einen *de se*-Gedanken handelt (oder auf einen solchen zurückgeführt werden kann), dessen sprachlicher Ausdruck unbedingt das Wort „ich" enthalten muss. Da „ich" ein sogenannter indexikalischer Ausdruck ist (also grob ein Ausdruck, der in unterschiedlichen Sprechsituationen auf unterschiedliche Dinge referiert), spricht man in diesem Zusammenhang von essentieller Indexikalität.

Essentielle Indexikalität liegt bei *de se*-Gedanken vor: Der indexikalische Ausdruck „ich" (bzw. seine Entsprechung in Gedanken) ist essentiell für die Handlungskonsequenzen dieses Gedankens. Wenn wir die Sache etwas weiterdenken, sehen wir, dass letztlich alle Handlungen von *de se*-Gedanken motiviert werden. Nehmen wir den ersten Gedanken von Perry im Supermarkt: „jemand macht Unordnung, ich werde diese Person finden" enthält auch ein „ich", das sich nicht ersetzen lässt. Darüber hinaus gibt es noch zwei weitere indexikalische Ausdrücke mit der gleichen Eigenschaft, die wir in den Beispielen bisher implizit gelassen hatten: „hier" und „jetzt". Weder der Gedanke „meine Hosen brannten gestern" noch der Gedanke „meine Hosen, die ich in Hosenfeld habe liegen lassen, brennen" führen zu demselben Verhalten wie der Gedanke „meine Hosen brennen hier und jetzt". Essentiell ist also nicht nur das denkende und handelnde Subjekt, sondern auch der Raum-Zeit-Punkt, an dem es sich befindet.

Selbstbewusste Gedanken können wir demnach auch als *de se*-Gedanken charakterisieren, also als solche Gedanken, die unmittelbare Gründe für Handlungen darstellen können. Ohne selbstbewusste Gedanken in diesem Sinne hätten unsere Gedanken keinen Einfluss auf das, was wir tun: Unsere Gedankenwelt wäre von uns als handelnden Akteuren völlig getrennt. Das bedeutet auch, dass der unmittelbare Selbstbezug, der sich in der essentiellen Indexikalität ausdrückt, eine Voraussetzung dafür ist, dass wir überhaupt aufgrund unserer Überzeugungen handeln können. Man könnte sogar soweit gehen, zu sagen, dass der unmittelbare Selbstbezug eine Voraussetzung für Denken schlechthin ist. Er ist in jedem Gedanken schon immer mit enthalten.

Phänomenologie Die phänomenologische Perspektive führt Edmund Husserl (1913) über seine Untersuchungen zum bewussten Erleben zu einem anderen, aber doch ähnlichen Ergebnis. Die **Phänomenologie** ist eine auf Husserl zurückgehende Herangehensweise an philosophische Probleme, die vom bewussten Erleben (den Phänomenen, von griech. φαινόμενον, *phainómenon*: ‚Erscheinendes') ausgeht und versucht, dieses zu analysieren (im Gegensatz z. B.

zur sprachanalytischen Philosophie die von den Sätzen ausgeht, mit denen wir über etwas reden, und diese analysiert). Eine Methode, die dabei wichtig ist, ist die **Reflexion,** bei der man das bewusste Erleben selbst zum Gegenstand des Bewusstseins macht. Das bedeutet, dass man sich auf das Erleben selbst konzentriert und versucht, das dann Erlebte genau zu beschreiben und zu analysieren. Dabei wird man unter anderem feststellen können, dass bei jedem Erleben ein erlebendes Subjekt – ein ‚Selbst‘ – und ein erlebtes Objekt beteiligt sind. Dieses erlebte Selbst wird das ‚reflexive Selbst‘ genannt: Es ist das Selbst, wie es uns erscheint, wenn wir versuchen, es uns zum Objekt zu machen.

Das **präreflexive Selbst** ist dagegen dasjenige Selbst, das bereits in jedem Erleben enthalten ist, und zwar als Subjekt, nicht als Objekt. Durch die Reflexion versucht man, sich dieses Subjekt zum Objekt zu machen. Dabei wird wiederum etwas erlebt, was erneut ein präreflexives Selbst als erlebendes Subjekt voraussetzt. Wichtig ist hierbei, dass wir zwei Phänomene haben: Das reflexive Selbst und das präreflexive Selbst. Ob die beiden verschiedene Erscheinungsweisen ein und desselben ‚Dings‘ sind oder nicht, ist eine Frage der weiteren Analyse, der hier nicht nachgegangen wird. Entscheidend ist, dass bewusstes Erleben nicht ohne ein präreflexives Selbst stattfinden kann, ganz ähnlich wie bei der essentiellen Indexikalität und den Handlungen. Und dieses präreflexive Selbst können wir als Phänomen nicht untersuchen, indem wir es uns zum Objekt (also zum reflexiven Selbst) machen, da wir in dem Moment das Phänomen verändert haben und ein ‚neues‘ präreflexives Selbst ins Spiel gebracht haben. Auch hier wird also eine besondere und unmittelbare Selbstbezugnahme vorausgesetzt, ohne die etwas – in diesem Fall das bewusste Erleben – gar nicht denkbar wäre. Das präreflexive Selbst ist in diesem Sinne die (logische, nicht unbedingt zeitliche) Voraussetzung für Bewusstsein überhaupt.

Die unmittelbare Selbst-Bezugnahme, wie wir sie in *de se*-Gedanken und im Sinne des präreflexiven Selbst in jedem bewussten Erleben finden, hat wiederum eine Ähnlichkeit mit der Selbst-Welt-Unterscheidung, die oben als Voraussetzung für eine stabile Wahrnehmung der Welt beschrieben wurde. Alle drei Arten der Selbst-Bezugnahme stellen basale Formen des Selbstbewusstseins dar, auf der andere, ‚höhere‘ und komplexere Formen des Selbstbewusstseins (wie in ▶ Abschn. 6.2 beschrieben) aufbauen können. Dabei kommen drei ganz unterschiedliche Herangehensweisen, die sich auf je eine der drei Ebenen Wahrnehmung, Denken und bewusstes Erleben beziehen, zu sehr ähnlichen Ergebnissen: dass es nämlich eine basale und unmittelbare Selbstbezugnahme geben muss.

6.4 Fazit

Das Phänomen, dass wir uns selbst auf eine ganz besondere Art und Weise erleben, stellt sich bei genauerem Hinsehen als ein enorm vielschichtiges Phänomen dar. Zunächst können wir feststellen, dass gar nicht so klar ist, was ‚das Selbst‘ sein soll und ob es überhaupt sinnvoll ist, von einem solchen zu sprechen. Aber auch, wenn wir die Nominalisierungen weglassen, bleibt natürlich das Phänomen erhalten, an dem wir verschiedene Aspekte unterscheiden können.

Zunächst können wir den epistemologischen Zugang zu unseren eigenen mentalen Zuständen, das **Selbstwissen,** unterscheiden von unserem bewussten Zugang zu uns selbst. Die Kernfrage lautet: Welche epistemischen Besonderheiten weist das Selbstwissen auf und wie können wir es erklären? Zusätzlich stellt sich die Frage, ob die epistemischen Besonderheiten auch das verwandte Phänomen der **Autorität der ersten Person,** bei dem es sich um ein sprachliches Phänomen handelt, erklären können (◻ Tab. 6.1).

Bei den Aspekten des **Selbstbewusstseins** geht es um die Frage, was der spezifische Unterschied ist zwischen einem Bewusstsein von mir und einem Bewusstsein von etwas anderem. Bereits auf der Ebene der *Wahrnehmung* müssen wir eine Selbst-Welt-Unterscheidung vornehmen, die es uns erlaubt, zwischen den selbstbezogenen und den weltbezogenen Informationen im Sinnesinput zu differenzieren. Weiterhin erleben wir *unseren Köper* als unseren eigenen Körper, und zwar nicht nur hinsichtlich der Frage, was alles zu meinem Körper gehört, sondern auch hinsichtlich der Frage, welche Bewegungen meine sind und welche *Bewegungen* ich als Urheber initiiert habe. Die letzte Frage wiederholt sich in Bezug auf unsere *Gedanken:* Welches sind meine Gedanken und wer ist der Autor dieser Gedanken? Für die Beantwortung all dieser Fragen ist eine interdisziplinäre Perspektive unabdingbar.

◻ **Tab. 6.1**   Positionen in Bezug auf unser Selbstwissen

Name	Grundidee	Hauptproblem
Unfehlbarkeit	Überzeugungen über die eigenen mentalen Zustände sind immer wahr	Empirisch unplausibel
Allwissenheit	Ich habe Wissen über alle meine mentalen Zustände	Unbewusste Wünsche und subliminale Wahrnehmung
Unbezweifelbarkeit	Selbstwissen kann nicht angezweifelt werden	Falsche Klassifikation und inkonsequentes Handeln
Nichtkorrigierbarkeit	Die Falschheit von Selbstwissen kann nicht gezeigt werden	Inkonsequentes Handeln
Immunität gegenüber dem Irrtum durch Fehlidentifikation	Ich kann mich nicht irren in Bezug auf die Frage, wer in dem mentalen Zustand ist, den ich erlebe	Evtl. Gedankeneingebung und siamesische Zwillinge
Autorität der ersten Person als Sprachkonvention	Dass wir anderen bei Selbstzuschreibungen nicht widersprechen, ist bloße Konvention	Das Phänomen scheint deutlich stabiler zu sein als bloße Konventionen
Autorität der ersten Person als Voraussetzung der Kommunikation/des kritischen Argumentierens	Kommunikation und kritisches Argumentieren setzen voraus, dass wir normalerweise wissen, was wir denken	Kann Kommunikation Selbstwissen erklären oder ist es nicht vielmehr anders herum?

Schließlich haben wir noch einen Blick geworfen auf zwei ganz unterschiedliche Ansätze, die jeweils zu dem Schluss kommen, dass es eine grundlegende Art der Selbstbezugnahme geben muss, die nicht weiter erklärt werden kann. Aus der sprachphilosophischen Perspektive können wir eine unmittelbare Art der Selbstbezugnahme in sogenannten *de se-Gedanken* finden, die die Grundlage von Handlungen bilden. In der phänomenologischen Tradition wird dafür argumentiert, dass unser Erleben immer schon ein *präreflexives Selbst* beinhaltet, das als Basis des Erlebens insgesamt verstanden werden kann (◘ Tab. 6.2).

◘ **Tab. 6.2** Aspekte des Selbstbewusstseins

Name	Grundidee	Hauptproblem
Selbst-Welt-Unterscheidung	Die Unterscheidung zwischen selbstbezogener und weltbezogener Information im Sinnesinput ist eine Leistung des Subjekts	Da Rezeptoren nicht den Unterschied erklären: Wie kann die Unterscheidung getroffen werden?
Meinigkeit des Köpers	Ich kenne die Bewegungseigenschaften (Körperschema) und die Grenzen meines Körpers (Körperbild)	Wie steht das Körperschema zum Selbstbewusstsein? Welche Prozesse führen zum Erleben der Meinigkeit?
Meinigkeit und Urheberschaft der Bewegungen	Ich weiß, wenn sich mein Körper bewegt (Meinigkeit) und wann ich eine Bewegung initiiere und kontrolliere (Urheberschaft)	Welche Prozesse liegen dem zugrunde? Handelt es sich um ein Phänomen auf Ebene der Überzeugungen oder auf tieferen Ebenen des Erlebens?
Meinigkeit und Autorenschaft der Gedanken	Ich weiß, welche Gedanken in meinem Bewusstsein sind (Meinigkeit) und welche Gedanken von mir stammen (Autorenschaft)	Kann ich fremde Gedanken introspektiv erleben? Ist das Erleben von fremden Gedanken pathologisch?
Essentielle Indexikalität	Einige Gedanken können nicht adäquat ausgedrückt werden ohne das indexikalische Wort „ich"	Handelt es sich um ein sprachliches Phänomen oder um einen sprachlichen Reflex einer basalen kognitiven Selbstbezugnahme?
Präreflexives Selbst	In jedem Erleben ist das erlebende Subjekt als Subjekt enthalten	Da wir es nicht untersuchen können: Was können wir über das präreflexive Selbst sagen?

Literatur

Alston, William P.: „Varieties of Privileged Access". In: *American Philosophical Quarterly* 8 (1971), 223–241.

Beckermann, Ansgar: „Die Rede von dem Ich und dem Selbst. Sprachwidrig und philosophisch höchst problematisch". In: K. Crone/R. Schnepf/J. Stolzenberg (Hrsg.): *Über die Seele*. Frankfurt/M. 2010, 458–473.

Blanke, Olaf/Metzinger, Thomas: „Full-body illusions and minimal phenomenal selfhood.". In: *Trends in cognitive sciences* 13 1 (2009), 7–13.

Brand, Cordula: *Personale Identität oder menschliche Persistenz?: Ein naturalistisches Kriterium*. Leiden, Niederlande 2020.

Burge, T.: „Our entitlement to self-knowledge". In: *Proceedings of the Aristotelian Society* 46 (1996), 91–116.

Castañeda, H.-N.: „„He": A Study in the Logic of Self-Consciousness". In: *Ratio* 8 (1966), 130–157.

Davidson, D.: „First person authority". In: *Dialectica* 38 (1984), 101–111.

Fichte, J.G.: *Grundlage der gesammten Wissenschaftslehre*. Leipzig 1794.

Frank, M.: *Analytische Theorien des Selbstbewusstseins*. 1994.

Frith, C. D.: *The Cognitive Neuropsychology of Schizophrenia*. Hillsdale 1992.

Gallagher, Shaun/Meltzoff, Andrew N.: „The earliest sense of self and others: Merleau-Ponty and recent developmental studies". In: *Philosophical Psychology* 9 2 (1996), 211–236.

Gallagher, Shaun/Hutto, D.: „Understanding others through primary interaction and narrative practice". In: J. Zlatev/T. Racine/C. Sinha/E. Itkonen (Hrsg.): *The Shared Mind: Perspectives on Intersubjectivity*. Amsterdam 2008, 17–38.

Gettier, E. L.: „Is Justified True Belief Knowledge?". In: *Analysis* 23 (1963), 121–123.

von Holst, E./Mittelstaedt, H.: „Das Reafferenzprinzip". In: *Die Naturwissenschaften* 20 (1950), 464 476.

Hume, David: *Ein Traktat über die menschliche Natur* (Philosophische Bibliothek). Hamburg 2013.

Husserl, Edmund: *Logische Untersuchungen : Band 2, Untersuchungen zur Phänomenologie und Theorie der Erkenntnis, Teil 1*. Halle ²1913.

Kant, I.: *Kritik der reinen Vernunft*. Berlin 1787.

Langland-Hassan, Peter: „Introspective misidentification". In: *Philosophical Studies* 172 (2014), 1737–1758.

Mach, Ernst: *Analyse der Empfindungen*. Jena 1886.

Peacocke, C.: „Our Entitlement to Self-Knowledge. Entitlement, Self-Knowledge and Conceptual Redeployment". In: *Proceedings of the Aristotelian Society* 46 (1996), 117–158.

Perry, John: „The Problem of the Essential Indexical". In: *Noûs* 13 (1979), 3–21.

Plato: *Theätet: griechisch/deutsch* (Reclams Universal-Bibliothek, Band Nr. 6338). Stuttgart 2012.

Restat, Jan: *Kognitive Kinästhetik. Die modale Grundlage des amodalen räumlichen Wissens*. Lengerich 1999.

Rorty, R.: „Incorrigibility as the Mark of the Mental". In: *Journal of Philosophy* 67 (1970), 399–424.

Schurz, Gerhard: *Erkenntnistheorie. Eine Einführung*. 2021.

Schwitzgebel, Eric: „Introspection". In: Edward N. Zalta (Hrsg.): *The Stanford Encyclopedia of Philosophy*. 2019.

Seeger, M.: „Authorship of thoughts in thought insertion: What is it for a thought to be one's own?". In: *Philosophical Psychology* 28, (2015), 837–855.

Smit, M./Brummelman, J. T. H./Keizer, A./van der Smagt, M. J./Dijkerman, H. C./ van der Ham, I. J. M.: „Body ownership and the absence of touch: approaching the rubber hand inside and outside peri-hand space". In: *Experimental Brain Research* 236 (2018), 3251–3265.

Sperry, R. W.: „Neural Basis of the Spontaneous Optokinetic Response Produced by Visual Inversion". In: *Journal of Comparative and Physiological Psychology* 43 (1950), 482–489.

Synofzik, M./Vosgerau, G./Newen, A.: „Beyond the comparator model: A multifactorial twostep account of agency". In: *Consciousness and Cognition* 17 1 (2008), 219–239.

Tsakiris, Manos/Haggard, Patrick: „The rubber hand illusion revisited: visuotactile integration and self-attribution.". In: *Journal of experimental psychology. Human perception and performance* 31 1 (2005), 80–91.

Vosgerau, Gottfried: „Stufen des Selbstbewusstseins: Eine Analyse von Ich-Gedanken". In: *Grazer Philosophische Studien* 78 (2009), 101–130.

Vosgerau, Gottfried/Voss, Martin: „Authorship and Control over Thoughts: Authorship and Control over Thoughts". In: *Mind & Language* 29 5 (2014), 534–565.

Wittgenstein, L.: *Preliminary Studies for the „Philosophical Investigations," Generally Known as the Blue and Brown Books*. Oxford 1958.

Fremdpsychisches und kollektive mentale Zustände

Inhaltsverzeichnis

© Springer-Verlag GmbH Deutschland, ein Teil von Springer Nature 2021
G. Vosgerau und N. Lindner, *Philosophie des Geistes und der Kognition*,
https://doi.org/10.1007/978-3-476-04567-6_7

Ich sitze an meinem Schreibtisch und arbeite an dem vorliegenden Kapitel. Höre ich für einen Moment in mich hinein, kann ich verschiedene Aspekte meines Innenlebens beleuchten. So stelle ich den Wunsch fest, einen Kaffee zu trinken. Allerdings weiß ich auch, dass ich leider keine Milch im Haus habe. Ich habe auch Zugriff auf andere Geistesinhalte wie den Gedanken, dass ich mich an den Plan für das Kapitel halten möchte und hinterfrage, welche Theorien und Ansätze ich darstellen sollte.

Zu unseren eigenen Geistesinhalten verfügen wir über einen direkten Zugang (Introspektion, s. auch ▶ Abschn. 6.1). Dies gilt für so unterschiedliche mentale Zustände wie Wünsche, Überzeugungen, Absichten und Wahrnehmungen. Fragt man mich danach, was gerade in meinem Geist vorgeht, kann ich diese Frage häufig direkt beantworten, indem ich Introspektion oder Innenschau betreibe. Dies bedeutet nicht automatisch, dass ich alles bestimmen oder angeben kann, was in meinem eigenen Geist vorgeht. Einer solchen Transparenz des Geistes, wie sie beispielsweise noch von René Descartes angenommen wurde, widersprachen bereits Theorien des Unbewussten (s. ▶ Kap. 6). Trotzdem scheint klar zu sein, dass wir einen besonders direkten Zugang zu unseren eigenen mentalen Zuständen haben.

Wenngleich wir unseren eigenen Geist also zu keinem Zeitpunkt in Gänze kennen oder erschließen können, ist es doch so, dass wir auf einen Teil unserer mentalen Zustände direkt zugreifen können. In Bezug auf andere Menschen sieht dies auf den ersten Blick ganz anders aus. Frage ich mich beispielsweise, wie es meiner Freundin in einem bestimmten Moment geht, so kann ich dies nicht beantworten, indem ich direkt in ihren Geist schaue. Dennoch gelingt es mir oft recht gut, einzuschätzen, was sie oder andere Menschen zu einem bestimmten Zeitpunkt denken, wollen, empfinden usw. Mit der Fragestellung, wie dieser Spagat gelingt und wie unsere Fähigkeiten in diesem Bereich auch unser gemeinsames Handeln mit Anderen ermöglichen, soll sich das folgende Kapitel beschäftigen.

7.1 Das Other-Minds-Problem

Bevor wir uns der Frage widmen, wie uns der Zugriff auf mentale Zustände Anderer gelingt, stellt sich noch eine viel grundlegendere Frage, die in der Philosophiegeschichte intensiv diskutiert wurde: Wie kann ich überhaupt wissen, dass andere Menschen über einen Geist verfügen? Dieses Problem wird in der Philosophie als ‚Problem des Fremdpsychischen' oder auch ‚Other-Minds-Problem' bezeichnet. In Hinblick auf meinen eigenen Geist lässt sich diese Frage einfach mit Rückgriff auf den direkten Zugang zu meinen eigenen mentalen Zuständen beantworten. Ich weiß, dass ich einen Geist habe, weil ich auf meine eigenen Gedanken, Wünsche, Gefühle usw. zugreifen kann. Die Unbezweifelbarkeit dieses Umstandes wird prominent in den *Meditationen* von René Descartes (1641) diskutiert und führt ihn zu seinem berühmten Diktum „Ich denke, also bin ich". Das Problem des Fremdpsychischen ist somit eng verwandt mit dem Skeptizismus und führt, sofern man es nicht löst, zum *Solipsismus* (von lat. *solus:* ‚nur' und *ipse:* ‚selbst‘). Dies bezeichnet eine erkenntnistheoretische Position, die davon ausgeht, dass nur der eigene Geist existiert und andere Geister (und alle anderen Dinge der Außenwelt) lediglich Inhalte in diesem einen Geist sind.

Wie bereits angesprochen wurde, ist dieser direkte Zugang zu den Geistern anderer Menschen außerhalb von Esoterik oder Science-Fiction nicht möglich. Somit stellt sich zunächst die Frage, wie wir überhaupt feststellen können, ob andere Menschen ihrerseits über einen Geist verfügen. Natürlich können wir beobachten, dass diese handeln, auf die Umwelt reagieren und ihre – vermeintlichen – Gedanken oder Gefühle mitteilen. Dies reicht jedoch nicht aus, um sicherzustellen, dass diesem äußeren Geschehen auch ein entsprechendes inneres, geistiges Leben gegenübersteht. Es wäre prinzipiell denkbar, dass sie all dies tun, ohne über mentale Zustände zu verfügen. Diese Idee mag zunächst abwegig oder geradezu phantastisch wirken. Denkt man aber an humanoide Roboter oder an nicht-menschliche Tiere, so erscheint die Fragestellung durchaus naheliegender. Im Hinblick auf Menschen stellt sich die Frage nach dem Geist eines anderen Subjektes jedoch in gleicher Weise. Die Grundidee ähnelt hier derjenigen der ‚philosophischen Zombies‘ (▶ Kap. 5) mit dem Unterschied, dass im vorliegenden Falle nicht nur das Fehlen bewussten Erlebens, sondern das fehlende Vorliegen eines Geistes überhaupt angenommen wird.

Zusammengefasst lässt sich das Problem des Fremdpsychischen folgendermaßen als Argument darstellen:

> ▶ **Argument: Das Problem des Fremdpsychischen**
>
> 1. Direkten Zugang haben wir nur zu unserem eigenen Geist.
> 2. Die vermeintlichen inneren Vorgänge Anderer erschließen wir vermittelt über deren Verhalten.
> 3. Die Beobachtung von Verhalten erlaubt nicht die direkte Zuschreibung von einem Geist.
> 4. Es ist unklar, ob Andere über einen Geist verfügen. ◀

Die Verhaltensbeobachtung ist somit nicht hinreichend, um anderen Individuen Geist zuzusprechen. Daher wurden in der Philosophiegeschichte weitere Ansätze diskutiert, um das Problem des Fremdpsychischen zu lösen. Eine viel diskutierte Strategie ist das sogenannte **Argument aus der Analogie.** Analogieargumente dienen dazu, aus strukturellen Übereinstimmungen oder Ähnlichkeiten zweier Dinge auf weitere Übereinstimmungen oder Ähnlichkeiten zwischen diesen zu schließen. Im vorliegenden Fall wird demnach aus Ähnlichkeiten zwischen Individuen auf eine weitere Ähnlichkeit, das Vorliegen von Geist, geschlossen. Im Detail lautet das Argument wie folgt: a) Ich habe einen Körper mit bestimmten physiologischen Eigenschaften und b) ich äußere mich über Verhalten, insbesondere auch über Sprachverhalten. Beide Aspekte gelten so auch für andere Individuen. Zusätzlich gilt: c) Ich habe einen Geist, der mit meinem Verhalten in einem kausalen Zusammenhang steht. In Anbetracht dieser Ähnlichkeiten lässt sich gemäß dem Schluss aus der Analogie folgern, dass andere Individuen ebenso wie ich über einen Geist verfügen (z. B. Mill 1872).

Wenngleich dieses Argument sich lange Zeit großer Beliebtheit erfreute, hat eine Vielzahl kritischer Gegenargumente dazu geführt, dass es heute kaum noch vertreten wird (vgl. Avramides 2020). Das erste dieser Gegenargumente stellt in Frage, ob ein solcher Analogieschluss im Falle des Fremdpsychischen berechtigt ist. Im Zentrum dieser Kritik steht das *Problem der Unüberprüfbarkeit* dessen, was hier geschlossen wird, nämlich die Existenz anderer Geister. Während ich bei anderen Analogieschlüssen das Ergebnis intersubjektiv, aus der 3.-Person-Perspektive überprüfen kann, ist dies im Falle des Geistes nach Auffassung vieler Autoren nicht möglich, da sich der Geist eben nur subjektiv aus der 1.-Person-Perspektive erfahren lasse (▶ Kap. 6). Eine weitere Kritik nimmt die Basis des Analogieschlusses in den Blick. So wird argumentiert, dass der Ausgangspunkt des Schlusses, der *Einzelfall meines eigenen Geistes,* nicht auf unzählige weitere Individuen erweitert werden darf. Schließlich wird, bezugnehmend auf das Werk Ludwig Wittgensteins, bereits die *Wahrheit der ersten Prämisse* des Argumentes hinterfragt: Kann ich mir überhaupt im eigenen Fall sicher sein kann, dass ich einen Geist habe (Malcolm 1958)?

Die letztgenannte Kritik möchten wir in diesem Zusammenhang ausklammern, da sie das Problem des Fremdpsychischen dahingehend erweitert, dass auch mein eigener Geist in Frage gestellt wird. Aus dem Problem des Fremdpsychischen wird hier sozusagen das Problem des Psychischen. Die beiden anderen Kritiken reichen jedoch zusammengenommen aus, um das Analogieargument als Lösung zu verwerfen.

Als weitere Möglichkeit für das Ausräumen des Problems des Fremdpsychischen wird alternativ der sogenannte **Schluss auf die beste Erklärung** (Pargetter 1984) angeführt. Hierbei wird, wie der Name bereits verrät, die beste unter allen verfügbaren Erklärungen für eine erklärungsbedürftige Evidenz herangezogen. Die Erklärung lautet dann ungefähr so: Von allen Erklärungen des Verhaltens von Menschen ist diejenige am besten, die mentale Zustände oder, einfacher gesagt, ein geistiges Leben zugrunde legt. Zwar ist der Schluss auf die beste Erklärung nicht zwingend in dem Sinne, dass die Wahrheit der Prämissen die Wahrheit der Konklusion garantiert; dennoch sehen Befürworter dieser Auffassung die alternativen Erklärungsvorschläge als dermaßen unplausibel an, dass der Schluss dennoch überzeugend ist. Auch wenn das Problem des Fremdpsychischen nicht letztendlich auflösbar ist, stellt der Schluss auf die beste Erklärung dennoch eine annehmbare Lösung dar. Oder, in den Worten von David Chalmers:

» It […] seems that this [argument from best explanation] is as good a solution to the problem of other minds as we are going to get. (Chalmers 1996, S. 246)

7.2 Theory of Mind: Zuschreibung mentaler Zustände

Stand zuvor noch die Frage nach der Existenz anderer Geister im Mittelpunkt, widmen wir uns nun einem Problem, das erst dann auftritt, wenn ich diese bejahe. Gesetzt, dass es andere Geister gibt, stellt sich unweigerlich die Frage, wie ich andere Subjekte verstehen kann, auf welche Weise ich ihr Verhalten erklären und sogar voraussagen kann. Gemäß den Überlegungen im vorangegangenen Abschnitt gehen wir davon aus, dass der direkte Zugang zu den mentalen Zuständen anderer Subjekte uns prinzipiell verschlossen ist. Setzt man dies voraus, so scheint es zunächst überraschend, wie gut wir häufig das Verhalten Anderer im Alltag interpretieren und in diesem Zuge deren Innenleben verstehen und erklären können. Die Fähigkeit, die diesem Verständnis zugrunde liegt, nennt man ‚**Theory of Mind**‘, was irreführend ist, da es sich ja eigentlich um eine Fähigkeit, und nicht um eine Theorie handelt. Daher wurden auch die Begriffe ‚Mentalizing‘ und ‚Mindreading‘ eingeführt. Dennoch schließen wir uns dieser Redeweise an: Das Phänomen, was es zu erklären gilt, ist unsere Theory of Mind-Fähigkeit die es uns erlaubt, Anderen mentale Zustände zuzuschreiben.

> ▶ **Beispiel: Alltagsbeispiele für unsere Theory of Mind-Fähigkeit**
>
> a) Max sieht, wie seine Nachbarin Frieda mit Einkäufen beladen vor der Haustür steht und an ihrer Hosentasche nestelt. Er grüßt sie, zeigt seinen Schlüssel und schließt auf.
> b) Später am Abend trifft Frieda Max im Hausflur, er rennt mit rotem Kopf und gerunzelter Stirn die Treppen in den höhergelegenen Stock. In diesem Moment bemerkt Frieda, dass von oben, aus der Dachgeschosswohnung, laute Musik ertönt.
> c) Am nächsten Morgen hört Frieda, wie Max dem Paketboten mitteilt, er nähme keine Pakete für die Mieter der Dachgeschosswohnung an.

Wenngleich für solche und ähnliche Situationen viele verschiedene Interpretationen möglich wären, gelingt es uns doch regelmäßig, schnell und effektiv (annähernd) richtige Deutungen zu finden und auf deren Basis zu handeln. So wäre eine naheliegende Interpretation:

a) Frieda möchte die Tür mit ihrem Schlüssel aufschließen, der sich in der Hosentasche befindet. Dies wird aber durch die Einkaufstüten, die sie in der Hand trägt, erschwert.
Auf den ersten Blick mag dieses Beispiel trivial erscheinen. Betrachtet man es aber unvoreingenommen, so wird klar, dass die Situation auch zahllose andere Interpretationen erlaubt. So wäre vorstellbar, dass Frieda in ihrer Hosentasche nach einem Kaugummi sucht oder sich ihre schmutzigen Finger abwischt.
b) Max ärgert sich über die laute Musik und geht nun wütend zu den Nachbarn, um sich bei diesen zu beschweren.
Es wäre aber auch denkbar, dass Max sich einen Schrittzähler gekauft hat, verärgert darüber ist, dass er es nicht geschafft hat, die geplanten 10.000 Schritte zu gehen und dies nun durch eifriges Treppensteigen versucht, doch noch zu erledigen.
c) Es liegt nahe, die Situation in Bezug zu dem vermeintlichen Nachbarschaftsstreit zu deuten. Max ist immer noch verärgert über die Geräuschbelästigung des vorherigen Tages und weigert sich daher, seinen Nachbarn einen Gefallen zu tun.
Natürlich gibt es auch hier unzählige alternative Interpretationen, wie etwa Max' Angst vor Trickbetrügern, die sich als Paketboten verkleiden. ◀

Diese Beispiele sollen verdeutlichen, dass immer dann, wenn wir die mentalen Zustände anderer Menschen verstehen und erklären können, komplexe Fertigkeiten und Prozesse eine zentrale Rolle spielen. Da diese Aspekte jedoch so eng mit unserem Zugang zur Welt verwoben sind und zudem schon im frühen Kindesalter entstehen, erscheinen uns die damit verbundenen Vorgänge **naiv und alltagstheoretisch betrachtet als trivial.** Aus Sicht der Philosophie ist es aber durchaus rätselhaft, wie genau wir zu den Zuschreibungen mentaler Zustände kommen. Fragestellungen um das Verstehen Anderer werden daher schon seit der Antike philosophisch diskutiert.

Systematisch wurden Fragen um das Verstehen Anderer und das Zuschreiben mentaler Zustände ungefähr ab dem 20. Jahrhundert bearbeitet. **Drei Gruppen** von philosophischen Ansätzen, die unsere Theory of Mind-Fähigkeit erklären sollen, haben bisher die Diskussion dominiert: die *Theorie-Theorie,* die *Simulationstheorie* und die *Interaktionstheorie.* Diese drei sehr unterschiedlichen Vorschläge sollen in den folgenden Abschnitten vorgestellt und diskutiert werden.

7.2.1 Die Theorie-Theorie

Die Theorie-Theorie ist eine bis heute einflussreiche Position zur Erklärung der Zuschreibung mentaler Zustände. Wie der Name schon vermuten lässt, gehen Vertreter:innen der Theorie-Theorie davon aus, dass wir andere Menschen verstehen, indem wir auf eine implizite oder explizite Theorie zurückgreifen. Diese Theorie soll einer wissenschaftlichen Theorie in der Hinsicht ähnlich sein, dass auf ihrer Grundlage Prognosen getroffen werden und überprüft werden können. Die grundlegende Theorie für das Verständnis Anderer ist nach Auffassung der Theorie-Theorie die sogenannte **Alltagspsychologie.** Diese Alltagspsychologie hilft uns, im Alltag unsere Mitmenschen zu verstehen und deren Verhalten zu erklären. Sie kommt aber auch dann zum Einsatz, wenn wir fiktionale Charaktere in Filmen, Serien oder Romanen verstehen. Die Alltagspsychologie nimmt dabei grundsätzliche Kausalbeziehungen zwischen mentalen Zuständen und unserem Verhalten sowie weiteren mentalen Zuständen an.

In der Regel sind die Erklärungen der Alltagspsychologie Antworten auf W-Fragen, zum Beispiel:

> ▶ **Beispiel: Fragen und Erklärungen der Alltagspsychologie**

- ▬ Wieso geht Peter ins Solarium?
  Weil er sich bräunen möchte und das Solarium für einen geeigneten Ort hält, dieses Ziel zu erreichen.
- ▬ Wieso glaubt Frieda, dass Berlin die Hauptstadt von Deutschland ist?
  Weil sie es so von ihrem Politiklehrer gelernt hat, auf dessen Expertise sie vertraut.
- ▬ Wieso ist Romeo verzweifelt?
  Weil Julia sich (vermeintlich) umgebracht hat und seine große Liebe war. ◄

Die Grundstruktur folgt bei den Erklärungen der Alltagspsychologie einem wiederkehrenden Muster. Zunächst liegt ein erklärungsbedürftiger mentaler Zustand vor. Dies kann eine Überzeugung oder ein Wunsch, eine Handlungsabsicht oder ein phänomenaler Zustand sein. Die Erklärung des jeweiligen Zustands wird dann auf Basis einer allgemeinen Regel geliefert, z. B. „Jeder, dessen große Liebe sich umgebracht hat, ist verzweifelt". Die Beispiele enthüllen sowohl die gesetzesartige Struktur der Alltagspsychologie als auch die Entitäten, auf die sich diese richtet: mentale Zustände und insbesondere propositionale Einstellungen wie Wünsche und Überzeugungen.

Die grundlegenden Auffassungen der Theorie-Theorie werden in verschiedenen Varianten vertreten. Eine einflussreiche Version ist die sogenannte *child scientist*-Theorie-Theorie, die von Alison Gopnik und Henry M. Wellman vorgebracht wurde (Gopnik 1997; Gopnik/Wellman 1992). Wie die Bezeichnung bereits vermuten lässt, nehmen die Autoren die frühkindliche Entwicklung in den Blick und erläutern das Entstehen unserer Theory of Mind-Fähigkeit aus *entwicklungspsychologischer Perspektive*. Dabei ist die Grundidee, dass Kleinkinder, ähnlich der Vorgehensweise in der Wissenschaft, Hypothesen über die Welt aufstellen, diese überprüfen und so Gesetzmäßigkeiten aufdecken.

Nach Auffassung der Vertreter:innen der Theorie-Theorie liefert uns die Alltagspsychologie psychologische Gesetzmäßigkeiten, mit Hilfe derer wir das Verhalten Anderer erklären und vorhersagen können. Angelehnt an das erste der oben genannten konkreten Beispiele könnte ein solches Gesetz in abstrakter Form folgendermaßen aussehen:

> ▶ **Beispiel: Mögliche Regel der Alltagspsychologie**
>
> Wenn eine Person A das Ergebnis x wünscht und der Überzeugung ist, dass die Handlung φ ihr hilft, x zu erreichen, wird sie φ ausführen (unter sonst gleichen Umständen/ ceteris paribus). ◀

Der Begriff der Überzeugung wird jedoch nach vorherrschender Meinung erst in den ersten Lebensjahren des Kindes voll ausgebildet und verstanden. Dies bezieht sich insbesondere auf die Implikationen einer vorliegenden Überzeugung und ihren Beziehungen zu anderen mentalen Zuständen. Aus empirischer Sicht wird das vollständige Verständnis der Überzeugung mit Hilfe des sogenannten *falsebelief-tasks* gemessen. Das zugrundeliegende Experiment wurde von den Psychologen Heinz Wimmer und Josef Perner entwickelt (1983). Die Kernidee hinter dem Versuchsaufbau ist, dass Überzeugungen und weitere mentale Zustände in einem gewissen Sinne privat sind. Das soll heißen, dass mentale Zustände jemandem ‚gehören' und somit auch zwischen Individuen divergieren können. Einfacher gesagt bedeutet dies: Meine Überzeugungen stimmen nicht immer mit den Überzeugungen Anderer überein. Vielmehr sind Letztere vom Wissen und der Perspektive der jeweils anderen Akteure abhängig. Überzeugungen und andere mentale Zustände sind also, obwohl sie sich in beobachtbarem Verhalten zeigen mögen, innerlich und gehören zum Bereich des Geistigen.

Im *false belief task* wird geprüft, ob und wann Kinder die mentalen Zustände Anderer vorhersagen und zuschreiben können. Im Test von Wimmer und Perner wurde den drei- bis neunjährigen Versuchsteilnehmern die Geschichte von Maxi erzählt, dessen Mutter Schokolade vom Einkauf mitbringt und vor Maxis Augen in einen Schrank räumt. Maxi geht aus der Küche. Seine Mutter braucht etwas von der Schokolade zum Backen und räumt sie nach Gebrauch in einen anderen Schrank, ohne dass Maxi dabei zusieht. Später kommt Maxi zurück in die Küche. Die entscheidende Frage ist nun, wo Maxi nach der Schokolade suchen wird (◘ Abb. 7.1).

Die Idee ist, dass die Kinder, die diese Geschichte hören, verstehen sollen, dass Maxi eine falsche Überzeugung hat: Maxi glaubt, die Schokolade sei im blauen Schrank, obwohl sie tatsächlich im braunen Schrank ist. Die Frage, wo Maxi nach der Schokolade suchen wird, wird allerdings erst von den Kindern im Alter zwischen 4–6 Jahren korrekt („im blauen Schrank") beantwortet, und das auch nur von der Hälfte der Versuchspersonen dieses Alters. In der Altersgruppe zwischen 6 und 9 Jahren wird sie dann von nahezu allen Kindern richtig beantwortet. Wimmer und Perner interpretieren diesen Befund als Beleg dafür, dass die Fähigkeit, falsche Überzeugungen korrekt zuzuschreiben, im Alter zwischen 4 und 6 Jahren ausgebildet wird.

In der jüngeren Vergangenheit wurden Alternativen zum klassischen *false belief task* entwickelt, die nicht auf Sprache, sondern auf beobachtbarem Verhalten beruhen und somit eventuelle sprachliche Barrieren für Kleinkinder ausräumen sollen. Diese Versuche beruhen zum Beispiel auf dem Blickverhalten der Kinder (Onishi/Baillargeon 2005; Baillargeon/Scott/He 2010). Anders als die Ergebnisse klassischer *false belief tasks* verweisen diese Experimente auf einen wesentlich früheren Erwerb des Verständnisses falscher Überzeugungen, teils vor dem ersten Lebensjahr. Es stellt sich jedoch die Frage, ob diese neueren Versuchsaufbauten

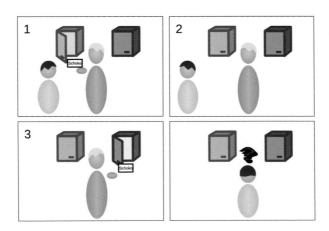

◘ **Abb. 7.1**   *False belief task:* Maxis Mutter hat eine Schokolade mitgebracht, die sie vor Maxis Augen in den linken Schrank legt. Während Maxi draußen ist, verbraucht Maxis Mutter etwas von der Schokolade und legt den Rest in den rechten Schrank. Maxi kommt zurück in die Küche. Wo wird Maxi nach der Schokolade suchen?

tatsächlich geeignet sind, das Verständnis von (falschen) Überzeugungen nachzu-weisen. Die Diskussion hierüber wird seit einigen Jahren energisch geführt und hat bisher noch keinen Abschluss gefunden (De Bruin/Newen 2012; 2014).

Nach Auffassung der Theorie-Theorie fügen sich die Ergebnisse des klas-sischen *false belief tasks* wie folgt in den theoretischen Überbau ein: Wenn ein Kind erkennt, dass ein anderer Akteur falsche Überzeugungen *(false beliefs)* hat, die von den eigenen Überzeugungen des Kindes abweichen, so offenbart sich darin **ein tiefgehendes Verständnis des Begriffes** der Überzeugung. Dieser Begriff beinhaltet nicht nur die oben genannten Charakteristika der Privatheit und der damit einhergehenden Möglichkeit der Unterschiede in den Überzeugungen ver-schiedener Akteure. Vielmehr ist das Verständnis auch einer der Mosaiksteine, die helfen, zu erkennen, dass es einen Unterschied zwischen Geist und Welt sowie zwischen Selbst und Anderem gibt.

Um zu diesem Verständnis zu gelangen, so argumentiert die *child scien-tist*-Version der Theorie-Theorie, muss das Kind einen Erkenntnisprozess durch-laufen, welcher der Dynamik wissenschaftlicher Forschung entspricht. Während das Kind in der Frühphase nur aufgrund von Wünschen agiert, kommen später nach und nach Überzeugungen hinzu. Erst wenn diese *belief-desire*-Phase erreicht ist, verfügt das Kind grundsätzlich über jene Alltagspsychologie, auf der das Ver-ständnis anderer Akteure nach Auffassung der Theorie-Theorie basiert.

Die Hauptkritik an solchen Ansätzen entsteht vor dem Hintergrund, dass die Anwendung von Theorien als kognitiv anspruchsvoll charakterisiert wird. Da-her, so die kritischen Stimmen, könnten die gemeinsamen Handlungen von Kin-dern nicht gut erklärt werden. Darüber hinaus wäre die Ausübung der Theory of Mind-Fähigkeit im Alltag so mühelos, dass es unplausibel sei, hier werde eine mühsam durch Hypothesentesten erlernte Theorie für komplexe Schlussfolgerun-gen angewendet. Kurz, der Vorwurf ist, dass unsere im Alltag so omnipräsente Fähigkeit ‚überintellektualisiert' wird.

7.2.2 Die Simulationstheorie

Die Simulationstheorie gehört ebenfalls zu den Theorien der Theory of Mind-Fähigkeit, die intensiv diskutiert werden. Anders als die Theorie-Theorie setzt die Simulationstheorie nicht auf zugrundeliegende Gesetzmäßigkeiten, die als Alltagspsychologie unser Verständnis Anderer ermöglichen. Vielmehr gehen Ver-treter der Simulationstheorie davon aus, dass wir unseren **eigenen Geist als Modell** verwenden, mithilfe dessen wir die mentalen Zustände anderer Akteure simulie-ren können. So heißt es bei Alvin Goldman (2006), neben Robert M. Gordon (1986) einer der Hauptvertreter der Simulationstheorie:

» [...] the fundamental idea of mental simulation is that mind readers go about their task by putting themselves, imaginatively, in a target's mental "shoes". (Goldman 2005, S. 86)

Die Simulationstheorie ist **prozessgeleitet.** Das bedeutet, dass das Ergebnis der durchgeführten Simulation nicht unter Rückgriff auf allgemeine Informationen über den Geist herbeigeführt wird. Nach Auffassung von Goldman benötigt das simulierende System (der jeweilige Geist) weder eine Theorie des simulierten Zieles noch eine Theorie von sich selbst, sondern nur einen Prozess: die Simulation. Wie oben bereits angeführt, besteht hierin der entscheidende Unterschied zwischen Theorie-Theorie und Simulationstheorie.

Nach Auffassung von Goldman (2006) besteht der Prozess der Simulation in drei aufeinanderfolgenden Schritten. Versuchen wir, eine andere Person zu verstehen, ihr Verhalten zu erklären oder vorherzusagen, erzeugen wir zunächst im eigenen Geist vorgebliche mentale Überzeugungen und Wünsche. Diese sollen den mentalen Zuständen unseres jeweiligen Gegenübers entsprechen. Im oben genannten Beispiel mit Peter könnten diese zum Beispiel lauten: der Wunsch, sich zu bräunen, und die Überzeugung, dass dies im Solarium gelingt. Im nächsten Schritt werden diese mentalen Zustände durch die beobachtende Person in ihre eigene **kognitive Verarbeitung**, wie zum Beispiel das Entscheidungssystem oder die Emotionsverarbeitung, überführt. Anders als bei der Verarbeitung eigener mentaler Zustände wird in diesem Fall das Ergebnis des verarbeitenden Prozesses nicht handlungsleitend. Vielmehr werden die mentalen Zustände, da sie ja nur der Simulation dienen, in den Systemen genutzt, die Verhalten anderer Akteure voraussagen und erklären. In einem letzten Schritt werden die mentalen Zustände, die sich aus den vorherigen Schritten ergeben, der beobachteten Person zugeschrieben. Wie das Ganze in vollem Umfang aussieht, zeigt das Schaubild (◘ Abb. 7.2).

Problematisch an der Position ist, dass die Simulation anderer Menschen nur mit vorgeblichen mentalen Zuständen der Anderen starten kann. Die entscheidende Frage, woher diese vorgeblichen Zustände kommen, bleibt allerdings unbeantwortet. Mit anderen Worten: Wenn ich schon weiß, was die Anderen denken und wollen, kann ich ihr Verhalten vorhersagen mithilfe von Simulationen. Aber eigentlich war unsere Frage doch, woher wir wissen, was die Anderen denken und

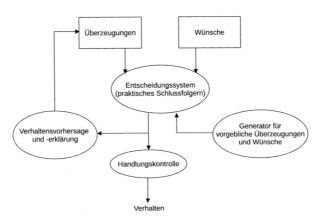

◘ **Abb. 7.2**   Simulationstheorie: Das Entscheidungssystem einer Person kann nicht nur aus eigenen Überzeugungen und Wünschen Handlungen ableiten, es kann auch zur Verhaltensvorhersage und -erklärung für andere Personen genutzt werden, wenn die vorgeblichen Überzeugungen und Wünsche der anderen Person dem Entscheidungssystem zur Verfügung gestellt werden (Gallese/Goldman 1998)

wollen. Diese Frage bleibt allerdings unbeantwortet. Weiterhin wurde argumentiert, dass es vielfältige Situationen gibt, in denen wir das Verhalten von anderen Menschen vorhersagen können und vernünftige Vermutungen über deren mentale Zustände machen können, auch wenn diese Menschen ganz anders ,ticken' als wir. So ist es zum Beispiel auch einem pazifistischen Menschen mit Helfersyndrom möglich, Aussagen über die mentalen Zustände und Verhaltensweisen eines gewaltbereiten, ausländerfeindlichen Hooligans zu machen.

7.2.3 Die Interaktionstheorie

Während die Theorie-Theorie und die Simulationstheorie die philosophische Diskussion des Verstehens Anderer über lange Zeit nahezu alternativlos dominiert haben, trat mit der Interaktionstheorie von Shaun Gallagher (2001, 2008) zu Beginn des neuen Jahrtausends eine weitere vieldiskutierte Möglichkeit auf den Plan. Gallagher knüpft dabei vor allem an die phänomenologische Tradition an (▶ Abschn. 6.3). Anders als bei der Theorie-Theorie und der Simulationstheorie gehen Vertreter der Interaktionstheorie davon aus, dass uns die mentalen Zustände anderer Akteure **grundsätzlich nicht verborgen** bleiben. Vielmehr wird davon ausgegangen, dass wir die mentalen Zustände Anderer aufgrund unserer spezifischen intersubjektiven Fähigkeiten direkt wahrnehmen können.

Zentrale Elemente der Interaktionstheorie sind die **direkte Wahrnehmung** sowie die primäre und sekundäre Intersubjektivität. Unsere Wahrnehmung ist laut Gallagher (2008) ,klug' und ,informiert'. Er geht davon aus, dass wir komplexe Vorgänge in der Welt sowohl in der allgemeinen als auch in der sozialen Wahrnehmung direkt und ohne Umwege erfassen können, also ohne eine Hintergrundtheorie oder ein komplexes Verfahren wie die Simulation. In seinen eigenen Worten klingt dies folgendermaßen:

>> In most intersubjective situations, that is, in situations of social interaction, we have a direct perceptual understanding of another person's intentions because their intentions are explicitly expressed in their embodied actions and their expressive behaviours. This understanding does not require us to postulate or infer a belief or a desire hidden away in the other person's mind. (Gallagher/Hutto 2008, S. 20)

Die Grundlage für diese direkte Wahrnehmung liegt nach Auffassung von Vertretern der Interaktionstheorie in der primären und sekundären Intersubjektivität. Gallagher zufolge umfasst die **primäre Intersubjektivität** Fähigkeiten, die angeboren sind oder früh in der kindlichen Entwicklung erlernt werden. Hierzu gehören jene Fähigkeiten, die es uns erlauben, die Gefühle und Absichten anderer Akteure anhand ihrer Körperbewegungen, Gesichtsausdrücke und Blickrichtungen zu erfassen. Diese Fähigkeiten operieren nach Gallagher völlig ohne inferentielle Strukturen, analog zu seiner Idee der direkten Wahrnehmung. Sie bilden auch während unseres Erwachsenendaseins die Grundlage, mit Hilfe derer wir andere Akteure verstehen. Allerdings, so betont Gallagher, reichen sie nicht für alle Vorgänge dieser Art aus. Vielmehr muss noch die sekundäre

Intersubjektivität hinzugezogen werden, um auch komplexere Formen des Zuschreibens mentaler Zustände hinreichend zu erklären.

Mimik, Gestik und andere interpretierbare Körperbewegungen finden nicht im luftleeren Raum statt. Sie sind stets eingebettet in Interaktionen, die in der sozialen Umwelt stattfinden. Diesem Umstand trägt die **sekundäre Intersubjektivität** Rechnung. Ab dem ersten Lebensjahr beginnen Kinder, die Handlungen anderer Menschen im gegebenen Kontext zu verstehen. Sie verlassen sich ab diesem Zeitpunkt nicht mehr alleine auf den direkten Kontakt mit anderen Menschen. Vielmehr nehmen sie andere Menschen im Kontext von geteilter Aufmerksamkeit und gemeinsam erlebten Situationen wahr. Somit übersteigt die sekundäre Intersubjektivität die Möglichkeiten der primären, da die Akteure nicht mehr passive Beobachter von Anderen sind, sondern mit diesen in einem vorhandenen pragmatischen Kontext aktiv interagieren.

Nach der Auffassung von Gallagher beruht das Verstehen und Erklären des Verhaltens anderer Akteure in erster Linie auf primärer und sekundärer Intersubjektivität. Die primäre Intersubjektivität umfasst Fähigkeiten, mit Hilfe derer wir direkt die mentalen Zustände Anderer wahrnehmen können. Die sekundäre Intersubjektivität erlaubt es uns, die Handlungen anderer Akteure in einem gegebenen Kontext zu verstehen. Laut Gallagher genügt eine Kombination dieser Fähigkeiten, um in einem Großteil der Fälle die mentalen Zustände Anderer zu verstehen und vorherzusagen. Eine eigenständige Theory of Mind-Fähigkeit, wie sie beispielsweise der Theorie-Theorie zugrunde liegt, benötigen wir seiner Ansicht nach nur in wenigen, außergewöhnlichen Fällen.

Die Gefahr bei diesem Ansatz besteht darin, dass das Problem auf die Wahrnehmung verlagert wird. Auch wenn das Erleben von Interaktionen von anderen Ansätzen nicht ausreichend berücksichtigt wird, stellt sich die Frage, was genau erlebt wird und was genau erlernt wird in der sekundären Intersubjektivität. Eine Möglichkeit wäre ja, dass wir in der Interaktion mit anderen eine ‚Alltagstheorie‘ erlernen, genauso, wie wir in der Interaktion mit Gegenständen um uns herum eine ‚Alltagsphysik‘ erlernen. Um also wirklich als Alternative zu anderen Ansätzen überzeugen zu können, muss geklärt werden, welche Rolle die Zuschreibung von mentalen Zuständen innerhalb der sekundären Intersubjektivität spielt oder wie genau sich eine solche Zuschreibung aus der sekundären Intersubjektivität ergeben kann.

7.3 Kollektive Intentionalität

Das Zusammenleben der Menschen wäre undenkbar ohne gemeinsames Handeln. Dieses findet sich in unterschiedlichsten Formen, wie sich an der folgenden Liste ohne Anspruch der Vollständigkeit exemplarisch nachvollziehen lässt: Schach spielen, Tango tanzen, ein Haus bauen, im Orchester musizieren, Krieg führen, gemeinsam spazieren gehen usw. Wie bereits betont, sind Formen gemeinsamen Handelns also sehr unterschiedlich, jedoch allgegenwärtig. Vom lockeren Gespräch bis zur Entwicklung und dem Bau der Wasserstoffbombe: Unsere Gesellschaft sowie deren wissenschaftlicher, kultureller und technischer Fortschritt sind ohne gemeinsames Handeln nicht zu erklären.

Aus philosophischer Sicht geschieht beim gemeinsamen Handeln etwas Überraschendes: Die mentalen Zustände der Teilnehmerinnen und Teilnehmer an einer gemeinsamen Handlung, also deren Wünsche, Überzeugungen und Absichten, richten sich vereint auf diese gemeinsame Handlung und das darin verwirklichte gemeinsame Ziel. Der Fachbegriff, der hierfür verwendet wird, lautet passenderweise: **kollektive Intentionalität.** Die zentrale philosophische Frage, die sich aus diesem Umstand ergibt, besteht darin, zu klären, was das Wort „kollektiv" bedeutet. Ungefähr seit den 1990er Jahren wird die Frage nach kollektiver Intentionalität verstärkt im Rahmen der Handlungstheorie und der Philosophie des Geistes erörtert. Hierbei nimmt die Forschung insbesondere kleinteilige Formen des gemeinsamen Handelns mit wenigen Akteuren in den Blick. Diese Vorgehensweise steht im starken Kontrast zu älteren philosophischen Annäherungen an das gemeinsame Handeln, die vornehmlich große Konstrukte des gemeinsamen Handelns wie den Staat oder andere Gemeinschaften in den Blick genommen haben.

Grob gesagt werden zwei unterschiedliche Antwortstrategien verfolgt: die *nicht-reduktive* und die *reduktive* Lesart kollektiver mentaler Zustände. Während die nicht-reduktive Interpretation behauptet, dass kollektives Handeln genuin neue (geteilte) mentale Zustände erfordert, geht die reduktive Interpretation davon aus, dass kollektives Handeln auf individuelle mentale Zustände zurückgeführt werden kann, mit denen auch individuelle Handlungen in der Handlungstheorie erklärt werden. In erster Linie handelt es sich hierbei um Wünsche, Überzeugungen und Intentionen (Handlungsabsichten). Im Folgenden soll die Bandbreite von Erklärungen kollektiver Intentionalität durch die Darstellung der Auffassungen dreier Hauptvertreter, John Searle, Michael Bratman und Margaret Gilbert, bündig abgebildet werden.

7.3.1 Wir-Absichten

Mit seinem einflussreichen Artikel „Collective Intentions and Actions" hat John Searle (1990) einen frühen Ansatz zur Erklärung kollektiver Intentionalität vorgelegt. Sein Beitrag ist den nicht-reduktiven Erklärungen gemeinsamen Handelns zuzuschreiben. Zentraler Bestandteil seines Vorschlages sind die sogenannten Wir-Absichten *(we-intentions),* welche als kollektive Absichten verstanden werden sollen, die auf einer genuin eigenständigen, primitiven Intentionalität beruhen sollen. Damit wendet er sich explizit gegen solche Ansätze, die kollektive Intentionalität reduktiv unter Rückgriff auf individuelle Intentionalität erklären wollen.

Ausgangspunkt für seine Überlegungen ist folgendes Gedankenexperiment:

» Imagine that a group of people are sitting on the grass in various places in a park. Imagine that it suddenly starts to rain and they all get up and run to a common, centrally located, shelter. Each person has the intention expressed by the sentence „I am running to the shelter." But for each person, we may suppose that his or her intention is entirely independent of the intentions and behavior of others. In this case, there is no collective behavior; there is just a sequence of individual acts that happen to converge on a common goal. Now imagine a case where a group of people in a park converge on a common point as a piece of collective behavior. Imagine that they are part of an outdoor ballet where the choreography calls for the entire corps de ballet to converge on a common point. We can even imagine that the external bodily movements are indistinguishable in the two cases; the people running for shelter make the same types of bodily movements as the ballet dancers. Externally observed the two cases are indistinguishable, but they are clearly different internally. What exactly is the difference? (Searle 1990, S. 402–403)

Die beiden von Searle beschriebenen Situationen sind oberflächlich offenbar nicht zu unterscheiden. Gleichwohl gibt es einen Unterschied, der jedoch nicht am Verhalten der Teilnehmenden oder an Aspekten der Situation festgemacht werden kann. Vielmehr ist der Unterschied anhand innerer Vorgänge der teilnehmenden Personen zu erklären. Diese Überlegung führt Searle zu seiner ersten These zur kollektiven Intentionalität: Es gibt kollektives intentionales Verhalten, welches nicht als die Summe von individuellem intentionalen Verhalten betrachtet werden kann. Im Falle des vorgebrachten Gedankenexperimentes wäre der Unterschied zwischen den beiden Situationen demnach in den intentionalen Zuständen der Teilnehmerinnen und Teilnehmer begründet. Dieser intentionale Zustand wiederum, so argumentiert Searle, müsste auf ein gemeinsames Ziel gerichtet sein. Im Beispiel könnte dies die Aufführung eines Ballettstückes sein.

Die zweite These von Searle ist nun, dass der entscheidende intentionale Zustand, der die Handlung zu einer kollektiven Handlung macht, eine kollektive Absicht ist. Diese kollektive Absicht nennt er **Wir-Absicht** *(we-intention)*. Diese Wir-Absicht kann jedoch seiner Ansicht nach nicht auf individuelle Intentionen zurückgeführt beziehungsweise durch diese reduktiv erklärt werden. Das gilt auch dann, wenn die jeweiligen Intentionen von bestimmten Überzeugungen begleitet werden. Vielmehr versteht Searle kollektive Intentionalität als einen bestimmten psychologischen **Modus des Beabsichtigens**. Dieser soll eine überzeugende Antwort auf die Frage liefern, wie eine Wir-Intention dafür sorgen kann, kausal wirksam zu werden, während die gemeinsam Handelnden nur individuelle Handlungen ausführen.

Searles Werkzeugkasten in handlungstheoretischen Fragen beinhaltet zwei Typen von Intentionen: *prior intentions* und *intentions in action*. **Prior intentions** repräsentieren und verursachen die gesamte Handlung inklusive der *intention in action,* zum Beispiel die Absicht, Chopins Revolutionsetüde auf dem Klavier zu spielen. **Intentions in action** wiederum sind Teil jeder einzelnen Handlung und verursachen die Körperbewegung, zum Beispiel die Absicht, den gebrochenen c-Moll-Akkord zu spielen. Weiterhin können wir nach Searle eine bestimmte Handlung durchführen, indem wir eine andere Handlung ausführen. Wir können zum Beispiel einen Freund begrüßen, indem wir ihm Winken, ihm die Hand geben, oder ihm „Hallo" zurufen. Searle nennt diese Verbindung zwischen Handlungen die **‚indem'-Relation** *(by means of relation)*.

Searles Analyse von kollektiven Handlungen identifiziert Wir-Absichten als bestimmte *intentions in action,* die wiederum durch individuelle Handlungen ausgeführt werden. Um Searles Beispiel zu nehmen: Wenn zwei Personen Sauce Hollandaise zubereiten wollen, dann kann die **kollektive Absicht,** die Sauce zuzubereiten, dadurch umgesetzt werden, dass der eine Zutaten in die Schüssel gibt und der andere sie verrührt. Die kollektive Absicht, die Sauce zu kochen, wird also von dem einen erfüllt, indem er die Zutaten in die Schüssel gibt, und von dem anderen, indem er rührt (vgl. Searle 1990, S. 414). Entscheidend ist hierbei, dass die Brücke zwischen kollektiven und individuellen Absichten durch die ‚indem'-Relation geschlagen wird, die wir aber schon auf der Ebene individueller Handlungen eingeführt hatten.

Searles Ansatz zur kollektiven Intentionalität ist ein früher und einflussreicher Beitrag zur zeitgenössischen Diskussion des gemeinsamen Handelns. Er ist nicht-reduktiv, da er auf dem Begriff der Wir-Intention beruht, welcher die Sphäre der individuellen Intentionalität übersteigt. Zudem wirft Searle zentrale Fragen der Debatte auf und bietet einen diskussionswürdigen Ansatz zu deren Beantwortung. In der Kritik steht seine Konzeption, da sie die konkrete Interaktion zwischen den Akteuren während der Kooperation nicht erfassen kann. Das kann man auch daran sehen, dass – wie von Searle explizit gewollt ist – einzelne Personen Wir-Intentionen ganz für sich alleine haben können. Das mag im Rahmen seines Ansatzes vielleicht stimmig sein, erscheint aber für eine umfassende und befriedigende Erklärung kollektiver Intentionalität nicht ausreichend, da hier offenbar ein zentraler Punkt von gemeinsamen Handlungen – nämlich die Gemeinsamkeit – nicht erfasst und erklärt werden kann.

7.3.2 Gemeinsame Verpflichtungen

Margaret Gilberts Ansatz (1990), in dem gemeinsame Verpflichtungen *(joint commitments)* eine zentrale Rolle einnehmen, soll ebenso eine Rekonstruktion gemeinsamen Handelns bieten. Als Sozialphilosophin nimmt Gilbert jedoch eine andere Perspektive als Searle ein. Für sie steht im Zentrum die **Frage nach den Rechten und Pflichten, die im Rahmen einer gemeinsamen Handlung entstehen.** Mit einem zunächst unscheinbar wirkenden Alltagsbeispiel, dem gemeinsamen Spazierengehen, illustriert Gilbert, was das grundlegende Phänomen ist, das sie zu dieser Frage motiviert.

Im Rahmen dieses Beispiels schildert Gilbert, wie zwei Akteure gemeinsam und zu Fuß eine Strecke zurücklegen. Es spielt für die Grundstruktur der Situation keine Rolle, ob die beiden ein Liebespaar, Arbeitskollegen oder Zufallsbekanntschaften aus der Kneipe sind – zentral ist, dass die beiden *explizit oder nonverbal initiiert* haben, diesen Weg gemeinsam zu gehen. Gilbert will an diesem Beispiel zeigen, wie schnell Rechte und Verpflichtungen bereits in so einer vermeintlich banalen Situation entstehen. In Hinblick auf das gemeinsame Spazierengehen könnte eine grundsätzliche Verpflichtung darin bestehen, sich so zu verhalten, dass die gemeinsame Aktivität gelingen kann. Unter diese Verpflichtung fallen dann wieder individuelle Verpflichtungen, die von der Umgebung und dem anderen Akteur abhängen. So ist beim gemeinsamen Spazierengehen geboten, nicht zu schnell oder zu langsam zu gehen. Dies wird insbesondere dann gelten, wenn ich mit jemandem unterwegs bin, der beim Gehen beeinträchtigt ist. Die Rechte wiederum, die aus einer gemeinsamen Handlung entstehen, sind spiegelbildlich zu den Verpflichtungen. So wie ich verpflichtet bin, eine angemessene Gehgeschwindigkeit zu wählen, so bin ich auch berechtigt, das vom anderen Akteur zu erwarten.

Als kontrastierende Situation zum gemeinsamen Spazierengehen nimmt Gilbert die Situation in den Blick, in der zwei Personen zufällig nebeneinander hergehen. Ihr Ansatz soll demgemäß erklären können, was die Situation des nebeneinander Hergehens von der Situation des gemeinsamen Spazierengehens unterscheidet. Darüber hinaus soll auch der Übergang von der ersten in die zweite Situation nachvollzogen werden können. An einem anderen Beispiel verdeutlicht lässt sich dieser Übergang schnell begreifen: Gegeben, ich setze mich in einem Fernzug in ein Abteil und es entwickelt sich eine Plauderei mit einem anderen Fahrgast. Was sind die Bedingungen dafür, dass ich nicht mehr grußlos aufstehen und gehen kann, ohne unhöflich zu sein?

Zu Beginn ihrer Analyse verwirft Gilbert die Idee, ein geteiltes Ziel könnte diesen Unterschied machen. Sie argumentiert, dass so ein Ansatz zu einem kollektiven Ziel führt, welches lediglich eine **Summe von individuellen, persönlichen Zielen** ist. Dies reiche aber nicht aus, da das Vorliegen eines derartigen kollektiven Zieles noch nicht garantiert, dass die Akteure auch wechselseitig um die individuellen Ziele wissen. In einem weiteren Schritt diskutiert Gilbert eine Variante, in der sowohl ein geteiltes Ziel als auch das gemeinsame Wissen um dieses Ziel bei den Teilnehmern an einer gemeinsamen Handlung vorliegt. Dieses gemeinsame Wissen muss nicht dadurch zustande kommen, dass es explizit verbalisiert wird. Vielmehr können die Teilnehmer auch implizit von dem gemeinsamen Ziel erfahren. Wenngleich das gemeinsame Wissen des geteilten Zieles ein Problem des ersten Vorschlags löst, bleibt dennoch ein weiteres Erfordernis offen, dass für Gilbert von zentraler Bedeutung ist: das **Entstehen von wechselseitigen Pflichten und Rechten** im gemeinsamen Handeln. Wie bereits ausgeführt, steht dieses Phänomen im Zentrum ihrer Überlegungen. Daher kann auch der zweite Vorschlag nach Auffassung von Gilbert nicht vollständig zufriedenstellen.

Um auch dem Umstand Rechnung zu tragen, dass im gemeinsamen Handeln Rechte und Pflichten entstehen, stellt Gilbert nun eine dritte und letzte Variante vor. Diese soll alle zuvor behandelten Probleme hinreichend lösen und stellt somit Gilberts genuin eigenen Vorschlag dar. Zunächst geht sie davon aus, dass alle Teilnehmer an einer gemeinsamen Handlung ein **Pluralsubjekt** bilden. Ein Pluralsubjekt besteht aus mindestens zwei Akteuren, die gemeinsam ein bestimmtes Ziel erreichen wollen. Dabei haben wir es aber nicht einfach nur mit zwei Akteuren zu tun, sondern mit einem neuen Subjekt, das sich durch eigene Ziele und Verpflichtungen auszeichnet, die nicht einfach die Ziele und Verpflichtungen der Individualsubjekte sind (ganz ähnlich der Sprechweise über Institutionen als ‚Rechtssubjekte‘). Denken wir wieder an das gemeinsame Spazierengehen. Die Willensakte der einzelnen Akteure in einem Pluralsubjekt sind nach ihrer Auffassung miteinander verbunden und basieren sogar aufeinander. Durch eine gemeinsame Verpflichtung *(joint commitment)* beziehen sich die Akteure wie ein eigenständiger, einzelner Körper auf die gemeinsame Handlung. Aus dieser gemeinsamen Verpflichtung des Pluralsubjekts entstehen dann auch die wechselseitigen Rechte und Verpflichtungen der Akteure. Die wechselseitigen Rechte und Pflichten erfüllen nach Gilbert auch eine stabilisierende Funktion – sie sorgen dafür, dass alle Akteure sich gegenüber der gemeinsamen Handlung verpflichtet fühlen und diese somit erfolgreich ausgeführt wird.

In Gilberts Ansatz spielen neu eingeführte Begriffe wie das Pluralsubjekt oder die gemeinsame Verpflichtung eine große Rolle. Ohne diese kann ihrer Auffassung nach das zentrale Phänomen, die Entstehung von Rechten und Pflichten im gemeinsamen Handeln, nicht hinreichend erklärt werden. Somit ist Gilberts Vorschlag zu den nicht-reduktiven Ansätzen zu zählen, da hiernach das gemeinsame Handeln nicht vollständig unter Rückgriff auf Elemente des individuellen Handelns rekonstruiert werden kann. Gleichzeitig wird sehr viel Gewicht auf Rechte und Pflichten gelegt, die bei vielen gemeinsamen Handlungen sicher auch eine große Rolle spielen. Allerdings bleibt fraglich, ob Rechte und Pflichten bei allen Formen des gemeinsamen Handelns eine solch zentrale Rolle spielen. Wenn Sie es nicht tun, dann scheinen sie auch keine wesentliche Rolle zu spielen.

7.3.3 Geteilte Absicht

Als Beispiel für einen reduktiven Ansatz sehen wir uns nun den einflussreichen Vorschlag zur Erklärung kollektiver Intentionalität von Michael Bratman (2014) an. Bratman ist der Auffassung, dass die kollektive Intentionalität, die dem gemeinsamen Handeln zugrunde liegt, vollständig unter Rückgriff auf individuelle Absichten und darauf gerichtete mentale Einstellungen der beteiligten Akteure erklärt werden kann. Sein Ansatz ist in diesem Sinne **konstruktivistisch und reduktiv,** da er darauf fußt, lediglich die Bausteine der individuellen Intentionalität zu verwenden, um daraus ein Modell kollektiver Intentionalität zu konstruieren.

Der zentrale Begriff, den Bratman einführt, ist der Begriff der geteilten Absicht *(shared intention)*. Zudem ist Bratmans Erklärungsansatz **funktionalistisch** (▶ Abschn. 3.1.3), was bedeutet, dass die Konstruktion, die er vorschlägt, multipel realisierbar ist und auf unterschiedliche Akteure angewandt werden kann. Gemäß den Grundlinien funktionalistischer Konzeptionen bestimmt Bratman zunächst die Rollen, die geteilte Absichten erfüllen sollen. Diese Rollen konstruiert er analog zu den Rollen, die individuelle Absichten im Hinblick auf Einzelhandlungen spielen.

Die erste dieser Rollen besteht nach Bratman in einer **Koordinierungsleistung** der einzelnen Handlungen der Akteure in einer gemeinsamen Handlung. Schauen wir auf eines der zentralen Beispiele, die er nennt: das gemeinsame Streichen eines Hauses. Die geteilte Absicht hat hierbei die Rolle, die einzelnen Schritte zweier oder mehrerer Personen zu koordinieren. Zum Beispiel wäre es sinnvoll, dass Person B erst dann die Farbe aufträgt, wenn Person A die Wand zuvor grundiert hat und diese Grundierung getrocknet ist.

Die zweite Rolle geteilter Absichten besteht nach Auffassung von Bratman darin, die **Planung** in Hinblick auf die gemeinsame Handlung zu koordinieren. Dies würde im vorliegenden Fall zum Beispiel bedeuten, dass Person A die Farbe besorgt, Person B aber die Pinsel.

Als dritte und letzte Rolle geteilter Absichten macht Bratman die Funktion aus, eventuell aufkommendes **Verhandeln und gemeinsames Überlegen** der Teilnehmer zu strukturieren. Diese Rolle steht in enger Verknüpfung zu der Überlegung, dass Kooperation ein Vorgang ist, der jederzeit zusammenbrechen kann und dessen Fortbestehen durch Aktivitäten der Teilnehmer gewährleistet werden muss. In Hinblick auf unser Beispiel könnte diese dritte Rolle dann ins Spiel kommen, wenn beide Teilnehmer eine Einzelaktivität, wie zum Beispiel das Mischen der Farbe, ausführen möchten, obwohl gleichzeitig eine andere Handlung, zum Beispiel das Reinigen der Bürsten, erledigt werden muss.

Wie bereits angeführt, ist es wichtig für Bratmans Vorstellung von geteilten Absichten, dass die Konstruktion jederzeit scheitern kann und somit die gemeinsame Handlung unmöglich wird. In Anbetracht der genannten Rollen geteilter Absichten wird deutlich, an welchen Stellen dies geschehen könnte. Erfüllt die geteilte Absicht beispielsweise nicht die Funktion, die Einzelhandlungen der Teilnehmer miteinander zu koordinieren oder zu strukturieren, so bricht die gemeinsame Handlung schon deswegen ab, weil sie praktisch nicht mehr (korrekt) durchführbar ist. Wird in unserem Beispiel die Farbe vor der Grundierung aufgetragen, so kann das Ziel einer korrekt gestrichenen Wand nicht mehr erreicht werden.

Gemäß seinem funktionalistisch geprägten Vorgehen stellt Bratman im nächsten Schritt einen **Komplex** verbundener, und aufeinander bezogener Absichten und Einstellungen vor. Dieser Komplex soll dazu geeignet sein, die oben genannten Rollen geteilter Absichten zu erfüllen, wenn er erwartungsgemäß funktioniert. Bratman stellt dazu **drei Bedingungen** auf, die von den relevanten Absichten und weiteren Einstellungen der Akteure samt ihren Inhalten erfüllt werden müssen:

1. Zunächst sollten bei allen beteiligten Akteuren eine Einzelabsicht mit dem Inhalt ,**Ich intendiere, dass wir G‘** vorliegen, wobei das G für die gemeinsame Handlung steht.
2. Die zweite Bedingung besagt, dass die Einzelabsichten, die im Rahmen einer geteilten Absicht eine Rolle spielen, sowohl **wegen der relevanten Einzelabsichten der anderen Teilnehmer** als auch **in Übereinstimmung** mit diesen vorliegen sollen.

Als Unterpunkt dieser Bedingung wird von Bratman darüber hinaus angeführt, dass die Teilnehmer einer gemeinsamen Handlung zumindest dafür sorgen, dass eventuelle Absichten, die auf untergeordnete Ziele gerichtet sind – wie die Vorliebe für das Mischen der Farbe im obigen Beispiel – zumindest ineinandergreifen. Wie bereits in der Formulierung der Rollen geht es Bratman mit dieser Bedingung in erster Linie um die Praktikabilität und Flexibilität der geteilten Absicht. Er möchte verhindern, dass der Komplex schnell zusammenbricht, wenn Unstimmigkeiten entstehen. Dies ist der Grund dafür, dass er den Möglichkeiten, zu verhandeln und Pläne abzustimmen, einen derart großen Platz in seiner Konstruktion einräumt.

3. Auch die letzte der drei Bedingungen unterstützt die wechselseitige Bezogenheit der Akteure und ihrer mentalen Zustände aufeinander. Diese Bedingung besagt, dass die vorherigen beiden Bedingungen **gemeinsames Wissen** (*common knowledge*) der Beteiligten sind. Mit dieser Bedingung will Bratman garantieren, dass die relevanten Einstellungen, welche gemeinsam eine geteilte Absicht formen, öffentlich bekannt sind. Genauer heißt dies, gemäß Bratmans Definition, dass wechselseitiges Wissen der Absichten jedes anderen Akteurs in einer gemeinsamen Handlung vorliegt. Dieses Wissen soll auch das Wissen des anderen Akteurs aus seiner Perspektive umfassen. Anders ausgedrückt soll die dritte Bedingung garantieren, dass Person A und Person B in einer gemeinsamen Handlung die zugehörigen Intentionen des Anderen kennen und auch um das diesbezügliche Wissen des jeweils Anderen wissen.

Die Vorteile von Bratmans Ansatz sind vielfältig. Zu den wichtigsten gehört, dass geteilte Absichten multipel realisierbar sind. Somit ist Bratmans Konstruktion grundsätzlich geeignet, das gemeinsame Handeln nicht-menschlicher Akteure abzubilden. Darüber hinaus sind geteilte Absichten als Komplexe flexibel und praktikabel ausgelegt. So legt Bratman großen Wert auf die alltägliche Anwendbarkeit seines Ansatzes in vielgestaltigen Situationen. Ein letzter, aber bedeutender Vorteil der Konstruktion ist, dass sie durch ihren reduktiven Aufbau sparsam ist. Wie gezeigt, benötigt Bratman für seine Konstruktion lediglich den ‚Baukasten' der individuellen Intentionalität. Anders als beispielsweise in Searles Ansatz müssen keine neuen Entitäten eingeführt werden, um gemeinsames Handeln zu erklären. Allerdings hat auch sein Ansatz einen klaren Fokus, nämlich auf solche gemeinsamen Handlungen, die Planungen involvieren. Andere, vielleicht basalere Formen des gemeinsamen Handelns, wie sie zum Beispiel von Kindern gezeigt werden, werden von Bratmans Ansatz eventuell nicht gut erfasst.

7.4 Fazit

Zwei zentrale Fragen, die sich im Zusammenhang mit dem Geist anderer Menschen ergeben, haben wir in diesem Kapitel diskutiert. Die erste Frage zielt auf unsere Fähigkeit ab, anderen Menschen mentale Zustände mit bestimmten Inhalten zuzuschreiben. Die zweite Frage geht unserer Fähigkeit zu gemeinsamem Handeln nach, was eventuell so etwas wie gemeinsame oder geteilte mentale Zustände voraussetzt. ◨ Tab. 7.1 gibt einen kurzen Überblick über die diskutierten Positionen.

◘ Tab. 7.1   Theorien der Theory of Mind-Fähigkeit und der Kollektiven Intentionalität

Name	Grundidee	Hauptproblem
Theory of Mind-Fähigkeit		
Theorie-Theorie	Es gibt eine Alltagspsychologie, mitderen Hilfe wir das Verhalten Anderer erklären und Vorhersagen können	Möglicherweise kognitiv zu anspruchsvoll, um zu erklären, was kleine Kinder und Erwachsene im Alltag mühelos machen
Simulationstheorie	Wir nutzen unseren eigenen ‚Systeme‘, um das Verhalten Anderer zu simulieren	Unklar, wo vorgegebene mentale Zustände herkommen; Widerspruch zu alltäglichem Erleben
Interaktionstheorie	Wir können viele mentale Zustände Anderer direkt in unserer Interaktion mit ihnen wahrnehmen	Verlagerung des Problems auf die Erklärung der sozialen Wahrnehmung
Kollektive Intentionalität		
Wir-Absichten (John Searle)	Es gibt eine spezielle Art von Absichten, bei der jeder einzelne Akteur beabsichtigt, etwas mit anderen Akteuren gemeinsam zu tun	Wir-Absichten können auch bei einzelnen Akteuren isoliert auftreten – mangelnde Berücksichtigung der Gemeinsamkeit
Gemeinsame Verpflichtungen (Margaret Gilbert)	Gemeinsamen Handlungen liegt ein Pluralsubjekt zugrunde, aus dessen Absichten und Verpflichtungen sich Rechte und Pflichten der Beteiligten ergeben	Rechte und Pflichten sind eventuell bei manchen gemeinsamen Handlungen nicht zentral und daher kein wesentlicher Bestandteil gemeinsamer Handlungen
Geteilte Absicht (Michael Bratman)	Geteilte Absichten von zwei Akteuren beziehen sich aufeinander und stellen geteiltes Wissen dar; sie strukturieren die Kooperation	Fokus auf geplante Handlungen, daher möglicherweise nicht geeignet für basale Formen gemeinsamen Handelns

Literatur

Avramides, Anita: „Other Minds". In: Edward N. Zalta (Hrsg.): *The Stanford Encyclopedia of Philosophy*. 2020.
Baillargeon, Renée/Scott, Rose M./He, Zijing: „False-belief understanding in infants". In: *Trends in Cognitive Sciences* 14 3 (2010), 110–118.
Bratman, Michael E.: *Shared Agency: A Planning Theory of Acting Together*. New York, NY 2014.
Chalmers, D. J.: *The Conscious Mind: Towards a Fundamental Theory*. New York 1996.
De Bruin, L. C./Newen, A.: „The developmental paradox of false belief understanding: a dual-system solution". In: *Synthese* 191 3 (2014), 297–320.
De Bruin, L.C./Newen, A.: „An association account of false belief understanding". In: *Cognition* 123 2 (2012), 240–259.
Descartes, R.: *Meditationes de prima philosophia*. Hamburg 1641.
Gallagher, S.: „The practice of mind: Theory, simulation or primary interaction?". In: *Journal of consciousness studies* 8 (2001), 83–108.
Gallagher, S.: „Direct perception in the intersubjective context". In: *Consciousness and Cognition* 17 2 (2008), 535–543.

Gallagher, S./Hutto, D.: „Understanding others through primary interaction and narrative practice". In: J. Zlatev/T. Racine/C. Sinha/E. Itkonen (Hrsg.): *The Shared Mind: Perspectives on Intersubjectivity*. Amsterdam 2008, 17–38.

Gallese, Vittorio/Goldman, Alvin: „Mirror neurons and the simulation theory of mind-reading". In: *Trends in Cognitive Sciences* 2 (1998), 493–501.

Gilbert, M.: Walking Together: A Paradigmatic Social Phenomenon. *Midwest Studies In Philosophy*, 15 1 (1990), 1–14.

Goldman, Alvin: „Imitation, Mind Reading, and Simluation". In: S. L Hurley/Nick Chater (Hrsg.): *Perspectives on imitation: from neuroscience to social science*. Cambridg, Mass. 2005, 79–94.

Goldman, Alvin: *Simulating Minds: The Philosophy, Psychology, and Neuroscience of Mindreading*. Oxford 2006.

Gopnik, A.: „The scientist as child". In: *Philosophy of Science* 63 (1997), 485–514.

Gopnik, A./Wellman, H.: „Why the child's theory of mind really is a theory". In: *Mind and Language* 7 (1992), 145–71.

Gordon, R. M.: „Folk psychology as simulation". In: *Mind and Language* 1 (1986), 158–71.

Malcolm, Norman: „I. Knowledge of Other Minds". In: *The Journal of Philosophy* 55 23 (1958), 969–978.

Mill, John Stuart: *An examination of Sir William Hamilton's philosophy and of the principal philosophical questions discussed in his writings*. London [4]1872.

Onishi, K. H./Baillargeon, Renée: „Do 15-Month-Old Infants Understand False Beliefs?". In: *Science* 308 5719 (2005), 255–258.

Pargetter, R.: „The scientific inference to other minds". In: *Australasian Journal of Philosophy* 62 (1984), 158–63.

Searle, J.: „Collective Intentions and Actions". In: P. Cohen/J. Morgan/M. E. Pollack (Hrsg.): *Intentions in Communication*. Cambridge, MA 1990, 401–415.

Wimmer, H./Perner, J.: „Beliefs about beliefs: Representation and constraining functions of wrong beliefs in young children's understanding of deception". In: *Cognition* 13 (1983), 103–128.

Emotionen

Inhaltsverzeichnis

© Springer-Verlag GmbH Deutschland, ein Teil von Springer Nature 2021
G. Vosgerau und N. Lindner, *Philosophie des Geistes und der Kognition*,
https://doi.org/10.1007/978-3-476-04567-6_8

In der Geschichte der Philosophie haben Emotionen in der Diskussion der Natur des Geistes und der Kognition stets eine große Rolle gespielt. Häufig wurden Emotionen als Gegenspieler der Vernunft angesehen und deren möglichst umfassende Unterdrückung als Mittel zu störungsfreier Geistesfähigkeit betrachtet. Wenn Platon beispielsweise davon spricht, dass Philosophieren Sterben lernen bedeutet, so meint er damit unter anderem, dass wir unsere Emotionen als störende körperliche Einflussfaktoren unterdrücken und somit zur Weisheit gelangen können (Platon 2011). Auch in weiteren Lebensphilosophien der Antike – beispielsweise in der Stoa (Seneca 2000) – steht ein gelungener Umgang mit der eigenen Gefühlswelt im Mittelpunkt des Interesses. In der zeitgenössischen Forschungsliteratur finden sich jedoch auch vermehrt Positionen, die Emotionen nicht als ablenkendes Übel, sondern vielmehr als integralen Bestandteil unseres vernünftigen Denkens ansehen (Damasio 1995).

Bevor solche weitergehenden Fragen zum Verhältnis von Emotionen und Vernunft oder auch zum Zusammenhang zwischen Emotionen und Verhalten zur Sprache kommen, müssen grundsätzlichere Fragen danach beantwortet werden, welche Arten von Emotionen es gibt und wie diese klassifiziert werden können.

Aus unserem bewussten Erleben sind Emotionen nicht wegzudenken. Schon in den frühesten Phasen der kindlichen Entwicklung treten sie als Reaktion auf Umweltgeschehen auf und begleiten uns Zeit unseres Lebens. Während der Ontogenese, also der individuellen Entwicklung des Menschen, werden die verfügbaren Emotionen immer differenzierter. Das Erleben von Emotionen gehört also genauso zum Menschen dazu wie das Erkennen von Emotionen bei anderen. Emotionen können aber auch derart ausufern, dass sie Teil pathologischer Zustände werden. Beispiele hierfür sind die gedrückte Stimmung und Hoffnungslosigkeit als Teil einer Depression, ein überforderndes Erleben von Angst bei Angststörungen oder ein übersteigertes Gefühl von Überlegenheit bei manischen Episoden. Das direkte Erleben von Emotionen und der alltägliche Umgang mit ihnen sind jedoch nicht gleichzusetzen mit einer tiefergehenden Analyse der verschiedenen Arten von Emotionen und deren Klassifikation. Um eben diese Art der Untersuchung soll es im folgenden Abschnitt gehen, auf den ein weiterer Abschnitt folgt, der sich mit dem vielfältigen Zusammenhang von Emotionen und Verhalten auseinandersetzt.

8.1 Arten von Emotionen

Geht man der Frage nach, was Emotionen eigentlich sind, so gelangt man schnell zu den verschiedenen Arten von Emotionen und der weiterführenden Frage, wie diese zu charakterisieren und zu klassifizieren sind. In einem ersten Schritt könnte man die vielfältigen Arten und Unterarten von Emotionen auflisten, denen wir als Subjekte introspektiv oder vermittelt über das Verhalten anderer täglich begegnen. Da wir einen direkten Zugang zu unseren eigenen Emotionen haben, fällt eine solche Auflistung nicht allzu schwer. Liebe, Wut, Hass, Angst, Freude und Trauer wären sicherlich einige der Gefühle, die uns in den Sinn kämen, wenn uns jemand nach Arten von Emotionen fragen würde. Offensichtlich gibt es noch viele weitere Emotionen. Dabei stehen manche Emotionen in wechselseitigen Beziehungen zueinander, wie zum Beispiel Freude und Schadenfreude. Andere Emotionen stehen so nah beieinander, dass deren semantische Abgrenzung in der Alltagssprache teilweise nicht sofort ersichtlich ist, wie zum Beispiel Neid, Missgunst und Eifersucht. Diese Emotionen teilen sich offenbar einige Eigenschaften, beispielsweise ein trauriges Gefühl angesichts der Abwesenheit einer bestimmten Sache oder Person, weichen aber in weiteren Aspekten voneinander ab. Neben der teils schwierigen Grenzziehung zwischen ähnlichen und artverwandten Emotionen wurde vielfach diskutiert, ob es basale Emotionen gibt, die universal vorkommen und nicht auf weitere noch basalere Emotionen zurückgeführt werden können. Eine solche Theorie verfolgt der Psychologe Paul Ekman (Ekman/Friesen/Ellsworth 1972). Auf Grundlage seiner empirischen Forschung kam er zu dem Ergebnis, dass Menschen über **sieben Basisemotionen** verfügen, die kulturunabhängig verstanden und mit Mimik ausgedrückt werden. Diese Basisemotionen sind Freude, Wut, Ekel, Furcht, Verachtung, Traurigkeit und Überraschung.

Zur Vertiefung: Basisemotionen

Gemeinsam mit seinem Kollegen Wallace V. Friesen erforschte der amerikanische Psychologe Paul Ekman emotionale Gesichtsausdrücke. Sie erarbeiteten hierzu das sogenannte *Facial Action Coding System* (FACS), mit dessen Hilfe sie die physiologischen Aspekte von Gesichtsausdrücken codierten. Im Rahmen des FACS werden verschiedene mimische Bewegungen als *action units* erfasst (z. B. das Zusammenziehen der Augenbrauen oder das Rümpfen der Nase). Darüber hinaus wird erhoben, wie deutlich sichtbar eine bestimmte Gesichtsbewegung bei einem gewissen Gesichtsausdruck ist. Mit Hilfe dieser Elemente hat Ekman für die sieben von ihm angenommenen Basisemotionen ein Set an *action units* erfasst. Dieses lautet beispielsweise bei Freude: angehobene Wangen, Anheben der Mundwinkel und Zusammenkneifen der Augen.

Ekmans Forschung zeigte, dass diejenigen Gesichtsausdrücke, die mit den sieben Basisemotionen verbunden sind, kulturunabhängig ausgedrückt und verstanden werden. Das führte ihn zu der Überzeugung, dass diese Emotionen nicht erlernt und damit kulturell bedingt, sondern genetisch vererbt sind. Demzufolge schreibt Ekman den seiner Auffassung nach universellen, kulturunabhängigen Basisemotionen auch einen evolutionären Vorteil zu. So geht er davon aus, dass diese die zwischenmenschliche Kommunikation und die Fortpflanzung unterstützen.

Darüber hinaus stellt sich in einigen Grenzfällen auch die generellere Frage danach, ob es sich bei einem Phänomen überhaupt um eine Emotion handelt. Zusammenfassend lauten die zentralen Fragestellungen bei der Auseinandersetzung mit Arten von Emotionen also: 1) Was sind Emotionen und worin unterscheiden sich diese von etwas, das keine Emotion ist, und 2) worin besteht der Unterschied zwischen verschiedenen Emotionen? In der Behandlung dieser Fragen stechen zwei in der Diskussion einflussreiche Familien von Theorien besonders hervor.

Zum einen gibt es die sogenannten **Gefühlstheorien,** die den subjektiven, phänomenalen Teil von Emotionen in den Blick nehmen, um diese genauer zu bestimmen. Zum anderen werden **kognitive Emotionstheorien** intensiv diskutiert, welche
Emotionen als propositionale Einstellungen betrachten (▶ Kap. 3). Da diese beiden Theoriefamilien bis heute großen Einfluss auf die philosophische Diskussion
haben, sollen hier zunächst die grundlegenden Merkmale von Gefühlstheorien
und kognitiven Emotionstheorien vorgestellt und diskutiert werden.

Die klassische Version der Gefühlstheorie   Diese wurde parallel und nahezu gleichzeitig von dem Philosophen und Psychologen William James (1884) und dem
Physiologen Carl Lange (1885) entwickelt. Im Zentrum dieser Auffassung steht
die Ansicht, dass Emotionen Begleiterscheinungen körperlicher Vorgänge sind.
James selber formuliert diesen Gedanken in seinem Aufsatz *What is an Emotion?*
folgendermaßen:

» Our natural way of thinking about these standard emotions is that the mental
perception of some fact excites the mental affection called the emotion, and that this
latter state of mind gives rise to the bodily expression. My thesis on the contrary is
that the bodily changes follow directly the perception of the exciting fact, and that
our feeling of the same changes as they occur is the emotion. (James 1884, S. 189 f.)

Zunächst ist es wichtig, festzuhalten, dass James ausschließlich jene Emotionen in den Blick nehmen will, die von starken Körperreaktionen begleitet werden. Im Zentrum steht die Annahme, dass die Wahrnehmung der Gefühle, die mit
diesen Körperreaktionen verbunden sind unsere Emotionen bilden. Zum Beispiel
wird in gefährlichen Situationen, die vom Subjekt als beängstigend wahrgenommen werden, eine Reihe an Körperreaktionen ausgelöst. Bei diesem Phänomen,
das auch als Kampf-oder-Flucht-Reaktion *(fight-or-flight-response)* bezeichnet
wird (Cannon 1915), werden Hormone, wie das Stresshormon Adrenalin, aus-
geschüttet. Diese Ausschüttung führt unter anderem zu einer erhöhten Herzfre-
quenz, einem erhöhten Muskeltonus und einer gesteigerten Atemfrequenz. Nach
Auffassung der klassischen Gefühlstheorie werden vom Subjekt in diesem Fall
diejenigen wahrgenommenen Gefühle, die von diesem Körpergeschehen ausgehen, als Angst empfunden. Als Annäherung an dieses Empfinden können meta-
phorische Umschreibungen dienen, wie „ein flaues Gefühl in der Magengrube
haben".

Definition

Anders als in der Alltagssprache werden in der Philosophie **Emotionen und Gefühle**
voneinander unterschieden. Gemäß den folgenden Definitionen können die beiden
Begriffe voneinander abgegrenzt werden:
Mit dem Wort **„Gefühl"** werden sowohl emotionale Empfindungen wie Begeiste-
rung oder Unsicherheit als auch körperliche Erfahrungen wie Hunger oder Durst
bezeichnet. Der Begriff ist somit weiter gefasst als derjenige der Emotionen. Gefühle sind bewusst erlebte Erfahrungen.

> **Emotionen** beinhalten ebenso wie Gefühle eine bewusst erlebte affektive Komponente. Jedoch bringen sie darüber hinaus noch weitere Eigenschaften mit: sie sind verhaltenssteuernd bzw. haben Einfluss auf unser Verhalten, sie passen sich an den jeweilig gegebenen Kontext an und sind teilweise körperliche Programmabläufe, die dazu dienen sollen, bestimmte Situationen wie Gefahr erfolgreich durchzustehen. Schwindel und Hunger sind zum Beispiel Gefühle, die keine Emotionen sind.

Die klassische Gefühlstheorie wurde sowohl in Bereichen der Psychologie (z. B. Zajonc 1980) als auch der Philosophie (De Sousa 1987; Greenspan 1988) positiv aufgenommen und teilweise weiterentwickelt. Gleichzeitig wurde in der wissenschaftlichen Diskussion der Theorie aber auch Kritik laut, deren Grundlinien im Folgenden nachgezeichnet werden sollen.

1. **Nicht alle Emotionen werden von Körperreaktionen begleitet:** Während die Urheber der klassischen Gefühlstheorie solche Arten von Emotionen per se ausschließen möchten, besteht doch der Wunsch nach einer Emotionstheorie, die umfassend ist und alle Emotionen erklären kann. Während es im Hinblick auf zentrale Emotionen wie Zorn oder Angst kaum Zweifel an begleitenden Körperreaktionen gibt, ist dies bei anderen Emotionen fraglich. Das betrifft in der Regel komplexere und lang andauernde Emotionen, wie z. B. Stolz.

2. **Gefühle reichen für die Klassifizierung von Emotionen nicht aus:** Während Emotionen häufig von Gefühlen begleitet werden, gibt es weitaus mehr Emotionen als Gefühle. Nimmt man beispielsweise die bereits angeführte Trias von Neid, Missgunst und Eifersucht in den Blick, so erscheint es unplausibel oder zumindest vorschnell anzunehmen, dass diese drei Emotionen auch mit einem jeweils unterschiedlichen Gefühl verbunden sind. Insofern sind Gefühle alleine nicht geeignet, die Fülle an Emotionen hinreichend zu individuieren. Dies ist insbesondere bei komplexen Emotionen der Fall, was zur nächsten Kritiklinie führt.

3. **Einige Emotionen sind intentional, beziehen sich also auf ein intentionales Objekt:** Dies gilt insbesondere für komplexe Emotionen wie Scham, Eifersucht oder Sehnsucht. Diese Emotionen beziehen sich direkt auf ein Objekt. So ist das intentionale Objekt der Sehnsucht beispielsweise ein vom Subjekt räumlich oder emotional entfernter Ort oder eine entfernte Person. Bei Angst hingegen ist das intentionale Objekt meist eine Gefahr, die tatsächlich vorliegen oder auch nur eingebildet sein kann. Dieses intentionale Objekt können Gefühlstheorien nicht abbilden, da sie sich in der Wahrnehmung von Körperreaktionen erschöpfen. Folglich können Gefühlstheorien auch nicht zwischen solchen Emotionen, die sich tatsächlich in Körperreaktionen erschöpfen, und solchen, bei denen dies nicht der Fall ist, unterscheiden. So können die Gefühlstheorien nicht erfassen, ob ich Angst vor einem Bären oder dem Zahnarztbesuch habe.

Angesichts der genannten Kritiken kann man also abschließend sagen, dass Gefühlstheorien nicht die komplette Bandbreite an Emotionen erklären können, weshalb sie als umfassende Emotionstheorien nicht geeignet sind.

Die kognitive Emotionstheorie   Einen anderen Weg zur Erklärung von Emotionen beschreiten die sogenannten kognitiven Emotionstheorien. Wie der Name bereits vermuten lässt, nehmen diese Theorien unsere geistigen Fähigkeiten in den Blick, um Emotionen zu erklären und zu kategorisieren. Im Zentrum dieser Auffassungen (Gordon 1987; Lyons 1980) steht die Überzeugung, dass wir propositionale Einstellungen (s. ▶ Kap. 3) heranziehen müssen, um Emotionen individuieren zu können. Eine zentrale Rolle spielen bei diesem Erklärungsansatz die Überzeugungen des empfindenden Subjekts. Diese Herangehensweise wird unterstützt von empirischen Erkenntnissen, die darauf verweisen, dass Hintergrundüberzeugungen bei der Entstehung und der subjektiven Wahrnehmung von Emotionen eine zentrale Rolle spielen.

8

Zur Vertiefung: Die Zwei-Faktoren-Theorie der Emotion

Der amerikanische Psychologe Stanley Schachter stellt mit seiner Zwei-Faktoren-Theorie der Emotion einen Ansatz vor, der in der Tradition der Gefühlstheorien steht. Er geht davon aus, dass Emotionen aus einem zweistufigen Prozess heraus entstehen: Zunächst liegt beim Subjekt ein physiologischer Erregungszustand vor, dieser wird in einem weiteren Schritt kognitiv bewertet. Erst durch die nachfolgende Ursachenforschung identifiziert das Subjekt die körperlichen Veränderungen als eine bestimmte Emotion. Empirisch gestützt wurde Schachters Auffassung von einem Experiment, das er mit dem Psychologen Jerome E. Singer durchführte (Schachter/Singer 1962).

In diesem Experiment wurde den Probanden eine mit Adrenalin versetzte Kochsalzlösung injiziert, über deren tatsächliche Zusammensetzung die Probanden nichts erfuhren. In der Folge erhielten die Probanden eine – vermeintliche – Aufklärung über die möglichen Nebenwirkungen des injizierten Mittels. Dabei wurden ihnen entweder die tatsächlich möglichen Nebenwirkungen (z. B. Zittern, ein erhöhter Herzschlag usw.) mitgeteilt oder andersartige Nebenwirkungen, die nicht durch Adrenalin ausgelöst werden, oder gar nichts zu Nebenwirkungen gesagt. Nach Einsetzen der Adrenalinwirkung wurde eine Gruppe von Probanden mit einer Euphoriesituation (eine albern agierende, vermeintliche weitere Versuchsperson) konfrontiert, die andere Gruppe mit einer Ärgersituation (z. B. ein Fragebogen mit unverschämten Fragen oder der verärgerten Reaktion vertrauter Begleitpersonen). Im Ergebnis zeigte sich, dass diejenigen, die eine Adrenalingabe, aber keine korrekte Aufklärung über die Nebenwirkungen dieses Präparats erhalten haben, ihre Emotion gemäß den jeweiligen Bedingungen anpassten. So fühlten sie sich im Rahmen der Ärgerbedingung verärgert. Probanden, die eine korrekte Aufklärung über die Nebenwirkungen des Adrenalins erhalten haben, ließen sich nicht derartig beeinflussen. Der Versuch von Schachter und Singer zeigt, dass das Vorhandensein einer bestimmten Körperreaktion für ein Subjekt alleine noch nicht dazu ausreicht, eine Emotion zu bestimmen. Dies geschieht erst in der subjektiven Bewertung, welche wiederum stark von Umweltfaktoren abhängt.

Jedoch wurden auch kognitive Emotionstheorien weitgehend kritisch diskutiert. In diesem Falle lassen sich ebenso zentrale Linien der Kritik erkennen.

1. **Nicht-menschliche Tiere und Kleinkinder im frühen Entwicklungsstadium haben Emotionen, ohne über propositionale Einstellungen zu verfügen:** Viele verschiedene Spezies verfügen zumindest über basale Emotionen wie Angst oder Freude, wenngleich sie nicht in der Lage sind, Überzeugungen zu bilden. Dies gilt auch für Kinder in einem entwicklungspsychologisch frühen Stadium. Diese verfügen zwar recht früh schon über Wünsche, andere propositionale Einstellungen entwickeln sich jedoch erst zu einem späteren Zeitpunkt, zu dem die Kinder schon diverse Arten an Emotionen empfinden und ausdrücken. Nimmt man gemäß den kognitiven Emotionstheorien an, dass Überzeugungen essentiell für die Natur von Emotionen und grundlegend für deren Kategorisierung sind, so klafft hier eine Lücke in der Erklärung.

2. **Kognitive Emotionstheorien tragen dem phänomenalen Erleben von Emotionen nicht ausreichend Rechnung:** Indem diese Ansätze Emotionen mit propositionalen Einstellungen gleichsetzen, so argumentieren Kritiker, wird das Empfinden dieser Emotionen, das Fühlen oder, technischer gesagt, die affektive Komponente von Emotionen nicht abgedeckt. Zwar erkennt diese Kritik an, dass das intentionale Objekt als Teil einer propositionalen Einstellung eine bestimmte Emotion teilweise erklärt. Gleichsam ist das intentionale Objekt aber nicht geeignet, die Gefühle, die mit dieser Emotion verbunden sind, erschöpfend zu determinieren.

Hybrider Ansatz Eine zeitgenössische Emotionstheorie versucht, die Schwachstellen der oben genannten Positionen zu beheben und somit einen Ansatz zu finden, welcher die vielfältigen Aspekte von Emotionen erklärt und abbildet. Der Vorschlag von Alexandra Zinck und Albert Newen (2008) ist ein hybrider, empirisch informierter Ansatz. Er steht gewissermaßen zwischen den Gefühlstheorien und den kognitiven Emotionstheorien und behält die plausiblen Aspekte beider Grundideen bei, womit die Probleme beider Theorien aufgelöst und somit beseitigt werden sollen.

Zinck und Newen formulieren zunächst eine Reihe an Merkmalen, die als **Ädaquatheitsmerkmale** bei der Individuierung von Emotionen dienen sollen. Ihrer Auffassung nach sind Emotionen in der Regel durch die folgenden Merkmale charakterisiert:

1. Sie umfassen physiologische Merkmale, beispielsweise körperliche Erregtheit und Veränderungen im limbischen System.
2. Sie haben eine affektive Komponente, d. h. eine subjektiv erlebte Komponente. Diese macht aus, wie sich eine bestimmte Emotion für das empfindende Subjekt anfühlt. Mit der in ► Kap. 5 eingeführten Terminologie zum phänomenalen Bewusstsein kann man diese Komponente auch als das *what-it-is-like* der jeweiligen Emotion betrachten.
3. Sie verfügen über kognitive Aspekte, welche sowohl vorgängig als auch nachgängig sein können.
4. Sie verfügen über ein intentionales Objekt, d. h. sie sind auf ein bestimmtes Objekt gerichtet.
5. Sie sind verbunden mit Aspekten des Verhaltens, d. h. bestimmte Verhaltenstendenzen werden verstärkt.

> ▶ **Beispiel: Merkmale von Angst nach Zinck und Newen**

1. Mit der Emotion ‚Angst' sind bestimmte physiologische Merkmale verbunden. Diese haben im speziellen Fall der Angst eine evolutionär gut erklärbare Funktion, sie sollen uns in gefährlichen Situationen auf Kampf oder Flucht vorbereiten *(fight-or-flight-response)*. Diese Stressreaktion, über die nicht nur der menschliche Organismus verfügt, sondern auch derjenige vieler Tiere, ist mit unterschiedlichen Körperreaktionen verbunden. Dazu gehört zunächst ein erhöhter Ausstoß der Stresshormone Adrenalin und Cortisol. Diese fördern beispielsweise den Stoffwechsel, erhöhen die Atemfrequenz und den Muskeltonus. Insgesamt versetzen die mit Angst assoziierten physiologischen Veränderungen den Organismus in die Lage, zeitnah und effektiv auf Gefahrensituationen zu reagieren und mit der individuellen Reaktion der Flucht oder des Kampfes darauf zu reagieren.

2. Angst ist mit einer affektiven Komponente verbunden, die subjektiv erlebt wird. Diese kann sich sehr unterschiedlich äußern. Häufig berichten Personen über ein angespanntes Gefühl, sind nervös oder empfinden ein Druckgefühl in unterschiedlichen Körperregionen. Oft wird das Angsterleben mit Metaphern beschrieben, die sich oft auf körperliches Erleben beziehen, z. B.: „mir schnürt es die Brust zu", „mir schlottern die Knie" oder „mir hat es den Atem verschlagen". Wenngleich diese und ähnliche Metaphern deutlich an die physiologischen Veränderungen aus Punkt (1) erinnern, so geht es hier nicht um die physiologischen Vorgänge an sich, sondern darum, wie sie vom empfindenden Subjekt erlebt werden.

3. Die Emotion der Angst hat auch kognitive Aspekte. In diesem Fall liegt es nahe, zunächst an die Bewertung der Situation als angstauslösend zu denken. Dieser liegt die propositionale Einstellung der Überzeugung zugrunde. Im Falle der Angst ist es eben die Überzeugung, dass ein bestimmtes Objekt, eine andere Person oder eine Situation gefährlich für das eigene Wohlergehen ist.

4. Angst ist auf ein bestimmtes Objekt oder eine bestimmte Situation gerichtet, sie hat also ein intentionales Objekt. Im Falle der Angst können die intentionalen Objekte sehr vielfältig sein. Dies zeigt sich zum einen bei den Objektphobien, die neben geläufigen Beispielen wie Angst vor Spinnen oder Schlangen auch eher ungewöhnliche Auslöser haben können. So lösen bei der Misophonie, der Angst vor bestimmten Geräuschen, einige Alltagsgeräusche, z. B. Kaugeräusche, Angst aus. Ähnlich vielfältig sind zum anderen die unterschiedlichen Situationen, die bei Betroffenen Angst auslösen können. So sind die intentionalen Objekte bei der Agoraphobie bestimmte Situationen, beispielsweise Menschenmengen, Reisen oder auch ein Friseurbesuch. So unterschiedlich und vielfältig die Objekte und Situationen auch sind, gemein ist ihnen, dass sie als intentionales Objekt ein Teil der Emotion der Angst sind.

5. Wie bereits in den ersten beiden Punkten klargeworden sein sollte, sind mit einer Emotion nach Auffassung von Zinck und Newen sowohl physiologische als auch affektive Aspekte verbunden. Zusammen mit der Bewertung der Situation in Form einer Überzeugung bieten diese die Grundlage dafür, dass bestimmte Verhaltenstendenzen verstärkt werden. Wie bereits angeführt, sind dies im Fall der Angst insbesondere Verhaltensaspekte, die zu einer Gegenwehr oder einer Flucht führen, beziehungsweise solche Verhaltenstendenzen wahrscheinlicher machen. Auch

können andere Verhaltenstendenzen im Rahmen der Emotion ‚Angst' verringert werden, so beispielsweise eine aus Neugier resultierende Neigung, einer bestimmten Situation beizuwohnen. ◄

Wie hier gezeigt werden konnte, nehmen Zinck und Newen mit ihrem Katalog zentrale Eigenschaften von Emotionen in den Blick. Dabei überwinden sie die teilweise recht einseitige Charakterisierungen von Emotionen durch reine Gefühlstheorien oder kognitive Theorien. Indem sie eine Mittelstellung zwischen diesen Theorien einnehmen und noch weitere wichtige Aspekte ergänzen, fangen sie das komplexe und vielgestaltige Thema besser ein und tragen der vollen Bandbreite unterschiedlicher Emotionen Rechnung. Ein weiterer Vorteil des Ansatzes ist, dass Zinck und Newen die Ausbildung von Emotionen im Individuum, also ontogenetisch, in einem entwicklungspsychologischen Rahmen erläutern und nachzeichnen.

Als Grundlage dient den Autor:innen hierbei die Auffassung, dass Emotionen **mentale Repräsentationen** sind. Da es eine Vielzahl anderer mentaler Repräsentationen gibt, versuchen sie, Emotionen von diesen abzugrenzen. Zu diesem Zwecke unterscheiden Zinck und Newen

- basale mentale Repräsentationen,
- Emotionen und
- kognitive Einstellungen.

Zu den basalen mentalen Repräsentationen zählen sie Wahrnehmungen, basale mentale Dispositionen und erlebte Körperzustände *(felt body states)*. Beispiele für basale mentale Dispositionen sind Aufmerksamkeit, Interesse und Erwartung. Zu den erlebten Körperzuständen gehören solche mentalen Zustände, die unter anderem eine unmittelbare Reaktion des Organismus auf Reize sind, reflexartig geschehen und empfunden werden, also mit einem phänomenalen Erleben assoziiert sind. Als zentrales Beispiel für einen solchen erlebten Körperzustand nennen Zinck und Newen ein Schmerzgeschehen, z. B. Zahnschmerz.

Kognitive Einstellungen bilden den Autor:innen zufolge eine weitere Gruppe mentaler Repräsentationen. Diese seien kognitive mentale Zustände, die über einen propositionalen Gehalt verfügen und in der Regel nicht von Erlebenszuständen begleitet werden. Die kognitiven Einstellungen umfassen dementsprechend auch die propositionalen Einstellungen.

Nachdem Zinck und Newen diese Abgrenzung der Emotionen von weiteren mentalen Repräsentationen vorgenommen haben, wenden sie sich schlussendlich der **systematischen Klassifizierung von Emotionen** zu. Diese Klassifizierung soll, wie bereits angemerkt, auf einem entwicklungspsychologischen Modell von Emotionen basieren. Die Autor:innen nehmen hierbei vier Stufen in der ontogenetischen Entwicklung von Emotionen an.

1. **Die erste Stufe** bilden die sogenannten **Prä-Emotionen,** die als unfokussierte, expressive Emotionen aufgefasst werden. Diese Vorformen von Emotionen sind angeboren, jedoch keine biologischen Reflexe. Als zentrale Beispiele für diese Vorformen nennen Zinck und Newen Wohlgefühl *(comfort)* und Unbehagen *(distress)*.

2. **Die zweite Stufe** bilden die **basalen Emotionen,** namentlich Angst, Wut, Trauer und Freude. Diese Emotionen treten bereits im ersten Jahr der frühkindlichen Entwicklung in Erscheinung und basieren auf schnellen kognitiven Prozessen. Dementsprechend erfordern sie auch keine bewusste Verarbeitung auslösender Stimuli. Basale Emotionen gehen zudem mit bestimmten körperlichen Veränderungen einher. Diese betreffen die Mimik, physiologische Merkmale und den stimmlichen Ausdruck.

3. **Die dritte Stufe** des Entwicklungsmodells von Zinck und Newen bilden die sogenannten **primären kognitiven Emotionen.** Damit wird erstmals ein Typus erfasst, der zumindest über einen minimalen kognitiven Gehalt verfügt. Dieser kognitive Gehalt ist ein essentieller Bestandteil dieser Art von Emotionen. Darüber hinaus spielt der kognitive Gehalt auch eine wesentliche Rolle bei der Erklärung von Verhalten, welches durch eine solche Emotion ausgelöst wird. Typischerweise sind primäre kognitive Emotionen basale Emotionen, die zusätzlich über einen kognitiven Gehalt verfügen.

4. **Die vierte und letzte Stufe** bilden die **sekundären kognitiven Emotionen,** welche die komplexesten Formen in diesem Modell darstellen. Die Komplexität besteht vor allem darin, dass diese Emotionen ebenso auf kulturellen Gegebenheiten beruhen wie auf persönlicher Erfahrung. Sie umfassen jederzeit das Vorliegen eines Selbstkonzeptes, eine kognitive Bewertung der gegebenen Situation, Überzeugungen bezüglich der konkret vorliegenden Sozialbeziehungen und allgemeiner Gesellschaftsnormen sowie Erwartungen an Zukünftiges gemessen an der konkreten sozialen Situation. Um eine sekundäre kognitive Emotion erleben zu können, muss man eine entsprechende Minitheorie zur Verfügung haben, die die genannten Aspekte systematisch miteinander in Beziehung setzt. So erfordert das Erleben von Stolz z. B. nicht nur das Wissen um das Erreichen eines Ziels, sondern auch das Wissen um die gesellschaftlichen Normen, die genau solche Leistungen als lobenswert erachten, und das Wissen darum, dass diese meine Leistung nicht als selbstverständlich angesehen wird.

Wie sich gezeigt hat, löst die hybride Theorie von Zinck und Newen sowohl Probleme der klassischen Gefühlstheorien als auch der kognitiven Emotionstheorien. Darüber hinaus zeichnet sich die Theorie besonders durch ihr Augenmerk auf die Verbindung von Emotionen und Verhalten aus. Dieses Zusammenspiel hat die Philosophie historisch seit jeher beschäftigt und nimmt auch in der Psychologie eine zentrale Stelle ein. Im Folgenden sollen daher Probleme und Überlegungen zu diesem Themenbereich bündig vorgestellt werden.

8.2 Emotionen und Verhalten

In unserer Alltagspsychologie nehmen Emotionen bei der Erklärung von Verhalten einen großen Raum ein. Fragen wir uns, wieso ein anderer Mensch eine bestimmte Handlung vollzogen hat, landen wir schnell dabei, den emotionalen

Zustand des Handelnden miteinzubeziehen. Zum Beispiel: Wieso hat der A den B geschlagen? B hat etwas geäußert, das den A verärgert hat. Auch der Gesetzgeber trägt der Emotionalität von Handelnden Rechnung, indem er für bestimmte Gefühlszustände mildernde Tatumstände annimmt. So heißt es beispielsweise in §213 zum minder schweren Fall des Totschlags

> » War der Totschläger ohne eigene Schuld durch eine [...] schwere Beleidigung von dem getöteten Menschen zum Zorn gereizt und hierdurch auf der Stelle zur Tat hingerissen worden [...] so ist die Strafe Freiheitsstrafe von einem Jahr bis zu zehn Jahren. (§213 StGB)

Sowohl die alltagspsychologische als auch die rechtliche Bewertung von Verhalten berücksichtigt also die emotionale Verfassung des Akteurs. Diese wird herangezogen, um Verhalten zu erklären sowie, unter bestimmten Vorzeichen, die moralische Verantwortlichkeit des Akteurs zu beurteilen.

Emotion als Gegenspielerin der Vernunft Die Philosophie hat sich mit diesem Zusammenhang zwischen Emotionen und Verhalten historisch an vielen Stellen schwergetan. Gerade dort, wo der Vernunft ein großer Stellenwert für das menschliche Handeln eingeräumt wird, werden Emotionen häufig als animalisch (animalische), der Vernunft zuwiderlaufende Triebe abgetan, die es zu beherrschen gilt. Bereits in der Antike wurde von Denkern wie Platon oder den Stoikern eine starke Dichotomie zwischen Vernunft und Gefühl (*emotio* vs. *ratio*) ausgemacht. Hier spielte häufig der Gedanke eine Rolle, dass die Emotionen einem vernunftgeleiteten Handeln im Wege stehen. Ähnliche Gedanken lassen sich auch in der Neuzeit finden. So heißt es bei Immanuel Kant, dass: „Affekten und Leidenschaften unterworfen zu sein, wohl immer Krankheit des Gemüts ist; weil beides die Herrschaft der Vernunft ausschließt" (Kant 2000, §70). Da die kantische Moral und Urteilsfähigkeit auf der Betätigung der Vernunft beruht, kann wohl kaum ein vernichtenderes Urteil ausgesprochen werden. In jüngerer Zeit wurden vielerorts ähnliche Auffassungen vertreten. Allerdings spielt in der kantischen Moralphilosophie auch ein bestimmtes Gefühl, nämlich dasjenige der ‚Achtung' eine große Rolle. Erst durch das affektive Erleben der Achtung der allgemeingültigen Gesetze, wie beispielsweise dem kategorischen Imperativ, kann das Subjekt zum Ausführen einer bestimmten Handlung gelangen.

Je nach Lesart oder Umstand ist dieser vermeintliche Konflikt zwischen Vernunft und Emotionen insbesondere hinderlich bei moralischem und/oder rationalem Verhalten. Diese Vorstellung hält sich in großen Teilen der Philosophie bis heute. Entweder werden Emotionen als hinderlich für das willentliche Handeln wahrgenommen oder aber sie spielen keine (große) Rolle bei der Erklärung von Verhalten. Dies lässt sich auch an der analytisch geprägten Handlungstheorie des 20. Jahrhunderts ausmachen. Hier spielen propositionale Einstellungen, insbesondere Wünsche und Überzeugungen, die zentrale Rolle bei der Erklärung von Verhalten.

Integration von Emotionen in Handlungstheorie Wenngleich es verständlich ist, dass insbesondere vernunftorientierte philosophische Theorien sich mit der ‚Urgewalt' der Emotionen schwertun, so gehören sie doch klarerweise zu wichtigen

Aspekten bei der Erklärung von Verhalten. Insbesondere in der Philosophie des Geistes und in der Psychologie wird dieser Aspekt nun auch immer mehr in den Blick genommen, wobei Emotionen nicht alleine als Gegenspieler der Vernunft aufgefasst werden. Ein gutes Beispiel für eine Theorie, die diesen Zusammenhang ernst nimmt, ist der Ansatz von Zinck und Newen, der im vorherigen Abschnitt vorgestellt wurde. Laut diesen Autor:innen ist es ein zentraler Aspekt von Emotionen, dass sie bestimmte Verhaltenstendenzen verstärken oder abschwächen. Dies geschieht nach diesem Ansatz zusammen mit einer Überzeugung seitens des Akteurs, welche dessen Bewertung der Situation umfasst.

Emotion als Voraussetzung für Vernunft   Noch etwas weiter geht in seiner Argumentation der bereits zu Beginn des Kapitels genannte Psychologe Antonio Damasio. In seinem Werk *Descartes' Irrtum* (1995) wendet er sich gegen die cartesische Trennung von Körper und Geist, wie sie insbesondere in den *Meditationen* (Descartes 1641) vertreten wird. Descartes verteidigt hier die Auffassung, dass der reine Geist, ohne Eintrübungen durch körperliche oder emotionale Vorgänge die sicherste Quelle wahrer Erkenntnis ist. Damasio setzt dieser einflussreichen Auffassung seinen Ansatz entgegen, nach dem sich Vernunft und Gefühl nicht einander widersetzen, sondern vielmehr untrennbar verbunden sind. Ohne Gefühl, so argumentiert er, kann die Vernunft nicht wirksam werden. Zum einen beeinflussen Gefühle unbewusst die Vorauswahl der geistigen Inhalte, die überhaupt für rationale Denkprozesse zur Verfügung stehen. Dies spielt seiner Auffassung nach auch eine große Rolle bei der Intuition. Darüber hinaus lenken Emotionen auch unsere Aufmerksamkeit in eine bestimmte Richtung oder mahnen uns an, bestimmte Situationen oder Personen zu meiden. Damasio geht also davon aus, dass Emotionen dem bewussten, rationalen Überlegen vorgängig sind. Dennoch nehmen sie auf die genannten Weisen Einfluss auf rationale Denkprozesse. Auch wenn es dem Subjekt in solchen vernunftgesteuerten Überlegungen introspektiv anders erscheinen mag, sind Emotionen demnach ein integraler Bestandteil sowohl unseres Denkens als auch Handelns.

Die Vorgängigkeit zumindest bestimmter Emotionen wurde in ähnlicher Form auch von dem Psychologen Robert Zajonc (1980; 1984) vertreten. Seiner Auffassung nach treten bestimmte Emotionen vor oder gar völlig unabhängig von bewusster kognitiver Verarbeitung auf. Dies soll insbesondere bei Ängsten, z. B. der Angst bei einem lauten Knall, der Fall sein. Darüber hinaus geht Zajonc auch davon aus, dass dies der Fall sein kann, wenn wir etwas mögen oder ablehnen. Diese unbewusste emotionale Reaktion auf Stimuli nennt er die *low road* zu den Emotionen. Die *high road* zu Emotionen wird demgegenüber beschritten, wenn Letztere bewusst kognitiv verarbeitet werden. In der Phylogenese, also der Artentwicklung des Menschen, sieht Zajonc den Ursprung für die Möglichkeit der Vorgängigkeit oder Unabhängigkeit von Emotionen gegenüber der Kognition. Seiner Auffassung nach traten Emotionen in der evolutionären Entwicklung des Menschen zeitlich zumindest vor bestimmten kognitiven Fähigkeiten auf. Ein gegenteiliger Ansatz wurde von Richard Lazarus (1981; 1991) mit seiner Emotionstheorie der kognitiven Bewertung *(appraisal theory of emotion)* vertreten. Die Debatte der beiden Autoren wurde insbesondere in den 1980er-Jahren intensiv geführt und häufig als Zajonc-Lazarus-Kontroverse bezeichnet.

Anders als Zajonc geht Lazarus davon aus, dass bestimmte kognitive Prozesse, insbesondere die jeweilige Bewertung, Einordnung und Einschätzung einer möglicherweise emotional zu erlebenden Situation, dem Auftreten einer Emotion immer vorangehen. Er steht somit in der Tradition der Zwei-Faktoren-Theorie der Emotion von Schachter (▶ Abschn. 8.1). Auch Lazarus folgt der Überzeugung, dass eine bestimmte Situation oder eine körperliche Veränderung erst kognitiv bewertet werden muss. Erst aus dieser kognitiven Bewertung resultiert dann die entsprechende Emotion.

8.3 Fazit

So vielfältig die menschlichen Emotionen (ähnlich auch diejenigen nicht-menschlicher Tiere) sind, so schwierig ist es auch, deren Vielfalt in einer philosophischen Theorie umfassend abzubilden. Insbesondere stellt diese enorme Vielfalt eine große Herausforderung für die systematische Individuierung und Klassifizierung von Emotionen dar. In der Philosophie sind es zwei klassische Theoriefamilien, die in dieser Hinsicht prominent diskutiert werden. Die Gefühlstheorien legen, wie der Name schon vermuten lässt, den Fokus auf das Empfinden oder Fühlen von Emotionen. Dabei stützt sich ihr Verständnis von Emotionen und deren Klassifikation auf den zutiefst subjektiven Aspekt von Emotionen: das phänomenale Erleben. Die klassische Version dieser Gefühlstheorie wurde im 19. Jahrhundert nahezu zeitgleich von zwei Forschern entwickelt und trägt daher auch den Beinamen James-Lange-Theorie. Im Zentrum dieser Auffassung steht die Überzeugung, dass wir auf bestimmte Umweltsituationen mit Körperreaktionen reagieren, deren Wahrnehmung oder Empfindung seitens des Subjekts als Emotion erlebt wird. Die Abfolge ist also: Erregender Umstand – Körperreaktion(en) – Emotion. Zur Veranschaulichung kann die Emotion der Angst dienen. Diese ist regelmäßig mit bestimmten Körperreaktionen verbunden, so z. B. Muskelzittern oder eine erhöhte Atemfrequenz. Aus Sicht der James-Lange-Theorie besteht die Emotion der Angst in der Wahrnehmung eben jener Gefühle, die durch diese Körperreaktionen ausgelöst werden.

In der historischen Folge wurde die klassische Gefühlstheorie weiterhin vertreten und fortentwickelt. Gleichsam haben sich bestimmte Kritiklinien herausgebildet, aus Sicht derer die Theorie nicht geeignet ist, Emotionen umfassend zu erklären und zu klassifizieren. So wird ins Feld gebracht, dass nicht alle Emotionen von Körperreaktion begleitet werden oder dass Gefühle alleine nicht für die Klassifizierung von Emotionen ausreichen. Auch wurde kritisiert, dass die Gefühlstheorien die Intentionalität von Emotionen nicht ausreichend abbilden, obwohl gerade komplexe Emotionen ein intentionales Objekt haben, also auf ein bestimmtes Ding oder einen bestimmten Umstand gerichtet sind. Insbesondere diesem letzten Umstand wollen die kognitiven Emotionstheorien Rechnung tragen. Diese stellen die zweite klassische Familie von Emotionstheorien dar.

Bei den kognitiven Emotionstheorien stehen bei der Individuierung von Emotionen nicht Körperreaktion, sondern propositionale Einstellungen im Fokus. Insbesondere Überzeugungen sind nach Auffassung dieser Theorienfamilie nötig, um Emotionen klassifizieren und erklären zu können. So ist es beispielsweise die Überzeugung des Subjektes, dass ein bestimmtes intentionales Objekt gefährlich ist und somit Angst auslösen kann. Auch die kognitiven Emotionstheorien sehen sich mit Kritik konfrontiert. Dabei stechen zwei Kritiklinien besonders hervor: Zum einen haben auch Wesen, die (noch) nicht über propositionale Einstellungen verfügen, Gefühle, z. B. Kleinkinder oder die meisten nicht-menschlichen Tiere. Zum anderen führen Kritiker an, dass kognitive Emotionstheorien dem subjektiven, phänomenalen Teil von Emotionen nicht die ausreichende Aufmerksamkeit bieten.

Nimmt man die Ausgangspunkte und die Kritiklinien der beiden klassischen Emotionstheorien gemeinsam in den Blick, so wird klar, dass Gefühlstheorien und kognitive Emotionstheorien nahezu komplementär zueinander sind (◘ Tab. 8.1). Die Nachteile der einen Theorie werden durch die Vorteile der anderen aufgefangen. Mit der Emotionstheorie von Zinck und Newen wurde eine hybride Theorie vorgestellt, die Merkmale beider klassischer Theorien vereint. Diese Autor:innen fassen Emotionen als Unterart von mentalen Repräsentationen auf und liefern neben einer systematischen Klassifikation von Emotionen auch eine entwicklungspsychologische Perspektive auf deren ontogenetische Entstehung. Als bestimmend für Emotionen im Allgemeinen machen Zinck und Newen folgende Adäquatheitsmerkmale aus. Demnach sind physiologische sowie affektive Komponenten mit Emotionen verbunden. Darüber hinaus verfügen Emotionen aber auch über kognitive Aspekte, sind auf ein intentionales Objekt gerichtet und verstärken bestimmte Verhaltenstendenzen. Wie bereits angeführt, vereint diese Theorie Grundzüge der beiden klassischen Emotionstheorien und weitet deren

◘ Tab. 8.1   Emotionstheorien

Name	Grundidee	Hauptproblem(e)
Gefühlstheorien (James-Lange-Theorie)	Emotionen als bewusste Wahrnehmung von Körperzuständen	Es gibt Emotionen ohne charakteristischen Körperzustand; Es gibt mehr Emotionen als Körperwahrnehmungen; Emotionen beziehen sich auf ein Objekt (Intentioinalität)
Kognitive Theorien	Emotionen basieren auf bewertenden Überzeugungen	Kleinkinder haben Emotionen auch ohne Überzeugungen; Phänomenales Erleben kann nicht durch Überzeugungen erklärt werden
Hybride Theorie (Zinck und Newen)	Emotionen als Arten mentaler Repräsentation mit physiologischen, affektiven und kognitiven Aspekten	

Erklärung und Bestimmung zudem auf den Bereich des Verhaltens aus. In ihrer systematischen Klassifizierung von Emotionen bestimmen Zinck und Newen vier Unterformen von Emotionen, deren ontogenetische Entwicklung sich auch in der genannten Abfolge vollziehen soll. Diese Formen von Emotionen sind: 1) Prä-Emotionen, 2) basale Emotionen, 3) primäre kognitive Emotionen und 4) sekundäre kognitive Emotionen.

Neben der Klassifikation und Individuierung von Emotionen steht philosophiehistorisch der Zusammenhang von Emotionen und Verhalten im Zentrum der Aufmerksamkeit. Wurden Emotionen traditionell oft als Problem für vernunftgeleitetes Verhalten und Denken angesehen, sehen Forscher wie Damasio sie als unerlässlich an. Erst durch die Emotionen, so argumentieren sie, können wir sinnvolle Entscheidungen treffen. Für eine artverwandte Position steht auch Zajonc, der sich in der sogenannten Zajonc-Lazarus-Kontroverse dafür stark machte, dass Emotionen sowohl vor als auch völlig unabhängig von unserer bewussten Kognition auftreten können.

Literatur

Cannon, Walter B.: *Bodily changes in pain, hunger, fear and rage: An account of recent researches into the function of emotional excitement.* New York 1915.

Damasio, Antonio R.: *Descartes' Irrtum: Fühlen, Denken und das menschliche Gehirn.* München 1995.

De Sousa, Ronald: *The rationality of emotion.* Cambridge, Mass 1987.

Descartes, R.: *Meditationes de prima philosophia.* Hamburg 1641.

Ekman, Paul/Friesen, Wallace V./Ellsworth, Phoebe: *Emotion in the human face: guidelines for research and an integration of findings.* New York 1972.

Gordon, R. M.: *The Structure of Emotions: Investigations in Cognitive Philosophy.* New York 1987.

Greenspan, P. S.: *Emotions and Reasons: An Enquiry into Emotional Justification.* London 1988.

James, W.: „What is an emotion?" In: *Mind* 19 (1884), 188–204.

Kant, Immanuel: *Anthropologie in pragmatischer Hinsicht (Philosophische Bibliothek, Band 490).* Hamburg 2000.

Lange, C. G.: *Om Sindsbevægelser: En psyko-fysiologisk Studie.* Kopenhagen 1885.

Lazarus, Richard S.: „A Cognivist's Reply to Zajonc on Emotion and Cognition". In: *American Psychologist* 36 (1981), 222–223.

Lazarus, Richard S.: „Progress on a cognitive-motivational-relational theory of emotion". In: *American Psychologist* 46 8 (1991), 819–834.

Lyons, W.: *Emotion.* New York 1980.

Platon: *Phaidon.* Berlin 2011.

Schachter, Stanley/Singer, Jerome: „Cognitive, social, and physiological determinants of emotional state.". In: *Psychological Review* 69 5 (1962), 379–399.

Seneca, Lucius Annaeus: *Ad Lucilium epistulae morales.* Münster ⁶2000.

Zajonc, R. B.: „Feeling and thinking: Preferences need no inferences.". In: *American Psychologist* 35 2 (1980), 151–175.

Zajonc, R. B.: „On the primacy of affect.". In: *American Psychologist* 39 2 (1984), 117–123.

Zinck, Alexandra/Newen, Albert: „Classifying Emotion: A Developmental Account". In: *Synthese* 161 (2008), 1–25.

Sprache und Denken

Inhaltsverzeichnis

© Springer-Verlag GmbH Deutschland, ein Teil von Springer Nature 2021
G. Vosgerau und N. Lindner, *Philosophie des Geistes und der Kognition*,
https://doi.org/10.1007/978-3-476-04567-6_9

Oft haben wir den Eindruck, dass wir in Sprache denken. So müssen wir beim Erlernen einer Fremdsprache zunächst im Kopf mühsam übersetzen, bis wir dann
mit etwas Übung irgendwann anfangen, direkt ‚in der fremden Sprache‘ zu denken. Der Zusammenhang zwischen Denken und Sprache scheint uns also oft sehr
eng zu sein. Auf der anderen Seite können uns jedoch auch Wörter fehlen, so dass
wir sprachlos werden: Hören wir in solchen Momenten auf zu denken? Zumindest in Fällen, in denen uns nur einzelne Wörter fehlen, scheint es einfach: In diesen Fällen wissen wir ganz genau, was wir denken, obwohl ein Wort fehlt. (Bereits
die Tatsache, dass wir sofort wissen, ob das uns vorgesagte Wort den Umstand
trifft oder nicht, zeigt, dass wir sehr wohl wissen, was wir da gerade denken).

Unsere Alltagserfahrung kann also nicht allein entscheiden, ob wir ‚in
Sprache‘ denken oder nicht. Das Verhältnis zwischen beiden ist daher erklä-
rungsbedürftig und höchstwahrscheinlich etwas komplexer als es die bisheri-
gen Formulierungen nahelegen. Bevor wir uns allerdings mit den verschiedenen
Thesen beschäftigen, sollten wir kurz einen Blick auf die beiden Begriffe werfen:
‚Denken‘ und ‚Sprache‘.

Das Denken   Der Begriff des Denkens ist sehr unspezifisch und vage. Meistens
scheinen wir im Alltag damit so etwas zu meinen wie: in einem mentalen Zustand
zu sein, der einen Inhalt hat, den man im Rahmen von Wahrheit und Falschheit
beurteilen kann (wie in „denkst du das wirklich?"). Das wäre so in etwa das, was
man in der Philosophie manchmal ausdrückt mit ‚einen Gedanken unterhalten‘
(vermutlich eine schlechte Übersetzung von *to entertain a thought* – auf Deutsch
hat man die Gedanken normalerweise). In einem etwas spezifischeren Sinne meinen
wir auch oft schlussfolgerndes Denken (wie in ‚nachdenken‘ oder ‚sich Gedanken
machen‘). Hier geht es darum, herauszufinden, was aus bestimmten Sachverhalten
folgt oder ob verschiedene Sachverhalte gleichzeitig bestehen können.

Auch in der Philosophie und Kognitionswissenschaft gibt es sehr unterschiedliche Verwendungsweisen. So wird etwa das lateinische *cogitare* meistens mit
‚denken‘ übersetzt und im Anschluss an René Descartes (1641) als das Vorliegen
eines bewussten mentalen Zustands verstanden (auf Englisch auch mit *to cognize*
übersetzt). Oft weicht man jedoch je nach Kontext auf andere, spezifischere Begriffe aus, z. B. auf ‚schlussfolgerndes Denken‘ *(reasoning)*, auf ‚überzeugt sein‘
(believe) oder auch auf ‚abwägen‘ *(deliberate)*. Ob ‚denken‘ als übergeordneter
Begriff verstanden werden kann, lässt sich allerdings hinterfragen (vgl. Vosgerau/
Synofzik 2010). Hier wollen wir über Gedanken reden im Sinne von mentalen Zuständen, die einen propositionalen Gehalt haben, also prinzipiell **im Rahmen von
Wahrheit und Falschheit beurteilbar** sind.

Die Sprache   Der Begriff der Sprache ist ähnlich vage, wenn man genau hin-
schaut. Abgrenzungsschwierigkeiten gibt es auf der Ebene der Wörter, auf der
Ebene einzelner Sprachen und auf der Ebene der Sprachfähigkeit (s. Vertiefungskasten „Was ist Sprache?"). Generell aber wird von einer Sprache verlangt, dass
sie Symbole enthält (also Zeichen, die nicht in einer kausalen Beziehung zum Bezeichneten stehen oder dem Bezeichneten ähnlich sind; s. Vertiefungskasten „Arten von Zeichen" in ▶ Abschn. 4.2), die systematisch miteinander kombiniert

werden können, um komplexe Zeichen zu erhalten. Natürliche Sprachen der Menschen haben diese Eigenschaft, wobei wir die Zeichen ‚Wörter' nennen, aus denen wir komplexe Zeichen wie Wortgruppen, Phrasen oder Sätze bilden können.

Auch künstliche Sprachen funktionieren nach diesem Schema, wobei die Zeichen und die Regeln nicht historisch gewachsen sind, sondern irgendwie konstruiert werden. Beispiele für solche künstlichen Sprachen sind Programmiersprachen oder die formale Sprache der Logik. Auch ‚Kunstsprachen' wie Esperanto und das Klingonische gehören zu den künstlichen Sprachen. Und dann gibt es natürlich auch noch Zwischenformen wie z. B. das heutige Vatikan-Latein oder das moderne Hebräisch, die zwar auf natürlichen Sprachen beruhen, die aber gezielt und von wenigen Menschen sozusagen per Verordnung in eine moderne Form gebracht wurden.

Zur Vertiefung: Was ist Sprache?

Eine (natürliche) Sprache besteht aus **Zeichen.** Es scheint aber einen fließenden Übergang zu geben zwischen bloßen Lauten wie einem Seufzen und echten sprachlichen Zeichen wie dem Wort „Wort". Ausdrücke wie „hm", „uh" (engl. „ooh") oder „hä" (franz. „hein") sind in diesem Übergangsbereich, genau wie sogenannte lautmalerische Wörter, die sich erstaunlich stark unterscheiden in den unterschiedlichen Sprachen (▶ Abschn. 4.2, Vertiefungskasten „Arten von Zeichen").

Darüber hinaus ist relativ unklar, wie wir entscheiden können, ob zwei Varianten ‚schon' verschiedene Sprachen darstellen oder ‚nur' regionale Varianten (Dialekte) oder andere Varianten (Fachsprachen, Jugendsprache etc.) Das Kriterium, dass zwei Sprecher:innen sich gegenseitig verstehen müssen, ist ebenfalls vage: Es gibt Fälle, in denen die Sprecher:innen des einen Dialekts die Sprecher:innen des anderen Dialekts verstehen, aber nicht umgekehrt. Ob es sich also um zwei Dialekte handelt oder nur um einen, kann nicht am gegenseitigen Verstehen festgemacht werden. Die Zählung der Sprachen der Welt ist daher ein notorisch schwieriges Problem (vgl. Ethnologue 2014).

Und schließlich ist auch nicht klar, wie viele Zeichen eine Sprache mindestens haben muss, um als Sprache zu zählen. Dabei kommt es natürlich nicht nur auf die Anzahl der Zeichen an, sondern auch auf die Komplexität. Das klassische Beispiel ist die ‚Bienensprache' (Kohl u. a. 2020), die zwar Zeichen enthält, die systematisch miteinander kombiniert werden können (Art des Tanzes und Richtung der Achse) und die auch dialektale Unterschiede kennt, die aber trotzdem vielen nicht komplex genug scheint, um überhaupt als Sprache zählen zu können.

In Sprache denken – zwei Interpretationen Zwei Verständnisweisen der These, dass wir in Sprache denken, müssen unterschieden werden. Nach der ersten Interpretation geht es um **natürliche Sprache.** So verstanden ist die These, dass wir in der natürlichen Sprache denken, die wir auch sprechen. Nach dieser Vorstellung liegen unsere Gedanken sofort in einem sprachlichen Format vor und müssen nicht mehr in Worte gekleidet werden. Der Unterschied zwischen Sprechen und Denken besteht lediglich in der Lautstärke: Denken ist stilles Sprechen.

Die zweite Art, die These zu verstehen, ist, zu sagen, dass Gedanken zwar sprachlich verfasst sind, aber dass die Sprache, in der Gedanken vorliegen, keine natürliche Sprache ist die irgendjemand sprechen könnte. Vielmehr handelt es sich um einen internen Code, so ähnlich wie Programmiersprachen die Sprachen sind, in denen Computer ‚denken' (oder besser: operieren). Eine solche Sprache nennt man dann **‚Sprache des Geistes'**, ‚Language of Thought' (LOT) oder auch ‚Mentalesisch'. Der große Unterschied zur ersten Interpretation der These besteht darin, dass Gedanken in Mentalesisch nicht einfach geäußert werden können, sondern zunächst in eine natürliche Sprache übersetzt werden müssen.

9.1 Verschiedene Thesen zur Beziehung von Sprache und Denken

Die Vorstellung, dass natürliche Sprache und Denken eng zusammenhängen, ist so weit verbreitet in der abendländischen Philosophie, dass sie oft implizit bleibt. So schwankt zum Beispiel Immanuel Kant bei der Erläuterung seiner Urteilstafel in der *Kritik der reinen Vernunft* (1787) zwischen dem Begriff ‚Urteil', der sich bei Kant klarerweise auf das Denken bezieht, und Erläuterungen zu Sätzen, bei denen es klarerweise darum geht, was gesagt wird. Die zugrundeliegende Gleichsetzung von Urteilen, Gedanken und Sätzen wird aber weder erwähnt noch kommentiert.

Explizit wird das Denken als stilles Sprechen in Platons Dialog *Theätet* (2012) definiert. Diese Auffassung, die auch heute noch weit verbreitet ist, zieht sich durch die gesamte Philosophiegeschichte. Eine systematische Kritik dieser Beziehung wurde vielleicht erst mit dem Aufkommen der Psychologie Ende des 19./ Anfang des 20. Jahrhunderts notwendig, als durch die Postulierung unbewusster mentaler Zustände und die Auffassung, dass sprachliche Berichte über unser Innenleben nicht zuverlässig seien, andere Wege des Zugriffs auf Gedanken(inhalte) gefunden werden mussten.

Auf der anderen Seite entwickelte sich im 19. Jahrhundert auch die Sprachwissenschaft als empirische Wissenschaft, die systematisch verschiedene Sprachen miteinander vergleicht (die sogenannte Typologie). In diesem Kontext führte Anfang des 20. Jahrhunderts die Beobachtung, dass natürliche Sprachen eine beeindruckende Vielfalt und Unterschiedlichkeit in Bezug auf grammatische Strukturen und semantische Konstruktionen aufweisen, zur großen Verbreitung der These, dass das Denken und die Wahrnehmung nicht nur durch die natürliche Sprache geprägt, sondern vollständig determiniert sei. Dies soll nun etwas genauer betrachtet werden.

These der Sprachrelativität Als These der Sprachrelativität oder Sapir-Whorf-These (benannt nach Edward Sapir und Benjamin Lee Whorf, die allerdings nie gemeinsam zu dieser These veröffentlicht haben) wird die These bezeichnet, dass das Denken wesentlich durch die natürliche Sprache bestimmt ist. Die **Grundidee der starken Sprachrelativität** (die Whorf vertreten hat; vgl. Whorf 2011) ist, dass die Kategorien, die wir im Denken und in der Wahrnehmung anwenden, vollständig bestimmt sind durch die entsprechenden Begrifflichkeiten der jeweiligen natürlichen Sprache. Ein Beispiel, das auch heute noch häufig angeführt wird, ist die Anzahl verschiedener Wörter für Schnee in Inuit-Sprachen, die angeblich zeigt, dass Inuit Schnee anders wahrnehmen und anders über Schnee denken. Allerdings ist dieses Beispiel sehr umstritten (vgl. z. B. Pinker 1994) – obwohl es tatsächlich mehr einfache Wörter in den Inuit-Sprachen gibt für Schnee, ist unklar, welchen Einfluss das auf Denken und Wahrnehmung haben sollte. Schließlich können wir auch ohne Wörter wie „Firn" und „Harsch" ganz unterschiedliche Schneesorten sprachlich und gedanklich fassen (z. B. „grobkörniger Schnee vom letzten Jahr", „angetauter und überfrorener Schnee" …).

Zur Vertiefung: Begriffe, Kategorien und Konzepte

Wir fassen Einzeldinge zu Gruppen zusammen aufgrund bestimmter Merkmale. Es gibt verschiedene Wörter, die eine solche Zusammenfassung bzw. ihr Ergebnis bezeichnen können. Wir können zum Beispiel sagen, dass wir diese drei Gegenstände unter den *Begriff* des Apfels zusammenfassen. Wir sagen auch, dass sie zur *Kategorie* der Äpfel gehören. Dabei verwenden wird das *Konzept* ‚Apfel'. Was ist der Unterschied zwischen diesen drei Wörtern?

Zunächst: „Kategorie" ist griechisch, „Konzept" lateinisch, und „Begriff" deutsch. „Kategorie" kommt von *kata* (‚gegen') und *agorein* (‚öffentlich sprechen'; das wiederum kommt von *agora*). Zusammengenommen *(kategorein)* bekommt es die Bedeutung: etwas aussagen, jemanden anklagen. Es ist daher semantisch sehr nahe am lateinischen *praedicare,* was ebenfalls bekanntmachen, aussagen bedeutet, und von dem das Wort „Prädikat" abstammt. Tatsächlich ist das Prädikat (häufig) der Teil eines Satzes, mit dem ein Gegenstand (das Subjekt) unter einen Begriff oder eine Kategorie gefasst wird: in „Dieses Ding ist ein Apfel" ist „dieses Ding" das Subjekt, „ist ein Apfel" das Prädikat.

Das Wort „Konzept" kommt von lateinisch *concipere,* was wortwörtlich zusammenfassen bedeutet und damit fasst eine Eins-zu-eins-Übersetzung des deutschen Wortes „be-greifen" ist. Von diesem Standpunkt aus betrachtet, drücken „Kategorie", „Konzept" und „Begriff" dasselbe aus, nur auf unterschiedlichen Sprachen.

Tatsächlich werden die Wörter aber in leicht unterschiedlicher Weise verwendet, wobei die Grenzen oft nicht ganz klar sind. Während Prädikate klarerweise sprachliche Einheiten sind, ist das bei Begriffen notorisch unklar. In der Philosophie verwendet man das Wort „Begriff" in erster Linie, um Bestandteile von Gedanken oder Bedeutungen von Wörtern zu bezeichnen – also keine sprachlichen Gebilde. So sagt man z. B., dass „Baum" und „tree" zwei verschiedene Wörter für ein und denselben Begriff sind. In der Alltagssprache spricht man aber auch oft von ‚Begriffen', wenn man Wörter meint.

Das Wort „Konzept" verwendet man in der Alltagssprache eher, um größere gedankliche Einheiten oder Ideen zu bezeichnen – etwa das Konzept hinter dem Forschungsprojekt. Vor allem in der Psychologie spricht man auch von Konzepten, wenn es um all das geht, was wir mit einem Begriff verbinden (z. B. in „mit dem Aufkommen von Aquarien hat sich das Konzept des Haustieres stark verändert"). Immer häufiger aber wird das Wort auch verwendet im Sinne von „Begriff", vermutlich durch den Einfluss des Englischen („concept").

Das Wort „Kategorie" schließlich wird meist dann verwendet, wenn der gedankliche oder sprachliche Aspekt in den Hintergrund tritt. So spricht man von der Kategorie Apfel, wenn die Eigenschaften der Dinge im Vordergrund stehen und nicht die Frage, ob die Dinge durch unsere Vorstellung oder durch von uns unabhängige Kriterien zu einer Gruppe zusammengefasst werden.

Die schwache These der Sprachrelativität behauptet lediglich, dass unsere Begriffe, mit denen wir denken, massiv durch die Sprache beeinflusst und gegebenenfalls von ihr überschrieben *(rewired)* werden. Nach dieser Auffassung ist es also möglich, einen Begriff zu erwerben, ohne das Wort dazu zu kennen. Sobald aber die entsprechende sprachliche Struktur gelernt wird, verändert sie unseren Begriff, so dass die Struktur der Sprache zumindest ein Stück weit auf die Struktur der Gedanken übertragen wird.

Zu diesem Thema wurden vor allem auf dem Gebiet der Farbwörter **empirische Untersuchungen** gemacht, angestoßen von einer umfang- und einflussreichen Studie zu einfachen *Farbwörtern in verschiedenen Sprachen* von Brent Berlin und Paul Kay (1969). Die Anzahl der einfachen Farbwörter wie z. B. „rot" und „blau" unterscheiden sich relativ stark, und auch die jeweilige Region des Farbspektrums, die mit solchen einfachen Farbwörtern herausgegriffen wird, ist sprachabhängig. In Untersuchungen wird meist versucht, in Abhängigkeit von der Erstsprache der Testpersonen Wahrnehmungsunterschiede nachzuweisen. Winawer et al. (2007) verglichen englisch- und russischsprachige Teilnehmer:innen bei einem Farbzuordnungstest. Das Russische hat zwei verschiedene einfache Farbwörter für Dunkelblau („siniy") und Hellblau („goluboy"), während das Englische beide mit dem Wort „blue" bezeichnet. Den Testpersonen wurden nun jeweils drei blaue Quadrate gezeigt, wobei möglichst schnell entschieden werden sollte, welches der beiden oberen Quadrate dieselbe Farbe wie das Quadrat in der zweiten Reihe hat. Es konnte nachgewiesen werden, dass russische Erstsprecher:innen die Zuordnung schneller machen konnten, wenn die beiden oberen Quadrate nicht zu derselben (russischen) Kategorie gehörten. Wenn sie allerdings zu derselben Kategorie (Dunkelblau oder Hellblau) gehörten, waren die russischsprachigen Testpersonen genauso langsam wie die englischsprachigen in allen Durchgängen.

Studien wie diese legen nahe, dass die Sprache tatsächlich einen so großen Einfluss auf unsere Begriffe hat, dass dieser Einfluss auch in nicht-sprachlichen Wahrnehmungsaufgaben messbar wird. Allerdings gibt es auch Studien, die zeigen, dass manche *Sortieraufgaben* unter Umständen unabhängig von der Kategorisierung der Erstsprache durchgeführt werden (z. B. Malt/Sloman/Gennari 2003). Darüber hinaus wurde argumentiert, dass Kinder vor dem Spracherwerb Begriffe ohne Sprache erwerben, ebenso wie manche *Tiere* Begriffe erlernen können. Auch Erwachsene, die ihre Sprachfähigkeit verlieren oder stark eingeschränkt sind *(Aphasie)*, haben nicht unbedingt kognitive Einschränkungen (vgl. Fedorenko/Varley 2016). Das alles deutet darauf hin, dass das Denken doch einigermaßen unabhängig von der Sprache ist, auch wenn es eine Beeinflussung nicht ausschließt.

Bootstrapping-Thesen Diese Thesen gehen über die Ebene der einzelnen Wörter und Begriffe hinaus und vertreten eine schwache These der Relativität. Die Grundidee ist, dass Denkstrukturen zwar unabhängig von Sprachstrukturen vorliegen, dass aber Sprachstrukturen ein **Gerüst** bilden können, das zur schnelleren Ausbildung gewisser Denkstrukturen führt. Einfache Sätze dienen den Kindern also als Werkzeug, um etwas Größeres zu erreichen – so ähnlich, wie ein kleiner Riemen am Stiefel *(bootstrap)* dazu dient, den ganzen Stiefel anziehen zu können (Pinker 1984). Sprache kann nach dieser Vorstellung den Begriffserwerb lenken und beschleunigen; aber alle Denkstrukturen könnten prinzipiell auch ohne Sprache ausgebildet werden. So wird zum Beispiel der Begriff des Hundes schneller erlernt, wenn akustische Signale (nämlich das Wort „Hund") in den entsprechenden Wahrnehmungssituationen die Kinder auf bestimmte Aspekte gezielt aufmerksam machen und so Gemeinsamkeiten zwischen den Situationen schneller entdeckt und gelernt werden können.

Ein etwas komplexeres Beispiel stellt das Erlernen von Verben dar, die **mentale Zustände** bezeichnen (z. B. „wahrnehmen", „denken", „befürchten"). Der Erwerb solcher Begriffe kann durch die Verwendung der entsprechenden Wörter tatsächlich beschleunigt werden, und die Bootstrapping-Hypothese erklärt das über die Struktur der Sätze, in denen diese Verben vorkommen: „Dieser Mensch *verb*-t, dass *p*". Diese Struktur lenkt die Aufmerksamkeit der Kinder, so die These, auf Beziehungen zwischen Menschen und Sachverhalten *(p)*, so dass die Kinder Gemeinsamkeiten und Unterschiede schneller entdecken und so die entsprechenden Begriffe schneller erlernen können (s. Berio 2021). Auf diese Weise kann der Einfluss der Sprache auf das Denken erklärt werden, ohne der Sprache dabei eine wesentliche Rolle zuzuweisen, was in Hinblick auf die Denkfähigkeiten von Wesen ohne oder mit stark eingeschränkter Sprache (Kleinkinder, Tiere, Aphasiker) problematisch wäre.

Unabhängige Sprache des Geistes? Eine Sprache des Geistes, die unabhängig von der natürlichen Sprache ist, wurde prominent von Jerry A. Fodor (1975) proklamiert. Da seine ‚Repräsentationale Theorie des Geistes', in deren Rahmen er das ‚Mentalesisch' einführt, bereits in ▶ Abschn. 3.1.1 ausführlich besprochen wurde, soll an dieser Stelle nur auf einige spezielle Punkte für die Debatte um den Zusammenhang von Sprache und Denken hingewiesen werden. Die Grundidee einer Sprache des Geistes ist, dass ihre **Kompositionalität und Systematizität** die Produktivität des Denkens erklären kann. Darüber hinaus kann durch die (behauptete) Eins-zu-eins-Korrespondenz zwischen Syntax und Semantik gewährleistet werden, dass auch Inhalte kausal wirksam werden können – nämlich vermittels der syntaktischen Eigenschaften der sprachlichen Einheiten, die diese Inhalte tragen. Das liegt daran, dass im Fall der Sprache des Geistes syntaktische Eigenschaften physikalische Eigenschaften (z. B. der Gehirnzustände) sind.

Ein Grundproblem einer solchen Sichtweise ist, dass alles Denken und Wahrnehmen durch diese Sprache erklärt werden muss. Das bedeutet aber, dass ohne
eine solche Sprache nichts wahrgenommen werden und damit auch nichts gelernt
werden kann. Die Sprache (zumindest das Lexikon, das die einfachen Begriffe
enthält) muss also *vollständig angeboren* sein – eine These, die Fodor (1975) verteidigt hat. Sein Argument geht aus von der Überlegung, dass das Erlernen von
Begriffen ein Testen von Hypothesen über die Eigenschaften der Begriffe ist. Um
die jeweils korrekten Hypothesen aber denken zu können, muss der zu erlernende
Begriff bereits vorhanden sein.

Das Argument von Fodor lässt sich natürlich auf vielfältige Weise angreifen
(vgl. z. B. Margolis/Laurence 2021). Eine der wirkungsvollsten Angriffe besteht
darin, eine Lerntheorie zu präsentieren, die Erlernen nicht in der von Fodor vo-
rausgesetzten Form des Hypothesen-Testens erklärt. Im nächsten Abschnitt soll
die Unterscheidung zwischen nichtbegrifflichen und begrifflichen Repräsentationen diskutiert werden – ein Grund für diese Unterscheidung ist der Wunsch, eine
nichtbegriffliche (und damit nicht-mentalesische) Basis beschreiben zu können,
von der aus Begriffe gelernt werden können.

Ein weiterer Punkt sei noch erwähnt: Selbst, wenn wir an einer Fodorschen
Sprache des Geistes festhalten, hätten wir die ursprüngliche Frage – wie Sprache
und Denken zusammenhängen – höchstens auf eine relativ nichtssagende Art beantwortet. Wir könnten dann zwar sagen, dass wir in einer Sprache denken. Aber
wir könnten nicht sagen, wie diese Sprache aussieht und wie sie mit der natürlichen Sprache zusammenhängt. Sprich: Alle Fragen, die sich im Kontext der
empirischen Befunde auftun, müssten umformuliert werden, aber keine würde
beantwortet.

9.2 Begriffliche und nichtbegriffliche mentale Repräsentationen

Die bisherige Diskussion hat gezeigt, dass es plausibel zu sein scheint, davon auszugehen, dass zumindest ein Teil unseres Denkens unabhängig von Sprache und
vorsprachlich abläuft. Wenn wir nun genauer spezifizieren wollen, welcher Teil
das ist und wie dieser Teil funktioniert, liegt es nahe, unterschiedliche Arten von
Repräsentationen zu unterscheiden: Solche, die eher sprachähnlich sind, und solche, die eine andere, einfachere Struktur haben und die Grundlage für sprachähn-
liche Repräsentationen bilden können. Besonders im Bereich der (basalen)
Wahrnehmung wurde argumentiert, dass es nichtbegriffliche Repräsentationen
geben müsse, die uns Inhalte auch unabhängig von Begriffen zur Verfügung stellen können.

Was genau sind Begriffe?   Dies ist die erste, grundlegende Frage, die sich hier stellt.
Hier soll der Begriff des Begriffs nun so erläutert werden, wie er in der einschlägigen Debatte verwendet wird (zu ähnlichen Begriffen und Verwendungsweisen
s. den Vertiefungskasten „Begriffe, Kategorien und Konzepte"). Ein Begriff ist

demnach eine **mentale Entität,** keine sprachliche. Gedanken werden aus Begriffen aufgebaut, und Begriffe werden meist verstanden als solche **Gedankenteile,** die sich auf Eigenschaften (im weitesten Sinne) beziehen. Beispiele sind: der Begriff der Röte, der Begriff der Katze, der Begriff des Fahrrades, der Begriff der Einkommensteuererklärung. In der natürlichen Sprache werden sie meist als Prädikate oder Teile von Prädikaten ausgedrückt.

Es gibt viele verschiedene philosophische Fragen rund um Begriffe. Zum Beispiel sind nicht alle mit der gerade angeführten ontologischen Bestimmung von Begriffen als mentale Entitäten einverstanden – andere argumentieren, dass Begriffe objektiv, also außerhalb von individuellen Geistern sind und weder physisch noch mental. Ein Großteil der Diskussion dreht sich auch um die Frage, welche Binnenstruktur Begriffe haben, und ob sie auf der Grundlage von Erfahrung erlernt werden. Da es in diesem Kapitel aber nicht in erster Linie um Begriffe geht, sondern um das Verhältnis von Sprache und Denken, sollen diese Diskussion hier nicht vorgestellt werden. Stattdessen verweisen wir auf den entsprechenden Eintrag in der *Stanford Encyclopedia of Philosophy* (Margolis/Laurence 2021).

Generality Constraint Der ‚Generality Constraint' formuliert eine Anforderung an Begriffe, die weithin akzeptiert wird. Sie ist sozusagen eine minimale Version der Kompositionalität und Systematizität:

» [...] if a subject can be credited with the thought that *a* is *F*, then he must have the conceptual resource for entertaining the thought that *a* is *G*, for every property of being *G* of which he has a conception. (Evans 1982, S. 104)

Wenn also jemand von etwas denken kann, dass es unter den Begriff ‚Blau' fällt, dann kann diese Person von demselben Ding auch denken, dass es unter den Begriff ‚Rot' fällt, sofern die Person über den Begriff ‚Rot' verfügt. Mit anderen Worten: Wenn wir über einen Begriff verfügen, dann müssen wir prinzipiell in der Lage sein, diesen Begriff auch auf alles Mögliche anzuwenden. Und das garantiert dann auch eine gewisse Produktivität: Wenn wir uns einen grauen Elefanten vorstellen (denken) können und wir zusätzlich über den Begriff der Röte verfügen, können wir uns auch einen roten Elefanten vorstellen, auch, wenn wir noch nie einen gesehen haben.

Voraussetzung dafür ist, dass die mentalen Repräsentationen eine **gewisse Struktur** aufweisen: Sie müssen einen Platz für Begriffe haben, der von verschiedenen Begriffen eingenommen werden kann. Der andere Teil ist – zumindest im einfachen Fall – dann ein Platz, an dem eine mentale Repräsentation eines Individuums steht. Das kann zum Beispiel die mentale Entsprechung eines deiktischen Ausdrucks wie „dies" sein. Die Grundbedingung dafür, dass eine Repräsentation also Begriffe enthalten und damit in einem klaren Sinne begrifflich sein kann, ist, dass die Struktur der Repräsentation derart ist, dass mindestens Teile, die Individuen repräsentieren, und Teile, die Eigenschaften repräsentieren, unterschieden werden können. Weiterhin müssen die Begriffe systematisch durcheinander ersetzbar sein.

Nichtbegriffliche Repräsentationen Repräsentationen nichtbegrifflicher Art sind zunächst negativ definiert: Es sind Repräsentationen, die nicht die oben erläuterte begriffliche Struktur aufweisen. (Häufig wird auch gesagt, dass eine Person eine solche Repräsentation haben kann, ohne über die Begriffe zu verfügen, die für die Spezifikation des Inhaltes notwendig sind. In dem Kontext, in dem wir uns gerade befinden, läuft das auf dasselbe hinaus.) Damit ist immer noch offengelassen, wie genau die Struktur von nichtbegrifflichen Repräsentationen aussieht. In der Tat gibt es hier auch unterschiedliche Vorschläge und Vorstellungen.

Der beliebteste Kandidat für nichtbegriffliche Repräsentationen ist die **Wahrnehmung.** Die Idee ist, dass auch Kinder oder manche Tiere in der Lage sind, zum Beispiel einen Baum *als Baum* zu sehen, ohne über den Begriff des Baumes zu verfügen. Um zu verstehen, was genau damit gemeint ist, muss offenbar genauer geklärt werden, was es bedeutet, über einen Begriff zu verfügen. Darauf werden wir im nächsten Unterkapitel etwas genauer eingehen. Was es aber bedeuten kann, einen Baum *als Baum* zu sehen, sei schon hier angedeutet: Es bedeutet, dass das wahrnehmende Subjekt die wahrgenommenen Bäume (bildlich gesprochen) in einen Topf wirft, sie also als Element der Klasse der Bäume auffasst (daher spricht man hier von **Klassifikation**). Das beinhaltet zum Beispiel, dass die Subjekte in der gleichen Art und Weise mit allen Bäumen interagieren, dass es so etwas wie ein Baum-spezifisches Verhalten gibt.

9

Ein Beispiel für eine Klassifikation ohne Begriffe liefern Rot-Detektoren (z. B. technische Bauteile oder Zellen der Retina): Sie können die Farbe Rot ‚erkennen‘, also Rot-Situationen von anderen Situationen unterscheiden. Sie klassifizieren also, da sie alle Rot-Situation in einen Topf werfen und auf dieselbe Art und Weise (z. B. durch einen Ton) ‚reagieren‘. Gleichzeitig möchten wir aber nicht davon sprechen, dass Rot-Detektoren über Begriffe verfügen – sie genügen den minimalen Bedingungen, wie sie etwa im *Generality Constraint* formuliert werden, sicher nicht. Die Struktur der Repräsentation ist hier denkbar einfach: Es gibt keine. Es sind ‚atomare‘ Repräsentation (wenn es überhaupt Repräsentationen sind), die nicht weiter analysiert werden können.

Auf der Ebene der Wahrnehmung eines Baumes wurde diskutiert, ob Repräsentationen in einem **bildlichen Format** vorliegen könnten (▶ Abschn. 3.2.3). Die Idee ist hier, dass ein Bild von einem Baum keine begriffliche Struktur hat, da es keinen Teil des Bildes gibt, der für sich genommen für die Eigenschaft, ein Baum zu sein, stehen würde. Das Bild mag zwar aus Punkten oder ähnlichem aufgebaut sein, aber es ist nicht im relevanten Sinne kompositional: Es gibt keinen Teil des Bildes, den wir ausschneiden könnten und zu einem Rot-Bild hinzufügen, um das Bild eines roten Baumes zu erhalten.

Von nichtbegrifflichen zu begrifflichen Repräsentationen Der Übergang von nichtbegrifflichen zu begrifflichen Repräsentationen stellt den interessantesten Punkt dar, zumindest aus der Perspektive, die wir im Moment einnehmen. Dabei wird vorausgesetzt, dass der Zusammenhang zwischen begrifflichen Repräsentationen und Sprache relativ leicht erklärt werden kann, da auch die Sprache eine begriffliche Struktur hat. Es bleibt also die Frage, wie auf nichtbegrifflicher Basis Begriffe erworben werden können. Im Kern handelt es sich hierbei um den Jahrhunderte alten erkenntnistheoretischen Streit zwischen **Empirismus und Rationalismus:** Können Begriffe aus der Erfahrung (in diesem Fall: nichtbegrifflichen Wahrnehmungsrepräsentationen) allein gebildet werden oder sind Begriffe selbst Voraussetzungen für Erfahrungen?

Auf diese Debatte können wir hier nicht im Detail eingehen (vgl. dazu z. B. Markie 2017). Generell besteht die Gefahr, dass der Begriff des Begriffes so weit gedehnt wird, dass die These, alle Wahrnehmung setze Begriffe voraus, fast trivial wird. So argumentiert etwa John McDowell (1994) gegen die Notwendigkeit von nichtbegrifflichen Inhalten, indem er vorschlägt, auch demonstrative Begriffe wie ,dieser Farbton' zuzulassen. Damit allerdings läuft er Gefahr, den Begriff so weit zu **trivialisieren,** dass auch dem Rot-Detektor ein (ggf. demonstrativer) Rot-Begriff zugeschrieben werden könnte.

Auf der anderen Seite darf der nichtbegriffliche Gehalt auch nicht zu anspruchsvoll charakterisiert werden. Dadurch wird zwar der Übergang zu Begriffen deutlich einfacher zu erklären, allerdings schwindet mit dem Unterschied auch die Berechtigung, überhaupt nichtbegriffliche Repräsentationen anzunehmen. Christopher Peacocke (1992) führt zum Beispiel einen **proto-propositionalen Gehalt** ein, der es erlauben soll, auch zwischen der Wahrnehmung eines auf der Spitze stehenden Quadrates und eines Karos zu unterscheiden. Solche Feinheiten sind allerdings so nahe an begrifflichen Repräsentationen, dass sich hier die Erklärungslast einfach verschiebt zu der Frage, wie wir zu solchen proto-propositionalen Gehalten kommen, wenn sie nicht angeboren sind. (Fairerweise muss man dazu sagen, dass Peacockes Ziel ist, den erlebten Gehalt von Wahrnehmungen zu erklären. Und dieser Gehalt, so ist er überzeugt, muss nichtbegrifflich sein. Daher muss er eine nichtbegriffliche Ebene finden, auf der auch die Wahrnehmungsunterschiede von solchen ambiguen Wahrnehmungssituationen beschrieben werden können.)

Ein Versuch, die Struktur von Repräsentationen systematisch zu beschreiben, stellt das **Stufen-Modell** dar, was bereits in ▶ Abschn. 3.2.5 beschrieben wurde. Die Grundidee ist, dass begriffliche Repräsentationen mindestens aus Teilen bestehen, die auf Individuen verweisen, und aus Teilen, die diesen Individuen Eigenschaften zuschreiben (die Begriffe). Diese Repräsentationen sind adäquat (oder korrekt oder wahr), wenn die repräsentierten Individuen tatsächlich diese Eigenschaft haben, wenn es also eine Strukturgleichheit gibt zwischen dem Repräsentierten und der Repräsentation. Bei anderen Arten von Repräsentationen, die andere Strukturen haben, liegen andere **Adäquatheitsbedingungen** vor. So ist beispielsweise beim Rot-Detektor die kausale Relation entscheidend: Das Rot-Signal des Detektors ist nur dann adäquat, wenn es tatsächlich von etwas Rotem verursacht wurde. Die interne Struktur der Repräsentation spielt dabei keine Rolle.

Selbstverständlich bleibt auch beim Stufen-Modell offen, wie genau der Übergang von nichtbegrifflichen zu begrifflichen Repräsentationen aussehen kann. Innerhalb dieses Rahmens wird die Frage allerdings präzisiert: Wie können bestimmte Strukturen auf der Basis von einfachen Erfahrungen erlernt werden? Im Kontext der *Grounded Cognition*-Debatte, die wir in ▶ Kap. 4 bereits ausführlich besprochen haben, wurden hierzu einige Vorschläge gemacht.

9.3 Können Tiere und Computer denken?

Wie bereits eingangs des Kapitels bemerkt, ist oft nicht ganz klar, was wir unter dem Begriff ‚Denken' verstehen wollen. Wenn wir davon ausgehen, dass Denken wesentlich etwas zu tun hat mit propositionalen Gehalten, also Inhalten, die prinzipiell im Rahmen von Wahrheit und Falschheit beurteilbar sind, dann kommen wir auch schnell zu der Annahme, dass irgendeine Art von **Prädikation** – also eine Art der Zuschreibung von Eigenschaften zu Objekten, die dann eben wahr oder falsch sein kann – involviert sein muss. Im vorangegangenen Unterkapitel hatten wir das bereits so gedeutet, dass eine begriffliche Struktur vorliegen muss (bei den entsprechenden mentalen Repräsentationen). Nur eine solche Struktur, bei der Bestandteile, die für Eigenschaften stehen, nämlich die Begriffe, kombiniert werden können mit Bestandteilen, die für Objekte stehen, erlaubt Prädikation im oben skizzierten Sinn.

Die Frage, ob Tiere und Computer denken können, kann unter diesen Annahmen umformuliert werden zu: *Haben Tiere und Computer begriffliche Repräsentationen?* Bevor wir dieser Frage weiter nachgehen, sei noch erwähnt, dass einige Autoren einen ganz anderen Weg einschlagen und das Denken an Rationalität knüpfen (z. B. Davidson 1982). Nach diesem Ansatz müsste gezeigt werden, dass auch Tiere gemäß ihren Wünschen und Überzeugungen handeln, was aber schwierig ist, wenn unklar ist, unter welchen Umständen man Tieren überhaupt Überzeugungen zuschreiben kann. Man dreht sich gewissermaßen im Kreis, was häufig zu holistischen Ansätzen führt, die dann etwa die Einbettung in eine Sprachfähigkeit fordern (Davidson 1982).

Egal, welchen Ansatz man genau verfolgt, man wird immer wieder auf dieselbe Herausforderung treffen: Da wir mit den Tieren nicht sprechen können, müssen wir ihr Verhalten interpretieren. Und das bedeutet, dass wir einen systematischen Zusammenhang zwischen Denken (Überzeugungen, begrifflichen Repräsentationen) und Verhalten beschreiben müssen, der es uns dann erlaubt, aus dem Verhalten Rückschlüsse über das Denken zu ziehen. Mit anderen Worten: Wir müssen den Begriff des Denkens (der Überzeugung, der begrifflichen Repräsentationen) *operationalisieren.*

Das Verhältnis zwischen Begriffen und Verhalten Dieses muss unterschiedlich beschrieben werden in Abhängigkeit von unserem ontologischen Verständnis von Begriffen. Wenn Begriffe zum Beispiel objektive Dinge sind, die unabhängig von uns existieren, dann müssen wir zunächst solche Begriffe irgendwie mental erfassen oder ‚begreifen', bevor sie irgendeinen Einfluss auf unser Handeln haben können. Was es aber bedeutet, einen objektiven Gedanken zu fassen, ist (im Anschluss an Frege 1918) eine vieldiskutierte Frage.

Falls aber Begriffe verstanden werden als mentale Entitäten (so wie wir das oben getan hatten), ist die Brücke zum Verhalten nicht mehr so schwer. Im Folgenden soll vor allem der Ansatz von Albert Newen und Andreas Bartels (2007) vorgestellt werden, der systematisch **Verhaltensmöglichkeiten** beschreibt, die es erlauben, das Verfügen über Begriffe zu charakterisieren und von bloßer

Klassifikation zu unterscheiden. Dabei ist es unerheblich, ob die dabei identifizierten Verhaltensmöglichkeiten als definierend für die Begriffe verstanden werden (so dass Begriffe bzw. das Verfügen über Begriffe letztlich nichts anderes als Verhaltensdispositionen sind) oder als bloß charakterisierend (so dass Begriffe eigenständige mentale Entitäten sein könnten, die lediglich bestimmte Verhaltensweisen ermöglichen).

Namen bilden neben den Begriffen die grundlegenden Bestandteile von begrifflichen Repräsentationen. Namen zu lernen und auf die ihnen zugeordneten Dinge anzuwenden, ist eine Fähigkeit, die es erfordert, stabile Repräsentationen von Einzelobjekten zu haben. Tatsächlich finden wir Beispiele für Tiere, die in der Lage sind, Namen zu erlernen und zu verwenden. Ein besonders beeindruckendes Beispiel liefert der Border Collie Rico (Kaminski 2004), der es über die Fernsehsendung „Wetten dass ..." und darauf folgende Studien am Max-Plank-Institut für evolutionäre Anthropologie in Leipzig zu so großer Berühmtheit brachte, dass er einen eigenen Wikipedia-Eintrag bekommen hat.

Rico war in der Lage, weit über 200 Namen für Spielzeuge zu meistern. Das bedeutet, dass Rico auf Befehl jeweils den richtigen Gegenstand aus einem Nachbarzimmer holen konnte. Darüber hinaus konnte er neue Namen erlernen über ein **Ausschlussverfahren:** Wenn in einem Nachbarraum 10 bekannte und ein unbekanntes Objekt platziert wurden und Ricos Frauchen einen noch unbekannten Namen verwendete, dann holte Rico das unbekannte Objekt und merkte sich den neuen Namen für das neue Objekt, so dass in späteren Versuchen dieser Name wieder benutzt werden konnte. Gerade diese letzte Fähigkeit wurde davor nur bei Menschen nachgewiesen und zeigt deutlich, dass Rico nicht nur im Sinne der Konditionierung gelernt hat, auf bestimmte Signale in einer bestimmten Art zu reagieren, sondern dass er ein Verständnis davon entwickelt hat, dass bestimmte Zeichen (nämlich die Namen) die Funktion haben, über die Zeit hinweg für bestimmte Objekte zu stehen. Nur so ist erklärbar, dass Rico den Transfer von einem neuen Namen zu dem neuen Objekt meistern konnte.

Begriffliche Fähigkeiten Trotz der beeindruckenden Leistung von Rico konnte bisher bei Hunden das Verfügen über Begriffe nicht nachgewiesen werden. Auch wenn Hunde offenbar in der Lage sind, stabile Objektrepräsentationen zu bilden, scheinen sie keine stabilen Eigenschaftsrepräsentationen bilden zu können, die sie dann im Sinne der Prädikation oder des *Generality Constraints* auf die Objektrepräsentationen anwenden könnten. Was aber ist erforderlich, um einem kognitiven System das Verfügen über Begriffe zusprechen zu können? Anhand der Fähigkeiten des Graupapageien Alex (auch er hat einen Wikipedia-Eintrag; Pepperberg 1999) entwickeln Newen und Bartels (2007) vier Bedingungen, die erfüllt sein müssen, damit einem Tier begriffliche Fähigkeiten zugeschrieben werden können:

- Ein und dieselbe Eigenschaft muss an verschiedenen Objekten erkannt werden.
- An ein und demselben Objekt müssen verschiedene Eigenschaften erkannt werden.

— Die Zuordnung der Eigenschaft erfolgt nicht reflexartig, sondern erst aufgrund eines weiteren Stimulus (der Frage der Experimentatorin).
— Die Eigenschaften werden korrekt klassifiziert.

Die ersten beiden Bedingungen können zusammengefasst als Verhaltensentsprechung zum *Generality Constraint* aufgefasst werden. Der Papagei Alex erfüllte beide Kriterien: Er hatte die Farbe, Form und das Material von verschiedenen Spielzeugen erlernt. Wenn man ihm ein Objekt vorhielt, konnte er auf Nachfrage korrekt die Farbe, die Form oder das Material durch entsprechende Laute angeben. Dabei waren die Objekte so ausgefertigt, dass jede Eigenschaft an verschiedenen Objekten vorkam. Alex wurde auch systematisch an **neuen Objekten** getestet, die Eigenschaftskombinationen hatten, die er vorher noch nie gesehen hatte. Die beiden ersten Kriterien sind also klar erfüllt, und auch das dritte Kriterium liegt vor, da Alex nicht einfach drauflos plapperte, wenn ein Objekt gezeigt wird, sondern die Frage abwartet und dann gezielt mit der Farbe, Form oder dem Material antwortete – je nach Frage.

Am interessantesten ist aber wohl der Nachweis, dass Alex auch in der Lage war, die Eigenschaften korrekt zu klassifizieren, also **die Eigenschaften selbst zu sinnvollen Klassen** – nämlich die Klassen Farbe, Form und Material – zusammenzufassen. Das wird deutlich darin, dass Alex in der Lage war, auf die Frage „Was ist verschieden?" oder „Was ist gleich?" zu antworten, wenn ihm zwei Objekte vorgehalten wurden. Er hatte also nicht nur gelernt, auf die Frage „Welche Farbe hat das Objekt?" zu antworten, sondern auch gelernt, zu erkennen, in welcher Eigenschaftsdimension sich zwei Objekte unterscheiden. Er war also klarerweise in der Lage, alle Farben korrekt als Farben zu klassifizieren (nicht: kategorisieren; denn das würde wiederum Begriffe erfordern, so dass wir in einen *infiniten Regress* kämen).

Damit gingen die Fähigkeiten von Alex klar über die Fähigkeiten eines Rot-Detektors hinaus: Ein solcher Detektor kann zwar die Eigenschaft, rot zu sein, in verschiedenen Situationen erkennen, aber schon das Erkennen von verschiedenen Eigenschaften an einem Objekt funktioniert nicht. Aber selbst, wenn wir uns einen Multi-Detektor vorstellen, der verschiedene Eigenschaften an einem Objekt erkennen kann, so wird er dies doch reflexartig tun und nicht ‚nach Bedarf' (Glock 2018 spricht sogar von einer deliberativen Auswahl der angewendeten Begriffe, die Tiere vornehmen). Und schließlich fehlt einem Detektor jegliches Verständnis dafür, welche Eigenschaften zusammengehören und eine gemeinsame Eigenschaftsdimension bilden. Wir haben also mit dieser Charakterisierung oder Operationalisierung von Begriffen eine Möglichkeit gefunden, echte Kategorisierung von bloßer Klassifikation systematisch anhand der Verhaltensmöglichkeiten zu unterscheiden. Ganz nebenbei haben wir ein Beispiel für ein Tier gefunden, das in der Lage war, begriffliche Repräsentationen zu bilden.

Komplexe Sätze   Solche Sätze entstehen, wenn einfache Sätze, die einfache Prädikationen beinhalten, miteinander kombiniert werden mithilfe von Junktoren wie „und" oder „weil". Die begriffliche Struktur der Repräsentationen erlaubt aber zunächst nur, einfache Prädikationen vorzunehmen. Die Fähigkeit, solche einfachen Prädikationen zu größeren, satzartigen Komplexen systematisch zusammenzufügen, kann als eine zusätzliche Fähigkeit beschrieben werden (vgl. Newen/Bartels 2007). Die entstehenden Repräsentationen haben dann nicht nur ein begriffliche, sondern eine propositionale Struktur.

Der Bonobo Kanzi (auch er hat es in die Wikipedia geschafft) verfügt anscheinend über die Fähigkeit, ganze Sätze zu äußern und sogar kleine Geschichten zu erzählen (Savage-Rumbaugh/Lewin 1994). Der Menschenaffe hat sein ganzes Leben an Forschungsinstitutionen in den USA verbracht, wo er vor allem von der Primatologin Sue Savage-Rumbaugh betreut, trainiert und getestet wurde. Kanzi kann über 200 Symbole benutzen, indem er auf diese zeigt. Er kombiniert die Symbole, um kleine Geschichten zu erzählen. Auch wenn die Fähigkeiten von Kanzi beeindruckend sind, muss man mit der Interpretation dieser Daten vorsichtig sein, da vieles anekdotisch bleibt und nur wenige Fähigkeiten systematisch getestet werden konnten. Sollte aber die Interpretation richtig sein, hätten wir damit auch Beispiele für nicht-menschliche kognitive Wesen gefunden, die sogar propositionale Repräsentationen meistern können.

Ist damit allerdings nachgewiesen, dass Tiere auch ohne Sprache denken können? Zunächst wurde im Falle von Kanzi gezeigt, dass er eine Sprache erlernen und darin selbständig neue ‚Sätze' bilden kann. Freilich müssen die entsprechenden kognitiven Strukturen auch vorhanden oder angelegt sein, damit das gelingen kann. Das bedeutet, dass die Produktivität, die bei Gedanken ein zentrales Merkmal zu sein scheint, hier wohl gewährleistet ist. Auf der Ebene der Prädikationen haben wir das auch bei Alex gesehen – auch er kann Begriffe auf neue Objekte anwenden und somit neue Repräsentationen bilden. Das alles zeigt, das notwendige Bedingungen für das Denken erfüllt sind. Aber reichen diese Bedingungen aus, um von ‚Denken' zu sprechen?

Schlussfolgerndes Denken   Ein solches Denken liegt vor, wenn neue Informationen aus bekannten generiert werden. Um schlussfolgernd Denken zu können, ist eine gewisse Struktur nötig (vgl. Vosgerau/Synofzik 2010) – so erfordern zum Beispiel klassische deduktive Schlüsse eine propositionale Struktur, in der die logischen Junktoren abgebildet werden können. Aber auch analogisches Denken erfordert, dass die Ähnlichkeit von Strukturen erkannt werden kann und damit, dass die Strukturen überhaupt als solche vorhanden sind.

Was in den Berichten über Alex und Kanzi bisher gezeigt wurde, ist, dass beide in der Lage sind, mentale Repräsentationen mit gewissen Strukturen produktiv zu verwenden. Allerdings wurde noch nicht gezeigt, dass sie auch in der Lage sind, neue Informationen zu extrahieren. An dieser Stelle soll ein klassisches **Experiment mit Ratten** kurz vorgestellt werden, bei dem diese Fähigkeit ganz ohne Symbole und Sprache nachgewiesen werden kann. Edward C. Tolman führte viele einflussreiche Experimente durch, bei denen er Ratten trainierte, durch ein Labyrinth zu laufen. In einem dieser Experimente war das Labyrinth so aufgebaut, dass drei unterschiedlich lange Wege zum Ziel führten (◻ Abb. 9.1). Den Ratten wurde erlaubt, das Labyrinth frei zu erkunden. In der Testphase wurde ein Hindernis so angebracht, dass gleichzeitig der kurze Weg (A) und der

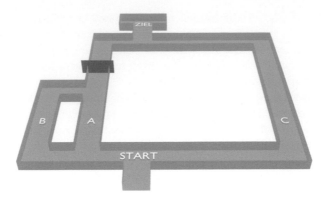

◘ Abb. 9.1   Nach der freien Erkundungsphase wurde eine Blockade so eingebaut, dass gleichzeitig der kurze (A) und der mittlere Weg (B) blockiert wurden. Nachdem die Ratten auf dem Weg A an das Hindernis gestoßen waren, wählten sie sofort den langen Weg (C), ohne den mittleren Weg (B) auszuprobieren

mittlere Weg (B) zum Ziel blockiert wurden. Die Ratten liefen auf dem kurzen Weg bis zum Hindernis, kehrten dann um zum Start, und wählten sofort den langen Weg (C), ohne den mittleren Weg (B) auszuprobieren (Tolman/Honzik 1930).

Dieses Verhalten ist **nicht erklärbar durch Konditionierung,** denn bei der Konditionierung werden lediglich einzelne Bewegungen abgespeichert, die aber unverknüpft nebeneinanderstehen – bei reiner Konditionierung hätten die Ratten also alle drei Wege der Reihe nach ausprobiert. Tatsächlich aber waren sie offenbar in der Lage, zu erkennen, dass die Blockade nicht nur den kurzen, sondern auch gleichzeitig den mittleren Weg versperrte. Dafür ist eine relativ komplexe ‚Karte' (Tolman nannte sie *mental map*) notwendig, die den verschiedenen Wegen unterschiedliche Eigenschaften zuschreiben kann (also eine begriffliche Repräsentation; vgl. Vosgerau 2009). Darüber hinaus waren die Ratten in der Lage, aus der Information, dass der kurze Weg (A) blockiert war, die neue Information zu erschließen, dass nun auch der mittlere Weg (B) blockiert ist. Wir haben es hier also mit der Fähigkeit zu tun, **neue Informationen aus gegebenen zu erschließen** und entsprechend zu handeln. In diesem Falle bedeutet das, dass die Ratten eine Erfahrung nicht mehr machen mussten, da sie die entsprechende Information bereits durch schlussfolgerndes Denken zur Verfügung hatten.

Selbstverständlich ist diese Art des schlussfolgernden Denkens relativ einfach. Aber die Tatsache, dass Tiere zu solchen Schlussfolgerungen in der Lage sind, zeigt, dass die Fähigkeit des Denkens keine exklusiv menschliche Fähigkeit ist. Natürlich könnte man auch die Anforderungen an das Denken so hochschrauben, dass nur Menschen als denkfähig beschrieben werden können – aber das scheint die offensichtlichen Ähnlichkeiten zwischen Tieren und Menschen so stark in den Hintergrund zu drängen, dass fraglich ist, welchen Wert eine solche Charakterisierung überhaupt hätte. Viel ergiebiger und fruchtbarer scheint es zu sein, einen fließenden Übergang zwischen Tieren und Menschen hinsichtlich der Denkfähigkeiten anzunehmen. Auf diese Weise können ähnliche Verhaltensweisen auch ähnlich beschrieben und erklärt werden.

Computer Klassischerweise funktionieren Computer als symbolverarbeitende Maschinen. Offenbar liegen hier also Repräsentationen vor, die eine begriffliche Struktur aufweisen. Auch die Fähigkeit, neue Informationen aus bekannten zu extrahieren, ist sozusagen die Kernaufgabe von Computern (und das gilt auch oder vielleicht sogar insbesondere für solche Programme, die nicht auf Symbolverarbeitung beruhen, wie die in den letzten Jahren unter dem Titel „künstliche Intelligenz" geführten künstlichen neuronalen Netze). Computer scheinen also all die Voraussetzung zu erfüllen, die wir bisher diskutiert hatten.

Eine Voraussetzung allerdings fehlt: **Computer verhalten sich nicht,** und daher können die Fähigkeiten eines Computers nicht auf die gleiche Art beschrieben und getestet werden wie bei Menschen und Tieren. Computer produzieren ‚Ausgaben', die wiederum selbst aus Symbolen bestehen. Was also ein klassischer Computer macht, ist, Symbole aus der Eingabe irgendwie zu bearbeiten, um andere Symbole für die Ausgabe zu produzieren. Die Symbole sind allerdings für den Computer selbst bedeutungslose Zustände. Viele haben daher Schwierigkeiten, Computern echte Denkfähigkeiten zuzuschreiben.

Das Chinesische Zimmer Dabei handelt es sich um ein prominentes Gedankenexperiment von John Searle, das diesen Punkt verdeutlichen soll: In einem Raum sitzt ein Mensch, der chinesische Symbole in den Raum gereicht bekommt. Diese ‚verarbeitet' er nach Regeln, die in einem Regelbuch stehen, in dem die chinesischen Zeichen aber lediglich nach ihrer Form beschrieben werden. Auf diese Weise produziert er chinesische Zeichenketten, die er dann nach außen reicht (Searle 1980). Der Mensch im Raum kann kein Chinesisch und versteht auch nicht, was er da tut. Die Menschen außen allerdings können Chinesisch: Sie reichen Fragen in den Raum und bekommen auch sinnvolle Antworten auf ihre Fragen. Das Argument ist, dass die regelgeleitete Verarbeitung von Symbolen nicht ausreicht, um ein Verstehen der Symbole zu garantieren.

Zu einem ähnlichen Punkt kommt auch das ‚Symbol Grounding Problem' (► Abschn. 4.2). Auch hier ist die Idee, dass Symbole allein nicht ausreichen, um Bedeutungen zu erfassen. Und genau das scheint das Grundproblem bei Computern zu sein: Ob diese Symbole eine Bedeutung für den Computer haben, ist einfach nicht zu sagen, solange Computer kein Verhalten aufweisen, das über die Ausgabe von Symbolen hinausgeht. Das könnte bei Robotern anders sein – allerdings muss man sich bei Robotern dann auch genau anschauen, welche Verhaltensweisen sie genau an den Tag legen und wie viel davon aus der Perspektive eines Außenstehenden verständnisvoll erscheint. (Dieser Punkt ist allerdings bei Tieren genauso wichtig.)

Eine Möglichkeit, dieses Problem zu umgehen, ist, die Roboter selbst lernen zu lassen. Ein Teilgebiet der **Robotik,** das sich mit lernenden Systemen beschäftigt, die auf ähnliche Weise wie der Mensch die ganz grundlegenden Fähigkeiten der Wahrnehmung und Kategorisierung erlernen, heißt *developmental robotics.* Auch wenn es hier sehr interessante Entwicklungen und Ansätze gibt (Cangelosi/Schlesinger 2015), sind wir doch noch weit entfernt von Modellen, die mit menschlichen oder tierischen Fähigkeiten mithalten könnten.

Eine andere Art des selbstständigen Lernens zeigen die momentan hochgelobten **künstlichen neuronalen Netze** – sie sind zum Beispiel in der Lage, Katzen auf Fotos zu erkennen und diese Fähigkeiten selbst zu erlernen. Allerdings ist das Grundproblem hier, dass diese Netze lediglich Strukturen (genauer gesagt: Korrelationen), die in den Daten stecken, identifizieren und nutzbar machen können. Das ist eine sehr hilfreiche Eigenschaft, die vielfältig eingesetzt werden kann. Aber sie geht nicht über die Fähigkeit der Mustererkennung hinaus. Insbesondere können solche künstlichen neuronalen Netze keine neuen Strukturen schaffen, was aber gerade für das schlussfolgernde Denken zentral zu sein scheint. Leider können wir im Rahmen dieser Einführung nicht auf die Details dieser sich enorm entwickelnden Technologie eingehen, so dass wir nur weiter verweisen möchten auf den entsprechenden Eintrag der *Stanford Encyclopedia* (Bringsjord/Govindarajulu 2020) und das Buch *Künstliche Intelligenz – Fluch oder Segen?* (Kipper 2020) als Startpunkt für weitere Recherchen.

Während wir also bei Tieren Fähigkeiten sehen, die auch in einem anspruchsvollen Sinne Denkfähigkeiten darstellen, ist die Lage bei Computern viel unklarer. Viele der Effekte, die wir im Moment bei Computern sehen und nutzen, haben wenig mit dem zu tun, was wir beim Menschen ‚Denken‘ nennen. Gleichzeitig aber ist der verhaltensbasierte Ansatz, den wir hier vorgestellt haben, offen dafür, auch Computern Denkfähigkeit zuzusprechen – sofern sie eben die entsprechenden behavioralen Tests bestehen.

9.4 Fazit

Auch wenn wir im Alltag oft davon ausgehen, dass wir ‚in Sprache‘ denken, stellt sich bei genauerem Hinsehen schnell heraus, dass diese These nicht nur völlig unterbestimmt ist, sondern auch alles andere als offensichtlich richtig. Zunächst müssen wir unterscheiden, ob wir davon ausgehen, dass wir in einer natürlichen Sprache denken oder in einer dem Geist eigenen Sprache. Dann ist es wichtig zu unterscheiden, ob Denken ohne Sprache gar nicht möglich ist oder ob Sprache das Denken nur enorm beschleunigt und vereinfacht. (◘ Tab. 9.1).

Im Kern der Debatte stehen oft die Bestandteile von Gedanken, die sogenannten Begriffe. Je nachdem, welche genauere Charakterisierung von Begriffen wird finden, können wir auch nichtbegriffliche mentale Repräsentationen unterschiedlich bestimmen, die einem ‚Denken‘ jenseits der Sprache zugrunde liegen können. Schließlich erlauben uns solche Bestimmungen auch, systematisch der Frage nachzugehen, welche behavioralen Fähigkeiten an das Verfügen über Begriffe geknüpft sind. Nur, wenn diese Frage geklärt ist, können wir auch eine Antwort finden auf die Frage, ob (und welche) Tiere und Computer denken können.

Zu der Frage, ob Tiere und Computer denken können, haben wir keine dezidierten Positionen vorgestellt. Vielmehr haben wir festgestellt, dass diese übergreifende Fragen in viele andere Fragen zerfällt, je nachdem, was man unter ‚Denken’ verstehen will und wie man die entsprechende Fähigkeit behavioral charakterisiert. Dementsprechend scheint die übergreifende Frage uns nicht besonders weiterzubringen, und eine generelle Antwort wäre irreführend oder trivialisierend.

Name	Grundidee	Hauptproblem
Starke Sprachrelativität	Denken erfolgt in natürlicher Sprache, Denken ohne Sprache ist nicht möglich	Empirisch nicht adäquat (Kleinkinder, Aphasiker, Wortfindungsschwierigkeiten, …)
Schwache Sprachrelativität	Sprache verändert unsere Begriffe und Denkstrukturen, z. B. durch Bootstrapping	Sehr genereller Rahmen, der mit sehr spezifischen Details gefüllt werden muss
Sprache des Geistes	Das Denken geschieht in einer eigenen Sprache des Geistes	Ist mit Nativismus verknüpft; Erhellt das Verhältnis von Denken und natürlicher Sprache nicht
Nichtbegriffliche Repräsentationen	Es gibt sprachunabhängige mentale Repräsentationen, in denen keine Begriffe vorkommen	Wie können auf der Basis nichtbegrifflicher Repräsentationen begriffliche gebildet werden?

◻ Tab. 9.1　Positionen zum Verhältnis von Sprache und Denken

Literatur

Berio, Leda: *Talking about Thinking: Language, Thought, and Mentalizing* (Epistemic Studies). Berlin 2021.

Berlin, Brent/Kay, Paul: *Basic color terms: their universality and evolution* (The David Hume series). Stanford, Calif 1969.

Bringsjord, Selmer/Govindarajulu, Naveen Sundar: „Artificial Intelligence". In. Edward N. Zalta (Hrsg.): *The Stanford Encyclopedia of Philosophy*. 2020.

Cangelosi, Angelo/Schlesinger, Matthew: *Developmental robotics: from babies to robots* (Intelligent robotics and autonomous agents). Cambridge, Massachusetts 2015.

Davidson, Donald: „Rational Animals". In: *Dialectica* 36 4 (1982), 317–327.

Descartes, R.: *Meditationes de prima philosophia*. Hamburg 1641.

Ethnologue (2014): The Problem of Language Identification, ▶ http://www.ethnologue.com/about/problem-language-identification [12.09.2014].

Evans, Gareth: *The Varieties of Reference*. Oxford 1982.

Fedorenko, Evelina/Varley, Rosemary: „Language and thought are not the same thing: evidence from neuroimaging and neurological patients: Language versus thought". In: *Annals of the New York Academy of Sciences* 1369 1 (2016), 132–153.

Fodor, J.A.: *The Language of Thought*. New York 1975.

Frege, Gottlob: „Der Gedanke". In: *Beiträge zur Philosophie des deutschen Idealismus* 2 (1918), 58–77.

Glock, H. J.: „Animal Rationality and Belief". In: Kristin Andrews/Jacob Beck (Hrsg.): *The Routledge handbook of philosophy of animal minds*. New York 2018, 89–99.

Kaminski, J.: „Word Learning in a Domestic Dog: Evidence for „Fast Mapping",". In: *Science* 304 5677 (2004), 1682–1683.

Kant, I.: *Kritik der reinen Vernunft*. Berlin 1787.

Kipper, J.: *Künstliche Intelligenz – Fluch oder Segen?* Berlin 2020.

Kohl, Patrick L./Thulasi, Neethu/Rutschmann, Benjamin/George, Ebi A./Steffan-Dewenter, Ingolf/Brockmann, Axel: „Adaptive evolution of honeybee dance dialects". In: *Proceedings of the Royal Society B: Biological Sciences* 287 1922 (2020).

Malt, B. C./Sloman, S. A./Gennari, S.: „Speaking vs. thinking about objects and actions". In: D. Gentner/S. Goldin-Meadow (Hrsg.): *Language in mind: Advances in the study of language and thought*. Cambridge MA 2003, 81–111.

Margolis, Eric/Laurence, Stephen: „Concepts". In: Edward N. Zalta (Hrsg.): *The Stanford Encyclopedia of Philosophy.* 2021.

Markie, Peter: „Rationalism vs. Empiricism". In: Edward N. Zalta (Hrsg.): *The Stanford Encyclopedia of Philosophy.* 2017.

McDowell, John: *Mind and World.* Cambridge MA 1994.

Newen, Albert/Bartels, Andreas: „Animal Minds and the Possession of Concepts". In: *Philosophical Psychology* 20 (2007), 283–308.

Peacocke, Christopher: *A Study of Concepts.* Cambridge MA 1992.

Pepperberg, I.: *The Alex Studies.* Cambridge, MA 1999.

Pinker, Steven: *Language learnability and language development* (Cognitive science series). Cambridge, Mass. 1984.

Pinker, Steven: *The language instinct.* New York 1994.

Platon: *Theätet: griechisch/deutsch* (Reclams Universal-Bibliothek, Band Nr. 6338). Stuttgart 2012.

Savage-Rumbaugh, E. Sue/Lewin, Roger: *Kanzi: the ape at the brink of the human mind.* New York 1994.

Searle, John: „Minds, brains, and programs". In: *The Behavioral and Brain Sciences* 3 (1980), 417–424, 450–457.

Tolman, E.C./Honzik, C.H.: „„Insight" in rats". In: *University of California Publications in Psychology* 4 (1930), 215–232.

Vosgerau, G.: *Mental representation and self-consciousness. From basic self-representation to selfrelated cognition.* Paderborn 2009.

Vosgerau, Gottfried/Synofzik, Matthis: „A cognitive theory of thoughts". In: *American Philosophical Quarterly* 47 3 (2010), 205–222.

Whorf, Benjamin Lee: *Language, thought, and reality: selected writings of Benjamin Lee Whorf.* Mansfield Centre, CT 2011.

Winawer, J./Witthoft, N./Frank, M. C./Wu, L./Wade, A. R./Boroditsky, L.: „Russian blues reveal effects of language on color discrimination". In: *Proceedings of the National Academy of Sciences* 104 19 (2007), 7780–7785.

9

Serviceteil

© Springer-Verlag GmbH Deutschland, ein Teil von Springer Nature 2021
G. Vosgerau und N. Lindner, *Philosophie des Geistes und der Kognition*,
https://doi.org/10.1007/978-3-476-04567-6

Personenregister

Printed in the United States
by Baker & Taylor Publisher Services